全国政协文史资料委员会 / 编

我所知道的黎元洪

中国文史出版社

图书在版编目（CIP）数据

我所知道的黎元洪 / 全国政协文史资料委员会编
. -- 北京：中国文史出版社，2021.1
ISBN 978-7-5205-2104-8

Ⅰ.①我… Ⅱ.①全… Ⅲ.①黎元洪（1864-1928）
—生平事迹 Ⅳ.① K827=6

中国版本图书馆 CIP 数据核字（2020）第 120338 号

责任编辑：刘　夏
封面设计：欧阳春晓

出版发行：中国文史出版社
社　　址：北京市海淀区西八里庄路 69 号　邮编：100036
电　　话：010-81136606　81136602　81136603（发行部）
传　　真：010-81136655
印　　装：北京新华印刷有限公司
经　　销：全国新华书店
开　　本：1/16
印　　张：23　字数：316 千字
版　　次：2021 年 3 月北京第 1 版
印　　次：2021 年 3 月第 1 次印刷
定　　价：68.00 元

百年中国记忆书系

总策划、主编

刘未鸣

副主编

唐柳成　张剑荆　段　敏

百年中国记忆之民国政要丛书

主　编

张剑荆　段　敏

责任编辑
（按姓氏笔画排序）

刘　夏　胡福星　梁玉梅　窦忠如　戴小璇

孙中山与黎元洪合影

（辛亥革命武昌起义纪念馆提供）

在清朝任职时的黎元洪

（吉士复制）

任清军新军21混成协统领时的黎元洪与清军合影

（辛亥革命武昌起义纪念馆提供）

湖北军政府都督黎元洪
（辛亥革命武昌起义纪念馆提供）

湖北军政府

1912年4月10日，黎元洪与孙中山等在武昌都督府合影

1923年4月6日，黎元洪与李根源等在北京天坛合影

（徐世敏）

黎元洪与夫人合影

黎元洪与家人合影

黎元洪60岁时题字：正义

天津黎寓

（徐世敏提供）

黎元洪灵堂

武昌土官山黎元洪墓

（徐世敏供稿）

辛亥革命武昌起义纪念馆

宋庆龄

一九七七年三月

1979年3日，宋庆龄为辛亥革命武昌起义纪念馆题字

编者的话

在伟大的民主革命先行者孙中山先生的思想影响下，于1911年10月10日爆发的武昌起义，迅速得到全国响应，结束了中国两千多年的封建专制制度，开创了民主共和。这是中国近代史上头等的重大事件，具有划时代的历史意义。

弹指一挥间，中国共产党和人民政府充分肯定和十分尊重辛亥革命的历史地位。新中国建立以来，广泛开展了辛亥革命历史资料的征集、整理、研究和出版工作，人民政协各级组织为此做出了应有的贡献。

在有关辛亥革命的浩瀚史料中，人们对于黎元洪这一重要历史人物颇感兴趣，评说不一；为此，中国文史出版社与湖北省、天津市、武汉市、黄陂县政协文史部门通力合作，广泛开展对黎元洪史料的征集工作，编辑出版了本书。

本书作者多是有关历史事件的亲历者、当事人或见证人，如武昌起义时首先发难的工程八营总代表（起义后任鄂军第五协统领）熊秉坤，率领清朝海军舰队起义的舰长汤芗铭，湖北军政府成立后任赏叙长的李西屏、司法部部长张知本、理财部部长李作栋（春萱）以及担任过军政府职务的甘绩熙、温楚珩、郭寄生、万鸿喈、晏勋甫、章裕昆等；黎元洪北上后曾担任总统府秘书长的张国淦、副参谋总长邓汉祥、农商总长李根源、航空厅长张绍程、黎的秘书孙启濂、警卫李宝荣等，黎的亲属及幕僚的子女如黎的第二夫人黎本危、长子黎绍基（重光）、长女黎绍芬、外孙女徐世敏、饶汉祥之女饶詹华、徐树铮之子徐缨、袁世凯之孙袁家宾等。他们的亲身经历和见闻，写得具体、生动、翔实，是难得的珍贵史料，体现了人民政协文史资料"三亲"的特点。

本书坚持实事求是的原则，尽量保留历史当事人提供的史实，寓褒贬于史实之中。我们的任务不是作历史结论，而是为历史研究提供具体的素材。由于某些作者的历史地位和政治观点的差异，其说不一甚至相悖之处在所难免，为忠于作者原意，我们未作改动。此外我们力求较全面地反映历史。如黎氏的出身，投身水师学堂和在清朝从管轮到协统的经历；武昌起义被推为湖北军政府都督和北上任副总统、大总统的情景以及晚年寓居天津和从事经营活动等情况。由于有些历史情况(如清朝时期)无法寻觅当事人，而是邀请有关学者编写的资料，有的选择文献资料作为附录供参考。

对辛亥革命历史的研究，是海峡两岸人民共同关注的一个课题。我们希望《民国大总统黎元洪》*一书的出版，对促进海峡两岸人的相互了解，对祖国近代历史取得共识方面，能起到一些作用。

---

* 本书于1991年9月以《民国大总统黎元洪》为名首版。

CONTENTS 目 录

三、出任都督时的黎元洪

附　录

一、黎元洪的一生

大总统黎公碑

章太炎

公讳元洪，字宋卿，湖北黄陂人也。考讳朝相，清世以游击隶北洋练军。公习业水师，勤学为诸生冠，役于海军7年。光绪二十年（1894），清与日本战威海，公以广甲管轮自广州赴之，船脆不任战，遂陷。长官乘小艇逸，公愤甚，赴海，水及额者数矣，卒泅邸大连岸，同行12人，存4耳。署两江总督事张之洞闻公才，召修江宁、江阴炮台，皆坚精中法程。之洞还督湖广，公从，与德意志人某教练湖北新军。三赴日本考察军事，归充湖北护军马队长、前锋统带，擢第二镇镇统，兼本镇协统，寻以饷诎罢镇，以二十一混成协统领兼管马炮工辎各队，假陆军协都统衔，并提调兵工钢药两厂，监督武中学堂，会办陆军特别学堂，统楚字兵船六、湖字雷艇四。凡两主大操，指挥中度，声藉甚。治军严仁，不滥费军需一钱，有余，即以逮士卒，故所部军装整振，绝于他军。平居卧起皆准军号，不妄先后，夜必宿军中，虽遇岁时不移。教士剀至，唯恐不尽其才。尤敬士大夫，一方归心焉。

瑞澂督湖广，忌公甚，檄所部四出以披之。时革命已有萌芽，而湖北军故多怀匡复者，期以宣统三年（1911）秋操起兵，未及期，瑞澂以事捕杀彭、刘、杨三士，复按所获名册，分道往兵营逮捕，人人自危。八月十九夕，武昌革命军起，瑞澂与镇统张彪挺身走，乃推公为中华民国军政府鄂军大都督。初，自黄花岗之难，中国同盟会衰矣。其在江汉，共进会最盛，次有日知、文学诸会，各有名字，与其所交关军士，力均不能相听下，谋帅无适任者，以公善拊御，皆属意公。且曰：咨议局长汤化龙才，请以民政长辅公。议定三月矣，阴为文告，署检称大都督黎，未以告也。兵起，公犹在协部，质明返私宅无几，十代表至，速公诣咨议局请受都督印，公见化龙在，知士大夫有谋，宣言无略财，无妄杀，如是则可，皆踊跃称听命，乃就选。其日溃兵返，市门启，时瑞澂亡已一夕矣。瑞澂始谓小寇蜂起易定，故走江上兵舰待其变，闻公出，乃去。

军府初立，纲纪未具，将校入谒，语人人异端，不合，或抵掌捶书案，然皆以公厚重知兵，无敢轻动摇者，故军政虽纷，纪律未尝乱，南方诸革命军尝更起迭仆，及是竟以集事，由公镇之也。明日，美利坚领事入谒，问邦交，公言：自今日始，邦交由民国主之，自今日以往，约如故。而先所拟文告，其草稿为俄罗斯领事所得，译其词以为有大体。会我师败清陆军大臣荫昌之师于滠口，走之，由是被仞为交战团体，去倡义八日耳。鄂府储金多，富兵杖，滨江诸省欲有事者，即赋予之，无所吝。至十月，南方11省与山西、陕西次第反正，皆遣使来，推公为中央大都督陆海军大元帅。俄汉阳陷，守将黄兴走，会下游亦拔江宁，清内阁总理袁世凯使蔡廷干来，战中止，遣唐绍仪来议和，公任伍廷芳为代表，令开议上海。时香山孙公自海外归，议者以武昌危子，宜置政府江宁，公亦让孙公居上，即推孙公为临时大总统，公副之。十一月，改宣统四年为中华民国元年，始颁太阳历也。（1912）二月，清帝逊位，临时参议院复举袁公为大总统，公副如故。北都定，以公领参谋总长，授大勋位、陆军上将。当是时，南北瓦合，虽选袁公，非其意，袁公亦介北洋军威重，以南士薶果不肯亲，公弥缝其间，卒不效。先是，湖北有一镇一混成协，及倡义，稍增至八师，公痛裁之，存其三，及军民分治制，皆自公创之。自义师起，督府苛礼尽去，公尤任自然。尝夏日入谒，公短衣，持径尺蒲葵扇，与客语半刻，所侍者进荞麦屑，公手分牛乳，与客尽之。易简如此，海内乡风矣。然诛钽贼猾亦严，军人被裁者颇群聚江湖为乱，率多借黄兴名号，公雅不信，而将佐颇以为疑，交亦渐疏。

明年（1913）春，袁公使贼杀故农林总长宋教仁于上海，狱不具，南北凶凶。袁公令师长李纯下夏口，受公调遣，实不用其命。其夏，江西、安徽、湖南、广东四都督罢，皆起兵抗袁氏，以兴为主。未一月败。公素善湖南都督谭延闿，及湘上主起兵者谭人凤，又武昌倡义人也，为解说令罢兵，故延闿等得免于难；独蒋翊武不肯听，入广西被捕，斩之。时议者多病公持两端，公以为大总统非犯叛乱，不得与校，卒未尝自明也。其秋，袁公被选为正式大总统，公副如故。时孙、黄已亡命，袁公视天下无与己抗者，独惮公得南方心，百计胁之入京师，馆于瀛台，公阳与和叶，而内深自为计。袁公改《临时约法》，以参政院代国会，属公长之，亦不拒也。民国四年（1915），帝制议起，始辞参谋、参政二长，袁氏又以武义亲王爵公，公拒其册，却其禄。然贺者数辈至，皆踞庭下要之，公誓曰："辛亥倡义，踣军民无算，非为一人求官禄也，诸君如相迫，即立触柱死矣。"袁氏乃不敢逼。会云南、广西起兵讨帝制，师逾岭，江上游皆起。6月，袁世凯卒，依法以公继任，始复《约法》。还袁氏所夺将吏官勋，录旧功也。

时公久失兵，而北洋军势未衰，娪侮跆藉，无所不至，而国务总理段祺瑞当袁氏称制时，独弗顺，功亦高，其秘书长徐树铮缘傅约法，谓凡事当听国务院裁决，总统徒画诺耳。每拟令直入府要公署名。公任丁世峄为府秘书长，与相支柱，事稍解，未平也。民国六年（1917），欧洲联军与德意志战已3岁，求中国参战，公始可之；后闻国务院将因是举债日本，亟已其事，两院议皆如公旨。树铮怒，雇恶少年聚击议员，公闻，立罢祺瑞，以伍廷芳代之。令下数日，九省督军皆反，连兵请解散国会，于是两广巡阅使陆荣廷新以讨帝制有功，难将作，公问计荣廷。荣廷者，无知人鉴，称长江巡阅使张勋能，已之难作，问财政总长李经羲，经羲对如荣廷。时勋与北洋将领开徐州会议，有阴规复辟计，勋故漏其事府秘书以示诚。公召勋，勋请解散国会，登经羲为总理，竟因是败。勋以兵2000入都，与陆军总长江朝宗结，朝宗以清遗臣梁鼎芬入谒，鼎芬请归政清废帝，公厉声河之，鼎芬退，复说守卫司令萧安国毋用公命。安国者，鼎芬门人也。7月，勋以清废帝复辟，经羲降。公密令复祺瑞职令讨贼。未几，祺瑞起兵击勋走之。遣使迎公，公谢焉，乃以副总统冯国璋摄，始就参战事，但开和籴许庸赁，不出师也。初，九省督军反，公使海军总长程璧光南下，纠义旅。至是，西南护法军起，璧光数请公南行，道梗不得前，自是南北交兵，绵四五岁。

国璋去，北方又拥徐世昌主之。至民国十一年（1922）夏，直隶、关东相持急，长江上游总司令孙传芳腾书请公复位，北洋将领皆响应，旧议员赴天津和之，世昌走。炳麟以书邸公曰："将帅过骄，难为其上，公于段阁有前鉴矣。必欲复位，请南都武昌，无滞宛平中。"公卒强起，以废督军要疆吏，疆吏阳应之，独废安徽，他未动。公入都，即下直隶、关东停战令，复召集旧议员促制宪法。民国十二年（1923），改选期薄，直鲁豫巡阅使曹锟疑议员附公，己不得代，则以金购致议员，且遣兵迫公府，水火尽断。公与农商总长李根源谋，令代国务总理，因出道天津浮海至上海，欲即上海置政府，为浙江督军卢永祥所持。是时南北有力者独关东张作霖，以停战令德公，而云南唐继尧雅知大义，然皆远莫能助。乃去东之日本别府，数月归天津，自是绝口不道国政，日步马郊外，示习劳也。明年（1924），作霖入关，锟废。民国十七年（1928）夏6月，蒋中正以兵攻作霖，时公病已亟，南军薄天津，公薨。诘旦北畿皆改树青天白日旗矣。公薨时，年65。

公丰肉、舒行、身短，望之如千金翁，而自有纯德，不由勉中。爱国悫至，不诪于强大，度越并时数公远甚。始在海军，已习水战，及统陆军10余岁，日讲方略，于行军用兵尤精，山川厄塞，言之若成诵。绝甘分少，与士均劳逸，士无不乐为用者。会倡义诸师旅长皆自排长兵曹起，或杂山泽者帅，跅弛志满，教令不下行。汉阳败后，公始综百务，未期月，燕、吴交捽，日相椎杵，终掩于袁氏。再陟极位，卫士无一人为其素练者，故公于民国为首出，而亦因是不得行其学。使公得位乘权十年，边患必不作，陆海军亦日知方矣。世之推公，徒以其资望，或乃利以纾祸，不为财用发舒地，虽就大名，抱利器无所措，与委裘奚异，悲夫！

公不念旧怨，张彪在清时数椓公，及公贵，彪来谒，公好遇之。湖南人胡瑛以谋革命系汉阳狱，兵起得释，欲撼公，他有所立。后瑛附帝制当捕诛，公以其被胁，卒不问也。季雨霖以督队官隶张彪，入日知会，发觉，榜掠两股尽溃。公力请之，彪不许；又属日本人任教练者请之，乃许。阴资遣赴四川，比倡义归，公令宣抚荆州驻防，任尤亲；后雨霖背公欲劫焉，事发逃走，公虽怒亦不深诛云。性廉，初倡义时，约自都督至录事皆月取银20版。事定将吏皆增俸，身取20版如故。再起莅政，虽常俸不入，减公府经费2/3，崇文门税关及烟酒署旧供公府银月6万版，尽却之。尤恶举外债，以为病国。所至节财用、慎赐予，然持承平法过严，绌于拨乱，亦公所短也。自民国兴，十余年，正僭迭起，大氐出介胄或莫府士，世谓与共和政体应者莫如公。其后北洋军坏散，颇自悔曩日困公，卒无及云。

夫人同县吴氏，初适公，家贫甚；及公贵，起居未尝异。公再起，夫人数谏公毋行，及遇变，亦无戚容，可谓有德操侔于天地者也。后公一岁殁。丈夫子二，绍基、绍业；女子子二，绍芬适某，绍芳适某。妾危氏。公薨后5年，绍基等奉柩归葬武昌，吴夫人祔。炳麟数尝侍公，识言行，其事或隐，即遍询故参佐，故以实录刻石，不敢诬。铭曰：

於铄黎公，胙承殷周。弱冠方毅，从军习流。楼船否减，踊身大湫。万灵翼卫，浮行得洲。总师汉上。戎士不偷。胡运方斩，轩辕下求。天桔夕陨，宣光园阹。乃起树翮，胜清遏刘。大功不遏，袁承其休。客实憎主，白刃在头。王章缤绂，不我能绻。否之后喜，乃膺大球。中立天衢，何党何雠。灵囊广橐，靡物不投。伏蛊未荡，曰相其矛。胡王眈眈，狙我内忧。公命苍兕，南总楫舟。三光乍隔，分曹干揫。再莅法宫，去来如浮。虹见龙藏，别风高飏。岳岳之鹤，为主杀躯。胡斯谆德，植冠而猴。公之在位，视以赘游。公之下世，蓟辽为丘。焞焞北军，亦允无鸠。孰令夸咤，召是悔尤。盘石在兹，下诏万秋。

（武汉市政协供稿）

黎元洪的一生

黎绍基 著 张树勇 译

前 言

　　这本书是我父亲的一个简略的传记，它是应那些除了想要知道我父亲对国家的伟大的贡献之外，还要了解他生活中的一些重要事情的外国朋友们的要求而写的。这些事已如实的记录在本书中，我并没有加以掩饰或有意美化的企图，因为即使是稍为造作的修辞，也会破坏他的生活的纯洁性。至于出自片面的看法而向本书提出的任何批评，我也不以为意。我确信，我写这本书的起码标准是诚实的，而不考虑到是否睿智。

第一章 我父亲的童年生活

　　湖北省位于中国内陆的中部，长江流域的中游，洞庭湖以北。在接近北部省界的地方，可以找到一个面积不大然而文风甚盛的县份，这便是我的祖籍黄陂。我的祖先并不是当地土著，而是一个外来户。到我祖父这一代，有一男一女两个孩子。我的姑母居长；我父亲排行第二，他出生于1864年10月19日，也就是农历的九月十九日。这一天正是观音菩萨的生日，因此，这地方的人便预言他将来必成为一个大人物。

这地方虽是个县城，但却很荒凉，它有着无数的农田和一望无际的荒野。但是，除了几处只有富裕人家子弟能够上得起的专教经书的私塾外，一所学校也没有。

在著名的太平天国运动期间，中国正处于激烈的动荡之中，我的祖父弃田从戎，参加了清军。经过无数次的战斗，他被提升为游击。在他投身军界之后，我们全家便搬到汉阳，它位于长江的一条支流——汉水边，与汉口之间形成一个自然的分界线。当时，汉阳是一个重要的工业中心，有炼铁厂和兵工厂。但那时它并不兴旺。

迁到汉阳不久，战争结束，这支军队也宣告解散，我祖父退伍了。后来，他盖了一所新房子。但是，在这里并没住多久，由于一件意外不幸的事，他又不得不搬了出来。原来，这所新房子很大，他只住了一半，而将另一半租赁给一个不相识的人。但是这个新来者刚搬进去不久，便被控告为反叛而遭逮捕入狱。我祖父也因涉嫌窝藏反叛者，同时被拘留。虽然很快被释放，可是房子却在没有宣布任何理由的情况下，被清政府没收充公。我祖父一家当时竟无家可归，而且也无力再盖新房子了。经过一番考虑，只好回归老家黄陂。为了找条出路，我祖父便远离家乡投奔驻在北塘的直隶练军。北塘属于直隶省，位于渤海湾附近。当我祖父离开家乡前往约有一千里远的北塘时，全家并没有随同前往，在老家住了不久又迁回汉阳。全家住在我曾祖母的一个兄弟的房子里，一共住了八年，直到我祖父回来接他们。那时，交通工具很不方便，从湖北到北塘要走40天，除了渡黄河时是乘坐用神奇的双桨划行的民间平底船外，交通工具只有手推车，老式的轿车或是骑马。每天很早起来赶路，直到夕阳下山才是休息的时刻。到处都有小客店，旅客就在那里过夜。高山、小丘、树林、溪水、田地、珍禽和奇花异草，构成了一幅自然的景象。这对我父亲来说，不仅是一种享受，而且也是一种教育，在后来很长的一段时间里，他仍对这次旅程经历感兴趣。

他们终于到达了目的地，并且从这时起，我父亲才真正地开始走向生活。

第二章　我父亲的学校生活

　　北塘不是一个富庶的地方，它不像中国其他地方那样，有着丰富的物产，这里大部分居民是从事渔业。他们将捕捉到的鱼，除留一小部分供自己食用外，其余的全部运往天津。这地方还盛产盐，邻近地区，甚至很远的内地所食用的盐，都靠这里供给。这里受教育的可能性，说不上比我父亲离开的那个小地方能有多大的进步。那时，在中国一个如此闭塞的地方，要找到一所乡村小学，就像英国19世纪初期乡村中旧式的即由妇人主办的那样的小学校，根本是不可能的。只有有钱的人家，才能请教师在家里教他们子弟念书。而在一些学究开办的私塾里，授业者的学识贫乏。他们教学生读四书以求仕进，而很少教诗文。我父亲进入的就是这类学校，而且学校离家很远，他又不能每天去校，只能一天上一次。这时他整14岁，然而他的性格却完全和其他孩子们不一样。

　　他最大的嫌恶是偷懒，换言之，他喜欢钻研，而且学习异常刻苦。从这时起，他就养成了一种抓紧时间学习的好习惯。当时，煤油已输入中国，有钱人家用它来照明，而一般的老百姓则用蜡烛或菜籽油，这对在晚间学习的人的眼睛是没有好处的。我父亲经常学习到深夜，直到双眼疼痛，也不肯放弃读书。由于他刻苦学习，学到了很多知识，不久学识便超过了他的老师。在住在北塘这个短暂的时期里，家庭中发生了一些大事。如我在前面所说，我祖父又回到军中服务，他在唐将军指挥的军队里，因参加镇压骚乱和平定叛乱立了功，作为对他的奖赏，他第二次被提升为游击。后来，他所属的军队被调到离北塘十里远的前大沽，全家也随同迁到那里，不久，祖父去世，全家又迁回北塘，而祖父就安葬在这里。

　　我父亲19岁时，进入天津北洋水师学堂。当时青年们很少愿在海军服务，因此学生在学堂里很受优待，每人每月饷银4两。除此之外，学堂还供给衣服、伙食和书籍。可是，学堂入学考试却很严格，所以当我父亲听到考试及格并被学堂录取的消息时，感到非常高兴。像往常一样，他学习很用功，虽然在开始时课程对他来说有点吃力，但不久他便取得好成绩。他是一个住宿生，住宿费用校方从未公布过，故开支多少学生亦无从得知。校规特别严格，学生们都受到严格的管理，并像水兵一样去进行训练，尤其要参加体力锻炼。因此，这种训练对我父亲来说很有好处，他身体异常健康，可以说应归功于这种训练。

学堂距离在北塘的家有40英里远。当时天津与北塘之间尚无火车，但可以雇到骡车，可是这段路程需要1元钱的费用。每到放假时，我父亲总是徒步往返，因为1元钱在当时是很值钱的。我父亲在水师学堂里攻读五年，学完全部课程，并于1889年3月毕业，当时他正25岁。全体毕业生都被召集到一艘战舰上实习，他们沿着天津到广东这条航线航行了六个月之久，方被准许离开。

第三章　参加中日甲午战争

我父亲于1889年10月从海军实习回到家中，在北塘休息了三个月，并于次年春天被任命为广甲军舰的管轮。这艘军舰停泊在上海，全家也随之搬迁到那里。在中日甲午战争爆发之前，他在海军服役了五年。中日宣战后，丁汝昌被任命为北洋水师提督。他命令广甲舰即刻驶往旅顺，积极准备应战。战斗持续了六个小时，夜幕降临方才停止。在这片海墙中，暗礁遍布，不过只有在落潮时才能看到，晚上潮水涨得很高，广甲舰不幸触礁，被搁浅在茫茫的大海之中。第二天，即9月18日，水兵们离开战舰登上救生艇，打算把弹药搬到一只布雷艇上运走，但当这艘布雷艇接近战舰时，受到敌人鱼雷艇的攻击。他们这艘小艇虽无武装，却由于炮台的掩护而使它能够安全到达海岸边。当他们抵达海岸时，敌人停止了射击，因此他们又返回到搁浅的军舰，然而只停留一会儿又受到敌人鱼雷艇的前后夹击。他们乘坐的布雷艇还拖着一个舢板，舰长和一些水兵爬到那上边去，还没等其余的人上来就开走了。敌人的鱼雷艇越来越近，我方仍有13个人留在布雷艇上，其中包括我父亲在内。当时唯一的办法是跳进水中，否则只有束手就擒。他们考虑还是跳水为佳。于是13人都跳下水去，其中有些人会游泳，而我父亲不会，幸而他带着一条救生带，得以在海中漂泊三个多小时，到了傍晚，他被滚滚的海浪神奇般地冲到岸边。据说这13个人中，有8个人不是淹死就是被敌人俘虏了。我父亲着陆的海边是个岩岸，他爬到峭壁上面，吐出了在海中喝进的咸水，休息了片刻，他开始辨认身在何处。此时他饥寒交迫，身上还穿着湿透了的衣服，像是在这片荒野之中迷了路。他叹息着，并把手伸进了口袋，发现还有六块银洋和一只表留在里面，这给了他一线希望而稍感慰藉，便决定去找个旅店。可是他拖着疲惫的身躯走了很长的路，也未找到旅店。最后，遇到一位善良的老人，把我父亲请到他家，并告诉我父亲此地距离旅顺只有30里路。还供给了晚饭和衣服。我父亲在老人家里住了一宿，第二天早晨，老人把晾干了的军服交给他，并招待他吃了早饭，之后，我父亲道了谢意而离去。他用了一天半的时间走到旅顺。路上没有遇到小饭馆，不过到处都是山芋田，农民们正在掘出甘薯准备入窖过冬。按照中国的习俗，过路人可以吃甘薯，只是不能带走。当我父亲饿了时，便以甘薯充饥，并能得到水解渴。

他到达旅顺港时，便被告知，这里的海军已无空额，只好等待机会。在他还没有得到新的任命前，威海卫海战亦遭惨败而失守。这时清政府对外交事务一无所知，在中国只有一个人好像对世界形势还有所了解，那便是李鸿章。当发生任何中外交涉事件时，都靠他去解决。在战前曾筹得1000万两白银作为重建海军之用，但这笔巨款，却被奢侈无度的慈禧太后拿去修建著名的颐和园了。海军的积弱和陆军的训练无方，致使海军在海上败绩，陆军也在各个战场上被击溃。看来收复无望，只能言和。

第四章　在陆军

《马关条约》的签订，宣告中日战争结束。当时，我父亲已无返回海军服役的希望，因而陷入赋闲的困境。在绝望之中，他前往上海谋生。不久清政府宣布凡在北洋水师效过力的人员，皆可因才录用。我父亲听到这一消息后，便立刻申请职务，不久他被任命负责修建南京炮台事宜。对他来讲，这件事并不是困难的，所以他只用了一年的时间，便完成了这项任务。

当时，张之洞由湖广总督调署两江总督，他在清末是一位著名的学者，他知人善任，喜欢为人忠诚而又有能力的人。当我父亲拜见他时，他像以往那样询问了我父亲在海军服役时的一些情况，并征询了对建筑炮台的意见。当他听到我父亲提出的计划时，深感高兴，并对在场的同僚说："我有好久没有见到黎先生这样老实而又能干的人了。"因此，在炮台修建完毕，他便向清廷推荐我父亲说："黎元洪不仅忠实可靠，还是一个能处理重大事务的人。"于是，我父亲被任命为南京炮台的总教习。那时，中国缺乏受过新式教育的人才，而我父亲作为一个水师学堂的毕业生，比一般人具有先进的观点，同时又因他在海军服役多年，也具有很多经验。张之洞了解到这一点，于是在商讨一些重大问题时，都让我父亲参加，并对他所提出的建议，大多认为中肯。

在南京炮台建毕一年后，张之洞被任湖广总督。他变更湖北军队的原有组织，而采用一套新的制度，并任命我父亲和几名外国顾问参与湖北新军的训练事宜。我父亲因过去一直在海军中服务而缺乏陆军的经验。但是，他了解当时日本有了突飞猛进的发展，奉张之洞之命，前后三次赴日本考察。在这几次的访问中，他不仅深入地研究了向日本学习的要旨，并详细地考察了日本军队新的组织方法。这种研究结果，使他了解到改良军队究应建立在什么样的基础之上。归国后，他便把新的知识用于改良湖北的军队，并被任命为湖北护军马队管带。不久，又改任护军前锋第四营督带，继而升为协统兼护第二镇统制官。他把全部时间都用于军队的训练和改良，并给本镇士兵开办一所医院，建立一个后勤加工厂，并向他自己所统带的士兵提供靴袜和制服。结果，使第二镇的管理成为其他镇的榜样。

当时，距太平天国失败还不太久，清政府怕到处都派军队驻扎镇守，这在财政上是一项重大的负担，于是便提出来裁减军队，第二镇遂改编为第二十一混成协，并任命我父亲为该协协统。除第二镇外，还有第八镇。1905年河南彰德秋操时，我父亲指挥第八镇参加这次演习。同时，我父亲还被任命兼管马、炮、工、辎各队事务，级别相当于统领。他还担任汉阳兵工厂的监督、湖北陆军中学总监、省讲武堂的会办。由于他是海军出身，一支拥有6艘军舰以及4艘鱼雷艇的湖北省海军舰队，也由他来指挥。

第五章　大革命

在中国被满洲大征服之后，他们对汉人的压迫极为残酷。每一满族家庭的孩子，从出生起便享受钱粮的供给，这是只有满洲人才能享有的特权。满族妇女不能与汉人通婚，而满族男子也不能娶汉族妇女为妻，不过这种不平等还不是最甚者。在清朝初年的历史上有文字狱的记载，如果一个人著书或写出任何种东西来反对满族的统治，他和他的家人、亲属、朋友以及与他著作有关联的人，都要因株连而被处死。这种行为不仅引起汉人的愤怒，而且使腐朽的清政府的外交关系在清朝末年遭到完全的失败。中国老百姓害怕这种情况如果继续下去，中国便有灭亡的危险，于是便请求君主立宪。这种请求，表面上是被允准了，但实际上清政府并不打算在这方面作出任何让步，也不想建立一个立宪政府。这些原因交织在一起，便在学生和士兵的思想中播下了革命的种子。同时，西方文明正在不断传入中国，民主思想在中国青年人的头脑中迅速成长。政治革命和种族革命的呼声广泛流传，遍及全中国。革命活动在各地展开，但由于没有得到军队的支持和有一个强有力的领导者，都以失败告终。

自从湖北军队实行现代化以来，士兵们皆致力于训练和学习。当瑞澂被任命为湖北巡抚（应为广总督）后，在对待士兵的态度上又有了突然的变化。瑞澂是一个具有种族偏见的满洲官吏。当张之洞在湖北时，是根据军事人员的才干和服务加以提升的，到瑞澂时，一个满族士兵就可以直接被提拔为将领，而一个汉族陆军学校的毕业生可以多年都不予晋升，仍是

13

一个小兵。除此之外，满族士兵得到文明的待遇，而对汉族士兵则是最专制的统治。然而，这种情况在我父亲的混成协里，则是个例外。由于这个原因，瑞澂便阴谋把我父亲打击下去。不过他这种阴谋并未得逞，因为我父亲是深得人心的。后来，瑞澂的偏见，引起汉族士兵对满族人强烈的仇恨，加之学生的宣传和鼓动，加速了以武装暴动反对这种难以忍受的暴虐统治。于是，在我父亲的混成协里，成立了一支"革命的组织"，士兵们头脑里的革命思想异常强烈。本来他们准备在1911年10月6日举事，但是这个计划被外务部侦知并用密电告知瑞澂，于是他下令采取包围状态，致使举事的日期被推迟了。10月9日（应为10日凌晨），三位革命志士被捕并惨遭杀害，许多革命组织亦均被发现，革命志士的名单也落到瑞澂的手中。瑞澂惊奇地看到那么多士兵的名字，他秘密下令逮捕他们。这无疑地促使革命行动立即举行。在1911年10月10日晚上8点钟，我父亲的混成协中的炮、工、辎各队在武昌城首先发难。他们得到其他军队的增援，一举歼灭了满洲卫队，瑞澂在听到起义的消息之后，便匆忙的逃到一艘炮舰上去，第八镇统制张彪也逃跑了。武昌全城已被革命军光复，而且起义的领导者立即举行了会议，一致通过选我父亲为湖北军政府都督。他深感责任重大，立即加以谢绝，可是由于全城已处于如此危急的境地，他最后接受了担任此职。如果他拒绝了，就意味着群众的解体。

一个军政府在武昌建立了，政体改变了，中国从此成为一个共和国。采用新的纪元，并决定用有十八颗星的旗子作为国旗。以我父亲的名义发表的一份独立宣言送往全国各省，并向驻汉口的外国领事团声明独立的原因，要求他们严守中立。由于我父亲懂英语，他和外国人的关系是友好的（他们接受独立宣言）。同时，我父亲发布命令，保证人民安全，禁止杀害无辜的满人，保护外国人民的生命财产和教堂等。10月11日，革命军光复了汉阳，那里的军火是由汉阳兵工厂供给的。10月12日，又光复了汉口，革命军队具有良好的纪律，到处受到欢迎。仅在三天之内，武汉三镇——这个湖北的中心、长江的咽喉，便落在革命军的手中。

有12个行省接到我父亲独立的电报后，也相继宣布独立。为了采取与湖北一致行动，他们也同时发动。在武昌起义的第四天，清政府派将军荫昌率领大批北方军队开来汉口，汉口遂全部变成战场。海军提督萨镇冰接到清政府的动员令后，立即率炮舰前往汉口，除湖北外，其他各地也有战事发生。与当前的内战相较，这次的战斗是相当激烈的。

敌人占领了汉阳，但幸运的是萨镇冰曾是我父亲的老师，加之海军士兵差不多一致倾向革命，所以炮舰只是在进攻中稍作攻击，便向革命军投诚了。在12省独立之外，即使仍在满清政府控制下的地区，也响应革命。清政府看到人民态度的变化，便命令当时指挥北洋军的袁世凯与我父亲进行和平谈判，并提出承认君主立宪的要求。这个提议被拒绝了。当时汉口已卷入战火之中，对外商影响很大，于是领事团建议停战，双方予以接受。当时我父亲全权任命伍廷芳博士在上海与清政府代表唐绍仪开始关于组织共和政府的谈判。

谈判的结果，决定首先召开国会，然后确定政府的组织形式。当时，袁世凯已被清政府任命为内阁总理大臣，他不同意这个决定，并取代唐绍仪与伍廷芳进行谈判。停战的时间推迟了。幸而清朝皇帝决定接受北洋军42位将领关于请求他退位的电报。

第六章　临时政府与副总统

当起义发生时，没一个统一的政府来领导，因此后来我父亲打电报给各省，要求他们派代表到武昌来商谈组织政府的问题。结果决定在武昌成立军政府，并选我父亲为军政府的代表，电告各国驻华领事，过去由清政府与外国订立的商务条约，继续有效。除清政府在革命发生后与各国所订的贷款及条约不予承认外，一切合理的债权，均将被中国革命政府所承认。

同时，我父亲又打电报给各省，要求各省成立省政府，以便取得列强的承认。各省相继成立之后，我父亲被选为中央大都督，管理外交事宜，并继续担任湖北军政府都督。代表们原经决定在武昌成立临时政府，但战事仍在激烈进行，汉阳又落入北军之手，鉴于当时该地区处境危险，于是他们便改变了主意，决定在新革命军克复的南京成立临时政府。这个计划施行了，而在大总统被选出之前，我父亲被选为陆海军大元帅并执行大总统职权。

由于南京已成为正式首都，各省代表便聚集在这里召开了会议，研究成立临时政府的规则。1912年1月1日，由17省代表参加的第一次总统选举会举行，每省一票，孙中山以16票当选为临时大总统。1月3日，又一致选举我父亲为副总统。他被授予上将军衔，并授以勋一位。在副总统外，他还继续担任大元帅，并兼任湖北都督。

第七章　统一

当临时政府在南京成立后，清朝皇帝仍在行使权力。然国内军事将领和驻外使节均电请清帝退位。其实，清朝的皇帝不过是个孩子，他母亲隆裕皇太后看到大势已去，便决定退位，并指定袁世凯来会商解决条件。事先，伍廷芳曾建议对清朝皇室、贵族以及满蒙、新疆和西藏的上层加以优待。在这次会议上，清廷同意了所提出的优待条件，并于2月12日宣布清朝小皇帝退位。同时，任命袁世凯组织政府。孙中山在清帝退位的第二天，即向临时参议院提出辞呈，并建议由袁世凯继任大总统。2月15日，袁世凯当选为共和国的临时大总统。我父亲听到孙中山辞职的消息后，也提出辞呈，但未被接受并重新当选为副总统。

袁世凯虽当选为临时大总统，但他仍留在北京，并无去南京就职的打算。因为他在北方的影响远较在南方为大，若去南京莅任，势必会削弱他的权力。

就在这时，北京发生兵变。袁世凯借机宣布此时他的责任重大而无法离开去南京赴任。从此，袁世凯被同意留在北京任职，中央政府也迁到北京。内阁在京成立，袁世凯任命了各部总长，北京遂成为政府的所在地。4

月1日，孙中山宣布辞去总统的职务。4月6日，我父亲也辞去陆海军大元帅之职。4月2日，临时参议院决定迁至北京。这样，北京便被确认为新共和国的首都。

第八章　我父亲与袁世凯

中华民国虽然正式成立并被各国承认，但国家仍然处在极度的混乱之中。而袁世凯又是一个有权势欲的野心家，不管是谁被认为有妨碍他时，就一定会被他从有权势的地位上赶走。当时中国有两大政党，即国民党和进步党。由于袁世凯是进步党的后台，所以国民党坚决反对他任总统。所谓第二次和第三次革命，其目的就是推翻他的统治。

我父亲完全了解国家当前迫切的问题是建设而不是破坏。新建立的共和国是在革命中诞生的，所受的创伤尚待医治，而更多的破坏对国家的发展则是有百害而无一利，只会把余下的国力消耗殆尽。我父亲有鉴于此，便决心实现国家的安定。他比以前更加负责，操劳。尽管他将大元帅的职务让给了袁世凯，但他仍然得到各省的信任和支持。尤其是他过去的声誉产生了良好的结果，使他发出的每一份通电都得到赞许，遂使一些困难逐渐得以解决。

1913年的秋天，举行正式总统选举，有人建议让我父亲出任总统，但他为了国家的利益而拒绝了。于是在中华民国国会第一次正式选举中，袁世凯当选为正式大总统，我父亲当选为副总统。当时，由于我父亲操劳和忧心国事，致使他的健康情况不佳，适当的休息对他来说是有利的，于是他辞去了湖北都督的职务而前往北京担任副总统，并同时兼任参谋总长和参政院院长。

到京后，两年的安定生活，使他得到休息而健康逐渐恢复。1915年9月，袁世凯准备帝制自为，后来并封我父亲为武义亲王，我父亲不仅予以拒绝，而且发誓永不承认袁世凯为皇帝。但是，袁世凯执迷不悟，终于自

17

称皇帝。随之而来的是一种什么样的不幸后果，已众所周知。无须我再在这里重费笔墨。袁世凯是有很大权势的，因他手下有一支供他指挥的军队。而我父亲当时已无权力，况且袁世凯派兵监视他，使他失去了自由。尽管如此，我父亲仍坚持不承认帝制，而且从这时起，他甚至拒绝接受他的薪俸。

第九章　在第一次总统任内

在那时，袁世凯是中国最有权势的人物。自从李鸿章去世以后，他就是北洋派的首领。在太平天国失败以来，北洋派就是当时中国一个最有影响的集团。清朝被推翻，不过是政体的变化，而北洋派仍具有权势，尤其是在袁世凯当选为民国的大总统之后，更增加了北洋派的权力。但是，袁世凯错误地估计了人民的心意，他满以为没有任何人能阻止他去登基当皇帝，然而当他实现了帝制自为的计划以后，随即在各地发生了战事，而把国家推入了内战的境地。1916年6月6日，他终于因身受刺激而忧虑成疾毙命。

根据约法，大总统去世，应由副总统继任。所以，我父亲于1916年6月7日理所当然地成为中国的大总统。在袁世凯当政时，国家的危难很少能解决，由于他一心想当皇帝，而使形势更为恶劣。我父亲担任大总统后，他唯一的宗旨便是恢复国内秩序和保证国内的和平。他首先力图实现南北统一，其次着手整顿财政，并取得一定的效果。然而，他在推行政治措施时，却遭受到很多的障碍。当时，国务总理是段祺瑞，他人虽精明，但却是一个顽固不化和刚愎自用的人。他属于北洋派，而在袁世凯去世以后，他即成为该派的领袖。他有许多优点，但他的追随者却是一批乌合之众。我父亲的想法是把更多的权力交给国会，然在这方面他俩的主张却经常发生矛盾。

我父亲作为一个公正无私的人，他的所作所为都是对国家有利而毫不考虑党派的利益。然而，段祺瑞的追随者曾毓隽、靳云鹏、徐树铮这三位北洋派的干将为了乘机谋取私利而联名致电给安徽省省长倪嗣冲，请他电约时任副总统兼江苏督军的冯国璋、江西督军李纯以及湖北督军王占元在徐州召集高级将领举行会议。会议的明显目的是增加北洋派的实力并扩大其影响，我父亲虽然指示内阁对出席徐州会议的人提出谴责，然而从此以后，军人们就漠视政府而在不与政府商议的情况下，便自行集会。

当时，国会正忙于制定宪法，各党派的斗争异常激烈。狡猾的政客为了利用军人却向他们作出了不少非法的让步，从而使国家陷于四分五裂之中。

徐州会议上组织的督军团，相继在天津和北京集会，并由一位失意的政客起草请愿书转呈给我父亲，要求解散国会，由于这一非法的举动遭到我父亲的强烈反对，致使督军团以保持北洋派的团结为名，第二次云集天津，召开会议。同时，他们雇用一些暴徒包围国会，以阻止会议的进行。然而，国会仍坚持要修改完宪法。看到这种腐败的情景，大多数内阁成员都提出辞呈。当时，国会坚持重新组阁，但是国务总理段祺瑞拒绝辞职。当斗争进行到白热化时，一些北洋派要员，企图用军队包围总统府及国会。这样，我父亲不得不下令解除了段祺瑞的职务。

当段祺瑞被免职后，他的追随者便煽动军人宣告独立，以反对中央政府。当时，安徽省省长倪嗣冲因其渎职行为受到我父亲秘书长的斥责，于是他首先宣布独立。接着宣布独立的是奉天督军张作霖。北洋派的其他一些督军，也相继与中央政府断绝关系。从此，中央政府便对军队失去了控制的力量。

安徽督军（实际是长江巡阅使）张勋，自愿作为调入。他也参加了徐州会议，并在会上达成了一项秘密协议，即如果张勋实行复辟，便对他进行援助。同时，会下还进行一些幕后活动，便是迎接时任副总统的冯国璋来取代我父亲为大总统。所有这些阴谋的会议，都是在徐树铮主持下进行的。实际上，他们并不想要恢复清王朝，只不过以"复辟"为名作为烟幕弹，而真正的意图是赶走我父亲。张勋没看出这是个骗局，便以调解总统和督军团之间的冲突为名，而把他的军队开进北京。

当他到达天津时，提出要解散国会，被我父亲断然拒绝，经过多次无结果的协商，张勋变得急不可耐，于是他最后宣布如果我父亲不能接受他的要求，他就不再负责维持治安以及无法约束督军们对中央政府采取自由行动。我父亲害怕由于内战的结果会使国家分裂、人民涂炭，并使在京城的中外人士的生命和财产遭到不幸，便以督军们同意取消独立作为交换条件，被迫同意下令解散国会。

在解散国会后，张勋便于1917年7月1日宣布复辟。

北洋派的阴谋已昭然若揭，张勋的辫子军控制了北京，就在这一天，我父亲又任命段祺瑞为国务总理，并自行辞去了总统的职务，同时打电报给副总统冯国璋，请他暂时行使大总统职权。直到这时，张勋才感到已上当受骗，没有人能再助他一臂之力。所有这些都是按照督军团在徐州会议上的计划进行的。段祺瑞发兵讨伐张勋，随即张勋在京被击败。其时，段祺瑞请我父亲复职，对于这一请求，他当然予以拒绝。于是，根据约法，冯国璋继任总统。与此同时，一些议员在广州集会，并成立了包括南方几省在内的另一个政府。从此，中国再度陷入分裂和内战。

第十章　在第二次总统任内

由于我父亲在水师学堂求学时就注意锻炼身体，所以当他在海军和陆军服役期间，对于身体状况非常注意，因此他一直很健康。但从革命时起，他忙于计划着一些重大事务，很少有时间锻炼身体。正当他打算恢复一下体力时，总统的职务使他工作劳累过度，身体健康更为不佳。

张勋复辟给国家造成严重灾难，但它却给我父亲一个恢复健康的良好时机。他辞去总统职务后，立即来到天津。在天津，他有一处带有美丽花园的住宅。现在，没有什么事来打扰他了，他唯一的工作就是在花园散步和看着园丁浇花——这对他来说是一个真正的乐趣。每天他早上起来便锻炼身体，然后洗个澡，8点进早餐，而在早餐之后，他挑选一些报纸随意浏览。当时，中国的政治局势一再恶化，当他从报纸上看到一些令人懊丧的消息时，便以练习写毛笔字，来排除他心中的烦恼。

他12点进午餐，饭后睡个午觉，这对他来说非常有益。他很高兴人们到家里来看望他，不过他不欢迎那些有政治企图的人。因此，他的一些老朋友常来访问他，并经常畅谈到晚饭时分。晚饭后，他便把家里人召集到客厅里聊天，除谈一些有兴趣的新闻外，多是家长里短。而且，他很喜欢在这时听留声机，作为消遣，他还有早睡的习惯，经常是在晚9点时，他便回到寝室入睡了。

他在天津一共住了五年，这也是他最美好的时刻，因为他确实享受了生活的乐趣。由于长期的休息和各种锻炼，他恢复了健康。当他感到精神稍差时，便在早晨骑马出游。在花园里，他有一个自建的网球场，并经常在下午打上1小时的网球。当冬天到来时，就将网球场改为滑冰场，把打网球的时间改为溜冰了。有时晚上他还喜欢去听戏或看电影，因为他愿意有更多的时间同老百姓在一起。

当他在天津居住时，政治风云变幻莫测，如临时约法被废除了，并非法选出了新国会，徐世昌非法当选为中国的大总统。同时，旧国会议员在广州集会，另外组织了一个政府，而这个政府的管辖区包括西南五省。这两个政府各派军队互相交战。战争的结果，双方不见胜负，而国家和人民却遭受极大的痛苦，外债高达5亿元，中央和许多省的公务员都拿不到薪金，只有军阀倒发了国难财。

旧国会议员去广州后，曾请求我父亲到那里担任总统的职务，但被我父亲谢绝了。后来，直奉战争的结果，北京陷入无政府状态。1922年6月，部分旧国会议员又在天津集会，认为从1917年7月开始的北京政府是非法的，并要求全部恢复法统，恢复我父亲的职位。起初，他拒绝了这个请求，但当他看到北京的危险状态，便以"废督裁兵"作为条件而接受了这个请求。同时，他提请国会规定他没有任满的期限。于是1922年6月11日，他在北京又恢复了大总统的职务。

当时，在中国最有势力的政治派别，实际上可以说是属于北洋派的直系，其首领曹锟是一个没有受过教育和毫无知识的人，只是因为有一支数量大的军队由他控制，所以不管是合法还是非法他都可以为所欲为。而他的支持者，甚至比他更为恶劣。政府颁布的任何命令，他们都可以充耳不闻。我父亲的"废督裁兵"政策，自然更遭到他们的反对。我父亲力图组成一个混合内阁，他们也坚决反对。因此，由于组织内阁达不成协议，一年之中就换了五位国务总理。

1923年6月，内阁总辞职，尽管我父亲极力挽留，但是仍于事无补。最后，他被迫签发了由农商总长李根源副署的同意内阁总辞职的命令。同时，我父亲并任命李根源兼署国务总理。又发布命令，将巡阅使、巡阅副使、陆军检阅使、督军、督理，着即一律裁撤，并将所属军队归陆军部直接管辖；全国所有厘金，必须于1924年1月1日一律实行裁废。此时，北京的军警在某些人的指使下，开始扰乱。1923年6月13日，我父亲向国会及外交团递交了公文，说明他由于在北京不能自由行使职权，他不得已迁往天津以求行动自由。

在他还没有抵达天津家中之前，他遇到了一件不能令人忘怀而又异常愤慨的事情，就是他被曹锟的忠实支持者直隶省长王承斌扣留在天津北站，目的是要他交出总统印信或是返回北京。他被扣留一天后，被迫交出印信使将其放行。

这时，反对直系的力量，较直系的影响为小。我父亲本可以舒适地待在家中，但是他对国家的前途忧心忡忡。因此，他在9月前往上海，力图联合反对直系的力量，但没有成功。与此同时，他患着严重的糖尿病，因此他决定脱离这政治旋涡，并于10月前住日本别府养病。这里的温泉很出名，而且气候宜人。他在这里住了六个月，疾病痊愈了。

1924年4月，他在日本旅游，并在各处作了关于国际和平与友谊的重要讲演。次月，他动身回国，并于5月10日返回津寓。

（1925年5月18日于天津）

译者附记:

本传作者黎绍基(1903—1983),字重光,系黎元洪之长子。曾任中兴煤矿常务董事兼驻矿委员(一度任委员长)、山东济南鲁丰纱厂常务董事、中兴轮船公司董事长等职,1936年又被山东省政府主席韩复榘聘为国民经济建设运动委员会山东省分会委员。解放后,在上海航运局工作。

本传系用英文写成,出版于1925年。当时黎元洪尚健在,作者在某些问题的观点和提法上有值得商榷之处。译者原文照译,未予改动。

此传在译校整理过程中,曾得到张茂鹏、翟乾祥同志的热情支持和帮助,谨在此表示谢意。

(天津市政协供稿)

我的父亲黎元洪

黎绍芬

（一）

我父亲黎元洪，号宋卿，湖北黄陂人，人称"黎黄陂"。我父生于1864年（清同治三年），14岁时，因我祖父黎朝相（系前清的小官）调动差事，随同至直隶北塘。我父自幼订婚，母吴氏亦前来，时仅8岁。在北塘我父就读私塾，勤奋好学。

1886年，年22岁，考入天津北洋水师学堂，学管轮。同年结婚，不久我祖父病故，家庭生计艰难，全仗我父在水师学堂津贴9元维持生活，并由我母缝制鞋垫出卖，以补不足，每月共收入10余元。夫妇困难相依，感情甚笃。

1891年，我父在北洋水师学堂毕业，保充守备，任广甲炮舰大车（大管轮）。甲午之役，因所驾驶之军舰被日本海军击沉，官兵均弃舰逃命，我父在海中漂流约10小时后被大浪打到海滩上遇救。

时张之洞署两江总督，我父遂前往南京投效，派充自强军翻译，兼督修狮子山、幕府山炮台。张任湖广总督后，我父任护军马队营帮带，曾先后三次被派往日本见习。回国后升前锋四营督带。后湖北扩军，外常备军第二十一混成协协统，带兵5000人，月俸500两，并兼任武昌武备学堂总办，直到辛亥革命。

我父自任协统后，曾在武昌中和门（辛亥革命后改为起义门）附近建一所中式楼房自住，又建有小房若干出租。嗣后又在中和门，建筑一栋西式四楼四底的楼房，辛亥革命时，我家就住在那里。当时我父亲踌躇满志，曾对我母说："此时生活不比北塘，衣食可以考究一些了！"我母亲不以为然，她以为应当积蓄钱财购置地产，遂在武昌乡下纸房村买了不少土地出租。

1911年10月10日，武昌革命军兴，下午7时许，起义军打开中和门，大喊：起义了！我们惊恐万状，不知所措，竟夜不敢休息，曾有人急叩我家大门，问："黎统领在家吗？"是晚我父在兵营未归。当时有人建议我们为安全计应到亲戚家小房里躲避一时。不久，我父的亲随樊达贵来家说："起革命了，杀的旗人很多，街上死尸遍地。"后来又说："协统已被请出去当都督了。"还告诉我们说："大人（指我父）说，要做都督，得依我三个条件：一、开城门；二、不许杀旗人；三、为了安定民心，市面要照常营业。否则不做。"越日，樊达贵又来告诉我们说："统领的意思，要我们早日离开城里，恐怕清军队过来，对我们不利。"他还说："起义的当天晚上，张彪和其他军官的房子都被烧掉，他们都跑了。"当时只开中和门，城门只开二尺门缝，门上插刀，人从刀下过去，如果是旗人便杀掉。我们乘民船，到离武昌60里外纸房村暂住。过两天，樊达贵又到乡下来，我们才知道我父确已做了都督，开始悬挂五色国旗，并正在联系国内各省响应革命，推翻清廷。

我父对清朝大小官吏的贪污腐化，肆意捕杀革命青年等行为，一向不满，但他身为清朝军官，又觉得应该尽忠清廷，因此在辛亥革命时，不肯就任都督，唯恐有负清室，落得不忠之名。但大势所趋，也没办法。我听说，起义时我父在兵营内，有戴白布标志的兵士入内报告，请他出来就任都督，他急怒之下，欲拔刀砍之，猛然想到环境如此，大势已去，遂又以能力不足推辞；后迫于起义官兵压力，乃就任都督。清兵进攻汉口时，我父吩咐樊达贵转告我们，要分批逃到上海。我们到了上海以后，在公共租界找到一所楼房，下面住着外国人，我们住在三楼。我母亲嘱咐我们不得外出，遇人问话时。不要说来自武昌，也莫说姓黎，要说姓吴。在那一段时间中，整天闷在楼上，很少有人来看我们。以后知道，当时那样做，主要是唯恐时局有变，万不得已时可以托庇在帝国主义势力之下苟全性命。1912年元旦，南京临时政府成立，我父任副总统，仍兼湖北都督。不久，我们才离开上海，但仍未直接回武昌，先住在汉口英租界，半年后，才回到武昌。

辛亥革命时，我父发往各省的通电稿，曾经很多人拟稿，其中，我父最赏识的是饶汉祥所拟的电稿。饶系清末举人，由我父提拔，充都督府秘书，后做总统府秘书长。都督府拍往各处的电报，都出自饶手。

1913年冬，袁世凯要先父进京，并令段祺瑞到湖北督促。我父虽不愿离开武昌，迫于环境没有办法。到京后，全家都住在中南海瀛台。袁世凯是大总统，我父是副总统，后又兼参政院院长，月薪5万元。每日除散步、读书、阅报、写字外，无公可办。

1914年春，袁世凯请我们一家到他家做客。袁世凯把他的儿子、女儿都叫出来，见我父亲。袁说："我们两家要交换，你给我一个女儿做儿媳，我也给你一个。"我父说："我先给你一个吧！"并问他要哪一个。袁表示不计较，只要是黎家的女儿就行，我父遂决定以大妹黎绍芳许配给袁的九子袁克久（铸厚）。绍芳那年才8岁，我母对此婚事非常不满。我父说："没办法！这是政治婚姻，不然他（指袁）不会和我合作。"我母坚决不愿意，他们多年的和睦夫妻，竟因此失和，一月之内互不理睬。不久袁家来要八字合婚，我父向我母询问，她闭口不谈，后来还是由婶母口中探听出来的八字。订婚时，我母不出来招待亲友宾客，后经众人一再劝解，才勉强出来应付。

袁家送来的聘礼中。吃的东西多，绸缎有几匹，首饰有一些，聘礼不重，翡翠、珍珠、钻石都没有。8岁的大妹，什么也不懂，长大后对这件婚事很不满意，精神抑郁，终日闷闷不乐。她总觉得前途无望，在南开大学预科只读了一年就退学待在家中。我留学美国时，曾写信劝她到国外玩玩她也不肯去。她曾要我和我父商议退婚，但我父认为既已订婚，不能反悔，断然拒绝。从此她更加抑郁，精神开始失常。我父去世后。袁家来催娶，1930年2月我母病故，我弟重光即请刘钟秀（曾任先父秘书）向袁家讲明"绍芳精神已不正常。是否还准备迎娶？"袁家答复是肯定要娶，并说："婚后老九陪她玩玩就会好的。"袁铸厚曾对我说："我是为我的父亲才答应和令妹结婚牺牲我自己的。"准备结婚时，袁克桓（即老六）请刘钟秀对我大弟重光说："我嫁个妹妹花了20万。你可别小气啊！"旧俗正式迎娶前一日，先过嫁妆，据陪嫁的女用人说：袁母当日夜间，即把陪嫁箱笼全部打开过目，认为嫁妆不丰，脸上早不悦之色，婚后一年余，袁铸厚纳妾，绍芳被送入北京疯人院，直到解放后才病故。

袁世凯要袁、黎两家结亲的目的，是因为帝制在进行中，以姻娅关系既定，可避免我父反对，但未能如愿。当袁称帝后，命其子袁克文（老二）亲送"武义亲王"金字匾到瀛台，并谓："遵父命给大叔道喜。"我父不受。不久，帝制派的急先锋、筹安会梁士诒等来了，我父避到我的闺房中，泪流不止。我大惊，问他为什么？他良久不语。后谓："他们逼我。人来了，总得见。"相见后，我父指大厅一柱说："你们如再逼我，就撞死在这里。"梁等始离去。这是我亲眼看到的。海军总长刘冠雄，也是筹安会的人物，刘子结婚时，我父派我去道喜，在场的人都说："亲王格格来了！"（满族称女儿为格格）我很生气，饭也没吃，就走了，归家告知我父，父谓："可恶！"

帝制失败，袁世凯不久死去，袁家来报丧，我父疑袁又弄阴谋诡计，不敢去吊丧，乃派我为代表前去探丧，看袁世凯是否真死了。当时我并不知个中内幕，只记得我父叫我去看看袁家有人穿孝没有？棺材停在什么地方？我去后，见袁世凯尸体停在怀仁堂，盖黄缎陀罗经被，还没入殓。袁家的男女都穿孝。回报我父，始信袁世凯真死了。

袁世凯死后，某日，我父带两卫士到总统府后金匮石屋，去取袁世凯生前留下的总统继任人选名单。有人（忘记是谁）提醒我父注意，怕石屋附近埋有炸弹，遭其陷害。我因好奇，跟随在我父身后。因而遭到斥责，但我们在暗中尾随。后见取出一红色硬纸卷，即匆匆走回我母房中。我看到白底黑字，第一名是黎元洪。我说："第一个名字是您，当然是您应该做大总统！"我父说："副总统当然继任大总统。"

　　1916年，我父继任总统后，逐渐与国务总理段祺瑞意见不合。形成历史上所谓"府院之争"。当时我年幼，不知争执的详情，只记得段祺瑞在参战问题发生后，每次到总统府来议事，临走时总是表现出很生气的样子，我父对参战问题，因英、日站为同盟，日本已参战，原来并不反对段的主张，当参战咨请国会通过时，总统府监印官系大弟重光之岳父唐浩镇，他因德国富强，参战必败，竭力反对，咨文盖印时，拒不盖印，我父强之，他还坚持己见，因系至亲，不便施加压力，遂亲自动手盖印，因此唐浩镇一怒而去广东，两人从此未再见面。

　　1917年7月1日张勋复辟后。通知我父于24小时内离开中南海。我父嘱我母："要连夜收拾东西，只拿箱子。其他一概不动，到法国公使馆去，要分批走。"旋由蒋作宾开车。把他带出中南海，到法国医院，大弟重光乘汽车带着首饰等，随着离开中南海，路上被步军统领江朝宗截住后扣留，追问我父亲下落；经他和我父联系后，方将其放行。事后江朝宗妻在天津向我母道歉，谓事出不得已。我们其余的人，另作一批直接到法国公使馆，常见一些书上谓在此期间内，我父躲在日本公使馆，其实不是，我们分别到法国公使馆和法国医院躲避，是容龄的关系。容龄是慈禧太后的一个女官，他父是清亲王，母亲是法国人，由于我的推荐，她在总统府礼官处做女交际官，并认我母为义母，她和法国公使馆的人很熟，故能联系。

　　1922年6月，第一次直奉战争直系胜利，王承斌奉曹锟、吴佩孚命，来津请我父回京，复任大总统。我父自张勋复辟后，在政治上很灰心，认为政治复杂不好搞，不肯答应。后来王承斌几次来津纠缠，请他复任，最后竟跪在地上苦苦地恳求，才勉强答应去北京。到京后住在东厂胡同一号，每天到总统府居仁堂办公。此次复职后，未曾支领月俸，因此较清闲，冬天常去溜冰，为时仅一年，曹锟要当总统，逼先父下台，甚至切断东厂胡同一号水源电路。那时我们都住在天津，只有我父之妾危文绣（很多人称她为黎本危，是错了）陪同进京，我母只在招待外宾或有大型宴会时，才由容龄来迎接去京。

　　我父被迫返津，事前我们一点也不知道，后来家里管事的来报告说："总统已回津，在北站被兵截住。"那时我正在南大读书，我母叫我去看看，遂带了一些点心，乘车去天津北站。到北站后，看到专车周围持枪兵士密密层层。我上车后，见车厢里仅有三人：我父、《泰晤士报》主笔熊少豪、美国顾问福开森。我父看到我后，即说："你们看看，一国元首，竟被困了！在国外，元首被困，大家都要保护。……"言下不胜感慨，嗣即示意我到各国领事馆联系，以便设法保护，我即找到美国领事，向他说明当时的情况，请他帮助，美国领事答应一定想办法，尽力帮助。去访英国领事时，适不在，只和领事馆内工作人员谈了，但他们并没有采取具体行动。我父回家后美国领事馆曾来慰问，当时来看他的人很多，他精神很好地对人们说："我问心无愧，让我做总统是他们，苦苦地请我去，现在不让我做总统也是他们。"这件事，如果不是王承斌等把印信劫走，我父是准备回津后，在租界里号召全国，并利用外国势力来反对曹锟的。

（二）

我父两任总统，思想方面，在一定程度上不同于他人的情况。特就我所知，加以介绍，其中大多是在津闲居时的事情。

我父早年就读于北洋水师学堂，教材都选英文书籍，所以使他早期接受西方的资本主义教育，崇拜西方民主自由和物质文明，佩服西方领袖人物，如华盛顿、林肯，等等。1923年至1927年，我就读于美国哥伦比亚大学。由于我是一个中国总统的小姐，曾由美国参议院长埃瑞斯夫妇陪同，在华盛顿做客，参观了美国的国会，到白宫曾为美国总统哈定接见。接见时，他表现得非常和蔼近人，不像我在中南海看到的那些北洋军阀官僚。由于我是我父比较钟爱的女儿，平日也常代表他去办事，他多年想去欧美的愿望，又给我先行一步，所以他总要我写信给他介绍美国的一些情况，因此，他崇拜英、美的思想，我是起了一定程度的推动作用的。

他很喜欢骑马、种花，没有嫖、赌、鸦片嗜好，也很愿意和美国人做朋友。如美国垄断资本家木材大王罗伯特·大来就是其中的一个。大来在国外就很钦佩我父，认为是一个革命元勋，他每次来到中国，都来看望我父，还说过要我父帮他25年的话。究竟是在哪方面帮忙，怎样帮忙，我弄不清楚，不过据我所知，我父的确帮过大来的忙。我们在津盖房时，曾买大来木行的木料。大来抓住这件事大肆宣传，说中国总统私人盖房都选用大来木材，足见大来木材如何如何的优异，等等。美国的钢笔大王派克也专程拜谒我父，来时，事先特制了一支朱砂色的金笔送给我父，并要求用这支笔给他签字，他回国后，将我父亲笔签名制成广告，到处宣传。另外，英国报业巨子北岩公爵也曾来访问过。他们这些人，有无政治上企图，我是莫测高深。世界青年会来津时，共2000人之多，我父不仅热情招待，而且还准备了茶点，每人一份，这样举动对于一个在野的总统来说，是否还有一些另外作用。当时我正在国外，无法知道。

在对子女的教育方面，早先他是不主张我们到外面去读书的，理由是怕沾染社会上的不好习惯，因而在家中设馆。这种馆，既读古汉文，也学数理化，尤其注意学英文。当时华凤阁（天津八大家之一）教汉文，孙启廉教英文，南开中学的数理化教员教数理等课程。四年学完后，由唐宾如（我父的副官）和南大校长张伯苓商议，发给南开中学的文凭，这种特权，在当时是不多见的。大弟重光曾在日本贵族学院读书，由张之洞第十一子张燕卿陪去，随身带了一个日文秘书和听差、厨师各一人。后来我准备去美国时，我父仍要我带随从人员，我认为带那么多人去美国会闹笑话，结果改为资助南大同学周淑清一同出国留学，实际是为我做伴。到美国后，起初由美国参议院议长埃瑞斯介绍入威斯列神学院，去后才知是神学院，又经过杜威博士的帮助，才转入哥伦比亚大学。

我回国时，我父十分高兴，他认为在当时军阀官僚的女儿当中，能出国留学，并得到哥伦比亚研究院的硕士学位回来，太不简单了，因而要大弟重光夫妇、二弟仲修和大妹绍芳，远程到日本横滨去接我。到津后，并举行欢迎会。他对于西方男女平等，社交自由及对尊重女性这一套很欣赏，便把多年来不准我们和男客讲话的规矩取消了。本来我父准备在武昌成立学院，基地已经打好，等我回国后负责主持女生部，因1926年唐生智攻武昌时被毁，未能如愿。

（三）

我父在武昌当协统时，月俸500两银子，生活很富裕。当时文武官僚们都纳妾，我父和我母感情很好，初期有人劝他纳妾，他说："我太太跟我受过苦，不能对不住她。"后来我姑祖母为他找了一个陶姑娘，辛亥革命后，又以3000元买了一个，便是后来人们都说的夫人危文绣。危文绣为陶姑娘所不容，陶姑娘遂负气自动离去。虽然有了危文绣，但每逢正式宴会或招待外宾时，向例由我母出面，不要危出场。房产地契一类贵重东西，只把法律上不生效的副本放在危文绣那里。

我父下台后，在天津做寓公，在中兴煤矿投资40万元，实交20万元。久大精盐公司、水利碱厂、中国银行、交通银行、金城银行、天津华新纺织公司等都有投资，另外还有中国轮船公司，是与朱桂馨、周叔濂、钱训之等合资经营，开始时船不大，目的是运中兴煤矿的煤到上海，后来增加设备，改为近万吨轮船，跑中国香港、上海。在津房产只有今河北路和解放南路的两所，北京东厂胡同一号房产早以30万元卖给日本某东方文化团体，天津河北路房产因投资向金城银行押款，以后欠息积累太多，遂以20万元卖给宋哲元。

北伐时，副官唐宾如向我说："蒋介石的军队已到临城，要没收中兴煤矿。"当时我父受了很大刺激，派大弟重光到南京，由谭延闿向蒋介石疏通。蒋介石说："别人的我没收，黎黄陂的我不能没收。"虽然如此，始终不放心，因中兴煤矿是他投资最多的企业。1928年初夏，他因烦闷，到马场去看赛马，因素患高血压和糖尿病，忽然昏迷，经医治无效，于1928年6月3日，病逝津寓。1933年运回武昌，1934年举行国葬。

（1965年　柴寿安　整理）

（天津市政协供稿）

我父黎元洪二三事

黎绍基

被迫做了军政府都督

辛亥革命前，我父任清新军第二十一混成协协统，驻在武汉，他不是革命党人，对革命是不赞成的。

武昌起义的前一天上午，我父从总督衙门回家，怀着满腹心事说："昨夜杀了三个革命党，搜获了革命党的秘密名册，名册上很多是军中兵士，恐怕要出乱子了。"（编者：彭楚藩、刘复荃、杨洪胜三烈士是10月10日凌晨就义的）

1911年10月10日夜，工兵营兵士熊秉坤第一个动手，举行起义，接着大家响应，首先攻打楚望台军火库。那时，我家住在武昌中和门正街，离军火库很近，相距不过半里，枪声清晰可闻。我父得悉事情爆发后，怕被人发现，匆匆换了一套便服，躲到参谋刘文吉家里去了。刘家有个卫兵，见我父躲在那里，就偷偷地告诉了革命军。当时革命军正在找寻我父出来担任都督，遂派人到刘家邀请。我父起初不肯答应，来人说："我们来是请你担任革命军领袖，领导革命。"我父说："革命光靠湖北也不行，军饷军粮都无法解决。"来人说："这再商量。"我父无奈，遂一起到咨议局商议。在商议中，我父提出只管军事，不管民政，于是民政部部长由汤化龙担任，我父做了都督。后来，我还听到父亲谈起辛亥革命时说："当时有一些兵士哪里知道革命的意义，他们还说请统领'黄袍加身'。"

我父不是革命党人，不赞成革命，为什么要推举他当都督？原因是：

一、当时有军事知识的人很少，而我父毕业于北洋水师学堂，海军出身，曾赴日本考察陆军；建立新军后，又参加过军事学习，并在太湖、彰德二次秋操中获得了一定成绩，在湖北军中有较高威望。

二、那时候，在军队中普遍存在着克扣军饷、中饱私囊的情况，而我父所部军饷按期照发，并且还设立了一个被服厂，士兵被服也较整齐，不像其他部队破破烂烂，因此士兵对他有较好印象。

三、与部下比较接近。别的军官经常住在家里，而我父经常住在营中，就是在过年时也不回家，记得每逢新年我们还到营中拜年。这说明他与士兵的关系是比较好的。

武昌起义后，清政府派北洋军南下"讨伐"，并命海军提督萨镇冰率海军协助进攻。萨是我父水师学堂老师，师生感情甚好。那时武昌虽有炮，但远不及海军炮的威力，如果海军参战，武昌损失一定很大。我父得悉海军是萨率领，连写了两封信给萨，信上语极恳切，记得第二封信大意是："吾师向来知道元洪为人一贯谨慎，这次起事，实是人心所向，经过再三考虑，乃接受此职。望吾师眼光看得远一些，与革命军合作。"此信去后，很有成效，兵舰相继离去，然情况还是相当危险。这时同盟会领袖黄兴来汉亲自指挥。都督府对黄兴应采取什么态度，大家曾进行商议。胡瑞霖（汤化龙亲戚）出了一个主意，用汉高祖"登台拜将"的仪式，由都督请黄兴任总司令，大家都同意，遂在阅马场上正中搭了一座高台，举行了"登台拜将"的典礼，相当隆重。

黄兴任总司令后，情况还是没有好转，汉口、汉阳相继失守。我父担心武昌也有危险，考虑家庭安全，于是托人在上海麦根路租了一幢房子，把一家人都送到上海避难，住了半年，至第二年军事已经停止，才迁返武昌。

我父与袁世凯的关系

袁世凯做了总统以后，对于我父亲仍在湖北兼任都督是很不放心的。所以，他一方面另派军队到湖北来，并把段芝贵留在湖北；另一方面不断邀我父北上。当时我父认为革命已经成功，军队已没有保留必要，也愿意北上。1913年冬，袁派段祺瑞到汉口来邀请我父去北京，当时决定得很仓促，段上午到汉，我父下午就离汉北上，过了两三天家眷才迁去。

到了北京以后，袁指定把南海瀛台作为我们居住的地方。大家知道，瀛台是过去慈禧太后软禁光绪皇帝的地方，四面都是水，现在把这个地方作为我家住所，他的用意是可想而知的。

我父对长居瀛台，当然感到不满，同时我母亲又有了病，于是向袁提出，瀛台太冷，不宜养病，要求另找地方。袁最初只是敷衍，推说："别的地方也是一样，还是这里好。"经再三要求，袁不得已，同时又为结好起见，花了10万块钱，在东厂胡同买了一所房子送给我父（后来这笔礼在袁死后，我父送了10万元奠仪，作为归还），在1915年下半年终于搬出了瀛台，然而已被软禁了两年。

袁世凯为了巩固自己的地位，就多方面笼络我父，两家的联姻，也是由于他的这种企图。我们到京后的第二年，袁就托人（我记得是唐在礼）前来说亲，他提出了两家交换联亲的办法：一是我的妹妹绍芳（当时年仅8岁）嫁给袁的儿子，袁子老九、老十年纪相仿，任挑一个。另一是袁的女儿嫁给我。这件事，遭到我母竭力反对，尤其是反对袁的女儿嫁过来。她说："袁世凯的女儿要做我的媳妇，我这个婆婆太吃不消。"经过商量，觉得全都拒绝，怕会伤感情，结果是我妹妹做了政治牺牲品，与袁克久定了亲。这件政治上的封建婚姻，结局当然是悲惨的。订婚后，我妹随着年龄的增长，越来越对自己的婚姻不满，终日郁郁不欢，成了精神病。到1934年，袁克久从美国回来，提起了这门亲事，我与袁克久说："现在我妹有了病，这桩亲事算了吧！"克久说："我们有二代交情，父辈做的事，反悔也不好，有病婚后也可治疗。"结婚后，病情有增无减，只得又回到娘家疗养，不久进精神病院治疗，迄未好转，终于死去。

袁世凯做了总统以后，就积极准备做皇帝的活动。他曾数次探听我父口气。有一次，袁问我父说："近来有许多人要我做皇帝，亲家，你看怎样？"接着马上又表白："这些人当然是胡闹。"我父就告诉他："革命的目的是推翻专制，建立共和。亲家，如果你做了皇帝，怎能对得起武昌死难烈士？"从此以后，他就不再与我父谈起做皇帝的事了。然而他的帝制活动并没有停止，反而更加露骨了。他先把总统任期延长为10年，后又改为终身，接着又决定总统继任人选由原总统生前指定，办法是在中南海万字廊造一座石屋，内放一只金匮，匮内放一张写好继承人姓名的纸，在总统死后打开，宣布继承人选。金匮有3把钥匙，同时使用才能把匮打开。后来，在我父继任总统时打开了这只金匮，见里面有一个黄布包裹，内包长方形一尺多长泥金纸一张，上写"兆民托命"四字，下写"民国万年"四字，中间写了三个名字：黎元洪、徐世昌、段祺瑞。我听有人说，这张名单是在袁取消帝制后调换的，原来写的是他的大儿子袁克定。

袁做皇帝时，首先封我父为武义亲王，遭我父坚决拒绝。我父几次反对帝制，遭袁所恨，因此考虑到自己的安全问题。为了预防遭袁暗算，由刘钟秀经常到日本公使馆打听袁的动态。刘是我父的秘书，留学日本，与日公使馆人员熟识。但这事不久被袁获悉，开始对刘的行动注意起来。有一天，刘与日公使馆人员在某酒楼吃酒，日本人把袁的情况写一纸条给刘，移时，突然发现警察包围酒楼，进行搜查，刘忙将纸条连酒一起吞下，才没出事。

在全国人民反对下，袁被迫取消了帝制，接着便生病了，我父得悉袁病后，曾再三考虑是否要去看他一次，结果我父自己没有去，叫我的姊姊去探望一次。据我姊姊回来说："袁虽取消帝制，然左右的人还是称他'皇上'。"

出任总统到被逼去津

袁世凯死后，当时内阁总理段祺瑞对总统的继任问题考虑了很久。据后来张国淦对我说："段曾召集幕僚整整开了一夜会，商讨要不要让副总统黎元洪继任总统。"段拿了笔，考虑了一夜，想不出好主意，最后把笔向地上一甩说："好吧！去接他来吧！"当时北洋派当然是不欢迎南方军人来做总统的，因此，我父就任总统后，就把内阁改为责任内阁，把权力集中在国务总理身上。不久，国务院秘书长徐树铮写了一张通知，送到新华门总统府传达室，说现在是责任内阁制，所有总统的信件都要送到国务院开拆（包括私信）。我父当时对这通知并不知道，直到有一天徐世昌来访，问起前两天有信寄来，曾否看到。经查询后，才知道有这件事，这封信也在国务院。

1917年，张勋进行复辟活动。记得复辟这天早晨，我在家里听到父亲在前面办公室大发脾气，后来得知原因是梁鼎芬在劝说我父"归政"，说"归政"后可以加封，因而被我父大骂一通。这天，我父情绪非常不好，坐立不安。晚饭后，他向后门走去，我们为防备发生意外，就跟在后面。他见我们跟着，就发火说："你们不知道的，快回去！"他亦随即返回，不久返而复出，从后门乘了蒋作宾的汽车而去。原来他已与刘钟秀、蒋作宾等几个人商议决定，一旦发生变化，便乘坐蒋的汽车赴东交民巷法国医院避难。那天到医院时候已晚，医院不肯开门，遂与刘、蒋商定转往日本公使馆。到日使馆后，发了两道命令：第一道是叫段祺瑞复任国务总理；第二道是讨伐张勋。待复辟事平，我父从日使馆仍回东厂胡同居住。不久，家里发生一件凶杀案，一卫兵欲刺我父未成，刺死了一卫队官长，据说是受人指使。我家遂因此搬到天津租界里居住。

1922年，吴佩孚等直系军阀得势后，又拉我父出来担任总统。这时曹锟也一心欲谋此位。据说他有一次算命，命相者说他不能过60岁，所以更急于要在60岁之前尝一下大总统的滋味。第二年，他主使在京的军警包围总统府，向我父索饷，我父只得离京返津。

当我父刚抵天津北站时，直隶省长王承斌奉曹命阻止火车向东站前进，拉掉了火车头，并派士兵将车站包围，要我父交出总统印信。原来我父来津前，已把印信交给了他的姨太太，带到东交民巷去了，当然无法交出；我那时刚从日本读书回来，与一些日本人相熟，为了这事还曾到日本兵营，希望协助营救。日本兵营派了两个宪兵到车站，但被王的部下拦住，不许进去。后来，我父电话通知他的姨太太将印信交给他们；到第二天才解除了包围，在车站扣留了一夜。放行前王承斌到车站来向我父说："恭送总统回家。"我父回答说："也恭喜你大功告成。"此后，我父就一直住在天津。

我父于1928年因中风而死。虽然高血压症原来就有，但还有另外因素。1927年，蒋介石到南京后，于1928年向中兴煤矿摊派了100万二五库券的任务。我父当时担任中兴煤矿的董事长。煤矿因为历年内战，交通不畅，维持已很困难，但是摊派任务不得不认，于是只得将所认库券打了一个折扣让给银行，总算应付过去。不料蒋介石见中兴认得"爽快"，接着就再要中兴负担100万军饷，并规定期限，到期不交，煤矿没收。中兴哪里还拿得出100万军饷？到了期限，只好眼看被没收。后来，虽经多方设法，用借款、预收货款等方法把煤矿保存下来，可是我父经此打击，病情加重，不久就病逝于天津。

（桂寅华　笔记）

（全国政协供稿）

黎元洪外史

薛观澜

　　查吾国近代历史，英雄造时势，国父孙中山先生也，时势造英雄者，黎黄陂也。武昌起义，黎元洪仅任新军协统，与旅长阶级相同，当时因兵荒马乱，高级官吏已远飏，起义人员将黎氏从楼梯小室拖出，拥为第一任湖北都督。黎氏本人对此幕滑稽剧并不讳言，他说："按清代法律，革命行动可招灭族之祸，岂可掉以轻心。我当时强被拖出，不得不已耳！"黎氏所云，未为失言，当予幼年居乡时，尚视革命为越轨行动，尽当时苏、锡一带，并无满人踪迹，种族思想，又从何而起？

袁项城信任黎黄陂

　　民国肇直建后，黎元洪荷天之休，威望日隆，虎御三杰（黎部三武为孙武、蒋翊武、张振武等），鹰扬三镇（指武汉），黎氏和光大度，鄂人仰若天尊，袁项城心窃忌之，遂效宋太祖杯酒释兵权之故事，召黎进京，委以参谋总长之职，以测其反应，黎氏本无大志，乐居长安，无怨言，无愠色，项城心许之。

　　当北京政府成立之时，革命同盟会与唐绍仪、谭延闿等结合，组成国

38

民党，是为在野党，拥袁而企图分袁之权力，故以责任内阁与地方自治二端为揭橥，同时黎元洪、章炳麟、程德全等，则与君主立宪派之张謇、汤化龙等结合，组成共和党，是为政府党，拥袁并赞成中央集权之制度，此属当时临时参议院中之并立两大党。国民党以宋教仁为魁首，被称为急进与革命，共和党以黎元洪为最尊，被推为渐进与开明。但宋教仁有组织能力而黎元洪无之，故不久章炳鳞（太炎）退出共和党。汤化龙与梁启超、王家里、王揖唐（赓）等协议将共和、民主、统一等三党合并为进步党，仍遥戴黎氏为理事长，以与国民党相抗衡。唯袁项城对议会制度，则始终格格不相入。

黎既助袁，袁亦竭力笼络之，结为秦晋之好，馈以重金，于是元洪欣欣然亦富人矣。民国二年（1913）袁氏就任正式大总统，黎任副总统，民国三年（1914）以参政院代立法院，参政78人，具有特殊资格者，如赵尔巽、熊希龄之流。黎元洪任参政院议长，其重要性不亚于内阁总理，黎获袁氏之信任，由此可见。

新约法旧约法缠不清

按民初我国南北统一之始终分裂，皆以法统问题。爰自民国二年（1913）至民国十三年（1924），共12年，一纪之中，六易总统，护法毁法，时局飘忽，令人目眩心悸！但黎元洪之地位，几与法统问题成为不能分离之局势，诚如日人绪方竹虎所谓"出出入入复出出"。斯与袁氏称帝、曹锟贿选，同为世人所诟病者也。兹拟粗述法统问题之梗概，以示当权秉者，胶执成见，隐便身图之一斑。

民国二年北洋政府之正式国会成立，袁世凯于是年双十节就任正式大总统，黎元洪为副总统，法定任期为五年，袁死黎继，黎辞冯（国璋）继，应至7年双十节满期，此为铁一般事实，然至民国二年与民国三年之交，袁氏已与国民党决裂，乃解散国会，废弃约法，颁布新约法，实为法统纠纷之开端，袁项城固不得辞其咎，盖旧式军阀法无赞成民主者，然侈谈民主者，文岂无私图而真有为公之念乎？

黎元洪既为旧约法所产生之副总统，竟就任新约法所产生参政院议长之职，浸成推动帝制之中坚，则帝制失败后，黎之地位自失其根据，然当时南北各方之宣言，佥谓大总统既已缺位，应由黎副总统继任，此非有爱于黎也，实因大选之事，势必引起极大纷争，故以法律迁就事实耳。

黎既继任大总统，恢复旧国会，各方拥护旧约法，于是权归国务卿，段祺瑞任国务总理，黎氏则如芒刺在背，未及一年，府院之间，大起冲突，考其远因，则由内务总长孙洪伊与国务院秘书长徐树铮失和，而黎氏始终相护孙洪伊，徐树铮反感特深，因徐孙不和，形成黎段失欢。研其近因，则为黎氏反对参战（指第一次大战）老段则力主参战，为之怒不可遏，徐树铮乃入总统府，谒黄陂，色勃皆溢，以掌强拉黎手，迫其盖章，黎愤甚，速下令，免段职，段赴津，因此引起督军团徐州会议，张勋以解散国会为入京调停条件，黎氏不假思索，立即点首，甘为毁法之罪人，不亦真乎。

至张勋复辟事起，黎知大势已去，遁入东交民巷，一面发电马厂，重任段祺瑞为国务总理；一面电请冯国璋代行大总统职权。黎既下野，痛定思痛，终于通电全国，表示此后不再与闻政事，推冯国璋继任大总统，此属不智之举，非唯循覆车而重轨，亦复加阔眉以半额者矣。

孙传芳力主黎复位

民国六年（1917）黎元洪下野，段祺瑞重握政权，当时南方态度，忌段愈甚，参战之举，亦不同意，段虽戡定乱事，南方则仍函电交驰，反唇相讥。而对黎氏之措置失宜，则噤口不言，足见黎对各方，联络有术，而各方对黎，率有谅解之情。

自黎元洪下令解散旧国会后，冯国璋与段祺瑞上台，仍予执行，其理由为中华民国已为张勋复辟所颠覆，故仿辛亥革命先例，召集临时参议院，另订国会选举法后，再行召集新国会，此一理由为梁启超所主张，但凭心理之偏倚，不顾事实之曲直，盖旧国会中，进步党仅得少数席，自以改选为有利。

民国七年（1918），新国会成立，是为安福国会，至是年双十节，冯国璋任期已满，徐世昌当选大总统。迨民国十年（1921）直系战胜奉军之后，孙传芳一纸通电，居然以恢复法统为号召，孙乃一不见经传之长江上游司令，竟主张黎黄陂复位，召集旧国会，实则黎氏本人便是解散国会之经手人，黎与旧国会，其势原不能并存也。且于去年黎曾宣告离职，推冯继位，而冯代黎，任期届满，如是则黎氏果依据何法，得以重登总统宝座乎！盖当时曹锟惨淡经营，欲为总统，顾于水到渠成之前，不得不假国会为桥梁，而以利用黎黄陂为缓冲耳。于是，每一次护法运动，辄为黎黄陂造成登台之机会，吾人观其合，知其离，实则黄陂为丛驱雀而已矣。

民国十年秋，旧国会复活，开会于北京，当时吴佩孚采取"恢复总统"之口号，实有一石二鸟之妙用，一方可逼徐世昌下野，因徐为新国会所选出者，一方可使孙中山之地位，失却根据，因孙素以恢复旧国会为号召者。此时粤督陈炯明暗与直系勾结，陈炯明与吴佩孚皆为前清秀才，二人气味相投，中山先生果为陈炯明所逼迫而蒙难，危乎殆哉！

迨曹锟与吴佩孚部署已定，声威震主，黎黄陂犹不知进退恋栈不去，自力不能，欲罢不肯，国会议员从而附和之，终使直系迫不及待，始而进行"逼宫"之丑剧，参加者有军警与所谓公民团，把黎氏逼往天津，车停东站，当时直督王承斌为直系中佼佼者，有"张文远威镇逍遥津"之慨，承斌率众，登车索总统印，气势汹汹，黄陂似"羊入虎围"，焉能抗衡，唯金印实在总统如夫人黎本危手中，庋藏英租界邸第，黎黄陂素畏夫人，夫人不肯缴出，旋经王承斌再三胁迫，夫人无奈，允即移交，黄陂终获脱险，受惊非浅矣。

嗣后曹锟贿选告成。于民国十二年（1923）双十节就任大总统职，于是民国二年成立之国会，至民国十三年（1924），尚由第一任议员行使职权，黎黄陂则于民国二年就任副总统至民国十二年（1923）6月，犹自继任大总统，无论议员与总统，皆变为终身之职，足见当权轴者，皆便私图而已，并无所谓法治观念者也。至于曹锟贿送，不足为奇，盖历届选举，或出威胁，或由朋劫，或径行贿，或较间接，其揆一也。

各方公认忠厚长者

按黎元洪体肥硕，魁梧奇伟，性澄爽，朴重端悫两目虽无威稜，却逗人好感。眉际有痣，宝为贵征，掌似朱砂，宜其多金。然黎木僵少文，学欠涵养，故胸无城府，唯知巩固其魁柄，大言炎炎，有时羌无实际，人或反唇相讥，彼亦不以为忤。黎之性格易于冲动，故鄂人孙发绪，仅以应对称旨，倏从县知事擢任省长，此非用人行政之正道也。庄子曰：美成在久。骤而见信于人者，其相售必不固，骤而得名于时者，其为名必过情。信其然欤！

然黎氏态度冲挹，面有愉色，不似袁项城之威重，亦无段合肥之严肃，使人易于接近，不感拘束。职此之由，议员对黎氏多具好感，黎虽失职，各方曲予原谅，认为忠厚长者，其心无他。盖黎无骄蹇之态，并有些许自卑感，此其唯一长处。易曰：有大而能谦，必豫。其黎黄陂之谓乎。惜其部属，干才甚少，所亲信者如，金永炎、孙洪伊、饶汉祥等，器识皆不足以有为，黄陂又不自量力，一意径行，其亡也忽焉。

黎氏不嗜烟酒，亦不好赌博，故生活极有规律，黎好京剧，尤嗜坤伶演出，位居总统之时，常至城南游艺园看戏，力捧坤伶金少梅、碧云霞、琴雪芳之辈。按北京城南游艺园，等于上海大世界，为普罗、大众游乐之场，黄陂确有民主作风。观澜无异辞。某次，黎踞包厢中，我与李准将军在池座，见黎入座，辄立正为体。予乃排日往捧福芝芳，福得嫁于梅兰芳，予与内子出力甚多。

揆诸实际，金少梅、碧云霞、福芝芳等，皆无殊色，技亦平庸，予与黎元洪、李准诸老为何大捧特捧乎？盖当时北京捧角之风甚炽，黄陂本是皮黄策源地，黎之好剧，天性使然也。李准将军善于编剧，我素研究音韵，唯我与李，容有大造于男女伶工者也。当世之人，谓黎黄陂有寡人之疾，然论民国元首，风流自赏者多矣，唯徐世昌一人，似有道学气息耳。民国十一年（1922）国庆之期，总统府演剧助兴，金少梅之戏码，排于杨小楼之前，余叔岩之后，是夕金伶演《婴宁一笑缘》，系李直绳所编，情节稀松，唯黎黄陂大加击赏，犒赏500金，入魔之深，可见一斑。

大做生意人称黎菩萨

溯自民国八年（1919）至民国十二年（1923）之间，我与黎黄陂接洽频繁，皆属琐碎业务，我已不复记忆。当其时黎黄陂以私人资格，与美人华克合办中美实业公司于北京，华克为政界人物，实非经济长才，黎元洪任董事长，蒙古王塔旺布里加拉为副董事长，董事名额则中美各半，计有冯麟阁、张勋、冯五祥与各省首长数人，蒙古王公六七人，前直隶都督王芝祥为总裁，前四川总督王人文为副总裁，前山东巡按使高某为总稽核，予以熟谙洋文，获任该公司总文书，时仅24岁。观此浩荡阵容，可知公司前途希望极微矣。

据黄陂语我，彼有提倡之志，复有联络各方之意，故无半利企图，但愿保本而已。我曰："经营企业，非同衙署，图利之心不可无，垄断之事不可为，吾公至尊地位，须知人言可畏。"黄陂亦以为然。开办伊始，业务骏隆，一面办理进出口，出口以大豆、猪鬃为大宗，进口以汽车、电料为主。一面在西北屯田植林，可圈地、可养兵、可惠工、可劝农，因系蒙古王公私有土地，故可大展经纶，若非官僚资本，而由吾乡企业家如荣宗敬、唐星海之辈经营之，则其业务与收入，岂复有度量哉？延至民国十三年，公司结束，美国人、黎黄陂损失最大，愿以最新式汽车七辆作为赔偿，黎氏在董事会，坚持不可，廉洁可风，愚故详述此事以揄扬之。

中美实业公司之外，黎氏尚办震义银行，与意大利商人合作，黎任董事长，张勋、杨寿任副董事长，张勋之干部刘友常为总裁，该行开会之时，黎黄陂危坐一方，不发一言，不置可否，故有"黎菩萨"之称，唯黎见解，亦有高明之处，中美实业公司拟在纽约设分公司，我以经理人选请示于黎，黎谓："纽约甚远，我长莫及，若无适当人选，此事不可造次。"精辟其言也。

黎氏经营事业，失败居多，损失不赀，其中亦有辉煌成就者，如中兴煤矿公司，黎氏晚年家用。特此以为挹注。回忆民国十二年6月，黎黄陂退休之后，寓于天津，一日，予谒黄陂，见其神识茫然，舌滞口吃，实为血压过高之症，不久即撄重疴，至民国十七年（1928）6月逝世。按黎氏之津寓，规模宏壮，墙刷粉红色，内部陈设颇佳，黎逝之后，出赁于东兴楼饭庄，景况已非昔比，不禁感慨系之！

黎元洪夫人生子重光，品性敦厚，克绍箕裘。如夫人黎本危，最得宠，黎之次女适袁项城第九子克玖，黎女有贤德，因患痾疾而大归。

综黎氏一生。得天独厚，际会风云，惜其不知进退必至焦头烂额而后罢手。然黎本性惇良，体正心直，终以神经衰退，赍志以殁，回首卿云，长怀无已！

（转载自台湾天一出版社《黎元洪传记资料》，略有删节）

黎元洪传

《湖北文献》资料室

编者按：《湖北文献》系旅台湖北同乡会主办的刊物本书特转载该刊编写的《黎元洪传》以飨读者。

黎元洪，字宋卿，以洪秀全逝世之年（1864）生于湖北黄陂县。丰肉舒行，身短，望之如千金翁。而自有纯德，不由勉中，度越时贤远甚。甫髫令，父朝相，授读左氏春秋，至邲战，遂终身服膺：禁暴戢兵保大，定功安民、和众、丰财之武德。尝曰："武德之义大矣战！军事、文化、政治、外交、经济之大道，胥在是矣！武德昌明，国家安宁，武德大行，天下太平。"元洪初习海军，光绪甲午，日本侵我威海卫，元洪以广甲管轮自广州赴援，威海卫既陷，长官乘小艇逸，元洪愤甚，赴海，水及额者数矣，率泅抵大连岸。同行11人，存四耳！张之洞督两江，闻元洪才，召修江宁江阴炮台，皆坚精中法度。之洞督湖广。元洪从之，教练湖北新军，曾三赴日本考察军事，归任湖北护军马队长，前锋统带，兼本镇协统。寻以二十一混成协，兼管马炮工辎各队，加陆军协都统衔，并提调兵工钢药两厂，监督武中学堂，会办陆军特别学堂。统楚字兵舰六，湖字鱼雷艇四，凡两主大操，指挥中度，声名藉甚。在海军七年，统陆军十余岁，日讲方略，山川要塞，言之若成诵。不滥费军需一钱，有余即以逮士卒，所部装备整洁，绝于他军。平居卧起，皆准军号，不妄先后，夜必往军中，常与将士均劳逸，虽遇岁时不移。教士削至，唯恐不尽其才，尤敬士大夫，苟礼尽去，一任目然。客常夏日入谒，元洪短衣，持径尺蒲葵扇，与客语半刻，所侍者进荞麦屑，元洪手分牛乳与客尽之，易简如此，海内向风矣。

瑞澂督湖广，劾元洪，事久未下，益忌，朋令所部四出窥伺。时孙中山号召华侨之兴中会，黄兴号召沿江会党之华兴会，章太炎等号召苏浙皖士民之光复会，合为同盟会。太炎主笔《民报》，声势日张，奠定各省革命基础。张伯祥之共进会，与湖北日知文学等会社，议起事，共进会员焦达峰，主张宣统三年秋操起兵，自湘首倡，鄂响应之，乃未及朝，瑞澂捕杀谋炸事泄之彭楚藩、刘尧澂杨宏胜，复按所获名册，分道往兵营逮捕，人人自危，八月十九日（1911年10月10日），武昌革命军起，瑞澂与镇统张彪被迫逃匿，群推元洪为中华民国军政府鄂军大都督兼总司令，总揽军民两政，下设参谋、军令、军务、政治各部，旋取消政治部，更分内政、外交、司法、财政、交通各部。部署定，请都督登台，祭告黄帝，大书黄帝纪元四千六百零九年。宣誓阅兵，军威以肃，士气百倍，分兵渡江，军于夏口，大破张彪残部于刘家庙。

初，谋帅无适任者，以元洪善抚驭，皆属意元洪，且曰："咨议局议长汤化龙才，请以民政长辅元洪。"议定夕日矣，旗用红地十八黑星，取铁血之义。阴为文告，署检称大都督黎，未以告也。兵起，有数兵潜入元洪门，掖元洪至军械局，请受都督印，元洪见市上大布标语："手执钢刀九十九，杀尽胡儿才罢手，此其时矣！"又见化龙在，知士大夫有谋。宣言："无略财，无妄杀，如是乃可。"皆踊跃，称听命。即拟咨议局就选。其曰溃兵返，市门启，时瑞澂（已逃亡两日矣，瑞澂始谓少数兵叛易定，故走避江上军舰，待其变，闻元洪出，乃去。军府初立，纲纪未具，将校入谒，一语不合，辄抵掌捶击书案，然皆以元洪厚重知兵，无敢轻动摇者，故军政虽纷，纪律未尝乱，南方诸革命军，常更起迭仆，及是竟以集事，由元洪镇之也。明日，英领事入谒。问邦交，元洪言："自今日始，邦交由民国主之，自今日以往，约如故。"而先所拟文告草稿，为俄领事所得，译其词以为颇有大体，会我师败清陆军大臣荫昌于滠口，走之。由是被认为交战团体，去倡义，8日耳！鄂府储金多，富军械，滨江诸省欲有事者，即赋予之，无所吝，至十月南方各省与山西、陕西次第反正，皆遣使来推元洪为中央大都督陆海军大元帅。

俄而汉阳陷，守将黄兴走，会下游亦据江宁，清内阁总理袁世凯使蔡廷干来，战中止，使唐绍仪来议和，元洪遣伍廷芳为代表，会议上海。时中山自海外归，议者以武昌危子。宜置政府于江宁，又以中山有倡始部署之力，元洪有实行发难之功，乃推中山为临时大总统，元洪副之。十一月，改宣统四年为中华民国元年，始颁太阳历也。（1912）二月，溥仪逊位，参议院复举世凯为临时大总统，元洪副如故。北都定，又以元洪兼领参谋总长。

明年（1913）春，世凯杀农林总长宋教仁于上海，夏，江西李烈钧，安徽柏文蔚，湖南谭延闿，广东胡汉民四都督罢，皆起兵抗世凯，以兴为主，未一月，败。秋，世凯被选正式大总统，元洪仍副之，孙黄已被迫出走，世凯视天下无与己抗者，唯惮元洪有武昌首义功，又有武德为民所归，以兵胁之入京师，于瀛台，元洪阳与和叶，而内深自为计，世凯改临时约法，以参政院代国会，复以元洪长之。

民国四年。帝制议起，洪辞参谋参政二长，世凯乃以"武义亲王"爵元洪，元洪拒其册，制其禄。民国五年1月，胁者数辈至，元洪誓之曰："辛亥创义，已碚军民无算。非为一人求官禄也，诸君如相逼，唯有触柱死矣！"世凯卒不敢逼。会滇桂起兵讨帝制，师逾岭，江上游皆起，6月，世凯卒，依法元洪继任大总统。始复约法，还世凯所夺将吏官勋，录旧功也。

民国六年，欧洲联军与德奥战，已3岁，求中国参战，元洪始可之，后闻国务总理段祺瑞将因事举债日本，亟已其事，两议院皆如元洪旨，祺瑞雇恶少聚击议员，元洪主罢祺瑞，以伍廷芳代之。下令数月，九省督军皆反，连兵请解散国会。于是两广巡阅使陆荣廷以讨帝制有功，难将作，元洪问计荣廷，荣廷称长江巡阅使张勋能已之。难作，问财政总长李经羲，对如荣廷，时勋与北洋将领会议徐州，阴谋复辟，勋故露其事于府秘书以示诚。无洪召勋，勋请解散国会，登经羲为总理，竟因是败。勋以兵2000入都，与海陆军总长江朝宗结，朝宗以清遗臣梁鼎芬入谒，鼎芬请归政溥仪，元洪乃厉声喝之，鼎芬退，复说其门人守卫司令万安国毋用元洪令。7月，溥仪复辟，经羲降，元洪密令复祺瑞职，令讨贼，未几，祺瑞起兵击勋，走之，遣使迎元洪，元洪谢焉。遂以副总统冯国璋摄，始就参战事。

初，九省督军反，元洪使海军总长程璧光南下，纠义旅，至是西南护军起，数请元洪南行，道梗不得前。自此南北交兵，绵四五岁，国璋去，北方又拥徐世昌主之，民国十一年（1922）夏，直隶关东相持急，长江上游总司令孙传芳书请元洪复位，北洋将领皆响应，旧议员赴天津和之。先是元洪倡裁兵，首义鄂军八之五，后又倡军民分治，至是更以废督要疆吏，疆吏佯应之，独废安徽，其他未动。元洪入都，即下直隶关东停战令，复召旧议员促制宪法，民国十二年（1923），改选期薄，直鲁豫巡阅使曹锟，疑议员附元洪，已不得代，即以金购致议员，且遣兵迫总统府，水火尽断。元洪再陟极位，无天一素练之卫兵。乃与农商总长李根源谋，令代国务总理。因走天津，至上海。欲即上海置政府，为浙江督军卢永祥所持。是时南北有力者，独关东张作霖以停战令德元洪，而云南唐继尧雅知大义，然皆远莫能助。乃去日本，数月归天津，自是绝口不谈国政，唯日步马郊外而已。明年（1924），作霖入关，曹锟废。民国十七年（1928）夏5月31日，革命军占保定，时元洪病亟，6月3日，卒于天津，年六十有五。

元洪不念旧恶，张彪在清时稼元洪，迨元洪贵，彪来谒，元洪优遇之。湖南胡瑛，以谋革命，系汉阳狱，兵起得释，欲撼元洪，他有所立。后瑛附帝制当捕诛，元洪以其被胁，卒不问也。季雨霖以督队官隶张彪，入日知会发觉，榜掠两股尽溃。元洪力请之，彪不许，又嘱日本任教练者为之请，乃许，复资遣赴四川，比倡义归，元洪令宣判荆州驻防，任尤亲。后雨霖背元洪，欲劫焉。事发逃走，亦不深诛。

元洪性廉，初倡义时，相约自都督至录事，月俸皆取银20版，事定，将吏皆增俸，已则仍取20版如故。再起莅政，虽常俸不入，而减公府经费1/3，崇文门税关及烟酒署，旧供总统府银月6万版，尽却之。尤恶举外债，以为滋病。所至节财用，慎赐予，自民国兴，十余年，正僭迭起，大抵出介胄或幕府士，世谓与民主共和政体应者，莫如元洪。其后北洋军坏散，颇自悔曩日困元洪，卒无及云。

妻同县吴氏，初适元洪，家贫甚，及元洪贵，起居未尝异。元洪再起，吴数谏元洪毋行，及遇变，亦无戚容，后元洪一岁殁。子二，绍基、绍业，女二，绍芬、绍芳。元洪卒后五年，国葬武昌，乱也。

吴人章太炎，素薄时杰，独尊元洪与朱洪武、洪秀全为华族"三洪"，所撰《大总统黎公碑》，且称其"祚承殷周"焉。与元洪同时为开国元勋之军人，首推黄兴，故太炎称兴曰，"功比孙黎"。世凯谋帝制，而以军人再造民国者，则为蔡锷，其功亦不在黎黄下矣！自民国成立，迄乎对日抗战，军人鲜有如元洪与兴锷之武德者，有之，又唯抗战中以上将殉国之张自忠一人而已。其成仁之烈，与元洪等成功之大，并是名垂宇宙，光争日月，故元洪与黄、蔡、张等，皆民国少有之模范军人，我们为民国名人作传，所以由中山次元洪，又以黄、蔡、张等同列元洪传中也。

黎大总统面面观

许兆龙

黎元洪在军政界中工作,有四五十年之久,我知道他的经历太少,今分数段说明于下。

新军统领之黎元洪

1. 位高好学,不耻下问。我由师范学生参军时,黎氏已是湖北第二镇统领矣。我每次往镇司令部誊写传知(即通知)时,黎氏总在抄写大小字或阅课《劝学篇》(张之洞著),大半请文案(书记)讲解,偶以考试样子命我答辩,不厌求详地问,如私塾的老师之训导学生,不以位高而骄人,不因答错而发怒,态度和蔼,使人亲近。

2. 捐助薪资,奖励寒生。有张之善者,是湖北宜昌县的生员(即秀才),因家贫母老,还债无资,告贷无门,于是来到武昌,投入黎之工兵队当兵,不料其母于雪天上山砍柴,失足坠地而死,张之善得讯,痛不欲生,有殉母之念。黎氏得知详情,亲往张之兵棚吊慰,并送奠仪银圆80元,使张请假归葬其母。同时以陆军特别小学堂会办的名义保送张之善为智字斋的学兵,以慰其悲惨之心。

3. 保全内部，庇护部属。马化龙是黎之炮兵营正兵军队同盟会（革命党名称）之会员，其革命形迹，被其正目（即班长）查出，秘报于队官（即连长）段天一。段是日知会会员，有兔死狐悲之感，想暗消其事，正在设法中，被炮兵营管带张正基得知详情，想借功得赏，报请黎氏惩办。黎以青年人思想错误，应好好教育，不应以法惩治，使读书人再不入军队之门，于是叫马化龙写悔书改过自新，其事无形消灭。

4. 赞成康（有为）梁（启超），反对孙（文）黄（兴）；我在湖北将弁学堂和陆军参谋学堂求学时，黎氏都是兼该两堂的会办。常往听日本教习铸方和寺西等讲高等战术，每于讲评时，黎氏必训勉各学员以"忠君爱国"四字为立身行事之根本，万不可学徐锡麟和熊成基之犯上作乱，自取灭亡；又云，康、梁想行新政，有回国辅君之望，而孙、黄反动成性，必久做亡命之徒。因将弁和参谋学堂之学员中入日知会的人，黎氏已知大概，想无形中阻止其进行，故作危险之论。

5. 两次秋操均推功而让名：河南彰德府附近秋操和安徽太湖县附近秋操，均是张彪做南军总统官，黎元洪代理陆军第八镇统制，主持演习，其结果南军均获胜，得到清廷谕旨"优胜"奖词。黎氏不敢单独受奖，由湖广总督代奏恳辞，最后奉上谕，黎氏补协都统加副都统衔，张彪受"壮士巴图鲁"称号，才望阙谢恩。

6. 接收"楚泰"，略显驾驶技能。湖北向日本订购的"楚泰"等兵轮停在武昌黄鹤楼下的江中，张之洞亲往验视，命上下游行，其开始很顺利，转弯也灵活，不料试验机关枪，尤其是试验炮时，船身后退，左右摆动，加之暴风忽来，猛雨又至，波浪大作，船有摇摇坠沉之象。黎氏奉张督之命，亲往驾驶台掌舵，乘风破浪，向鲇鱼套方向急进避风，得保安全。张督于事后常对人说，黎统领是海军人才，有作战经验，我特调他来湖北预备训练海军的。

7. 武昌首义前夕，黎受铁忠严责。我是第八镇步队第三十二标第二营督队官，于辛亥年七月间，奉命率第二营之前后两队暂驻宜昌，候命入川。因接到武昌不日起义之秘讯，即借病向张彪统制请假回省就医，当得电准，并令到省来见。我于八月十八日下午八九点钟到达武昌张统制之私宅时，张彪、黎元洪、铁忠（军参议官）、宝瑛（三十标统带）、陈得龙（湖北水师统领）等二三十人正开会。张氏命我列席报告宜昌兵工商学之情形，尤其是铁路工人之动作（那时宜昌有几百北方籍的铁路工人），并叫我于会后回标，担任三十二标留守司令，严防革命党。铁忠说：在武阳夏（即武昌、汉口、汉阳）三镇乱军之数最多不过两三千人（连病兵新兵在内），因大多数的老兵早已出防在各县，一时不容易来省，现在省中防务，已调来水师两三千人（陈得龙部），武装警察共有1000多人。喻（化龙）统带说，现守督署之马队一队，是他最可靠之兵，只算100人。萧安国管带说，他之辎重兵，个个是效忠的人只算500人。果清阿宪兵营之兵是最可靠的，也只算500人。武汉三镇的武装商团兵存3000人以上，为国出力之兵，至少在八九千人，加之在宜昌之崇欢统领，在襄阳之喜源观察，均于今朝来电称，不日率兵来省。而荆州之驻防兵前来还不在内，何愁两三千之乱兵造反？如不赶快扑灭，按照名册拘获，依法惩办，让乱党猖狂，不惟无以对督帅，其将何词以对皇上。刚才黎统领说和平缓办，不要过急，怕激动军心，而生大变，我不能苟同这种怕的主张。黎氏被铁忠说得面红耳赤，即起身委婉说：我说的是和平的缓办，不是不办，如拘获有证据确实者是要严办，不是姑息养奸，铁参议不要误会，我向来是奉命办事，不敢违抗的。张统制接着说：照今早（十八日）督帅的面谕办理罢（即拘获一人，审讯一人；不放松一人，不牵连一人）。夜深了（钟鸣三点了），明日再议罢。

任鄂军都督之黎元洪

1. 群龙无首，时势造英雄。黎氏热爱青年，尤其爱读书识字贫寒立志之青年，所以有"黎菩萨"之称。"有饭大家吃"之说，至今尚有人言；黎氏虽不是革命者，然不是与革命为敌的反革命者，所以武昌首义之夕，各派虽攻克了武昌，驱逐了瑞澂，各自逞能，似有争鸣之象，尤其是执枪的军人，未见统一的最高首领，主政无人，于是想起黎协统可以充任，即迎接黄土坡民宅，护送至咨议局院内，坚请充当都督，主管军政。斯时汤化龙等已经到局联合各界之人，高声欢迎，一致拥戴为鄂军大都督，而安人心。黎氏虽未当众宣布就职，但已默认，从此坐镇武昌，被迫发号施令，编练军队，迎击敌人。

2. 政府组成不久，各方意见即生。军政分府对立于汉口，总监察处设置在武昌，号令不一，政出多门。郜翔宸的旗兵队偷袭蛇山，河南省的巡防营直抵汉口，谣言蜂起，人人自危。于是黎氏一时情急，敌我不分，乃派人劝张彪返省，扬言退位让贤，实到莫可奈何之情景。幸各省独立，响应之电纷至，湘、赣等省，援鄂之兵快来，而鄂省首义之部队迎击敌军于汉上，一战而获大胜，人心安定，内讧稍平。

3. 严禁无故杀戮，保全很多性命。武昌首义之夕，革命军与清军战争之时，满人的家室受黑夜战火之害的多，那是不能避免。而武昌已经克复，白昼被拘杀妇孺者还不少。三十标统带宝瑛之妹，被从床底下寻出杀死，是一例。黎氏得知其情，即发禁令，不准无故杀人，即是获有真凭实据，非得最高执法者按法判刑，不得随便杀人，否则以仇杀论抵命。因首义之后若干日乱兵游勇和地方无赖之徒，借私藏满人之名，挨家挨户抄寻，或以"六百六十六"之数字，命人民口念出声，如念不成汉音，即以满人论，轻则抄家抢物，重则当场毙命，其残忍真不堪论。

4. 出巡武昌郊外，是按战略进行。当敌以重兵压境，阳夏战争将紧之前，黄（兴）黎（元洪）一旦有战事不利，退守武昌，以待援军到来，再作反攻之议。及汉阳失守，敌炮即在龟山上架设射击都督府（咨议局）。黄总司令已离鄂境，各地援军尚未集中。为收容忠勇的部队，保全城市的居民，按不设防的城市原则，黎率领少数职员出城选择阵地，作久战之计划，是当时所必需。况出城不过20多里，未离鄂境，即以停战论，路短易于接近，不能订城下之盟，可作各省之枢纽，开和议之先声。那说出城就是弃城者，是不知战术上有背进诱敌，随机应变，以退为进之法也。

5. 望重权大谦和性情变残忍。黎氏见各方推伊为肇造民国之功首，尤其是被袁世凯别有用心之恭敬，于是唯我独专，大改谦和性情。对于年轻党员，少壮军人，昔日言行之不恭顺态度傲慢者多生恨心。因恨生仇，因仇而起杀心。张振武在北京之被借刀杀害，是其明证。查黎氏在追悼张振武之挽联中有"功首罪魁后世自有定论"之语，可知其恨和仇心。

6. 上了袁的圈套，首先实行裁兵。黎氏在湖北裁兵会议上说，现在全国统一，南北已是一家，不但无用兵之地，也无用兵之时，更不需要多兵，耗费国家金钱，增加人民负担，如谓保护治安，防备宵小，非有兵力镇守不行则照前清湖北之兵力，一师一旅足矣，至多不能过二师，我已同袁大总统再三电商，湖北非裁兵不可，非快裁兵不可。昨天陈二庵（陈宦的号）先生由北京来说，中央财政困难已极，百废待兴，实无余力协助鄂省军饷，因向外人借款，条件太苛，至今未成，北方军队，按照前清之旧制正在减四成，则我们新成的八个师，如不缩编，不惟无以对中央，其将何以对国人。况湖北是首义之区，一切要为天下先，所以我决定裁兵，快裁兵、多裁兵，你们以为何如。这个会议的结果，八个师裁了四个师，其编遣的经费，中央湖北各筹一半。不料到了民国二年（1913）春夏之际，湖北军队实行裁编，只有三个师两个独立旅之数（八个师裁了四个师去了），而北方军队不但一兵一卒也未裁减还借口填补空额，各师招募备补兵。

7. 袁（世凯）黎（元洪）勾结，造成癸丑之战。袁世凯反对国民党，于民国二年春，已经公开，然不敢派兵南下作乱者是未知黎氏之真意。于是派哈汉章先来湖北探听未得要领，继派陈宦前来疏通，黎才首肯。陈宦由是代表袁氏往来京鄂20多次。自黎氏之特使饶汉祥见袁返鄂后，袁氏才敢大胆，先派余大鹏（前三十二标统带，后任安徽混成协统，是黎的旧友，余是黎保荐于袁的）送江西护军使印信过鄂而往赣，调查国民党军队之虚实，继派北洋军队王占元之第二师前来湖北驻防，名义上受黎的节制。因王之参谋长何佩瑢是湖北人，同金永炎是同学，可以随时出入都督府，同黎见面，传达一切，最后袁黎商定，一旦时局告紧，赣督接替无人，黎氏可以通电兼充遥领，等等，及袁氏五国借款告成，即下三督免职之令，李纯带兵入赣，王占元率兵续行，北军纷纷过鄂，黎氏送旧迎新。补充军械，运送军品，都是湖北的责任。南北战争又起，北军侥幸得胜，黎氏称功，袁氏遥能目空一切，从此加强了袁氏帝制自为之心。

当副总统之黎元洪

1. 表明真诚拥袁，往京就"储贰"之职。黎氏自被选为副总统后，是以兼鄂军都督名义，住在武昌同袁氏以电信协商国事的。自湖北裁减4个师，而江西之战又胜后，袁对黎氏不如以前之重视，有调虎离山之意，即派陈宧劝黎来京就职，面商国事。黎知鸟尽弓藏之势已成，而"储贰"之职，不能不就（黎前接到被选为正式副总统之电后在告国人电中有忝列"储贰"之称），始以接替无人，继以交代须时相推，均未获袁之允准，忽然段祺瑞乘专车来鄂代理都督，黎氏遂不辞鄂人而往京。

2. 闲居瀛台成了光绪的替身。黎氏到京约两个月，同袁见过五次面；说过五次（每次半小时至多两小时）话；同桌吃过五次便餐。两次大宴后很少见面，但是袁常派其幕僚来见黎氏，说是代表袁总统前来问安的。黎知已入牢笼，插翅难飞，怨天恨地，后悔无及，只得写字看书以度日，常对其湖北往见之戚友说，他是光绪的替身。

3. 徐（世昌）作媒介，黎氏惊喜结姻亲。袁见黎氏自进京以来，终日写字看书，谨言慎行，不干国事，如有问必答，答则有时中肯，是一个平凡可亲近之人，商得徐氏（徐世昌）同意，往说黎氏，袁愿结儿女之亲，黎未加考虑，先未得其妻女许可，一口答应，后来，夫妻反目，父女由此生恨，其女因恨生病而死，未进袁氏之门。

4. 不受王封是得国人的谏诤。袁氏窃国称帝，为扰乱中外人的视听，特封黎氏为"武义亲王"，强迫拜袁称臣，先派阮忠枢借口庆贺探听，后派江朝宗送薪（亲王月俸3万元）威胁，均被黎氏闭门不纳，拒受乱命。斯时周树模亲往见黎，以洪承畴效忠清室，终不免贰臣之讥面谏于先，章太炎以朝受封夕被诛之古例，秘函忠告于后，尤其是蔡锷改易服鬃夜往谈，坚黎拒封之心，不可殉国之念（黎有如再被逼即以身殉，以告国人之语），从此黎氏坚决抗袁，照蔡锷之议进行，以待护国军兴，坐看袁氏之败，而作继位之人。

充大总统之黎元洪

1. 两雄暗斗，酿成"府院"明争。黎氏前此来京就副总统职时，代理鄂军都督者是段祺瑞。黎曾托段保留鄂军新编成之三个师两个旅，不能再减缩裁，而失将士之心。段氏答应照办，决不裁减一官一兵。不料黎氏离鄂未到2月，段氏既将鄂军缩减，只存一个师，问其原因，是袁氏之代表叫鄂军第八旅旅长刘佐龙上的条陈，先得袁氏之许可，才交段氏执行。黎氏见事已成，无可奈何，只得隐忍。因此黎、段虽在北京，很少见面亲近，及袁死黎继，段氏出任总理，才同黎氏商办国政，始而彼尊此敬，继而暗斗明争，徐树铮从中捣鬼，无中生有发怪论，对德绝交，是黎、段决裂之炮火，"府院"不可调和之先声。

2. 张勋复辟时，深悔从前裁鄂军。天津督军团发生有动武之象，黎氏为息事宁人，请托张勋作调停。张氏别有用心，协同李经羲带兵入京，请溥仪复位，要黎氏归政。黎在无可如何之际，含着请段祺瑞复职讨逆调兵，一面向鄂军已退伍在京之将校们忍泪而言曰：

昔日上了陈宧的当，中了袁氏的计，将首义之师部队裁减了四个师，以为国泰民安矣，假如今日有我首义八个师，或是四个师驻在京津，或湖北，则张贼安敢猖狂，拥兵复辟，我死不足惜，则民国的安危，谁来支持。

3. 隐居津门，薄于责己厚责人。复辟乱平，段祺瑞胜利返京，即请黎氏复职，黎氏成了惊弓之鸟，坚辞不允，退居津门，电请冯国璋以副总统名义来京主政。不料一波将平，一波又起，旅居津沪之国会议员等函电纷至，追问准许张勋带兵入京，等于引狼入室，酿成复辟之责任。尤其是众议员白逾桓，以湖北人的身份函询黎氏曰：武昌首义我们拼死命拥护你当都督，以后又选举您当副总统，是在炮火中度日，枪林内过活，则寡人之妻，孤人之子，不知有多少。真是一将功成万骨枯，您才有今日的地位。您要清夜自思，那阳夏的"六大堆"（六大堆之死骨不知其详数，都是阳夏战争阵亡之将士，是汉口商会当时派人捡尸合葬的）之忠魂尚在。他们生来吃你的肉，死可勾你的魂。至于我们国会议员，已选错了你同袁世凯为正副总统，实在对不起国人，已把你同袁贼作一个人看待，不消灭不止，云云，过了好久，彭养光议员在上海接到天津邮局寄来之信，署名"黎宋卿"，内中有云：我能当首领，您们不能，我是忍气吞声，冒万险而拼命，不成功即成仁，时也命也运也，天与人归，过则归我，功则归人，今时过境迁，夫复何言，前途珍重，各自努力……彭养光将信交我看过，我认为不是黎氏平日对人之口气，恐是反对者捏造，也说不定是代笔者之故意开玩笑，作的游戏之论。

4. 名利心起，甘心愿意跳火坑。黎氏自居津门，不问国事，种竹栽花，看书写字，或乘马或打球，享尽人间幸福，胜过天上神仙。不料静久思动，名利心又生，经曹（锟）吴（佩孚）之假意拥护，不加考虑，决心进京上任。在起行之前告其家人说：我此番入京，不惟可以洗尽前羞，并可大展救国安民之志，我有安邦定国之责，顶天立地之命，我要入地狱超鬼，跳火坑救人，从前种种一概不追问，今后是非，敬待国人评定（以上之语是黎之庶务司长胡人俊于事后对我说的）。即在招待新闻记者会上亦有再跳火坑以慰国人之望，即日进京供职等语。

5. 被骗上台，左右为难成仇人。黎氏同曹吴无深厚关系，世人皆知，而曹吴坚决拥黎复职，驱逐徐世昌退伍，不是为报私仇就是别有用心，一再派代表（曹的代表是熊炳齐，吴兵的代表是李卓章）往津谒黎催促早日入京，愿受教于都门，诸事有他们承认。及黎氏往京复任，为组阁事多次派金永炎往保（保定）洛（洛阳）分商曹吴，得不到要领，黎氏又成孤立，左右扶持少人。一日，黎在总统府对其幕僚们说，这一次我未做错是顺国人之请，我要来得清去得明，金次长（金永炎）说洛（洛阳）吴（佩孚）尚无恶意，只有保（保定）曹（锟），言语凶狠。加之议员们有的想报前者解散之错，有的是被金钱勾引逼使我不能在京主政，只有往天津执行（以上之语也是庶务司长胡人俊于事后对我说的）。

6. 京津道上王承斌劫车逼印信。驻在北京的军警派代表向黎氏索欠薪，黎正派人询问而有所谓公民团要黎退位让能，在天安门高塔讲台，高谈阔论，并来黎宅（东厂胡同）骚扰，黎氏迭召军警不应，外交团推葡萄牙公使符礼德至黎宅慰问，即以警察总监王怀庆等之公函示黎，中有此系"政治作用"之语。黎氏已知今日逼伊退位者乃是昔日拥伊复职之人，决与斗争，不作退让一寸。乃通电各省说明此次京师混乱，显有发纵指使之人，同时致函国会及外交团，声明本人在北京不能自由行使职权，政府决定迁往天津，又通电全国，声明个人自由受到侵犯，曹巡阅使近在咫尺，迭电不应，人言喷喷，岂为无因……黎氏将电函分发后，即往东车站乘专车往津，不料车到杨村，即不能驶行。王承斌（直隶省长）率领军警将车包围，如临大敌，上车横行，不呼大总统，以你我相称，严询为何携带大印私走，要在车上搜寻，黎氏大加申斥，最后无法理论，乃电告在京之黎本危交出大印，王承斌得知印信已劫，目的已达，才准许黎氏返回津寓做一个公民，这一场斗争算停而终未停。

（全国政协供稿）

黎元洪衣锦还乡逸闻

蔡 植

抗战初期（1939），我家迁居黄陂县北山避难。我临时就读于私塾。塾师刘复臣老先生，清末秀才，著名革命志士刘赓藻的二兄。他博学，但无学究气。课余之暇，我们常围坐在小院内听先生闲谈。一次我谈到家藏有一幅黎元洪手书的中堂时，先生讲出了黎元洪回黄陂来的一些鲜为人知的逸事。

辛亥革命后的第二年春，黎元洪衣锦还乡，大家只了解都督是崇敬祖先的，回黄陂是为了扫墓，但接近他的人猜测，用意恐不在此，黎原来是清朝在两湖方面的高级武官协统，除张彪统制就数他，可是转眼间变为民国大员，这转变之快，不能不引起人们的疑虑。黎本人又何尝不是从昏昏懵懵中度过来的，他会考虑到，应当首先让乡亲父老们清楚：黎元洪并非不忠之臣，是在顺应着时代潮流，已加入了推翻封建腐败皇朝，抚汉族以拯救同胞的革命行列了。

都督的随行人员，除了在督府任职的多数黄陂同乡外，还有住汉外黄陂缙绅。黎一行人抵达县城，欢迎的场面，很是热烈，城内城外，敲锣打鼓，火炮喧天，万人空巷，都来争看大人物的威仪。过去黄陂流传有一个掌故：道光年间，黄陂名文人全国钧，殿试得中第二名榜眼，回到县来，看"新科"的人太多了，街道狭窄，拥挤不堪，临时想出办法，在贡院前的广场，搭起一座高台，让"榜眼公"一人吉服顶戴在台正中端坐着，供人们一睹其风采。当时有人想如法炮制，也将都督请到台上，使所有的人都能看到他。后来一商议，觉得这样不妥，有失官仪。

到了县衙之后，黎元洪稍事休息，即与来城迎接他的众士绅见面。黎很客气地同大家打招呼，不摆官架子，可能是依着"做官不打家乡过"的老谱，对士绅们的鞠躬请安，都一一拱手回礼。

旋即开始馈赠：每人一份黎书"福"字中堂。这礼物，既花费不大，还显示着名贵庄重，士绅是非常乐于接受的。分赠是由当时在都督府任文案工作的周孝鲁（黄陂东乡人，日本留学生）主持。后来，我的老同学王秉彝也谈起这回事，言他的祖父王义隣先生（清末廪生）那次曾去县城会见了黎都督，也得到了一幅"福"字中堂，在黎元洪当协统时，王先生曾受聘做黎府的西宾（家庭教师），后来因捕辞退回家了。黎很看重旧交，见面就询问先生的生活近况，有什么难处，老先生照实回答："生活靠一年的束脩，能过得去，因盖了三间土砖房，扯了300串钱的账。"黎笑着说："有为难怎么不找我？"随即吩咐侍从人员，给了老先生若干钱。先生回去后，同别人谈起这过程，都笑话先生"迂夫子"，为什么不将困难说大一点。

这先生还谈到那次黎元洪接见乡绅时发生的一件颇富戏剧性的插曲。士绅中有一位（忘记姓名）年纪只在50开外，可是蓄有一绺尺多长的白胡须，飘拂胸前，看去仪表颇为别致，当时引起都督的注意。黎缓步走过去，低声询问：先生高寿？其人欠身回答："已七十有六了。"黎微笑点头说："仁者得寿啊！"午后宴会完毕，都进客厅闲坐用茶，黎手捧盖碗茶，又盯着"美髯公"了，走近端详一会，又问："老先生春秋几何？"他急忙起身回答，还打着手势："虚度八十三岁了。"后来有在旁留心的人问他，对都督的回答，怎么七十八十的乱说一通！他风趣地解释说，如果都督能记住问过我的年纪这回事，就不会问第二次的，问者无心，答者何须在意，应景罢了。这件事，以后在黄陂社交场合流传成笑话，凑了个歇后语为："某人的年纪，可大可小。"

（黄陂县政协供稿）

60

二、清朝时期的黎元洪

清朝时期的黎元洪

萧致治

一、"家本黄陂，生于汉阳"

武汉，素有"九省通衢"之称，是工商聚集之地。民国时代曾经两任大总统，三任副总统的黎元洪，就因其祖父国荣长期在汉阳经商而诞生于此。

黎元洪，字宋卿，1864年10月19日辰时生，祖籍江西豫章（今南昌），世居黄陂北乡黎家河（距黄陂城180里，现属大悟县新城乡）。

大悟县在中华人民共和国成立前名礼山县，以境内有礼山得名。礼山县成立于1933年。当时国民党政府将湖北黄陂、孝感二县的北乡，黄安（今红安）县的西乡，以及河南罗山县的南乡等边远地区划拨出来，合并建立而成。那时从黄陂划拨出来的有河口十会，夏店五会，约占礼山新县面积的1／5。黎家河当时属于夏店五会中的石滚会。由于黎元洪的祖辈长期在这里居住；现在尚有人把黎家河戏称为"黎元洪村"。这里南临西大河，北依五老山余脉，背山面水，风景秀丽，是一个山清水秀的好地方。

黎家从江西迁到黄陂，大约是在明朝前期。据《黎氏族谱》记载：明初洪武年间（1368—1398），有黎旭、黎旦两兄弟住在江西豫章碎瓦墩。黎旦生有五个儿子，长子舜臣、三子舜元随大伯父黎旭迁居湖北黄陂，其余

62

留在江西。黎旭始居黄陂中和乡，复迁黄陂北乡黎家楼（现属大悟县）；黎舜臣原住黄陂小西门外大板桥，不几年迁往东乡，又由东乡迁到北乡黎家河定居。黎元洪就是舜臣这一支派的后裔，乃舜臣的第十三世孙。

关于黎元洪的祖籍，自从武昌起义他被推为湖北军政府都督以后，就有人说是在安徽宿松。笔者曾于1982年五六月间先后赴黄陂、大悟二县调查，经过辗转寻觅，终于找到了上述《黎氏族谱》。里面《始修谱序》《原叙》均记载自江西迁来；《陂邑黎家河始祖总世系图》中舜臣栏下则明确写明："舜臣公由江西豫章碎瓦墩迁居湖北，先迁黄陂小西门外大板桥，不数载又迁县东乡，由东乡复迁县北距城180里、地名黎家河居焉。"

黎元洪出生于一个小商人家庭，他的祖父黎国荣在汉阳做小本经营。父亲黎朝相早年参加鲍超的霆军；1867年，鲍超因对李鸿章袒护淮军刘铭传部不满，愤而称病辞职。其部下三十营分别由宋国永、唐仁廉统带。黎朝相划入唐仁廉部仁字营，跟从李鸿章转战于河南、山东、直隶（今河北）、陕西等地。以后，李鸿章调任直隶总督，仁字营跟着调防畿辅。长期以来，黎朝相厕身行伍，东征西战，行踪不定，根本无力顾及妻儿子女。因此，黎元洪母子只有依靠祖父国荣在汉阳度日。

黎元洪的童年，一直是在坎坷之中度过的。由于黎国荣生意不好，黎朝相又长年征战在外，所以，他的儿时生活十分困苦。据说，黎元洪生下只八个月，其母亲陈氏即患了一场大病，差一点丢掉了性命。在这种情况下，他不得不停止吃奶，靠喝米汤、喂粑粑过日子。特别是几年以后，他的祖父、祖母相继去世，家庭生活几乎陷入绝境。年仅五六岁的黎元洪，迫不得已，只得和比他大六岁的姐姐元平一起在街头流浪求乞。那时，他们一家住在汉阳洲头咀报国庵。这一带的人都是靠种蔬菜和打鱼谋生。黎元洪在肚子饿得无法忍受的时候，曾偷偷地在别人的菜地里拔取萝卜充饥。到了7岁那年春天，元洪得了天花，气息奄奄，痘后又不停地咳嗽，差不多过了100天咳嗽才渐渐停止下来。过后，因为家庭生活无着，他的姐姐元平被送到汉阳河泊所一户姓苏的打鱼人家做童养媳；他则在8岁那年回到黄陂老家，替田家河（与黎家河为上下邻村）的姑父田秀庭放牛。那时他年小不懂事，有时把牛绳捆在树上，自己则躺在草地上睡大觉；有时干脆任牛到处跑，损坏别人的庄稼。田秀庭拿着他没办法，年终只得把他送回汉阳。这是黎元洪一生中，在黄陂老家度过的唯一的一年。1933年，建立礼山县时，湖北第五区行政督察专员程汝怀建议把县城设在紧靠田家河的新城，理由之一就是："故总统黎宋卿先生微时曾牧牛于此。"

据李根源的《雪生年录》记载，黎元洪曾亲口对他说过："家本黄陂，生于汉阳。"

此外，1982年6月，黎的小儿黎仲修来汉时也亲口告诉笔者："先君跟我说过，他生于汉阳。我的姑妈比先君大六岁，嫁给姓苏的，家里开苏元泰煤店，一直住在汉阳。现在汉阳还有她的后人。"苏元泰的邻居贾秀英太婆则说得更加具体。她指着屋前一片地段说，黎元洪就出生在前缘的报国庵。又查《黎氏族谱》，黎国荣的妻子，黎元洪的祖母萧氏死后亦葬于汉阳龟山。黎妻吴敬君系童年与黎订婚。敬君之父海臣，原籍黄冈，长期住在汉阳经商，二人童年订婚亦在汉阳。1911年，黎元洪当了湖北军政府都督，拟聘请昔年他的老师湖南余肇康做军政府顾问。黎在民国元年7月10日《致长沙谭都督》的招聘信中也说："元洪籍隶汉阳，曾荷骈帱，莘莘学生，受教尤多。"综合上述资料分析，黎元洪生于汉阳，应是比较可信的。

正当黎元洪的家庭迭遭变故，走投无路，日子越来越难熬之际，由于黎朝相有了比较固定的驻地，能经常接济家庭生活，日子总算有了转机。

自从1870年李鸿章继曾国藩出任直隶总督，黎朝相随唐仁廉驻防畿辅，开初驻在青县马厂。1874年，唐仁廉就任通水镇总兵，黎朝相也随仁字营调到了北塘驻扎。黎元洪从田家河返回汉阳后，因为有了父亲黎朝相的经常接济，不但生活有了保障，而且可以上学读书了。他从9岁到13岁，一面在汉阳的私塾里上学，背诵四书五经；一面也帮助母亲料理家务，生活还算过得下去。

可是，到了1877年夏秋之交，黎元洪不幸得了疟疾，时而畏冷，时而又发高烧，接着而来的则是咳嗽不止。黎朝相得信，特从北塘赶回汉阳看望。不久，元洪病情好转，朝相乘机替元洪定下亲事，与同住汉阳的吴敬君订婚。敬君原名汉杰，生于1870年7月25日，此时年仅8岁。在此之前，朝相已于1876年当了把总，薪俸较前有所增加；而汉阳方面，自从国荣夫妻相继去世，弱妻幼子，无依无靠，生活无人照料，朝相乃决计举家迁往北塘居住。鉴于敬君之父吴海臣已经去世，家境日趋艰难；吴家又担心时过境迁，黎家可能废婚；而且汉阳与北塘两地遥隔数千里，将来接送也不方便。经两家商定，吴敬君也随黎家一起北迁，由朝相妻子陈氏童养于家。

二、肄业天津水师学堂

北塘位于天津以东，塘沽之北，地属宁河县，距县城90里。

黎元洪随着父亲到达北塘以后，从塾师李雨霖继续攻读。黎朝相在公余之暇，也常常教他读书识字，并给他讲述历史上的战争故事。一次，黎朝相给他讲述了《春秋左传》里的《晋楚郧战》。黎元洪听了这段两千多年前的故事，十分赞赏，并留下深刻的印象。曾说："武德之义大矣哉！军事、文化、政治、外交、经济之大道，胥在是矣！武德昌明，天下安宁，武德大行，天下太平。"

1878年，对黎元洪一家来说，是一个难忘的年头。这年7月23日，黎元洪的弟弟元泽出世，其父朝相也在这年升任千总。一家在饱经忧患之后，既得团聚，又行添丁，而且官上一级，在那时称得上是"三喜临门"，可是，喜极而悲随至，全家欢乐生活没过几天，其母陈氏因产后失于调养，同时受了暑热，很快就病倒了。几个月卧床不起，医治无效，终于同年12月18日告别人世，年仅38岁。仅满14岁的黎元洪，由于生母去世，痛不欲生，只得辍学留家，照养出生不久的弟弟，承担起煮饭扫地等等家务。

黎朝相关怀儿子的前程，不忍儿子长期废学，第二年又把元洪送入塾中读书。李雨霖夫妇见元洪母亲去世，伶仃孤苦，十分同情，对他倍加爱护，既安抚他不宜过分悲伤，又勉励他努力向学。元洪因为童年受过不少苦难，也经历过失学痛苦，在塾中读书十分用功，深得老师欢心。他在李雨霖塾中五易寒暑，除读完四书五经外，还读了《御批纲鉴辑览》，使他学到了不少政治知识；对祖国的悠久历史，也有了个梗概的了解。

黎朝相自从陈氏去世以后，幼子嗷嗷待哺，急需妇人照管，并料理一切家务，乃于1880年续娶崔氏为妻。当时崔氏年才37岁，比朝相年轻10岁。崔氏为人温柔贤惠，待元洪兄弟无异亲生，元洪对后母也很孝敬。此后，朝相继续得到升迁，1880年升任都司，1882年又升为游击。元洪在课余之暇，常到朝相的兵营中玩耍，对骑马与操练颇感兴趣。朝相见他喜爱军事，很支持他从军习武。

1883年春，天津水师学堂招生。在朝相的鼓励下，黎元洪前往应考，得以录取，随即入该堂第一期管轮班学习管轮，从此开始了他一生的戎马生涯。

天津水师学堂是直隶总督兼北洋大臣李鸿章为了适应建设海军需要，培养海军管驾人才，于1880年8月19日（光绪六年七月十四日）奏请设立的。

天津水师学堂奏准设立之后，选择城东八里大直沽东北的机器局之旁作为校址，动工兴建。1881年8月（光绪七年七月），学堂正式落成。

还在1880年冬，学堂督办吴赞诚因回南方就医，乘便即在上海等地贴出布告，招募学生。计划先招收60名。堂内分设驾驶、管轮二科，驾驶专习管驾轮船，管轮专学轮机管理。学生完成规定课业，还要上船实习合格后，才能分配工作。

1881年第一次招考应试行147人，仅录取20人。1882年又在天津第二次贴出招考告示。据李鸿章分析，第一次招考没有招到出色人才，一是由于"赡银稍薄，未足招徕"；二是学生对毕业后的前途认识不清。于是在招考告示中特意说明：赡家银由每月一两提高到四两，"俾一经入选，八口有资，庶寒酸之家，咸知感奋"；而且声明，学生在校如果学习成绩优异，"本大臣当从优奏奖，破格录用"。黎元洪就是在这种优厚待遇的招引下，于第二年正月经考试合格录取的。这时他已年满18岁，年龄超过了招生规定，大概因为成绩合格，还是被录取了。

天津水师学堂开办以后，由后来成为著名维新派的严复担任总教习

（教务长），1882年至1886年间，萨镇冰也在该校担任教习，并任管轮班监督，乃黎元洪直接受业的业师。学堂为了适应海军需要，开设的课程较多。为了使学生能够直接阅读外国科技书籍，一律要学习英国语言文字；此外还有地理、算术、代数、几何、三角、重学、水学、格物、化学、绘图、测量等课，以及操演枪炮、鱼雷、机器等技；每个星期还要留出两天学习中文经籍，归汉文教习讲授。"中学西学"，"兼程并课"。适足体现半殖民地半封建教育的特点。

　　黎元洪考入天津水师学堂后，由北塘前往天津就学。1884年2月26日（光绪十年正月三十日）凌晨（丑时），正值新学期开学不久，其父朝相突然病故。因为病起仓促，他闻讯赶回，朝相已经两眼紧闭，永离人间。死前留有遗言，嘱他努力求学，平时行为出处，要谨慎三思，学成后要为国家出力。这些告诫，对元洪后来为人处世，曾发生深刻的影响。

　　自从朝相去世以后，家庭主要经济来源断绝。全家衣食唯有靠元洪的每月赡养银四两维持；如果不足，则只有靠他的继母和未婚妻做鞋垫等针线活来补贴。元洪素性忠厚，对他的继母和年幼的弟弟能遵父嘱，克尽孝友之道。虽然生活清贫，一家和衷共济，还能痛痛快快过日子。

　　生活苦难给人们带来许多不幸，但也最能激励人们发愤图强。黎元洪由于在忧患中出世，少年时代又经受了不少折磨，在学堂中学习勤奋，军事操练也很认真，陆上战术擅长骑射，海上技艺精于轮机管理，对于引擎修造之学，尤其具有心得。在管轮班里，数他年纪较大，遇到实习的时候，对年少同学颇多照顾。有一天，同班一些同学犯了过错，牵涉到黎。黎挺身而出，为大家承担了责任。曾说："大丈夫当担当天下大事，是区区者安足避匿？！"从此更得同学敬重，并且深得总办吴仲翔、总教习严复、正教习萨镇冰等人赏识；他对严复、萨镇冰等也很尊敬。1887年，元洪由于在校成绩优良，在教练舰上实习表现也很不错，得到学堂各教习的赞许和同学的拥护，年终特予嘉奖。1888年春季的毕业考试，经天津水师学堂吕总办考取优等，禀报李鸿章赏给六品顶戴。随后，管轮班毕业生由理轮机的西人获嘉带领，于五月份赴北洋各战船实习。黎元洪随船游历了沿海各个重要口岸，增长了不少航海知识。实习期满，李鸿章为了表彰为学堂出力的教习和优等学生，特汇案奏保，咨送海军衙门注册。黎元洪由于成绩优良，表现突出，海军衙门同意以把总尽先拨补，不久即派往"来远舰快船差遣"。

黎元洪毕业水师学堂的时候，吴敬君已年满18岁，他们俩在是年完婚。敬君自1877年随同黎家来到北塘后，一直在黎家生活。两人婚姻虽属父母包办，由于长期生活在一起，同命运，共患难，夫妻之间的感情颇为融洽。

三、海军生涯

在中国近代海军的建军史上，1888年是一个划时代的年头。这一年，北洋海军正式成军，标志着海军建设已经初具规模。

北洋海军自1879年开始筹建，陆续向英、德等国购进军舰25只。全军由北洋海军提督统领，设有总兵2员，分领左右两翼，下有副将5员，参将4员，游击9员，都司27员，守备60员，千总65员，把总99员，经制外委43员，并相应建立起各种机构，形成一个完整的军事系统。各舰按照吨位大小，分别配备有管带（舰长）、帮带、大副、二副、三副、总管轮、二管轮、三管轮、巡查等职。这年，黎元洪毕业于天津水师学堂，奉派上"来远"舰见习，正好赶上了个重要年头。

"来远"是一艘刚从德国买回的新铁甲炮塔舰。经过一年多的见习，提督丁汝昌见他表现不错，又值广东水师急需管驾人才，1890年3月，将他调往"广甲"兵船充当三管轮。

张之洞于1884年出任两广总督后，鉴于粤洋海防空虚，而且战略地位十分重要，乃邀集广东的文武官吏、绅士和盐商等共同商议，筹募了一笔经费，请福州马尾船政局协造铁胁快轮四艘，河海并用的中号兵轮四艘。

"广甲"是马尾船政局接受委托后于1887年10月最先建成的第一艘铁胁木壳兵船。黎元洪在广甲舰上负责管理机器的开关、拆洗及保护等事务，附带管理储料、生火这类事情。由于广东缺少教练人才，广甲在香港船坞雇请洋匠将不合适之处修配齐全后，于1890年派往北洋，以便与北洋舰队船只一同操练。船上的管驾人员和兵丁，也都由北洋水师进行配备。因此，黎元洪得以从北洋派往粤洋，在广甲兵轮上供职当差。

按照《北洋海军章程》规定，为了加强海防建设，清朝政府每隔三年要派遣大官要员对北洋海军进行一次大检阅。1891年，是北洋海军战斗后第一次校阅之期，清廷简派直隶总督兼北洋大臣李鸿章和山东巡抚张曜前往会校。5月23日，李鸿章率领一大批文武官员由大沽口乘轮船出海。黎元洪因为供职广甲舰，也参加了这次检阅。整个校阅历时18日，周行海道3000多里。从表面上观察，倒也威风凛凛。李鸿章、张曜在校阅后向清廷报告说："综阅海军战备，尚能日新月异；目前限于饷力，未能扩充，但就渤海门户而论，已有深固不摇之势，"同时专折上陈，奏请嘉奖建设海军出力人员。黎元洪亦在汇案奏保之列，得以千总尽先补用。1892年，复提升为广甲二管轮。北洋海军自从成军以来，为了履行防海职责，保卫漫长海疆，每年四季都要沿海往来操巡。黎元洪所在的广甲舰，几年之中，除了履行巡防粤洋任务外，一直随北洋海军操演，这些艰苦经历，既大大开阔了他的眼界，也实地磨炼了他的坚韧意志。1893年3月，两广总督李瀚章以黎元洪"频年操巡，久历风涛，著有劳绩"。为他赏换了五品顶戴，并颁发了功牌。

粤洋兵轮继广甲之后，广乙、广丙两舰相继在1890年、1891年建成并交付使用。粤洋舰队总算有了一点基础。1893年9月，黎元洪所在之广甲舰远航南方，当巡行到达广州的时候，正值孙中山由澳门迁往广州，开设东西药局，一面行医，一面鼓吹革命。粤洋海军军官程奎光、程璧光（广甲舰帮带）和孙中山是香山县的同乡，这时已和孙中山结识。他们经常在广州圣教书楼后座的礼拜堂及广雅书局内的南园抗风轩（今文德路中山图书馆南馆）等处聚谈时事政治。有一天，广甲舰上黎元洪的同事仇思病倒了，特邀请孙中山到舰上来为仇思治病。孙中山给仇思看病以后，应邀参观兵轮上的各个部门，并且与船员相互交谈。他在参观过程中顺便向船员陈述了民族的危亡，国势的积弱，已含有鼓动民族革命的意向。这是黎元洪第一次与孙中山见面，也是第一次听到关于民族革命的宣传。

1894年，北洋海军又临到第二次校阅之期。清廷委派北洋大臣李鸿章、帮办定安会同校阅。这次校阅从5月7日到27日，历时21天。北洋、南洋和粤洋各舰，沿途行驶。操演船阵，或鱼贯而行，或并列前进，整齐变化，操纵有度。在威海港，广甲与威远、敏捷三船再次操演风帆，也很便捷。

这次操练后不到两个月，即9月17日，中日甲午战争爆发。黎元洪所在的广甲舰，当时在威海。因此，广甲也参加了这次海战。下午4时左右，济远管带方伯谦看到致远被击沉，首先带头逃走；广甲管带吴敬荣见济远逃跑，也跟着驶离战场，拼命向西航行。吴敬荣"只防后追，不顾前路"，避开大洋，旁着海岸行驶，一气驶到大连口外的三山岛附近。结果触礁搁浅，前进无路，后退不能。23日，吴敬荣遥见日舰"浪速"和"秋津洲"前来巡航，他害怕被俘，竟然炸毁船舰，丢下士兵，乘小艇逃跑。黎元洪和船上11名官兵，见管带逃遁，愤而跳入水中，往海岸游去。当时广甲舰上的设备简陋，缺少救生设备，船员有救生衣者不多。黎元洪前在广州，曾自费买了一件救生衣，至此，他借助这件"宝物"，经过和风浪搏斗十多个小时，终于"被大浪打到海滩上遇救"。同行12人中，能活着上岸的只有4人。他在大连附近登岸以后，身上仅存银币一枚，银表一块。他把这两件东西向农民换了一件棉衣穿上，并且依靠山芋充饥，经过长途跋涉，历尽艰苦，才步行回到天津。

黎元洪投水得生后，"步归天津，被惩禁数月"，才得释放。不过，黎元洪是在何时何地投海？当时又是在哪艘军舰上担任什么职务？则是众说纷纭，各家记载出入很大。

甲午战争期间，黎元洪究竟在何舰担任何职？《神州旧报》登载的《革命军总统黎元洪小史》说是镇远舰炮兵长；章太炎的《大总统黎公碑》则说是在广甲舰任管轮；李雍民的《从二管轮到大总统的黎元洪》一文说是定远舰管轮；黎绍芬和刘钟秀、杨玉如均说是定远舰驾驶。如前所述，黎元洪在天津水师学堂学的是管轮，以后又长期在广甲舰上任三管轮和二管轮,此乃黎的本行;在甲午海战中突然改调驾驶或炮兵长,不近情理,也无实据,恐不可靠。而且定远、镇远是北洋舰队的主力舰,黎以前既长期在广甲舰服务,临时调往定远、镇远,可能性很少。揆诸当时事势,黎在当时仍任广甲舰管轮比较可靠。

至于何时在何地投海?《神州日报》的文章和章太炎、李根源、李雍民均说是在威海;刘钟秀说是在大东沟;左舜生的《黎元洪传》则说在大连附近。章太炎叙述说:"光绪二十年,清与日本战威海,公以广甲管轮自广州赴之,船脆不任战,遂陷。长官乘小艇逸。公愤甚,赴海,水及额者数矣,卒泅抵大连岸,同行12人,存4耳。"李根源的说法大体与章相同。左舜生说,甲午中日战争初期,他正在广甲兵舰上服务,广甲在大连附近沉没。他是四个泅水逃生而保全了生命者之一,左说比较近乎事实。日本旧参谋部编的日本战史丛书《中日战争》则云:"'广甲'迷航在大连湾外触礁,23日看见日舰'浪速'和'秋津洲'巡航而自己炸毁。"这些记载确切表明,广甲是在大连口外三山岛附近触礁后,为日本击沉或自行炸毁。如果黎元洪此时是在广甲舰上,则投水时间很可能是在广甲舰搁浅后和炸毁之前。黎绍芬说,黎"在海中漂流约10小时,后被大浪打到海滩上遇救"。章太炎、李根源说泅到大连上岸,三山岛离大连60多里,如果在这附近弃舰逃命,然后泅到大连上岸,则完全有可能。因此,黎在大东沟海战后的9月18日至23日之间,在大连口外的三山岛附近投海是比较可靠的。①

四、三访日本

黎元洪回到天津以后,广甲管带吴敬荣因为临阵脱逃,已受到革职处分;他也受到牵连,被清朝当局监禁了几个月,然后释放。他从监管所出

① 关于黎元洪何时、何地、何舰投海,笔者有《黎元洪投海考》一文,载于《江汉论坛》1990年第9期,可参考。

来，正苦无事可干，恰值张之洞在南京设延才馆，招揽武备人才。黎元洪闻讯，乃于1895年2月前往投效。

黎元洪到达南京的时候，正值张之洞需人才急编练新军、改建炮台之际。他见黎出身新式学堂，"气宇深沉"，当即委派他监修南京城外的幕府山炮台，兼充自强军翻译，每月薪银八两。幕府山位于南京东北，前接燕子矶，下临草鞋夹之夹江，远对大江的来路，形势最为扼要。黎元洪在监修炮台工程中，工作认真负责，工程进展迅速。1895年4月兴工，年底全部完成。计建造西式炮台七座，弹药房八间，弹子房四间，总药库六间，暗路四道，此外还修了土垒壕沟、瞭望台、兵房、军装房，在炮台上安装了180磅子长式后膛钢炮两尊，180磅子短式后膛钢炮四尊，80磅子后膛钢炮一尊，共用工料经费银39254两。张之洞看到他办事踏实，又懂英文和新的科学知识，从此比较赏识。

在张之洞署理两江总督以前，这里不但大炮陈旧，炮台建置不合理，而且各炮台的炮手责既不专，技更不熟。为了加强防务，他决心从组织上加以调整和整顿，经奏准在各炮台设立专管兵勇，每台任命一名专台官，全台炮勇皆归专台官督率管理，由洋弁会同学堂出身之炮务委员教练。数台相近的，每三四台设一总台官。黎元洪因为是新式学堂出身，又在监修炮台中成效卓著，先是派充狮子山、幕府山、钟山等处炮台总练习，不久又任命为狮子山、幕府山、钟山等地的专台官，每月支薪水银50两，公费银50两，收入较从前有了大幅度的增加。

可是，黎元洪担任专台官不到一个月，因为张之洞奉调回湖广总督本任，他又跟随张之洞回到了离别近20年的故乡——湖北，开始了参与编练湖北新军的新历程。

中日甲午战争以后，凡是有点爱国思想的人，无不把这次惨败视为奇耻大辱。张之洞在《马关条约》签订以后也说："此次和约，其割地驻兵之害，如猛虎在门，动思吞噬；赔款之害，如人受重伤，血气大损；通商之害，如鸩止渴，毒在脏腑。及今力图补救，夜以继日犹恐失之，若因循游移，以后大局何堪设想！"为了力图补救，他积极主张加强武备，编练新军。还在署理两江总督期间，他就聘请德国教习，编练了自强军十三营；1896年初调回湖广总督本任，他又奏请清廷批准，将在南京按照德法操练的护军前营500人调赴湖北，以便转相教习，推广新法操练，以开风气。他欣赏黎元洪"刚毅强忍，有不挠之气概"，把他调回湖北后，即命与张彪、钱洵等人筹练新军。为了学习日本练军经验，张之洞前后三次派遣黎元洪前往日本学习考察。

第一次是1898年的春天。

1898年2月，黎元洪抵达日本，被分派到禁卫骑兵联队练习，同行者有朱文发、吴绣文、王有胜三人，寄寓九段松叶馆，与骑兵操场距离很远。黎元洪"革靴蹄铁；风雨泥泞，日必一往"，学习十分认真。当时东京、大阪等地的公园里，大量陈列着甲午战役中在朝鲜和中国夺得的战利品。黎元洪作为一个亲自参与甲午海战的军人，看到之后十分气愤，曾邀集旅日侨胞向我驻日商务监督请愿，要求向日本当局交涉，将这些陈列品撤去，事虽未成，亦足见其爱国之情。

黎元洪这次在日本考察了三个多月，对日本的军事训练，有了较多的实际感受。5月份回汉以后，他向张之洞报告了日本的练兵情况，并且畅谈了自己的体会，建议派遣青年学生赴日本士官学校学习。张之洞正苦编练新军缺乏人才，听了黎元洪的建议，很感兴趣。当时清政府推行维新运动，在康有为等人"派游学"的鼓动下，也谕令各省选派学生留学。张之洞开初拟从湖北、湖南各派100人前往；不久，戊戌政变发生，一切恢复旧制，费无所出，结果湖北只派了20人赴日本学习，其中包括张之洞的长孙张厚琨。吴禄贞、钿水建、傅慈祥、戢翼翼等皆于这次由官费资助，得入日本士官学校学习。他们在日本受到新思潮的熏陶，后来多变成著名的革命派。

20世纪初年，在留学日本的各省学生中，以湖北为最多。1902年，湖北"游学日本者近百人"；到1906年，"留日学生全国各省共计5400余名，湖北所派学生即有1360名，占了1／4。"这种留学热潮，自然与救亡图存的形势密不可分，而湖北独盛则不能不归功于张之洞的积极提倡。黎元洪在从旁赞助方面，也有不可忽视的贡献。武昌起义后有人甚至说："至今军界学界人如此之盛，皆当日元洪一言之力也。"

庚子自立军起义后，张之洞惧怕再起"革命之祸"，对留学生心存戒惧。凡是学习军事的，学成归国，不令在军界服役。黎元洪则"曲为维持，使其因才得职，以是深得鄂中军心"。后来武昌起义，他被举为都督，此乃根源之一。

枪炮是当时建立一支近代化新军的主要装备。张之洞在编练新军之前，即在汉阳城外大别山麓着手建立枪炮厂。黎元洪随张之洞回到湖北，在参与编练新军的同时，还兼任炮厂监工。在建设炮厂中，他付出了不少心力。1898年10月，炮厂告成，张之洞为了表彰他的功绩，于出力案内请免补千总，以守备归标尽先补用。他得到了张之洞的超级保荐，对张益发忠顺。

当时湖北的军事人才，张之洞视为左右手的，第一是张彪，其次才是黎元洪。张彪（1860—1927）山西榆次人。张之洞1882年出任山西巡抚，因缘成为张之洞的亲兵，以后一直跟在张之洞身边，张之洞曾以一婢女嫁给他，人称"丫姑爷"。张之洞任湖广总督，张彪署督标中营都司。张之洞署两江总督，张彪任护军营管带。不过，张彪虽然深得张之洞宠信，地位在元洪之上，其人却是一介武夫，毫无军事知识。因此，"一切军事擘画，皆元洪为之主谋。"凡有关旧军裁撤，新军编练、军队将弁培训等实际事务，张之洞无不带同黎元洪办理。1897年冬，湖北武备学堂考试，黎元洪曾陪张之洞亲临监考。1898年，裁撤武胜营右营、沙防营，同时汰减汉口缉捕营，将经费移作扩充新军之用，一切有关裁撤工作，皆是黎元洪协助张之洞进行。1899年2月，张之洞参考国内外练兵章程，制定湖北练兵新章，命令武汉各标营、防营都要仿照操练，并要防营、绿营员弁皆赴六营公所听讲兵学，按照学习优劣，给予奖励或者加薪。黎元洪又被委任为各营教练官。同年4月，法国军官罗勃尔到达湖北参观军事，张彪代表军界设宴招待。席间罗勃尔提出了许多军事军学方面的问题，张彪"钳口结舌"，答不出来。黎元洪当时在座作陪，为免外人轻视，代张彪一一作了答复，博得了罗勃尔的好感。第二天，罗勃尔前往总督署向张之洞辞行，在张面前盛赞黎元洪为"知兵"之将，颇得张之洞的欢心。张之洞准备破格委以重任，但为张彪所谮，没有实现。

第二次是在1899年秋。

1899年10月，张之洞又派黎元洪赴日本考察，重点是考察马队、步队的教育和军纪，以及各队兵法，等等。这次赴日，预计原为一年。可是第二年春夏之交，由于帝国主义侵略加剧，民族危机加深，反帝爱国的义和团运动在山东、直隶等地蓬勃兴起，大有席卷全国之势。为了应付国内紧张局面，黎元洪奉张之洞电召，提前返国。1900年6月，黎元洪回到武昌，向张之洞报告了考察经过。张之洞和湖北巡抚于荫霖委任他担任护军马队第一营管带。这时反帝烽火已延烧全国。湖北的圻州、监利、当阳、利川、天门等地，接连爆发了反教会侵略斗争。张之洞以"鄂安则湘安"为由，电调湖南黄忠浩统率的威字三旗驻防汉口，并委任黎元洪负责联络事宜。

在国难当头，各地群众反抗斗争风起云涌之际，孙中山领导的革命党人乘机策划起义，康有为等改良派也想举兵"勤王"，两派势力建立起一定的联合，在长江中游领导和发动了自立军运动。这次起义以武汉为中心，原计划分为七军，在湖北、湖南、安徽同时举事。后来因康有为答应接济的饷款迟迟未到，起义一再推延，以致失去同时发难时机。前军在大通首先发难，因为势孤无援，很快失败，接着，汉口自立军总机关为清军破获，唐才常、林圭等主要领导人被捕牺牲。起义未及全面发动就失败了。在平定自立军起义中，黎元洪为清廷立下了汗马功劳。由于他"剿捕长江自立会'逆匪'，消弭巨患"有功；1901年6月，张之洞在奏保出力员弁案内，保举他免补千总守备，以都司尽先补用。9月2日，他又遵照顺直赈捐例，报捐三品顶戴。从1890年2月黎元洪被派到广甲舰当三管轮，到戴上三品顶戴，十年之间，虽然几经坎坷，凭借张之洞的青睐，总算步步青云，在扶摇之中不断超升。

第三次是在1901年秋。

义和团运动后，清政府完全沦为帝国主义的忠顺走卒。当权的那拉氏为了维持摇摇欲坠的统治，在刘坤一、张之洞等人的联合奏请下，决定推行以"筹饷练兵"为主要内容的"新政"。张之洞因为是"新政"的策动者，推行练兵更加积极。黎元洪则一直是张之洞的主要助手。1901年，他协助张之洞结束了绿营、阶营的裁减工作，增招新兵；扩充了武备学堂，更定防营将弁学堂章程。同年9月，日本在仙台举行陆军大操，张之洞认为这是向日本学习的好机会，又派黎元洪和自己的长孙张厚琨前往日本观操。

仙台大操期间，黎元洪被派为陪览官，并获得双光旭日纪念章。大操以后，他们在日本作了短暂停留，对日本的军事政治作了一番考察。11月，黎元洪与张厚琨一同回到武昌。登岸以后，他们骑着大马，并辔而行，进了武昌门，因为人声嘈杂，张厚琨的坐骑受惊，前蹄高高举起，把他从马上掉了下来，受了重伤，经抢救无效，第二天就断气了。黎元洪因为同行，惶恐不安，可是张之洞并没有对他进行追究和惩处，仍命他回原营供差。

五、第二十一混成协统领

黎元洪三次访问日本，考察军事训练，调查陆军编制，参观野外大操，合计在日本停留一年有余。经过三次军事考察，他掌握了编练一支新式陆军的许多军事知识，成为湖北地区当时最懂近代军事技术的新军将领。他亲眼看到日本由一个蕞尔小国，自从明治维新以来，通过整军练武，无论军事训练，还是武器装备与军火制造，各方面都有长足进步，认为它的经验很值得中国效法，于是竭力怂恿张之洞在湖北实行军制改革，扩练新军；设立各级军事学堂，培训军事人才；发展军事工业，增加军火生产。湖北新军成为仅次于袁世凯北洋军的一支国内劲旅。

湖北新军以1896年张之洞从两江带回的护军前营为基础，经过一再扩充编练，到1902年已有扩军左右两旗：步队八营，马队一营，炮队一营，工程队一营；武建军两旗，步队八营；武恺军步队四营；武防军步队四营；又护军铁路营步队四营，官兵共计9500多人。张之洞听了黎元洪关于日本军制情况的介绍，认为日本的经验就是中国效法的榜样，决定仿照日本陆军师团兵制，将现有新军除武建营调往广西外，编作常备军左右两翼，共计官兵7032名，月需饷银共计30621.6两。这两翼常备军就成了日后成立陆军第八镇和第二十一混成协的基础。

1902年前的湖北新军，严格说来，不过是"略仿陆军营制，从事新操而已"，实际上旧营积习仍然相当严重。为了提高军队素质，加强新军训练，黎元洪协助张之洞订定《湖北练兵要义》十条：

一、入营之兵，必须有一半识字；

二、人人皆习体操；

三、各营人人操炮；

四、马队不设马夫；

五、营房力求整洁合法，宜于卫生；

六、器械资装，随身具备；

七、待兵以礼；

八、统带官、哨官皆亲身教操，不准用教习；

九、将领、营官、哨官不许穿长衣；

十、阅操之时，各官皆不许坐看。

这十条要义，是中国练军史上一项重大改革，成了湖北募练新军的纲领，对于改变旧军积习，推进新军近代化，曾经起到了不可忽视的作用。

当时的清朝军队，全无法制可言。水陆军将领凭着个人喜怒，可以任意打骂士兵，甚至可以随意加上一条罪名，将士兵擅自杀害。士兵的生命安全，毫无保障。在黎元洪的建议下，1902年3月，张之洞通令水陆各营将领，禁止违例擅杀。兵勇如果犯了重大过失，应交地方官审讯，依法判决。这项规定，对于促进军队文明化也起了一定的作用。

张之洞认为："国必有兵，而后能存；兵必有学，而后能精。"为了培训军事人才，他在1896年8月，即设立了湖北武备学堂，"专选文武举贡生员及文监生、文武候补、候选员弁，以及官绅世家子弟之有志向学者"入学；为了改造和提高武汉各标营防营将弁，1899年又令防营、绿营员弁均赴六营公所听讲兵学，不久即将六营公所改为防营将弁学堂。至1902年，张又接受黎元洪的建议，将武备学堂、防营将弁学堂改为武高等学堂，相当于日本的士官学校；另设武普通中学堂，任命黎元洪为监督，借以培训新军各级将领，以适应扩建新军的迫切需要。

当时湖北新军不过几千人，由于黎元洪积极协助张之洞认真编练，据有些外国军事家分析，当时在质量上"是全中国最好的"。1902年春，法国军事观察家嘉杜佛莱实地参观了武昌的军队后评论说："洋操队的编队操演和武器运用，可与最好的德国军队相比"，而"武昌军队的体格训练远较法国军队为优，……工程兵与美国陆军工程兵的训练相似，他们训练得能在战斗中像步兵一样的活动。"同年，清朝当局也明确肯定了湖北编练新军的成效，为了推广湖北经验，谕令江苏、安徽、江西、湖南各省，迅速选派将弁头目赴湖北学习操练，练成以后仍回原省，管带新兵。由于各省派来之将弁均因此受过黎元洪的教育，而且"湖北督练处所印陆军书籍，本本皆有黎元洪校阅之名"，黎元洪的影响从此扩大到了江南各省。

黎元洪对湖北编练新军做出了贡献，进一步受到了张之洞等人的重用，自后连年得到提升：1902年12月4日（光绪二十八年十一月初五日），调入督标中营，以尽先补用都司差遣，同时兼充学务处武会计官。1903年，湖北增募了护军前锋四营，交黎元洪统带，一律按照新法训练，1904年，清政府内忧外患纷至沓来：英德舰队侵入长江，东北日俄战火纷飞，西南英军入侵西藏，广西会党起义蔓延全省，全国各地反抗斗争蜂起，张之洞鉴于时局危迫，呼吁"添练新兵实为刻不容缓之举，而营队编制尤须力求妥善"。结合湖北情况，他参酌北洋兵制，奏请将湖北常备军由两翼扩充为两镇，每镇统辖步兵两协，炮兵三营，骑兵两营，工兵一营，辎重一营。募兵先在本省招募，每一营一队，均选募一府或一县之人，年龄自18岁至24岁为止，必须体质强壮，实能识字写字，并能略通文理之人。三年发照退伍。由于饷款不足，人才不济，同时考虑到步兵训练较易，每镇步兵皆只先练一协，即以总兵张彪统领第一镇，兼摄协统；以都司黎元洪为第二镇协统，兼护统领。

清政府为了掌握各省练兵实绩，于1904年秋天，派练兵处襄办大臣、兵部侍郎铁良南下，赴江苏、安徽、江西、湖南、湖北、河南各省视察。1905

年1月（光绪三十一年十二月）下旬，铁良到达湖北，考察湖北练兵情况。铁良在湖北除会见各级将官，视察兵工厂等外，重点检阅了陆军操练：1月30日上午，各军在武昌城内右旗营进行操练表演；下午又分甲、乙两军，在武昌城外西南巡司河、梅家山一带进行野外军事演习。是日大雪纷飞，寒风凛冽。甲军为攻军，踏着冰雪转战30多里；乙军为守军，冒着严寒在梅家山附近筑掩堡、造肩墙，固守阵地。操演完毕，铁良当场发表演说，对湖北新军给予高度评价。他说："余阅沿江、沿海各省军队，未有如湖北军之精锐娴熟，有礼耐劳者也。……当此冰雪满天，寒风砭骨之际，而兵卒1万余人，皆能恪守礼法，谨遵约束，无畏葸，无哗嚣，此诚鄙人出都以来见所未见。湖北军政，可谓天下第一。"事后，铁良又在正式奏报中强调：湖北新编常备军两镇，虽然编练不及四月，"军容耀，已壮观瞻，洵可为沿江各营伍之冠"。铁良的这些话，自属溢美之词，但至少表明在南方各省新军中，湖北的新军编练工作确是做得不错的。清廷根据铁良的奏报，指责各省"积习迄未力除，实属有负委任"，唯独赞扬湖北"所练陆军，独能出色，深堪嘉奖"。张之洞以下皆受到奖励，黎元洪自在嘉奖之列，并从此在军队中的威望日益增高。

湖北新军编练得到了清廷的肯定，张之洞等人对编练工作更加积极。张之洞认为："湖北地处长江上游，铁路交通，实为南北冲要，至少须练足陆军两镇，方足以资控制"，由于饷力不足，去年虽然按照两镇建制，因为各镇悬空一协，实际只相当于两个混成协的兵力。1905年，遵照练兵处奏定的陆军营制饷章，他决心将第一镇全数补足；第二镇则等待饷力稍为丰裕再行扩充。这年初，湖北新军实数为11489名；到了年底，第一镇已扩充为12071名，第二镇5188名。两镇共达17259名。是年12月7日，张之洞上奏清廷，黎元洪以游击用，并委为湖北新军第二镇第三协统领兼护该镇统制。第二年4月29日，经练兵处核议，原编第一镇改名为暂编陆军第八镇，总兵张彪担任统制；第二镇改为暂编第二十一混成协，游击黎元洪任统领，兼管马、炮、工、辎各队事务，月俸银为500两。后来，湖北设立陆军小学堂，黎元洪复兼该堂会办。

　　黎元洪由于出身水师学堂，这时除在湖北陆军中担任要职外，还兼统湖北水师。湖北兵轮，原只汉广一艘，早已触礁沉没。张之洞调鄂后，才从广东调来"楚材"，又从两江借来"测海"。1905年，张之洞鉴于湖北战舰太少，不足为南洋水师之分队，乃向日本神户川崎造船厂订造炮舰六艘，取名楚泰、楚同、楚有、楚谦、楚豫、楚观，各载重750吨；又雷艇四艘，名叫湖鹏、湖鹗、湖隼、湖燕（一名湖鹰），各载重98吨，先后于1907年、1908年交付使用，均归黎元洪兼辖。

　　随着新军不断扩展，军火需要越来越多，原来的湖北枪炮厂乃国内制造军械专厂，经过不断扩充，厂内"分厂林立，厂各有名，已非枪炮二字所能包括"，乃于1904年改为湖北兵工厂。张之洞又仿照日本兵工厂皆用武员之例，委任张彪为兵工厂会办，黎元洪充武提调。"所有四厂精求制造，慎选匠首，考核工作精粗，物料美恶，价值虚实等等，均责成张镇率同黎协统悉心筹划。"

　　新军的编练工作在各省逐步开展，清政府为了检阅军事力量，提高军事水下，继1905年北洋河间秋操之后，决定于1906年10月在河南彰德府举行第二次军事演习，派袁世凯、铁良前往校阅。参加这次演习的，一方是北洋军组成的北军，由驻扎南苑一镇、山东一镇各量加抽调，编作一混成镇，加上京旗一镇抽拨一混成协组成；另一方是由湖北抽调一镇，河南一混成协组成的南军。北军由段祺瑞任总统官，张怀芝为统制，曹锟任统领；南军的总统官为张彪，统制是黎元洪，统领为王汝贤。因为张彪"目不识丁"，对现代化军事演习一窍不通，南军实际由黎元洪统筹一切。

　　黎元洪虽是武官，因为经过新式军事学校培养，而且"平时手不释卷"，所以既懂军事技术，又有一定文字修养。按照陆军规制，凡是临操临战，司令官发布命令，必须于五分钟内草成。无知无识的张彪常以此等事托付参谋官暗中预拟；而"黎元洪则无论平原峻岭，随时随地能于五分钟内发四五百字之命令，且词简意赅，将校弁兵均能明晓"。彰德秋操期间，10月22日，南北两军马队在汤阴县东南后小滩、土德村之间，演习冲锋战法，23日，两军马、步、炮队在汤阴县东北十里铺附近，演习遭遇战法。

24日，两军全军在彰德府城（今安阳市）东南马官屯一带演习攻击防守各法。25日举行阅兵仪式。演习期间，指挥作战命令，黎元洪均能在五分钟内下达。这次参加观操的人很多，各省各国观操人员，共有487人。由于演习得法，获得中外观众好评。11月1日，袁世凯向清廷奏报说："至就四省军队分析衡论，湖北一镇，经督臣张之洞苦心孤诣经营多年，军容盛强，士气健锐，步伐技艺均已熟练精娴，在东南各省中，实堪首屈一指。"此外，在射击技术中，湖北新军也获得了最优等奖励。这次秋操，湖北虽然获得好评，本钱也花得不少。自从春季即着手筹备，到最后操演完毕，共花费80多万元。

河间秋操与彰德秋操都是在北方平原地区进行。平原战法运用于南省江湖地区，即不一定合适。为了使军队能适应南方多变地形作战，1908年，清政府又决定在安徽太湖一带举行第三次秋操，指派陆军部右侍郎荫昌，两江总督端方为校阅秋操大臣，湖北陆军以第二十一混成协为主力，抽调第八镇部分官兵参加，编为混成第十一镇，命曰南军；另调驻扎两江各区之陆军，以第九镇各队为主力，将驻苏步队第四十五标，驻江北步队第二十五标一律并入，编为混成第九镇，命曰北军。南军由黎元洪指挥，北军由徐绍桢统率操演。11月18日开始在太湖附近演习，两军对垒，北军三战三败，时人讥为"三战三北"。这次秋操，正值光绪帝和那拉氏相继去世，安庆新军炮队队官熊成基又发动了反清起义，操演被迫草草收兵。

这几次大操是全国新军的大检阅，也为黎元洪显示军事才能提供了极好的机会。黎元洪作为南军的实际指挥者，事前做了充分准备，操演期间指挥若定。在国内外广大观操者面前，湖北新军受到赞扬，也是对黎元洪的肯定。从此，他不但在湖北新军中有较高威信，他的声名也传播国内外。

黎元洪与张彪，论能力，黎比张强；谈贡献，黎比张大。可是，长期以来，黎却位居张彪之下，名实大不相称。据说，当陆军部将湖北新军第一镇改为暂编陆军第八镇时，张之洞曾有意推举黎元洪代张彪担任统制；张彪得知后十分紧张，立刻嗾使丫夫人前往督署，向张之洞求情。张之洞开初没有同意，后来丫夫人大撒娇痴，两膝跪地苦苦哀求，誓以死争。张之洞才不得不建议仍然委任张彪。

1907年，清廷任命张之洞为大学士，奉调入京，湖广总督由赵尔巽补授。赵素以能吏著称，对张彪谋位固宠早有所闻。他到任后，张彪前往谒见，相与谈论，知为酒囊饭袋；后与黎相见，赵见黎深沉持重，又懂军事知识，乃与幕僚商量，欲以黎代张为第八镇统制。黎感到张之洞对自己有知遇之恩，如今张刚离鄂，即取代他宠信的张彪以自代，将对不起张之洞，闻讯后以去就相争，赵见黎语极诚挚，只得放弃前议。第二年春，赵以黎元洪为中军副将，仍兼第二十一混成协统领。是年5月，赵尔巽因调补四川总督离鄂，湖广总督由陈夔龙继任。陈的妻子乃庆亲王假女，张彪指使其妻前往献媚讨好，以图固宠。陈喜欢作诗，张彪投其所好，花了100两银子，请托颇负盛名的汉口某报主任李涵秋代笔作了四首律诗，颂扬陈的功德，果然得到陈的宠信，亲书"儒将风流"四字回赠，并改委张彪兼中军副将。不久，陈夔龙的女儿死了，其妻逼陈要为短命的女儿大办丧事。张认为是向陈讨好的极好机会，乘机与部下筹集了10万两银子，购置了一件珠衣为之送葬；黎元洪对此不大热心，仅仅送了数元赙仪，略表微意，张彪骂他是个吝啬鬼。与此同时，因为湖北各地遭到严重水灾，汉口慈善会向各界筹募赈款，黎元洪因为少时饱受饥寒之苦，对灾民深表同情，独捐3000元。有人将此情告诉陈夔龙。陈老不高兴，心怀愤恨，很想借故对黎揭参。因为黎元洪深得军心，惧怕因此引起士兵哗变，才不敢贸然行动。

黎元洪身为混成协统领，由于出身贫苦，平时没有什么架子，对士兵艰苦比较同情；由于是学堂出身，对知识分子当兵也很欢迎，美其名曰"投笔从戎"，并在入伍时命题作文，优秀者入伍后可以免去挑土等劳役。他办事一秉至公，所有将校升迁，全凭学术优劣，不听曲意逢迎，联络运动。在治军上，他注意宽严适中，以身作则，"平居卧起，皆准军号，不妄先后；夜必宿军中，虽遇岁时不移。"张彪贪婪成性，吞蚀军款以百万计。遇有生日嫁娶，勒令各营送礼，将规格编为福、禄、寿三号，福字八两，禄字四两，寿字二两，至少要送一字，银两由军饷内扣除；黎元洪的作风则大不相同，他将全协所领衣裤银两自办工厂，尽数制办军需，不但军人无缺乏之忧，而且留存数套作为储备。所领公款毫不侵蚀，"故八镇士兵有悔不投效混成协之谣"。

黎元洪出任混成协统领期间，正是革命党人在湖北新军积极从事革命活动时期。在这期间，他不曾对革命表示过同情和赞助，更没有与革命党人交往。但由于敬重知识分子，使不少革命党人得以入伍当兵，在新军中开展革命宣传，建立起有广大士兵加入的革命组织。著名的革命党人刘静庵、杨王鹏、蒋翊武、刘尧澂等都曾是他的部下。军队同盟会、群治学社、振武学社的机关部都设在他所统辖的第四十一标，社员也以第二十一混成协为多。作为一个清军协统，他与革命活动是水火不容的。但当事情败露时，他能采取比较开明态度。这方面虽然不是他的主观意愿，客观上则减少了革命的损失。

1903年，刘静庵抱定"革命宜从鼓动军队入手"的宗旨，投入黎元洪管带之护军马队当兵。黎见静庵身体文弱，初不同意；后来黎的书记范腾霄为之说情，才收下编入营伍。第二年刘即提升为护弁，协助书记工作，免去操课。后来，黄兴化名张守正写信给他，误入文案刘稚亭之手。刘稚亭见信中隐语颇多，不胜骇怪，即将信呈送黎元洪。黎与范商量，仅嘱刘静庵以生病为由，辞差出营，没有进一步追究。

1906年末，湘赣边境发生了萍、浏、醴起义，日知会密谋响应。由于奸人告密，刘静庵、梁钟汉、朱子龙等相继被捕，其中包括第三十一标三营督队官季雨霖。季在候审所关押一年多，经李廉方挽请管带曹进疏通，由黎元洪以因病为由，保释出狱。

1908年太湖秋操期间，安庆熊成基举义。第四十一标队官潘康时与杨王鹏等密谋响应，因准备不足，没有行动。事为管带戴寿山侦知，回省以后，戴即检查部队，将军队同盟会名册等件一并抄提协司令部。黎调潘康时到协司令部审问。潘坚持系士兵自动交流知识，求学上进。黎"未过事追究，轩然大波，得以平复"。

1909年，两湖大水成灾。为了防止饥民暴动，第四十一标奉令分防各县。第二年5月，长沙发生抢米风潮，黄申芗、潘康时等跃跃欲试，再次被戴寿山发觉。军队撤防回省,黎传潘康时至协司令部查问:"汝队有人组织会党,汝胡置不问?"潘答:"有程度稍优之士兵若干人,常集合研究学术,无所谓组织,更无所谓会党。"黎说:"现查革命党尽系如此,汝不严禁,反从而庇护之。"潘知掩饰不过,只得出走日本。当时黎元洪正受到瑞澂排斥,害怕事态扩大,危及自己前程,乃由戴寿山诬报潘康时吸食鸦片,呈请撤差了案,队官由施化龙接替。施到任后,对杨王鹏等行动密切注意,偷偷收买心腹,进行密探。不到三个月,施即告发"杨王鹏秘密结社,图谋不轨"。黎得报告,即说:"此事万不可声张,恐大帅闻之,更难处理。"随即把杨王鹏撤差,将李六如、钟倬宾重责开除。四十一标营部司书郑士杰亦被撤差。杨王鹏撤差后,振武学社社务由蒋翊武继续主持,革命力量得以继续保持,没有遭到重大损失。

辛亥革命之前,黎元洪以混成协统领高位而感到心满意足。这时他的主导思想是安保禄位,并望继续得到提升,对革命不存在什么好感,相反却生怕革命打断了他的酣梦。但是,他对革命党人没有采取残酷斗争、无情打击的态度,没有造成流血事件,只以撤差、开除了事。革命党人对此不无好感。

黎元洪作为一名清朝军官,和其他顽固派相比,在一些事件的处理上也比较开通。比如1910年夏天,三十一标队官罗某于正午时率部下操,因为酷暑逼人,命兵士暂列柳荫下休息,被标统曾广大发现,罗某横遭拳打脚踢,脑被打破,血流如注。号兵不忍,代罗拭血,亦遭毒打。陆军特别小学学兵路见不平,提出质问。曾广大竟率营兵一二百人,困住学兵宿舍,殴伤学兵十多人,将棚内器物捣毁一空。黎元洪事后闻知,召曾广大申斥,有"鄂省陆军必被尔一人闹坏"等语。

同年,汉口武汉新报主任张汉杰,曾在报上发表时评,讥讽陈夔龙。陈对此大为恼怒,命令张彪派兵至汉,禁止发行,并把张汉杰拘捕到案,交陆军执法处研讯。当时执法处长铁忠,与黎关系较好。黎对铁忠说,张不过"弄笔之书生耳,以口舌刻薄致触怒当道,若必仰承意旨而严惩之,则舆论将集矢公之一身,公何必取媚一人而犯众怒乎!"铁忠听信了他的话，欲将张汉杰释放，陈不同意，乃判张徒刑一年。不久，陈夔龙调往直隶，鄂督由瑞澂继任，张汉杰遂被释放。

同一年冬天，陆军四十一标二营学兵李佐清，"以发辫一物于操作上大有妨碍"，毅然将辫子剪去。这在当时称得上是一桩大事，特别是发生于新军之中，完全可以加上"大逆不道"罪名，至少处以开除。可是，黎元洪不但没有追究，反说："我国朝野上下，近因受外界之刺激，于剪发一事，几乎风靡一时。余本欲先行剃去，以为军界同人倡，因明诏未颁，故尔中止。今尔毅然剪去，免豚尾之讪笑，导文化之先机，匪唯社会所欢迎，亦即予所崇拜也。"此话一张，位于武昌中和门外的陆军第三中学学生不约而同，相率200余人同时剪去辫发。"合计该堂学生前后剪发几及400人"。

黎元洪不但比较开明，而且在反帝爱国运动中，也表现有一定的爱国思想。20世纪初，人们把路矿利权得失和国家兴亡、民族荣辱紧密联系在一起。清政府卖国求存，放手出卖利权，广大人民无不切齿痛恨，纷纷发起收回利权运动。粤汉铁路是贯穿湖北、湖南、广东的一条大动脉，几经周折，才于1905年收回自办。可是到1909年，清朝当局又与英、德、法三国银行团签订借款草合同，修筑两湖境内粤汉、川汉铁路。湖北各界人民一闻借债，无不闻之色变，眼看苦心争回的路权又将奉送外人，于是立即掀起反对借债的保路运动，要求筹款自办。在这一声势浩大的爱国运动中，黎元洪以军界代表加入铁路协会，并与曾广大、刘邦骥等拟定军界集股办法，着手在军界集股投资，并曾被推为赴京请愿代表，后来，"大家以黎元洪虽为'人望所归'，但现任统领，不宜代表"，才改推了他人。保路运动乃武昌起义之先声，"黎黄陂被举为大都督，此役亦为其先导，均非偶然事也"。

（湖北省政协供稿）

本文参考和引用了下述资料

湖北省档案馆案卷

《黎氏族谱》

李新、孙思白主编：《民国人物传》

《清史稿》

《满清稗史》

张国淦：《辛亥革命史料》

薛民见：《黎元洪年谱》

李根潭：《雪生年录》

易国干：《黎副总统政书》

《畿辅通志》

《湖北文献》《黎元洪传》

张焘：《津门杂记》

《益闻录》

陈树屏：《呈造三品顶戴尽先补用都司黎元洪履历清单》

《光绪政要》

鄂中武士：《革命军总统黎元洪小史》

《洋务运动》资料丛刊

《李文忠公全集》

王芸生：《六十年来的中国与日本》

《章太炎政论选集》

朱传誉主编：《黎元洪传记资料》

《中日战争》资料丛刊

《张文襄公鱼集》

《湖北革命实录长编》

《湖北通志》

许同莘编：《张文襄公年谱》

《湖北学生界》

陈菁之：《中国教育史》

湖北武备学堂招生章程

拉·尔·鲍威尔：《1895—1912年中国军事力量的兴起》

《光绪朝东华录》

《武昌起义档案资料选编》

《清朝文献通考》

《湖北官报》

《军机处录副档》

《民立报》

《养寿园奏议辑要》

贡少芹：《黎黄陂轶事》

《辛亥首义回忆录》

《辛亥革命史丛刊》

胡祖舜：《武昌开国实录》

张难先：《湖北革命知之录》

《辛亥武昌首义纪》

《京津时报》

《东方杂志》

《辛亥革命回忆录》

三、出任都督时的黎元洪

辛亥年的黎元洪

李西屏

10月11日（辛亥年八月二十日）

迫黎元洪革命　武昌全城入革命军之手，满城机关皆悬18锥角交错之星旗。革命军在秘密时代，曾推刘仲文为都督，刘英副之。亦有议及黎元洪者，及倡议时仲文亡匿，众望所推之黄兴未到鄂。各军将校以资望浅，且均不相下。武昌一夕光复，主帅一席犹悬。是日黎明，众纷纷围集楚望台麓下。黎统领衣米色长袍立其中，神色仓皇。李翊东诘之曰："异哉统领，何至此耶？"或曰自其床下挟出，或曰自黄土坡某参谋家挟至此者。

当时有一炮兵高呼曰："请统领下令作战。"王安澜阻止勿应。炮兵拔刀拟安澜曰："客何为者？"黎以身冀之曰："余之执事官王安澜也。"李翊东为之解曰："请统领至咨议局下令。"于是众拥黎至咨议局楼上，呼举黎为都督，黎坚不承认。翊东乃持一宿写就之安民布告，上奉黎曰："请于都督衔下，署一黎字。"黎畏缩舌颤曰："毋害我。"翊东怒，手秉长铳示之曰："汝喊觍颜事仇，官至统领，岂大汉黄帝子孙耶？罪不容于死。今不汝罪，举为都督，反拒绝之，岂非生成奴性，仍欲效忠于敌耶？余杀汝，另举贤能。"蔡济民、陈磊急掣翊东肘曰："慎毋发铳。"黎亦瑟缩不语。翊东乃援笔代书一"黎"字。众鼓掌称善，遂置黎于楼上室内，以戈守之。

10月13日（八月二十二日）

刘英称副督　刘英起兵京山水隆河中，称副都督，以李济臣为参谋长，张鹏程为参谋。得京山子弟5000人，编成两标，刘英自兼第一标标统，其弟刘铁任第二标标统。以郑桂芳、李凤鸣、锤仲衡、冷英奎、李青莲、尤洪胜等为管带。檄到，黎元洪惊曰："此副都督何来耶？"同志等为之讲解，始释。发给枪支3000、子弹20万，刘英乃引兵攻钟祥、天门、潜江、监利皆下之。

柯逢时等谋反　清吏马吉樟、连甲、柯逢时及湖北咨议局议长汤化龙、湖北教育会代表李国镛及自称黎元洪代表之蔡登高等集柯所，谋倾复民军，密电军机处。化龙主稿，逢时领衔。文曰："鄂军变，督抚、统制不知下落，黎元洪暂带鄂军，请速派大军南下，以平此变。"并条陈大赦党人，以汉人为总督，请以陈夔龙复任，总督湖广，黎元洪升统制，另推连甲赴河南乞援。时连甲匿柯所，于夜半易服由林静之导至平湖门缒城出；又阴使蔡登高、江振标等投效军府，借便与黎通声气，事成则柯等为黎缓颊，事败则黎为柯等庇护也。

10月14日（八月二十三日）

胡、邢等欲易黎　当时以黎元洪久不决心，外间谣传与柯逢时通谋。胡瑛、邢伯谦等患之，商之李翊东及诸同志，谋急去黎代以黄兴，颇多赞成。翊东力持不可曰："黎名为都督，实则俘虏，以黄易之犹如反掌耳。然窃以为不可，盖黎厚重知兵，为人望所归。一旦去之，恐摇动人心，招致内乱，则为敌所乘，其害可胜言哉。且黎氏为吾人所立，旋又去之，将何以取信于人，而招致天下士耶。况蔡登高已伏诛，柯逢时等已鸟散，黎无寸尺柄，纵与其谋，顾无能为。公等何虑之深也。"遂寝其议。

居、谭主守武胜关 谭人凤、居正到汉谒黎，人凤剀切详陈今后之具体计划，黎因喉嗌不能出声，以手表示听从意。谭乃与谋略处计划，力主出兵渡江，击走汉口大智门负隅之敌，扼守武胜关，以御化军。众是之，黎亦首肯。令将下矣，王安澜私谓黎曰："诸人皆不恤公，置公危地，独不自为计乎？"言已，继之以泣。黎乃以新造之卒军械不完备、战斗力薄为词，遂不出兵。

10月16日（八月二十五日）

黎元洪誓师 军政府成立，纪纲未具，将校入谒都督者，多漫不加礼，人人异端，不合即抵掌捶书案。居正虑主帅徒拥虚名，无以整肃三军，议择良日设坛场具礼，请黎誓师，明白宣布兴复讨敌之责，使其与清绝而安心为国谋也。众然之。于是筑坛于阅马场。是日各军队依次入坛环立，坛中设黄帝之灵，高悬旗帜，骑兵、步卒拱卫，文武官员以次分列左右。都督御马出府，警卫之士拥护登台，全场肃敬。公推谭人凤授旗、授剑，都督乃以牺牛、醇酒昭告皇天后土。黎演说谓从今日始，决心革命，毋庸有二。军民闻之大悦。居正讲"驱除鞑虏，恢复中华，建立民国"之意义，众鼓掌。于是全军行列，向都督举枪致敬礼，都督乃下坛阅兵，依次巡视毕，群呼万岁。

都督府扩大组织 倡议之初，军府组织殊不完备，行政上尤漫无秩序。汤化龙草《都督府组织条例》，是夕假教育会开会，到者数百人，居正提出所议条例一一讨论，获全体通过。都督府组织条例分军政、民政两大部分，由都督统辖之。战时设总司令一人，以下设参谋、军令、军务各部，理财、内务、外交、司法、交通等局。其后各省光复，各建都督府，皆依鄂军府条例。鄂军自都督以下月支薪银20元，节省开支，以济军饷。公布都督府组织条例，即按条例重举职员。以黎元洪兼战时总司令。

10月20日（八月二十九日）

黎劝张彪降及遗萨镇冰书 黎劝张彪明顺逆之理、胜败之数，勿以虎口余生，东逃西窜，辅不足与为之清廷以残杀我同胞，遣使遗书，请其归顺，曰："清廷气尽，昭然在人耳目，刘家庙一战可概见矣。"末云，"如欲以逃窜小丑、乌合流氓，与大汉百战百胜之雄师相见以戎，是以卵投石也。生为鼠子，死作妖鬼，不亦悲乎。"萨镇冰率军舰来汉时，黎以师生情谊函劝归顺，虽未得还报，然连日未令军舰参加作战，想亦有深意，故再函劝之。[①]

10月22日（九月初一日）

湖南响应 清廷以荫昌数败，调冯国璋统兵南下，已络绎过武胜关，湖南巡防统领黄忠浩谋以师应。焦达峰愤急曰："中国兴亡在今日矣，吾昔与武昌诸子约，武昌先发十日，长沙应之。今期已至，尚观望耶？"达峰自统新军攻小吴门，令陈作新攻北门，遇巡防军即以白布绾其臂，皆笑受之，遂入据军械局。湖南巡抚余诚格走，黄忠浩不降，杀之。遂就咨议局举帅，达峰充都督，作新副之。檄到，黎元洪以其杀黄忠浩事不怿，问达峰何许人。居正对曰："革命党也。"黎默然。少顷，令去电贺之。

10月23日（九月初二日）

谭人凤赴长沙 谭人凤得长沙光复讯，即商之居正，请黎元洪协济械

---

① 参看本书《黎元洪两次致书萨镇冰》。

款，许之。当发枪3000、款若干，派卫队营长刘佐龙护送。

11月1日（九月十一日）

鄂军协统宋锡全被杀　汉口危急，宋锡全于10月29日（九月初八日）退守岳州，或曰出之胡瑛、詹大悲等私意。甫抵新河，谭延闿令执锡全及其部将王宪章；胡玉珍、祝制六等辖讯，问锡全何故临阵退缩。锡全曰："奉有黎密令。"问者不省，出示黎都督电，谓"鄂军第一协统领宋锡全临阵退缩，卷款潜逃，请正军法"云云，杀之。首级解武昌悬城门示众三日；王、胡、祝等监送来鄂，经蒋翊武、蔡济民保释。是日清政府授袁世凯内阁总理大臣。

11月2日（九月十二日）

推黄兴任总司令　都督府集议守汉阳，推置主帅。群谓黄兴革命者，广州之役、汉口之战，气慑清廷，声震中外，非黄莫属，遂公推为汉阳战时总司令。按条例，总司令应由都督委任，有谓以黄革命资望，不应受黎之委者，居正曰："系统不可紊，法令不可乱，应受都督委任。"议遂定。

是日湘军第一协统领王隆中率部抵鄂。是日袁世凯南下，周历各营，并派人诱降民军。黎元洪复书云："项城宫太保麾下：某等之于公，原有汉种亲亲长长之名可以施于称谓。然侧闻公所悉，仍以未得满朝实加黄马褂为憾。想宫太保之称，必为公所乐受，故今特如公之微意以称。此非某等之媚公，乃本于公之心理病上，加以瞑眩之针砭也。呜乎！公试一玩斯盲，当于吾侪之志事，思过半矣。挟权怙势，尚何为乎。天厌胡祸，人皆思汉。某等从武汉志士仁人之后，挥举义旗，浃辰之间，而各地响应。今全国大势，归吾中华民国者，已什八九，此岂区区吾侪之人力所能致哉。诚以天之眷佑我汉，不忍400

兆人民宛转哀号于水深火热者，其意固可知矣。天意如斯，人情之效顺尤大可见，公尚何嫌、何忌而必欲为满洲之扩廓乎。……冀公早知天命有归，或不致妄逞智计之私，蒙蔽余生，堕入失身害众之恶府，此则某等所为觉公之微意也。至吾人不畏危难，首举大义，其所以然之故，今日吾国三尺之童，亦能了了明言之矣。顾何以徘徊中道，惘惘若痴迄于今，乃犹不能早自引决？既不为汉，又不为满，讵非甚可怪异之事？遂念中外之觇公者，皆有迷离扑朔之感。然由吾侪之智者测之，公之外状，佯持中立，于满汉两面若皆无所为，实则公自私自为之心深固不摇，而后乃敢悍然如此，欲收渔人之利也，虽然公之自计亦太谬矣。公既不能离人群以独尊，独获天赋之荣名厚实，则固不能不假一国家或一朝廷，而后可以行其欲，是则今日固有天与之机会，以假授于公也。公果能来归乎？与吾侪共扶大义，将见400兆之人，皆皈心于公，将来民国总统选举时，第一任之中华共和大总统，公固不难从容猎取也。人世之荣名厚实，孰有更加于此者乎。使其不然，而惑于邪僻之见，迷于樊围之偏，误认十余年来，吾人付托于公之权力，润泽于公之脂膏，不以为得之当报，而转视以为满帝相酬之私恩，乃至恋胡尘，不肯超然脱去。则为公计，力为满奴以残同胞，至于粉骨碎身，得窃比于曾（国藩）、胡（林翼）、左（宗棠）也。自食议和停战之言，回易主持人道之意，愤竭能力，调取十镇，大借外债，多买军火，噢咻将士，甘言惑之，驱其赴敌，以为公私战，庶可攻陷武昌、汉阳，摧残沿江诸省，如是可以彰震主之威，慑国民之胆，威势胁迫，压服异己，王莽、曹操之业，不难坐而致之，亦其次也。若乃半推半就，凭术弄巧，欲奋一人私智，凭今日汉族革命之声灵，以褫胡主之骄魄，乘其震惧失措，而假托于君主立宪，此则赵高、张邦昌之所为，诚为策之下者矣。前此日本人多拟公非池中之物，今公如此自谋，得不被人骂为粪中之蛆乎。某等窃为公不取，仍愿公之早决也。至若某等此次之举义，由古义言之，乃为复九世之大仇，由今义言之，实为救济人道。今亿兆同心，共谋共和立宪之福胤。自主将以至下士，勇往无前，皆有牺牲一切，唯求公众乐利之决心，绝无有人怀卑鄙自便之见，借大众之热忱，以耀少数之虚名，谋少数之利益也。天日在上，可鉴此忱。诚以吾国方有万死一生之厄运，共和不成，必致瓜分。故吾人为前途大局，舍竭力血战迫虏，既无自救之术。安有抛撇初心，而图庸俗，歆艳富贵。则又安可以爵位、利禄之秽，夺吾徒之信誓旦旦、力求自由幸福者乎。唯公察纳而速决之。其幡然速来，则息壤固在，若其不悟，则人各有志，各行其事亦可也。何必屡出甘言，思以诈述害我军心，转为不利。吾人虽愚，固已防备此一着矣。"

11月3日（九月十三日）

登坛拜将　黄兴受命战时总司令后，黎即令各军自管带以上于3日清晨齐集阅马场，举行拜将式，届时黎与黄兴并辔临场，登台行礼如仪。黎授印以兵属之，诸将皆喜，咸呼万岁。于是设总司令部于汉阳归元寺，李书城、田桐、王孝缜分任参谋长、秘书长、副官长，蔡济民、吴醒汉、李翊东为参谋，蔡达生任军法，胡捷三掌粮台，康济民掌庶务，何亚新掌会计，陈磊掌金柜。扩充陆军至八协，夏占奎为第一协统领，张廷辅第二协统领，王安澜第六协统领，邓玉麟第七协统领，罗鸿升第八协统领。布防汉阳，巩固武昌，以待各省出兵，会师北伐。

11月9日（九月十九日）

黎元洪通电各省　黎元洪以大都督名义通电各省，请派全权代表莅鄂组织临时中央政府。由宋教仁、张知本等拟具中华民国约法，定名曰《鄂州约法》。并派居正、陶凤集赴沪迎各省代表来鄂。后各省代表莅武昌，规划临时政府组织大纲，略据《鄂州约法》云。《鄂州约法》如下：（略）

11月10日（九月二十日）

袁世凯派员议和　袁世凯自杀吴禄贞后，知湖北人心愤慨，士气激昂，乃开具四条：一曰清帝下罪己之诏，二曰实行君主立宪，三曰赦开党禁，四曰皇族不问国政。派蔡廷干、刘承恩因缘汉口某国领事，来武昌妥协，冀得缓兵。我方使宋教仁代表发抒意见，驳斥袁氏，严词拒绝。而民众又以袁氏挟清廷自重，暗杀吴禄贞，遂起而作示威运动。黎并遗书忠告袁氏，文曰："迩者蔡、刘两君来，备述德意。具见执事俯念汉族同胞，不忍自相残害，令我佩荷。开示四条果能如约照办，则是清廷幸福。特汉族之受专制已260余年，自戊戌政变以还，曰改革专制，曰预备立宪，曰缩短国会期限，何一非国民之铁血威逼而来，徐锡麟也，安庆兵变也，孚琦炸也，广州督署轰也，清廷之胆早已破裂。然逐次之伪谕，纯系牢笼汉人之诈术，并无改革政体之决心。故内而各部长官，外而各省督抚，满汉比较，汉人之掌握政权者几何人。兵权、财权，为立国之命脉，非毫无智识之奴才，即乳臭未干之亲贵，4万万汉人之财产生命皆将断送于少数旗人之手。是而可忍，孰不可忍。即如执事，岂非我汉族中之最有声望、最有能力之人乎。一削兵权于北洋，再夺政柄于枢府，若非稍有忌惮汉族之心，己酉革职之后，险有性命之虞，他人或有不知，执事岂竟忘之。自鄂军倡议，四方响应。举朝震恐，无法支持，始出其咸同故位，施汉人杀汉人之政策，执事果为此而出，可谓忍矣。嗣又读条件，谆谆以立宪为言，时至20世纪，无论君主国、民主国、君民共主国，皆莫不有宪法，特其性质稍有差异，然均谓之立宪。将来各省派员会议，视其程度如何，当采何等政体，结果自不外立宪二字，特揆诸舆论，清廷恐难参与其间耳。即论清政府迭次上谕所云，试问鄂军起义之力，非促起执事彰德高卧之所由来乎。鄂军倘允休兵，清廷势将反汉，执事究有何力以为后盾。今武昌起义只匝月，而响应宣告独立者，有滇、蜀、赣、皖、苏、杭、粤、桂、秦、晋、沪，归并之兵轮及鱼雷艇共有八艘，其所光复之速而广者，实非人力之所能为也。我军进攻，岂料清廷实无抵抗之能力，稍能抵拒者唯有执事。然则执事一身系汉族及中国之危亡不綦重哉。设执事其能知有汉族，真能系念汉人，则何不趁此机会揽握兵权，反手王齐，匪异人任，即不然，亦当起中州健儿，直捣幽燕。苟执事真热心清室功史，亦当日夜祷祝我军速指黄河以北，则我军声势日大一日，执事爵位日高一日。倘鄂军屈服于清廷，恐不数日间，飞鸟尽，良弓藏，狡兔死，走狗烹矣。执事犯功高震主之嫌，虽再伏隐彰德而不可得也。隆裕有生一日，戊戌之事，一日不可忘也。执事之于清廷，其感情之为何如，执事当自知之，不必局外人为之代谋。同志等皆自树汉族勋业，不愿再受满人羁绊，勿劳锦注。至拟诸鹬蚌一层，读各国报纸，自知鄂军举义价值比拟，似觉不伦。顷由某处得无线电，知北京正危，有爱新氏去国逃走之说，果如是，则法人资格丧失，虽欲赠友帮而已无其权矣。执事又何疑焉。窃为执事计，闻清廷有召还之说，分二策以研究之。一、清廷之召执事回京也，恐系疑执事心怀不臣，借此以释兵权，则宜援将在外君命有所不受之例以拒之。二、清廷果危急而召执事者，庚子之役，各国联军入都，召合肥入定大乱，合肥留沪不前，沉机观变，前事可师。所惜者合肥奴性太深，仅得以文忠结局，了此一生历史。李氏子岂能无余憾。昔者孟子云：'学令者保民。'元洪本一武夫，罔识大义，唯常奉教于孟轲，其心得除保民外，无第二思想。况执事历事太深，观望过甚，不能自决。须知当仁不让，见义勇为，无待游移。孟子云：'虽有智慧，不如乘势，虽有镃基，不如待时。'全国同胞仰望执事者久矣。请勿再以假面具示人，有失本来面目，则元洪等所忠告于执事者也。余详蔡、刘两君口述。书不尽言，临颖不禁神驰。唯希垂鉴不宣。元洪再拜。"

11月20日（九月三十日）

是日上海各省代表会议，承认武昌为民国中央军政府，以鄂军都督为中央大都督。

11月21日（十月初一）

季雨霖任安、襄、郧、荆招讨使　黎都督以安、襄、郧、荆一带重要，特任原日知会会员季雨霖为招讨使。

11月24日（十月初四）

各省代表来鄂　上海各省代表会议，据鄂督代表居正，陶凤集报告，谓黎都督于11月9日（九月十九日）通电各省派全权代表赴鄂组织临时政府，特派正等欢迎各代表莅鄂等情，遂决议各省代表均赴武昌。各省留一人以上在上海为通信机关。

11月27日（十月初七）

都督府开军事会议　汉阳既失，都督府当开军事会议。黄兴首先阐明其久守汉阳之苦，略云，衡之战术原理，汉阳既失，兵工厂资敌，龟山失，武昌在其鸟瞰下，不易保守；不若弃武昌，以武昌之众顺流而下攻南京，南京克，虽失武昌不为大害云云。黎起立赞成斯旨，并主移军械于九江。征诸同志，颇有怒目嫉视、表示不赞同者。范腾霄力主坚守武昌，全体起立赞成。于是大多数同志挽留黄兴。兴曰："兴固不知兵。不如仍用兴之虚名守武昌，以待各省之援军，可暂移都督府于山后之昙华林以资安全。"孙武固亦主放弃武昌者，颇愤湘军擅退，因之不满黄兴，故诘之曰："公守汉阳何以失耶？"兴默然，久之曰："无已，余赴广州以机关铳来御侮耳。"谭人凤曰："广东水陆军李准、龙济光主之，安得机关铳与公。无已则往上海谋速取江宁为根本。军械当以其半授我守岳州。"

兴笑曰:"人皆向外走,公独向内走耶。"凤怒曰:"今江宁未下,湖北失,不守岳州,湖南既失,两广、云、贵亦不支,九江尚足恃乎。公往广东,且为虏矣。"于是黄兴去上海谋取江宁,为伐赵救魏计也。

黎元洪欲离武昌　黄兴既去,黎乃委万廷献代理战时总司令,蒋翊武为监军。廷献受任未一日亡走,乃改以蒋翊武代之,吴兆麟为参谋长,总司令部移驻洪山宝通寺。沿江分布防御,上自金口,下迄青山,皆立栅置炮,划江而守。又有舰队为之助,清军终不得逞。清军挟龟山巨炮隔江击武昌,弹时落都督府前,黎之左右谓黎曰:"敌弹时落府前,若爆发则吾属皆斋粉矣。都督不可居火线之内,按战时规则,高级司令官不能前上火线,何况都督。今武昌恐难保,不如早下迁葛店,葛店不能守则退九江,而安庆、而镇江、而上海。或收合余烬以会攻南京,南京不能下,则入军舰逃驶海外,尚不失为国事犯也。"黎以其言正合原来主张,决心下迁。查光佛谏曰:"武昌未陷,都督自弃城走,恐动大局。葛店我能往,寇亦能往。如困都督府在敌炮火之下,可迁至山后则敌弹不能及,长江天堑,敌亦不能飞渡也。第坚守以待各省援军,恢复阳夏,北伐幽燕,指顾间事耳。况胜败兵家之常,何惧为?"黎意坚决,且言已得孙武同意。会有朱芾煌自北京携汪兆铭致民党之书云:"袁世凯将率北军反正,即请南中举袁为临时大总统,以免兵连祸结。"黎乃持镇定,以此出示安定人心,不作下迁计矣。

11月28日(十月初八)

黎出奔葛店　黎方持镇定,而大别山之敌炮复击武昌,都督府中起火[①]。群谓朱芾煌携来汪兆铭之函,伪也。黎乃仓皇易服,乘肩舆出走,从之者仅左右邝汉卿等数人,直奔至王家店,左右强黎驻行旌于此。有追黎返者,黎

---

① 都督府中弹起火是12月1日(十月十一日)。

曰："如欲逼吾返，唯自刭以报诸君耳。"言之泣下。时城中无主，商民闭肆，纷纷逃避，扶老携幼，相望于道，哭声震地，惨不忍睹。残散军队三五成群，明目张胆肆行抢劫，各部属机关逃走一空。编制部长汤化龙则已于都督出走前杳不见人。理财部长胡瑞霖则托名赴沪募公债，挟多金以走。外交正副部长胡瑛、王正廷则诡称往汉口办理外交以去。军务部长孙武欲挟藩库存金以走，张振武、邓玉麟等阻止。其他号称伟人者尚指不胜屈也。

于是刘公、张振武等出，愿负守城责，且声言称都督去不患无都督，均欲于此时作假都督也。刘公则以总监察名义命令各军队受其节制调遣，并出布告云黎都督出府，业经照会本监察也。蒋翊武则以代理战时总司令名义下令各处听受指挥。军务部正副部长孙武、张振武亦令知各军队及各机关服从其命令。其他自称敢死队、奋勇队、特别敢死队、特别奋勇队，甚至自称为统领或代表者，其名目不可胜数。纷乱之状，不可究诘。

11月30日（十月初十）

各省代表集议汉口　各省都督府代表到武昌者，有江苏雷奋，浙江汤尔和、陈时夏、黄群、陈毅，福建潘祖彝，山东谢鸿焘、雷光宇，安徽王竹怀、许冠尧、赵斌，湖南谭人凤、邹代藩，广西张其锽，沪军都督府代表马群武、陈陶怡，四川周代本，直隶咨议局代表谷钟秀，河南咨议局代表黄可权，湖北胡瑛、王正廷、孙发绪、时象晋等。是时汉阳失守，武昌陷于炮火之下，乃假汉口英租界顺昌洋行为各省代表会会所。于是日开第一次会议，推谭人凤为议长，决议先规定临时政府组织大纲，并推雷奋、马君武、王正廷为组织大纲起草员；又议决如袁世凯反正，当举为临时大总统。

12月1日（十月十一日）

停战协定 清内阁总理大臣袁世凯，请英公使朱尔典训令驻汉领事出而斡旋，为武昌一隅之短期停战。英领事出示冯国璋所开短期停战条件，称民军为"匪军"，并有"匪军须退出武昌城15里"以及"匪党军舰之炮栓须下交英领事收存"等语。当由各省代表会议，决答复冯国璋停战条件，亦以"清军须退出汉口15里以外"及"清军所据之火车，应由英领事签字封闭"云云。此项条件送达武昌请黎都督派员往英领事署签字时，黎已携印出走。军务部乃摹刻都督印，派马伯援前往签字，是为停战之始。

12月2日（十月十二日）

是日黎回武昌。南京光复。

12月4日（十月十四日）

选举大元帅 武昌各省代表会议，以南京光复，议决以南京为临时政府所在地。各代表限于七日内齐集南京，如有十省以上之代表到南京，即开临时大总统选举会。结果黄兴当选为大元帅，黎元洪当选为副元帅。座中有老名士挥泪曰："黎宋卿在武昌首义劳苦功高，先已举为中华民国政府大都督，事实上即为大元帅。今反选为副元帅，在黄兴之下，太不合理矣。"江苏都督程德全代表力然其说，欲将选举案推翻。众曰："如此太儿戏。"遂罢。武昌各省代表会得留沪代表选出大、副元帅电，谓前已议决留沪代表职权在联络声气，为通信机关，无权选举大、副元帅，决议不承认，当由黎电沪撤销云。

12月16日（十月二十六日）

元帅问题 自各省代表会正式承认上海所举大元帅、副元帅后，群滋疑惑，唯挟战胜威驻宁之苏浙两军，声言不愿隶于汉阳败将之下，愿属意大都督黎元洪。于是各省代表会有大元帅、副元帅倒置之议。适黄兴来电力辞大元帅之职，并推举黎都督为大元帅，当经公决即举黎为大元帅，黄兴副之。如大元帅不能来京，由副元帅代行职权，组织临时政府，并于临时政府组织大纲追加条文，增加一项："大元帅不能在临时政府所在地时，以副元帅代之，行其职权。"公推代表数人分赴鄂、沪陈述情事。

12月19日（十月二十九日）

黄兴辞副元帅 黄兴由上海电各省代表会力辞副元帅职，并请电黎大元帅来宁组织临时政府。代表会速电催促，使者交于途，黄副元帅仍不至。而一时党人意气以大元帅降为副元帅为奇耻大辱，有在代表会跳嚷大叫者，忽迁怒于未独立之北方各省代表，目为汉奸或袁党，甚至以手枪拟之。其实未独立之北方各省代表固未尝敢有所主张也。

12月24日（十一月初五）

是日黎元洪承认大元帅名义。

12月29日（十一月初十）

孙中山当选大总统 南京开临时大总统选举会，适湘代表谭人凤自武昌至，报告武昌防守经过后，即私语居正曰："大总统宜举黎元洪，黄兴副之。"居正颔之。少焉，主席报告到会有17省代表，按临时政府组织大纲第一条之规定，每省限投一票，以得票满投票三分之二以上者为当选。结果孙文得16票，黄兴得一票，黎元洪不及焉。孙文当选为中华民国临时大总统，群呼万岁，而中华民国临时政府始呱呱坠地矣。

1月3日（十一月十五日）

黎元洪当选为副总统 黄克强以政府成立，湖北为首义之区，而政府无一人参与，颇有烦言，乃示意代表会选黎元洪为副总统，得同意。代表会乃按照修正案开临时副总统选举会，到会代表17省，共计17票，结果黎元洪得17票，全场一致，当选为临时副总统。

1月5日（十一月十七日）

杨时杰送副总统印 湖北代表杨时杰奉命赍临时副总统印绶至武昌。黎元洪置酒府中，请诸将领会饮，杨时杰上座，诸将领以次座。黎奉卮酒为时杰寿，时杰及诸将领奉贺极欢，觞罢开会议。有安徽人孙发绪者，皖抚朱家宝之侦探也。发绪善辩，其先以佐贰候差于鄂垣，起义时乃投效。由李作栋、雷洪引进，日以甘言饴黎及孙武，化名为武孙，大得黎氏欢，以为才可大用。会孙武至宁，谋一陆军次长不遂。发绪乃乘机蛊惑孙武及曾在宁不得志之鄂人，谓南京政府排鄂；鄂人功高多才，应另树一帜，以与之相抗。遂相与组织民社，而以黄侃在沪为《民声日报》，诋毁南京政府。发绪复在黎氏之前，力言宁政府之非，孙武等和之。时黎氏尚未得有副总统，颇有怨望，为其所动也。是时孙发绪在议场极言："黎氏德高望重，虽华盛顿复生无以过之。鄂中将士，皆起义有功，而南京政府均漠置之。且以湖北全省矿产及赋税抵借外债，并谓武昌内政不良，将练一军平武昌。"力耸鄂军人之听闻。并言宜以湖北全体名义通电，不承认南京政府，袖出一宿拟之电文，引章太炎"革命军起，革命党消"之言，以训伤南京政府。全场裂眦拍案，一致赞成。独杨时杰起而反对曰："孙发绪，安徽人，尚知爱湖北，余反不知自爱耶？余适从南京归，未有所闻。"孙武则云："无论如何非反对不可。"时杰拍案曰："破坏革命战线，谁辞其咎？余不署名，谁敢用湖北全体名义耶？"适查光佛至，力驳孙等曰："今和议尚未成，大敌尚当前，而自启纷争，甚不可也。且闻袁世凯将在京津另组织政府，不承认南京政府。彼之所忌者，独南京与武昌耳。上军伐谋，其次伐交，创此议者何人？是明明为伐交之术，其头可断也。"孙武尚云："南京如此败坏，吾宁承认袁世凯，而不承认南京。"光佛曰："袁贼今犹为敌人也，君欲降敌军乎？夫南京政府，乃吾侪诸先烈以血构之者。南京政府之成立，乃先由鄂省之军政府乃各省反正之军政府合组而成者也。今若不承认南京政府，则应先不承认各省之军政府。从根本上，应最先取消鄂省之军政府。取消鄂省之军政府，当立即解散君之军务部，而立即取消君今日军务部长之职任，而自军政府以至各部皆当立即取消而解散之，然后拱手以待北廷。君能乎，否乎？且南京政府绝非吾鄂一省所能不承认者，何为自开衅端，予敌军以隙乎？"孙武无词以对：第面赤耳热，抗言此电已表决，有必发者。黎此时因得有副总统，意甚满，乃急为之疏解曰："诸君勿操切，可和平解决。"遂取折中办法，改用都督名义忠告南京寝事。

1月7日（十一月十九日）

黎就副总统职 黎元洪就副总统职通电各省。文曰："连接各省代表会与本省代表函电，知中央政府举元洪为临时副总统。闻命之余，惭悚交并。元洪才识平庸，素无表见，自起义以来，全赖群策群力，互相维持。以武汉一隅，而收17省益地之图，以前后两月，而雪300年敷天之愤。诸君子创其苦因，而元洪收其乐果。纵诸君子谬相推奖，能勿恧然。现在和议未定，战事方棘。尚望诸君子坚矢初心，共襄盛业。勿争权利而越范围，勿怀意见而分门户，勿轻敌而有骄心，勿畏难而萌退志。岂唯我中国父兄子弟群相托命，环球万国将于是观听随之。元洪有厚望焉。"

1月8日（十一月二十日）

继续北伐 我政府以袁世凯对于和议无诚意，乃决计用兵。黎以大元帅名义誓师北伐。战时总司令吴兆麟任北伐第一军总司令官，右翼军李烈钧任北伐第二军总司令官，左翼军赵恒惕任北伐第三军总司令官。同时改编湖北八协为八镇，以黎本唐为第一镇统制，张廷辅为第二镇统制，窦秉钧为第三镇统制，邓玉麟为第四镇统制，吴兆麟兼第五镇统制，王安澜为第六镇统制，唐牺支为第七镇统制，季雨霖为第八镇统制。

是时各省北伐军皆云集于江宁与武昌，枕戈待命。于是以桂军沈秉堃、赣军李烈钧、苏军黎天才合湘鄂军为第一路，杜锡钧任前敌指挥，刘公任右翼总司令，出京汉路。浙军朱瑞、苏军刘之杰、沪军洪承点、粤军姚雨平为第二路，徐绍桢统之，从津浦路前进，会第一路军于开封、郑州间。段志全之皖军及张汇滔、陈干、岳相如等之淮军为第三路，张汇滔统之，出山东。闽军许崇智、沪军刘基炎、鲁军邱丕振为第四路，出烟台，与第二路军会于济南。秦皇岛、关外为第五路，山陕为第六路，向北京前进。第一、第二、第三、第四路军到达目的地，则与第五、第六两路会北京。其他如阎子固之河南北伐队，张国威之威武军，马云卿之奋武军，沈佩贞、徐慕兰、许剑魂、黄芙蓉、黎兴汉、梁雪君、黄志德等之女子北伐队亦皆随往。

1月13日（十一月二十五日）

北伐军各路告捷 姚雨平之粤军、刘之杰之苏军，与敌之张勋军遇，大战之，败张勋于固镇。张得援军，复战于南宿州，粤军姚雨平及淮军陈干又败之。张勋乃走济南。遂拔徐州，声威大震。是时皖军段志全、刘文明败倪嗣冲于颍州。豫军阎子固收复新蔡，奋勇军马云卿夺新野，鄂军张国荃取邓州，鄂军阙龙下唐县。薛某炸张怀芝于天津。白逾桓攻直隶督署。捷报频传，京津震动。黎元洪以大元帅名义鼓励前敌文云："前敌诸君，英烈堪钦。追奔逐北，威震清廷。磨刀霍霍，汉奸遁形。鼓勇直前，誓清北军。唯非天时，秋风草冷。胡儿马肥，防其南侵，勤劳任务，勿恃战胜。由来创业，成于坚忍。风动雨立，征马长鸣。车尘不扬，我武士行。慎尔衣服，勿为寒凌。引领北望，怀我征人。"

2月12日（十二月二十五日）

清帝宣布退位。袁世凯电南京临时政府赞成共和。

（摘自《武昌首义纪事》，湖北省政协供稿）

民国初年的黎元洪

章裕昆

一、从鄂军政府成立时起，黎元洪、汤化龙的鳞爪

10月10日（辛亥八月十九日）夜，革命军占领武昌城后，11日上午革命军把黎元洪拥至都督府，要他主持政事，黎元洪坚决拒绝，不发一言。这时，首鼠两端的汤化龙，看到革命军拥黎出，便乘机来都督府。蔡济民正急于想维持秩序，苦于黎元洪的顽固态度，看到汤化龙来了，便与他商量，当即决定暂设两处，一为秘书处，汤化龙任处长，发布文告，安定人心，并草拟檄文，通电各省，策动起义，响应革命。一为谋略处，蔡济民任处长，调集军队，沿江布防，并指派军队，逐巡城市，维持秩序。一时人心大定。当晚，文学社四十二标标代表胡玉珍率同志邱文彬、赵永斌等光复了汉阳、汉口，于是武汉三镇便全部被革命军占领了。10月13日蔡济民派周祖培率兵数十人随詹大悲渡江，进驻汉口四官殿布防。汤化龙看到革命军的日益巩固的情况，又看到革命党内文学社与共进会不合作的矛盾，为达到个人目的，便利用这一矛盾，施展毒计，用拉拢一部分、打击一部分的阴谋，于10月14日，提出改组都督府的办法，将都督以下，改设民政、军务两部，民政部下设内务、交通、理财、司法、编制、文书等七局，汤化龙自任民政部部长，舒澧鉴为内务局长，胡瑛为外交局长，熊继贞为交

108

通局局长，胡瑞霖为理财局局长，张知本为司法局局长，张国溶为编制局局长，万声扬为文化局局长。这些局长人选，除外交局局长胡瑛、交通局局长熊继贞以外，其他五局局长都出于汤化龙的宪政派。军政部则以共进会的孙武为部长，张振武为副部长。这样一改组，便将都督府的谋略处无形取消，将蔡济民等文学社一班人，都摒绝于革命政府之外，仅给蒋翊武一个都督府高等顾问的虚衔。詹大悲看到军政府排除文学社，便于10月15日在汉口招商局成立军政分府，同时组织义勇军，派周祖培等为义勇军管事，并发动商会慰劳前线作战部队和救护受伤人员。义勇军成立以后，负责维持汉口秩序，拿获潜伏在旅社里的清军张彪部的正参谋刘锡祺，经军政分府审讯后，将他杀了。

清廷荫昌南下之兵到达孝感后，北洋第十独立协统领王遇甲，于10月15日下午从孝感车站与黎元洪通电话，王遇甲说："宋卿（黎元洪的别号）朝廷对你不满，你已经是三品官了，你的顶子已经红了，为什么还这样的糊涂，干出这等事来！"黎答："军门（满清官制，武官到提督，人们号称为军门，清朝封王遇甲遇缺即补提督，所以黎元洪称他为军门）！元洪之为人，军门是知道的。我何尝敢做这样的事，我早已失去自由了，现在我的身边，还有拿枪的守着……"当时，蒋翊武在总机窃听，就把话线截断了[①]。这一事实，都督府知道的人很多，谢超武告诉了我。

当天夜晚，汤化龙以清廷湖北咨议局议长的身份，和清廷的官吏马吉彬、联甲、陈夔龙、李国溶（清湖北省教育会代表）、柯逢时（清各省土税督办）等，在柯逢时家开秘密会议，黎元洪派代表蔡登高参加，图谋倾复革命军，密电清廷军机处，由汤化龙主稿，柯逢时领衔，电文说："鄂军变，督藩统制不知下落，协统黎元洪暂带管鄂军，请速派兵南下，以平此变。"并条陈特赦革命党人，以汉人为总督的意见。黎元洪在这个会议以后的第二天，10月16日一早，便开始主持都督工作。首先借保护藏书为名，亲出条谕，交参谋长杨开甲拟发布告，保护密电领衔人柯逢时的住

---

①　参看丰书晏勋甫《黎元洪与清军的一次秘密通话》。

宅。这就是黎元洪入都督府以来，对辛亥革命运动的第一个措施，原来是一个抗拒革命最坚决的黎元洪，经过这么一夜，就一变而为积极参加革命的黎元洪了。

汤化龙认为民政部仍有局限性，要求扩大事权。黎元洪即于10月19日明令汤化龙为政事部部长，其余各局局长仍按上述人选，由都督府的名义一律加任命。于是，那些被摒诸都督府大门以外的大部分革命党人，便都被排除了。掌握军政大权的，除汤化龙的宪政派和黎元洪的旧部以外，还拉拢了共进会的一部分上层人物。

意图消灭革命力量的南下清军，逼近武汉，黎元洪最初派张景良（原第八镇标统）为战时总司令，率统部队，10月18日与敌战斗于三道桥以北地区。张景良与敌人有勾结，既不调兵增援，又不接济前线弹药，作战五天，全线败退，官兵愤慨，认为张景良是汉奸，将他捆绑送汉口军政分府，詹大悲即下令将他斩首。黎元洪一方面不满詹之杀张景良，另一方面派何锡藩继任总司令，率部抵抗清军于刘家庙之线。何令马弁在他的腿上打一枪，借口受伤，退下火线。黎元洪又命居正接替，居上阵后，面部受轻伤，也退了下来。黎再命姜明经继任，节节败退至大智门之线。正当危急紧张的时候，黄兴到了武昌，蒋翊武率队迎接到都督府，与黎元洪晤谈片刻，黄即挺身而出，当夜渡汉口，负责指挥，撑持危局，巷战五整夜，清军冯国璋部纵火烧汉口商场，黄不得已，才于11月2日退守汉阳。

在清军攻占汉口大智门、玉带门进入市区以后，汉口的军政分府已无法继续存在。詹大悲因杀张景良开罪于黎元洪，不能退到武昌，便于10月30日离开汉口到九江去了。

詹大悲的军政分府在那16天的时间内，成立了义勇军，参加了战斗，处决了汉奸张景良和刘锡祺，发动了汉口商会参加革命。这些事实，不能说詹大悲没有行使军政分府的职权，但在汤化龙的宪政派及黎元洪的一些旧部属，却散布"詹大悲应将张景良解送都督府办理，这样的擅自杀人，大干法纪"的流言，其目的还是在排斥文学社，否定詹大悲的军政分府。

10月31日（九月十日），武昌都督府召集会议，居正提出："汤化龙既是都督府秘书主任，又负责政事部部长，事权萃于一身，很难兼顾，建议将政事部取消，汤化龙专任都督府秘书主任，政事部所辖各局一律改为部，原来各局的局长，一律升为部长（原材料存湖北省博物馆）。"会议通过了这个建议，黎元洪便任命舒澧鉴为内政部部长，胡瑛为外交部部长，熊继贞为交通部部长，胡瑞霖为理财部部长，张知本为司法部部长，万声扬为文书部部长，编制部部长张国溶，先于10月27日过汉口，看到汉口战事失利，不肯再回都督府，于是编制部部长一缺，悬到11月4日，黎元洪仍命汤化龙兼任了。

革命军退守汉阳后，因为黄兴的总司令职务，还未曾经过法定的手续。这时，文学社坚决拥护黄兴，主张黄兴为中华民国军政府大都督或革命军总司令，各省都督归其统一指挥，以利作战。杨王鹏主张最力。而汤化龙的宪政派和黎元洪的一般旧部属，却坚决反对。说湖北革命应当拥戴一个湖北人，怎么能够拥戴一个湖南人呢？曹亚伯说："坚决不赞成把黄兴置于黎元洪之上，如果这样做了，就中了文学社的计。你看文学社在军队中的协统（旅长）有几个，标统（团长）好几个，管带（营长）更多，队官（排长）没有哪一部分没有文学社的人，如再把黄兴位置于黎都督之上，军队由他调编，那将来只有文学社的人可以说话，其余的人，都站脚不住了。"同盟会的居正以及孙武一派的人，也都随声附和，结果，于11月3日，黎元洪登台拜将，拜黄兴为战时总司令。事后，孙中山先生在1919年10月10日纪念国庆时，撰文刊登《上海晨报》说："黄兴到鄂，而湘鄂之见已分。"其实湖北的革命党，原来是没有畛域之见的；从共进会与文学社9月4日在武昌雄楚楼刘公家开联合会时，公推居正、杨玉如赴沪欢迎黄兴、宋教仁、谭人凤来鄂主持大计的事实，就是很好的明证。但是，黄兴到鄂后，却又发生了湘鄂之分，并且争执势力，这完全是汤化龙的阴谋挑拨所致。

11月8日，安徽独立了，巡抚朱家宝做了都督。由于宪政派的关系，他写了一封信给黎元洪，介绍孙发继来湖北。孙发继到鄂时，最初以个人投效的身份出现，住集贤馆，以后到汤化龙家将朱家宝的信交汤，而后由汤化龙将信递交黎元洪，黎又交给孙武，要孙武先会孙发绪。孙武与孙发绪会见后，一拍即合，便引孙发绪去见黎元洪。经过这样的转弯抹角，孙发绪便成了湖北都督府的上宾，成为汤化龙的灵魂，汤化龙的阴谋，便由他来实现了。

这时候，西南及长江各省都已独立，在形势的发展下，不能不产生中枢。黎元洪想在湖北组织中央政府，于11月9日，电邀各省派代表到武昌，但是同盟会人自上海独立后，却集中在上海，陈其美联络汤寿潜、程德全等三都督联合通电，倡议开各省代表会，要在上海成立中央政府，于11月15日（九月二十五日）成立了各省都督府代表联合会，到11月24日（十月四日），这个代表会才由上海来到武昌。在这段时间，湖北与上海对中央政府所在地的问题，争执得非常激烈。当时杨玺章撰文刊载《中华民国公报》说："武昌已为领事团承认为交战团体，上海领事尚未承认伍廷芳为外交代表，因此，中央政府应设在武昌为宜。"

黄兴率部守卫汉阳，由于上有都督府的掣肘，下面将士不应命，与清军战斗不到一个月，于11月27日（十月七日）失守，黄兴即去南京。这时黎元洪为争取中央政府设在武昌，同日派汤化龙去上海活动。当时编制局致革命实录馆的咨文说："汤化龙偶因事故，奉黎都督之命往上海，汤化龙离鄂之日，正汉阳失守之时。"所谓"事故"，就是去争中央政府所在地，咨文里既说明是奉黎都督之命，焉有不向黎告辞之理？有人说汤化龙离武昌时，未向黎元洪辞行，这是不合事实的。

清军冯国璋部占领汉阳后，12月1日（十月十一日），炮击武昌。黎元洪逃葛店，军务部副部长以买军火为名，乘机在藩库提现金35万元运往上海。12月2日（十月十二日），清廷请英国公使朱尔典出面，接洽停战，朱尔典派汉口英国领事到武昌调停，自即日起，停战三日，继延续三日，随后延续十五日，又延续十五日，以后又辗转延续，战事就再没有继续了。

12月9日（十月十九日），袁世凯派唐绍仪为议和全权代表，去上海议和。唐过武汉时，先会晤黎元洪。黎也派王正廷为代表同到上海参加和会，并派孙发绪同行，目的在从上海罗致人才，发展私人势力。据革命实录馆所存的一个片段材料，载有"为亟须物色建设人才，闻沪遗贤甚多，即借和议代表之名，偕王正廷到申，不与伍、唐接洽，一心罗致陆军、外交、政治诸人才，得有刘一清、蒋作宾、周斌、陈锦章、邵宝、任本昭、黎本唐、石星川、罗虔、陈守忠、时功玖、刘成禺、张伯烈、张时、张大听、郑万瞻、王重、朱兆熊诸名士……"（原件存湖北省博物馆）这段材料虽然无头无尾，但是事实上随王正廷去上海的是孙发绪，从材料中所指罗致的这些人来看，大都是他们以后新组织的民社的成员，说明这是孙发绪到上海后的行动。又据张振武事略上所载："闻和议将成，遂约孙武、孙发绪、张伯烈、时功玖、刘成禺等组织民社，并建设基础，俟上海总部成立，立即成立武汉支部。"（原材料存湖北省博物馆）从这些材料中，很可以看出黎元洪、汤化龙、孙发绪等，在厕身革命阵营后，为要窃取领导权，一方面极力打击革命力量，另一方面另组织党派，发展私人势力的一些阴谋活动。所以民社在上海成立总部以后，张振武、孙发绪以及所罗致的一些人等，回到湖北，第一步便是发展民社组织，以孙武等共进会为基础，4月（二月）在汉口成立了民社支部。从此黎元洪以偷天换日的方法，将革命力量掌握到自己手中。

近卫军第二协统领黄申芗，这时以会党为重要力量，也组织了一个群英会。黄任会长，洪门会的龙头大爷向海潜任副会长。因此，群英会在部队中发展组织很快。黎元洪为要消灭文学社的力量，暗中授意孙武促使黄申芗谋杀鄂军第二镇统制张廷辅。在这以前，革命军第四镇统制邓玉麟（共进会员）是主张杀张最力的。邓说："文学社的实力完全掌在张廷辅手中，张去，文学社就再没有办法了。"黄申芗接受任务后，布置手下罗营长于4月14日（二月二十七日）黎明前率兵包围张廷辅住宅，张急忙下楼打算说服这些部队，罗营长不待张下楼就对张开枪，将张击毙于楼梯口。黄申芗因私事不满意邓玉麟，也运动第四镇司令部卫队同时哗变，将统制邓玉麟也赶走了。黎元洪当即下令缉拿凶手。第二天，命令蔡汉卿为鄂军第四镇统制，王宪章（文学社副社长）为鄂军第二镇统制，并令该镇第四协统领王华国在王宪章未到职以前暂行代理统制职务。这样，王宪章也无法接事了。黄申芗没有当到统制，质问黎元洪为什么去了张廷辅又任命王宪章，黎元洪将责任推到孙武身上，说是与军务部商议的。4月17日（三月初一日），蔡汉卿就任第四镇统制职，黄申芗更积怨于孙武，决心驱逐他以泄愤。当晚，黄下令围攻军务部，一面下令一面大骂孙武说："你不许老子干，老子也要你干不成！"这时，孙武已早回家，近卫军统制高尚志命近卫军第一协派兵保护孙武住宅，第一协拒绝说：国家的军队，不能保护私人住宅。孙武得报，马上渡江逃往上海去了。事后，黎元洪要办人，黎的副官萧骥劝黄暂时避开一下，黄申芗才知是上当，也只好去上海了。黎元洪在黄申芗走后，才下令撤黄职，并解散群英会。群英会的名义虽取消了，但副会长向海潜将群英会改为海湖会，仍旧把它保存下来，以推翻黎元洪为目的，总机关设在黄石港，联络军队，暗中活动，并未停止。

张廷辅被杀以后，文学社的祝制六、江光国、滕亚光等，以改良政治相号召，企图打倒黎元洪。事机不密，为侦探平福胜侦知，黎元洪令蔡汉卿派兵在汉口大智门神洲旅社将祝、江、滕等11人逮捕，押解武昌，未入城就在汉阳门码头，以谋反叛逆罪名，将祝制六、江光国、滕光亚三人斩首示众。这就是黎元洪彰明较著地杀文学社人的开始，也就是蔡汉卿向黎元洪保证"只要都督给40把马刀，包管杀平"的开始。从此以后，文学社人被杀的不计其数。

汤化龙认为民社的范围太小，向黎元洪献计，以民社为基础，与其他党派合组一个大党。于是产生了以黎元洪为总理的共和党。据李白贞事略中，载有"4月孙武才组织武汉民社，贞即赞同，经公众推为会计，复又协助组织救国会，劝募捐款，以济国难。6月中旬，五党合并，改名共和党。"（原材料存湖北省博物馆）所谓五党，即：一、陶成章所组织的中华联合会；二、马君武、于右任的预备立宪派；三、张謇的共和统一党；四、湘鄂间一部分同盟会员；五、共进会。不久，黎元洪主张军人不党，自动退出共和党，汤化龙乘机以共和党改组为进步党。黎元洪又自食其言，还是做了进步党的总理。

张振武担任军务部副部长以后，目空一切，态度骄横，自己组织卫队60名，配一色短枪，不论进出，都跟随护卫，即令进都督府，也是从大门到黎元洪的办公室，都由他的卫队加岗。对黎元洪总是横眉怒目，动辄说：

"我们不把你拉出来，你哪里有今天！"黎元洪每听说张振武来了，就有些发抖，于是，蓄意要杀张振武。最初，以调虎离山之计请袁世凯派张振武为西北屯垦使。张振武怕上当，借口西北严寒，不肯离开湖北。黎元洪请邓玉麟、刘成禺、时功玖等先向张劝导，而后一同护送张振武去北京就职。张等走后，黎元洪即电报袁世凯，说张振武以小学教员，赞成革命，起义以后，任军务部副部长，怙权结党，桀骜自恣，赴沪购枪，吞蚀巨款……二月二十七日串谋变乱，军务部全行推倒，张复独遣方维（将校团团长），要挟留任等等罪名，请处张、方以死刑。张振武等到北京后，住六国饭店，袁世凯在东交民巷设宴款待张振武，暗中命步军统领布置，宴会完毕张振武回饭店时，将张拥入汽车，开往步军统领衙署，伺时在六国饭店逮捕了方维，均不加审讯，即行斩首。事后，黎元洪通电各省宣布张振武的罪状，内容除增加他在江苏借了40万以外，其余大致与给袁世凯的电报相同，对于张振武的将校团，特派副官萧洪升前去安抚，宣读令文说："此次处决张、方，实迫于治安所关，未便加以宽典，尔团员等，大都深明大义，切勿误会，至退伍所有优待，概行仍旧。"对湖北全军宣布张振武、方维罪状的通电中，有"视国法若弁髦，玩元洪于股掌"等语，这就是黎元洪必定要杀张振武的真正原因。张振武被杀，引起邓玉麟等不满，于是约合蒋翊武、刘成禺、孙武等20余人，连名通电质问黎元洪，电文中有"……外托劝导之名，阴行杀戮之谋，嘱玉麟等同振武携手入都，骤隐暗箭，玉麟嫌疑卖友，固不足惜，窃念民国，即从此招外人祸"等语。当时舆论，有人以"拔剑歌风"四字，讥刺黎元洪。

二、黎元洪摧残鄂军的点滴

10月18日开始，鄂军在汉口以北三道桥之线抗击南下镇压革命的清军，由于临时扩充的军队，缺乏训练，战斗力不强，以致节节败退。10月29日，革命军放弃汉口大智门后，黄兴命宋锡全的第一协退守岳阳，预备作为第二道防线，可是当宋率部向湖南退却时，黎元洪以临阵退缩卷款潜逃的罪名，电湖南谭延闿将宋逮捕斩首，并派刘佐龙去湖南，提宋之首级来武汉示众，第一协部队，便全部在湖南被消灭。黎元洪命蒋肇鉴（黎的旧部属）为第一协统领，另成立第一协驻守汉阳。

在汉阳战争激烈的时候，军政府派季雨霖为招讨使，收复襄樊进而出河南威胁清军侧背，牵制南下清军的兵力。季雨霖率部北上接近襄樊的时候，张国基已响应武昌起义光复了襄樊，于是季雨霖率部过襄阳直下河南，当军队进攻唐集、新野、邓州进逼南阳的时候，得到黎元洪"和议成立，迅速退兵"的命令，便撤到襄阳，准备从汉水南下汉口。季雨霖有野心，想赶走黎元洪自己做湖北都督。船过沙洋，停留二日，季雨霖发起拜把，邀合梁钟汉、张难先、李步青、廖汇川、李仪吉、谢超武、阙龙、张鹏程和我到他的船上，首先由季雨霖表示：满清政府虽说推翻了，以后的事情还很多，不结一个团体，将来也很难站得住脚。梁钟汉附和着说："是的，要结一个团体，将来好做事。黎都督又是副总统，他应该到北京去监督袁世凯，湖北都督一席，应该让出来，只有招讨使劳苦功高，资格也老，又是日知会的老革命党，是最适宜做湖北都督的人。"季雨霖叫司书将大家的出生年月日写在一块白绫上面，其中廖汇川的年龄最大，我最小，梁钟汉说招讨该是当然的大哥，就把季的名字写在前面，其余按次写上。首先由季雨霖用针刺左手中指出血，在他的名下按了指印。就这样，结拜了一个十人的把兄弟。第二天军队继续前进，季雨霖原想把军队带到武昌，迫使黎元洪晋京去当副总统，他自己来做湖北省都督。可是，船到仙桃镇，接到黎元洪电令说："省城驻军过多，苦无房屋，该部军队，暂驻襄河流域，自钟祥以下至汉川，为该部驻军地点，严饬所部恪守军纪，认真训练，保护地方……"季雨霖无法，只得停止部队前进，按指定区域驻扎，他自己带领李荣升的一标和镇司令部到武昌，李荣升原是黎元洪的马弁提升，是黎的亲信，一到武昌，黎就要他这一标担任守卫都督府的任务，季雨霖的企图就更不能实现了。

不久以后，季雨霖看到鄂军第二师师长张廷辅被暗杀，更感到必须组织一个团体来自卫。于是拉拢往日在三十一标的同僚哥老会龙头大爷李少白,以改良会党为名,组织同袍社,开堂放票,玩的还是哥老会的一套。他们的票布形式是五寸见方白布上,印有蓝色的两道四方框,外框四角有"坐镇中华"四个字,叫作外口号,内框四角有"旋转乾坤"四个字,叫作内口号,内外方框之间印有四句诗,上筒横行为"大洪普天下",左边直行为"抱水在四方",右边直行为"扬子长江水",下面横行为"名扬四海香"。内框里印有"大洪山、抱冰堂、长江水、四海香"。季雨霖还委派了四个会党的人当副官,将票布向其他各军散发,每张收费一元,这样,不但扩大了私党组织,而且还大赚其钱。可是却影响了其他各师的上下关系不易维持。于是各师将领将季雨霖暗中组织同袍社的情形,控告于黎元洪。季雨霖受到黎元洪的斥责,没有办法,只得商同李少白解散同袍社,请黎元洪布告拿办会党,并请许他出巡襄河一带,整顿军队,于是在仙桃镇和岳口两处,以"开堂放票,运动军队,破坏军人天然团体"的罪名,各杀了一个地方的会党头子。到沙洋,又将三十团的营长艾良臣、连长李德山捆绑起来,以同样的罪名要杀。经三十团全体官佐求情,才将这两人撤差了事,季雨霖就用这样的办法敷衍了黎元洪,也缓和了其他将领对他的攻击,同袍社也就是这样血滴滴地结束了。

同袍社虽然镇压下去了,但是由黄申芗组织起来的群英会的化身海湖会,却还在活动。他们在武汉的负责人顾维忠,以部队为对象进行活动,其主要联系的力量为驻南湖的骑兵旅。该部正在准备要哗变的时候,为侦探平福胜侦知,黎元洪即饬蔡汉卿派兵在武昌弓箭街拿获了顾维忠等五人,于是迫使骑兵旅长傅人杰、团长钱葆青率部于9月24日(八月十四日)暴动,黎元洪命蔡汉卿、黎本唐两部会剿,包围了骑兵旅。这时,原与海湖会联系好的其他部队,已在黎元洪的监视之下,不敢响应,骑兵孤军奋斗,终于失败,结果旅长傅人杰、团长钱葆青自首,其余大部分官兵,都死于机关枪扫射下。

黎元洪看到军队风潮层出,同时省库空虚,于是一面以补授实官,对部队加以限制,一面颁布退伍令,借以裁员,补授实官办法,将官佐分为

117

三等九级，即上将、中将、少将为一等，上校、中校、少校为二等，上尉、中尉、少尉为三等，按现有官职，一律补授新阶级。退伍办法即优厚给予退伍金，规定上将不退伍，中将退伍5万元、少将1万元、上校5000元、中校3000元、少校1200元、上尉800元、中尉600元、少尉400元、准尉及上士司书200元，士兵加发饷银两个月。退伍命令公布后，第七师师长唐牺支马上响应，深得黎元洪嘉奖。此外，如阙龙、王华国、李六如、张哲夫、黄驾白、李慕尧、单建康、杨舟雄等，都是因派系关系被挤退伍的，其余的人，还是不愿退伍。于是黎元洪又另想办法，于1913年（民国二年）3月由湖北省临时参议会议定裁兵办法，通令各师，规定除师长外，其余无论上、中、下各级军官，如有缺额，一律不补，即以下级代理（如旅长缺由团长代理，其余类推）。这样，军官虽有退伍，而军队仍然存在，黎元洪还是不能达到大部分裁并的目的。于是派人唆使士兵闹退伍风潮，教导团首先发动，该团都是三十一标老兵约800人，曾在四川资州起义有功，一律支准尉薪饷，每月20元，每人可得退伍金200元，他们还要求多发两个月饷，包围团长曾广大，黎元洪批准他们退伍了。于是，影响到想保存实力的带兵官对黎不满。

想做湖北省都督的季雨霖，看到这种情况，更是不安。于是一面召集自己的官兵训话，安慰军心，要他们不要受外面的蛊惑；一面向各师联络，说黎元洪被宵小包围，把持政事，同时以改良政治为名，又秘密组织"改进团"，提出要"清君侧改良政治"的口号，企图通过驱逐都督的秘书长饶汉祥，迫使黎元洪进京去当副总统。熊秉坤为这事奔走很出力，事为黎元洪所知，要拿办他们，季雨霖和熊秉坤，都只好逃往上海。黎元洪以潜谋内乱，畏罪潜逃的罪名，电请袁世凯下令通缉他们归案，袁世凯于4月14日（三月初八日）发布了通缉季、熊二人的命令。季雨霖走后，派参谋贺公侠到第八师驻防地遍走一遭，向各兵官说明，季虽走开了还是要倒黎元洪的。黎元洪也认为鄂军不可靠，打电报请袁世凯派北洋军坐镇，袁复电说已令段祺瑞就南下之兵留两营驻武汉。

这时，国民党正在积极准备进行讨袁，孙中山先生命汉口国民党交通部部长蒋翊武担任对西南各省讨袁的联络事宜。蒋翊武正在积极进行的时候，季雨霖偷偷地回到武汉，也参加了这一活动。可是他一来就声言要做湖北省的都督，引起当时参加活动的人不满，说他不是来革命的，是来抢都督的。加以他庇护破坏振武学社的施化龙，与文学社的人更不融洽。

蒋翊武派卿定福往来于仙桃镇、岳口地区，担任对第八师的联系工作。我这时在八师第三十一团担任营长，驻在天门、潜江。5月28日（四月二十三日）收到蒋翊武于5月26日发出派何奇送到的通知，限我于文到二日内占领汉阳，我便调集分驻天门、潜江的各连，以及地方民团与县政府的卫队集中岳口，同时派员从天门、潜江两县政府各提款2万元，并在岳口对当地姓危和姓阳的两家富户捐款共2万元，总共征集了军费6万元。5月31日（四月二十六日）部队在岳口集齐，于是整编为三个营，成立湖北讨袁军先锋军，先发两个月饷以固军心。我自称先锋军总司令，发出布告，宣布讨袁。

武昌方面在汉口国民党交通部5月26日通知发出后，钟仲衡为想策动江苏留鄂第一师黎天才部起义，黄昏时候在塘角该师驻地跳墙入营，为哨兵捕获，经过审讯随即被杀，事机就被泄露了。黎元洪即令蔡汉卿包围汉口国民党交通部，仅侯玉龙同志被捕，其余同志得到消息，连夜离开汉口，蒋翊武、杨王鹏、温楚珩跑到长沙，詹大悲去上海，他们临行时要卿定福到岳口，告诉我武昌失败的情形，并说驻仙桃镇的王志祥营和沙洋的刘铁团都不动了，要我也不要动。但是，我已将事情发动，无法挽回，只有挺身干下去，于6月1日（四月二十七日）开始向仙桃镇进发，想在占领该地以后，利用镇上的电报局、向全国发出讨袁通电以影响各地。部队进到麻阳潭，即与驻该地的二十二团发生战斗，不到一小时，该团有两连响应，并缴获一部分枪支，编成两个营，同样先发两个月饷，准备进攻仙桃镇。

6月2日（四月二十八日），正在整队出发的时候，驻仙桃镇的八师三十一团王志祥营长派一位连长送信来，说计划已经失败，黎元洪派梅占先率领两团到达仙桃镇，还有后续部队，目前情况，众寡悬殊，万难成事。为今之计，不如保存实力，待机再动，要我赶快撤退，他当设法缓兵不予紧迫。于是，我召集营长以上的军官商议，决定向多宝湾方向撤退，靠近三十团与刘铁团长商量办法，再作行动。部队走了四天，到达多宝湾；我感到情况已有变化，写信给刘铁，提出两个办法：一、刘团立即宣布独立，共同讨袁；二、派员来多宝湾接收队伍，以免散失。他复信说：即使一同独立，也是孤立无援，不能成事，不如保存实力，以待时机；派员接收队伍，不能应付上面，只有我赶快离开，他马上派队来收容，这样办，才可以说得过去。于是我就离开了队伍，与任重远一同逃向湖南。黎元洪电请袁世凯下令通缉我。

7月12日，李烈钧在江西宣布独立，黎元洪派副官曹进去沙洋办理八师三十团退伍事宜，刘铁杀了曹进宣布讨袁，自称鄂西讨袁军总司令。黎元洪派兵围剿，刘战败了，退到湖南澧县。当时，湖南都督谭延闿又取消了独立，刘铁站不住，逃往上海，军队被澧州镇守使王正雅缴械遣散。

我离开部队以后，沿途辗转，8月1日（六月二十九日）到了湖南常德，进城看到国民党常德支部前的两根大桅杆上，悬着"剪除国贼""保障民权"的两条长大白布标语，我知道湖南的情况已经变了，马上走进去自我介绍，说明是在湖北天门讨袁失败逃回的，要找蒋翊武。但是他们怀疑我和任重远是黎元洪的侦探，将我们扣留起来，一面去电蒋翊武查询。过了五天，蒋回电证明，才去长沙，到长沙时，湖南已宣布独立十天了，蒋翊武担任鄂豫招抚使，在岳阳设行署，以便与湖北军队接洽，他发出声讨袁世凯的传单，称袁世凯为袁贼，称黎元洪为黎屠，传单发到湖北，很发生影响。驻汉口大智门的鄂军第三师第十团准备响应，事情为侦探报与黎元洪，黎即派蔡汉卿和石星川率部将大智门新舞台包围，令驻在里面的第十团全体官兵集合在侧旁大空坪上，将团副以下至上司书等110人（团长胡仲尧因病，在一月前请假住医院），集中在全团队伍前面，用机关枪扫射干净。这是黎元洪最后一次对鄂军的大屠杀。

谭延闿与汤化龙早在辛亥年六月在北京与孙洪等组织了宪友会。武昌首义后，汤化龙等在柯逢时家，举行秘密会议，策定了他们的方向，于是汤化龙派他的胞弟汤进龙用绳索槌出武昌城，去湖南隐藏在谭延闿家，一直到谭延闿杀了焦达峰，篡夺了湖南都督之后才回武昌，谭延闿与黎元洪在汤化龙的策划下，总是相互照应息息相关，国民党在汉口机关被破坏后，蒋翊武、谭人凤、周震麟等都集中在长沙，国民党人多了，谭延闿很害怕，密电黎元洪说："湖南如独立，延闿仰药死。"黎元洪复电说："请以大局为重，对党人要虚与委蛇。"谭延闿派参谋姜隽为两湖联络参谋，住湖北都督府。湖南独立后，谭延闿仍暗中电黎元洪说："大军集中长沙，殊多危险。"黎元洪复电说："出兵岳州，以分其势。"于是，谭延闿装腔作势，大举誓师，出兵北伐，将大部分军队开到岳州，这时黎元洪也假装抵抗，但却只派李铭鼎一个团在汀泗桥设防。

8月11日（七月初十日）蒋翊武由岳阳回到长沙，谭延闿将袁世凯的电报交给他。这个电报说："乱党蒋翊武，自称鄂豫招抚使，遂发传单，语多狂诈，陆军上将衔陆军中将、勋二位一律取消，着湖北、湖南，河南三省都督，严厉拿办……"蒋翊武看罢，说："天生德于予。"谭延闿于8月13日（七月十二日）发出布告，取消独立。国民党人员只得纷纷逃散，谭延闿派人在旅舍拿获杨九明等九人，以乱党的罪名，将他们杀了。谭延闿取消独立的布告上说："罪在一人"，可是一开始就杀了九个。蒋翊武想从广西去香港，走到全州被人识破逮捕，押解到桂林，广西都督陆荣廷电告袁世凯和黎元洪，黎马上打电报给袁世凯说："此次湘省独立，舆论咸归罪于该犯及谭人凤，谭都督亦有蒋、谭畏罪潜逃之电告，该犯湘鄂党羽众多，不予迅诛，终为巨患，可否饬陆都督从速执行，以昭显戮。"（见黎大总统尺牍）蒋翊武就是这样被杀在桂林丽泽门外。

黎元洪乘袁世凯战胜的余威，逼迫鄂军退伍，不到两个月，第三、第五、第六、第七师全部退伍，第八师也退了一部，仅留下帮他杀人的刽子手的黎本唐的第一师、石星川的第二师和蔡汉卿的第四师。黎元洪以为从此可以做太平天子了，但是好景不长，以声制自为的袁世凯认为大乱已平，怎么能让黎元洪长久盘踞绾毂南北的重要军事据点武汉呢？于是硬性规定副总统驻北京，并派段祺瑞到汉口迎接。段于12月8日（十一月十一日）到达武昌，黎元洪即于12月9日乘段祺瑞南下的专车往北京，袁世凯在黎元洪入京的途中，就下命令免去他湖北省都督的职务，派段祺瑞代理，段祺瑞当日就职，登场首先宣布要整顿鄂军。他认为蔡汉卿是当兵革命起

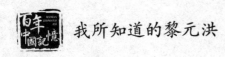

来的共进会员，黎本唐是黎元洪的一家，都是不可靠的，将他二人调到将军府当将军，其他编余的官兵一律遣散。只石星川既非革命党，又与黎元洪的关系不深，将他这师保留下来，指定驻扎在荆州、沙市一带。

以上就是辛亥武昌起义，由革命烈士们的鲜血所灌溉成长的鄂军，在黎元洪不断地摧残下所得的结果。

（全国政协供稿）

酝酿黎元洪出任都督

万鸿喈

谈谈推黎元洪做都督的问题。照说武昌义旗一举，全城克复的时候，应由一个有才干、孚众望的革命中坚人物出来担任革命首领，以便把革命进行到底。何以突然捧出一个不革命、非党人的黎元洪来做军政府的都督呢？关于这一问题，外间传说、诸家记载各执一说或含糊其词，至今几成疑案。据我所知，这件事确在事先作过决定，现在把我所亲身经历的洪山秘密会议情形追述出来，以供参考。

1911年4月（辛亥三月间），蒋翊武托刘九穗来邀我到洪山宝通寺开会，据说此会是各标、营、队有代表性的重要分子会议。我和刘走到长春观门口遇着蒋翊武，蒋小声告我说："今日开会，是讨论推举黎元洪为临时都督的问题。"我当时回答："黎非同志，何以推他为都督？"刘笑对蒋说："早知万同志反对此事，开会时必有争辩，所以先为告知，我们可找一草地休息，详谈一下。"在休息时间，刘对我说："革命党人中间并非没有首领人才，蓝天蔚在第三十二标的时候，大家即有意推蓝为都督，但他远在奉天，一时不能南来。最适合都督之选的是吴禄贞，但他也在北方，我们已决定先派人去和他接洽，恐怕他也一时赶不到。至若现在军队里的同志，都是一些兵士正、副目，下级军官不多，中级军官更没有，不足以资号召。所以要把黎元洪拉出来，其利有三：一、黎乃名将，用他可以慑伏清廷，号召天下，增加革命军的声威；二、黎乃鄂军将领，素得士心，可以号召部属附和革命；三、黎素来爱护当兵文人，而这些文人全是革命党人，容易和他合作。所以拉黎出来，革命必易成功。我们只要能推翻清朝，何惜给他一个都督名义，俟将来吴禄贞领兵南下，再推吴为正式都督，给黎一个其他相当位置，有何不可？"蒋并笑说："将来推你为大东门及通湘门司令时，你还得好好注意黎的行动呢。"他说完了这话，我们重新回到洪山庙内，见有士兵六人（五人忘其名），其中有祝制六同志向我注目示意，可知他们都是有代表性的。我们一同步登宝塔，蔡国祯（即蔡济民）同志因着排长制服，留在塔下守卫，作为掩护。塔内先有着便衣的三人，一为孙武，一为张振武（或是詹大悲，现在记不清了），余一人忘其名。开会无仪式，不签名，也不作纪录。蒋翊武提议，推黎元洪为临时都督，代表中有人反对，有人问："黎元洪是否同志？"当由刘九穗将在路上对我说的那篇话又复述一遍，各代表听了轻轻拍手点头赞成。会议历时约十分钟即各自散去。我回营后，心中仍有些不安，以为推一不革命的人做革命领袖，将来做事恐难于得心应手。次日各同志在操场开小会，我私将刘九穗、蒋翊武引到一旁问道："文学社人数最多，蒋同志既为文学社首领，何以不做都督？"蒋先答道："在湖北起义，自以湖北人为首领为适宜。"我又问："既然如此，蔡国祯同志也可以被推为都督。"蒋郑重告我说："革命团体很多，以前有日知会，以后有共进会、群治学社等等，里边的首脑人物像孙武、刘公、季雨霖等都可以推为都督。不过革命党人素不争权夺利，宁可互相退让，以免将来发生裂痕，老弟以为何如？"我听了这话，方始释然。

以上系洪山秘密会议商定推举黎元洪为临时都督的经过大略，后来组织军政府，果以黎为都督。是否即按照洪山会议执行，则不得而知了。

（摘自《辛亥革命酝酿时期的回忆》，湖北省政协供稿）

工程营发难后的黎元洪

熊秉坤

黎元洪初闻工程营兵变，不甚措意，继接张正基电话报告，知自领之第二十一混成协直属工，辎各队及炮队之一部亦变，遂集合第四十一标留营全体官佐于会议厅。黎不发一言，亦无命令，盖借此有秩序之集合而防范之也。工程营发难后，即派周荣棠同志送信该协。周逾垣而入，为守者所执，黎讯明来历，即用杀一儆百之计，于刃周于会议厅。果也众心慑服，暂时收效。迨后遭我军蛇山与楚望台双方炮击，士兵亦有轰动之象，黎始令官佐各自回营，并云："带兵出外避炮，如能维持，不负皇恩，是所至盼，更能维持到底，将来定予重赏；否则听其自便，余不能为汝等负责。"言毕，即带执事官王安澜往黄土坡某号该协参谋刘文吉家避匿；文吉亦愿任保护之责。黎忆及平时积蓄，乃派伙夫回家搬运。该伙夫肩挑皮箱三只，恰与前所派之巡查汤启发、程定国、马荣等相值，汤等疑为乘机劫夺之匪类，喝令止步，并欲加以惩治。伙夫答："余乃此公馆伙夫，原非匪人。"汤诘其奉何人所派，担往何处？伙夫不得已，始吐真情。汤等乃偕伙夫同往刘宅，黎见众至，知难再匿，出叱汤等曰："余带兵并不刻薄，汝等何事难余？"众曰："我等来此，特请公出主大计，非恶意也。"黎曰："革命党人才济济，要余何为？"众曰："公平昔御众极得士心，今之革命党员，均属同袍。众望所孚，无如公者，请即出领导一切。"黎曰："到何处、与何人商谈?"众曰："到楚望台与吴兆麟商。"黎复曰："吴畏三（兆麟字）乃余之学生，富有军事学识，有伊一人足矣。"众知黎无诚意，程定国厉声曰："从则生，不从则死，统领自择之!"黎知不可抗，遂由众拥至楚望台。有马荣送信在先，故吴总指挥派兵一排，站队鸣号以欢迎之。黎服青呢马褂，灰色呢长夹袍，瓜皮小帽，王安澜随其后。吴总指挥出为招待，黎笑语众曰："各位辛苦。"吴当与同志诸人，引黎至中和门城楼观战。黎首与吴小语，责吴不应为此，吴以为众所挟持对。

自黎出之风一播，城内隐匿之军官皆来，如杜锡钧、何锡蕃等。黎闻督署攻下，即召党人代表及前清有官职者会议，黎首发问曰："督署虽克，而瑞澂、张彪未获，汝等将有何法以善其后?"众曰："请统领主持。"黎复问："汝等革命党所恃奥援者何处? 钱粮多少?"邓玉麟曰："京山刘英已聚众10万，三日可到。"熊秉坤则以官钱局、银币铜币两局及藩库所存银币不下30万。黎又问："瑞澂、张彪统清兵水陆并进，何以抵御? 海军军械尤犀利，吾服役海军多年，故悉知，不需十弹，此城将粉碎矣，汝等将退往何处?"邓玉麟以退湖南答之。黎曰："有何把握?"邓曰："焦达峰已约下月初间举事。"黎曰："以吾观测，殊无把握。依吾之见，汝等不若暂且回营，待吾往说瑞、张，使不追究，何如?"何竹山抗议曰："吾人革命，原不计生死利害，但尽心力而行之，虽肝脑涂地，亦甘之如饴也。统领意见，绝对不可行。"黎窃叹不已，遂下令各标、营、队暂回营舍，架枪休息，然听者少数。

适汤化龙派人来楚望台云："汤议长请革命军代表，黎统领及各官于正午十二时到咨议局开会，组织政府。"当由方维同志往第三十标备来骏马一匹，供黎乘坐。黎即乘之起行，吴总指挥振兵百余名护送，熊秉坤、邓玉麟、李作栋、徐万年、马骥云诸同志随行，队前有旗帜两面，黎欲去之不可得，意殊不悦。道经第十五协西营门，第二十九标第一营管带何锡蕃延黎入会议厅，献茗后，黎问曰："汝标回营乎?"何答："已架枪休息。"复曰："吾标可用，专待吾公后命。"言毕，以目送意，黎亦领悟。熊蹑邓踵曰："此地不可久停，恐生异变。"邓大声曰："吾等开会重要，此间非谈话所。"即挟黎起行。行次熊语邓、李曰："军械所乃吾人命脉所在，非可等闲视之。兄等偕黎往，弟当返军械所，分工合作，庶无遗漏。"邓、李极以为是，黎、邓乃至咨议局。革命军同志以为已将黎劫持，可以依靠，当时固未计及有后患也。

（摘自《工程营发难概述》，湖北省政协供稿）

推定黎元洪为鄂军都督的经过

胡祖舜

当其时，天已近曙。先是，熊秉坤派汤启发率一支队巡查中和门前后街一带，瞥见有人肩负皮箱一口，自混成协统领黎元洪宅而出。启发等疑为盗劫者，叱止之。询其所自来，将何所往，始知为黎之伙夫，乃黎令其取出移送他处以密藏者。再三盘诘，复知黎走避于黄土坡其参谋刘文吉家（文吉为后任大总统府东文秘书刘钟秀号俊卿之父）。启发等曾访黎而不得者，遂跟踪而往。黎适与其执事官王安澜（号梓材，枣阳人）等座谈，见启发等骤至，事出仓促，不明情由，乃惊起曰："我黎某治军素宽厚，汝辈何得来谋我？"众曰："非也，我辈非谋害统领而来，乃系请统领出而主持大计者。"黎曰："汝辈革命党人才济济，何用我为？"众曰："统领非去不可。"黎曰："汝辈要我至何处？与何人晤谈？"众曰："至楚望台，与吴兆麟指挥见面。"黎曰："吴兆麟为我学生，学问很好，有此一人即足以当大事，固不须我也。"众不耐，乃有人曰："我等好意来请，乃尊重统领也；如坚执不去，则自取祸耳。"黎踌躇有顷，曰："我去！我去！"启发乃令人急足至楚望台，报告吴兆麟，兆麟乃备马往迎，黎至，王安澜亦随之。兆麟且指挥部队鸣号整队欢迎，一如统领之礼节，黎下马，以笑容语迎者曰："诸位辛苦。"亦还礼如仪，群请下令作战。黎曰："总督署虽下，瑞澂、张彪在逃，一旦水陆进攻，既无援军，又无粮饷，汝辈有何准备？我曾学海军，如海圻等军舰，武昌仅需三炮即可全毁。汝辈不知利害，我劝各自回营休息，再行商议。"众皆哗然，咸谓我等请统领出为主持大计，下令作战者，若命令各自回营，绝对不能服从。邓玉麟乃语之曰："统领固不知革命党之有准备也，我等早与湖南焦达峰约，数日内必起兵响应。京山刘英现在襄河一带准备军事，日内亦可发难。纵武昌不守，我军可退守南湖至金口一带，以待援军，未为不可。"熊秉坤亦曰："藩库、官钱局、造币厂存款不少，粮饷亦不足虑。"黎犹有难色。其时人众语杂，状若威胁。王安澜从而阻挠之，有以刀诣王者，黎以身蔽之。何竹山乃趋黎前而厉声曰："实告统领，革命之事，本无万全之策；生死成败，在所不顾；援军饷糈，固所必需，然亦不能期其必备。若统领之主张，我辈绝对不能承认。"于是相持者久之。卒有人强逼黎赴保安门一带察看防务，黎乃乘马往。归途过右旗第十五协，管带何锡藩因黎劳顿已久，乃迎入其协本部，款以茶点，何部并列队操场，留黎在其协部少息。熊秉坤虑其有变，乃曳邓玉麟衣而使促之离去，众始拥黎至咨议局，时为二十日正午12时许。

先是，黎元洪被拥至楚望台，李作栋乃往返咨议局，谋立军政府。晤其局员万毓崑（号玉拂，黄冈人），托其延议长汤化龙来局会谈。万去后，总督署既下，武昌占领，蔡济民、高尚志、陈磊等十余人亦至咨议局。其时局中人多星散，亦有避匿不见者。唯驻局议员沈维周（号岐生，巴东人，日本师范毕业生）出而接洽。蔡等乃提三事相商：（一）借咨议局设军政府；（二）请汤议长担任政治工作；（三）请咨议局接受武汉财政机关。沈不能决，偕陈磊往访化龙。化龙出，寻乃始得。化龙于是日（二十日）午11时许，约同其副议长张国溶（号海若，蒲圻人）、夏寿康（号仲膺，黄冈人）、议员阮毓崧（号次扶，黄安人）、刘赓藻（号孝臣，保康人）、胡瑞霖（号子笏，江陵人）及秘书长石山俨（号庄如，黄梅人）等以俱来。蔡等相与谈话，不得要领。化龙问革命军首领何人，蔡等答以统领黎元洪，化龙乃商刘赓藻往迎黎。时黎已先至楚望台，旋亦为众策马拥至。黎仍执前说，不表赞同。蔡等力与争辩，俱失色。化龙等乃延黎至议长室，密谈有顷，旋出。群请黎暂维现状，黎表示不划一策，不出一谋。李翊东时以缮就之安民布告一纸请黎署名，黎执不可。李乃威之以枪，蔡济民、陈磊等出而劝阻之。翊东愤而代书"黎"字而罢。时余已由赵士龙备马迎至军政府，即与徐邦俊等就议长室——黎所在地门外角楼而监护之。是日城内尚有残余旗兵，时有枪声。八镇步队第三十标一营管带郜翔宸，忽率所部旗兵百余人，由大东门绕道蛇山，进攻军政府。一时发生混乱，黎随同李作栋、邓玉麟等走避蛇山隐蔽处。人多谓其谋去，实则非也。郜军至，由守卫之陆军测绘及中小学堂学生击溃之。黎返，巡视府中一周，人心乃安。

　　黎元洪，号宋卿，湖北黄陂人。幼随父军于天津丁字沽；父死，家贫不能归葬。弱冠后，始入北洋水师学堂肄业，为其监督萨镇冰所器重。毕业后，保为守备。甲午中日之役，北洋海军全遭覆没，提督丁汝昌殉焉。元洪时为定远舰驾驶，乃愤而投海，得救。旋经鲁抚咨送南洋，候差年余，始奉檄经修吴淞炮台。时张之洞调署两江总督兼南洋大臣，极为赏拔。之洞旋奉清旨还湖广总督任，乃调元洪为鄂军马队营官，递任至第二十一混成协统领。为人有谨厚之称，以视张彪之不学无术、克扣自肥，相去远矣，故独能得兵士欢心。塘角炮、工、辎营队本属于元洪所部，同驻于旧恺字营。当辎重队之纵火也，元洪即得其炮队管带张正基电话，已饬其制止矣。其后又接统制张彪电告城内工程第八营之变，乃步出巡视。甫出营房后门，瞥见有兵士数人闯门而入，厥势汹汹，不服制止。元洪逆知为变兵，即举佩刀手刃王姓两人（传为步队第二十九标通信员）。各方同志少有知者，元洪固尝自承之矣。嗣见事态扩大，非杀一二人所能镇压者，遂拘其部属之请，易装走避于其黄土坡参谋刘文吉家，卒为汤启发等所拥出。都督一职，以当日革命党地位论，刘公为共进会总理；宜舍刘莫属。次之则为孙武、蒋翊武，或因伤留于医院，或被阻于交通。其所以拥元洪者，则以革命党人起自草野，难资号召。反之，元洪身为将领，兵心素惬，拥为领袖，要为一时人选之最适者。余忆首义之前，蒋翊武曾一度提议元洪为未来都督之人选问题；众议虽无任何决定，然亦无人反对。

元洪之被拥为都督，非偶然也。非独都督一职，是出于当日革命军之大公无私，即其后各机关成立，关于人选问题，一以学识名望为选任之标准。盖当日用人行政，元洪尚少主张，亦无实权。在当日同志，但期事功之必成，初少名利之企图。大帅重要职任，多出于会议之选举或推选之，实具民主之雏形，唯须经都督与重要人员之推荐，或同志之介绍，尚无任何畛域之见。故当时不属于革命党籍，或自外志愿来投而居高位者，不一其人。

（摘自《六十谈往》）

黎元洪决心参加军政府

甘绩熙

适黎公元洪亦请至，遂共推黎为都督，久之始定。先是二十日天明时李君翊东取军械出，见黎元洪与其执事官王安澜，被兵士多人围于楚望台坡下。或曰："黎自其床下被挟至此者。"或谓自黎之某参谋家挟至此者，黎衣米色长呢袍，王着黄呢军服，神色均仓皇。有一炮兵同志某呼曰："请统领下令作战。"王安澜阻黎，俾勿应。该炮兵同志拔刀拟王，黎以身翼之，李君翊东从旁言曰："统领在此，不便下令，请至咨议局，开军事会议，如何？"众然之，于是挟黎至咨议局楼上。黎面色惨白，不知所措。众议举黎为都督，并用都督名衔出示安民，众赞成，黎畏缩颤声曰："毋害我，毋害我。"坚不承认，李翊东执步枪对黎作放势以胁之，黎惧始允，遂由谢君石钦、苏君成章、邢君伯谦、何君赪等，将秘密机关所印之六言韵语告示，于"中华民国军政府鄂军都督"下空白中，填一黎字，令人分贴于城内外，各街市巷，以示安民之意。予遂率测绘同学及陆军中小学生多人守卫咨议局，予暂充守卫司令官。部署粗定，予即只身返测绘学堂，思取衣箱铺被；至则荡然无存，仅遗予之测绘毕业凭照一纸，取回。行至下黄土坡花园侧，见黎公率马弁数人向黄土坡行来，予询以何往，其弁士答云点验军队云。嗣闻黎是夜心思烦恼，悔恨交骈。曾取手枪欲自戕，为其马弁某抱住，夺其枪，始免。此为同学戴君维夏所目睹者。

黎于翌晨始返咨议局，遂以兵守护之。当二十日天黑上灯时，清军管带郜翔宸率所部百余人犯都督府（按即咨议局所改），府中人惊避一空，张振武、吴兆麟等身着与敌同色之军服，李君翊东见之叱曰："君等为郜逆作内应耶？抑欲乘机逃遁耶？"张、吴等愧惧而止。当郜逆来攻时，势甚炭炭。予与李翊东急指挥同学及陆军中小学生，借围墙掩护，奋勇还击，郜兵败走四散，迫黎返府后，众人不知谣啄繁兴，邓王麟等导黎都督巡视府中各处，以安人心。二十一日于改充参谋官，在参谋处办事。是日蔡君济民、蒋君翊武诸同志，乃劝黎剪去发辫，黎思索再三始允剪讫，蔡君抚其头戏曰："都督好像个罗汉。"黎笑曰："有点似弥勒佛"云云。至二十二日下午，开军事会议，黎当众宣布曰："我前天未决心，昨天也未决心，今日上半天还未决心，这时是已决心了，无论如何我总算是军政府的人了，成败利钝，死生以之。"等语，群鼓掌以欢迎之。

（录自甘绩熙《躬与辛亥武昌首义》及
《阳夏鏖兵之经过情形实录》）
（转载台湾《传记文学》第三十七卷第四期）

黎都督首次训话

张文鼎

黎就都督职后，即召集军官训话，略谓：今日革命军起义，是推倒清朝，恢复汉土，废除专制，建立共和的开始。承党的及军、学界多数同志，推戴兄弟为都督，我无德无学，何能担此大任，但众意难辞，自应受命。我等身为军人，从此须抱破釜沉舟的精神，扫除一切顾虑，坚决去干。但革命必须有充分武力，同事中多不明宗旨临时走避，各位赶快通知他们，即速前来，以便扩充军队，准备战争，尤其老兵不得有逃走思想。品行端正或操课兼优者，概以军佐委用。开会时拟即建议派员往说张彪回来，我让都督席位，使他仍为我等之长官，兄弟愿往前方督师作战；张如执迷不悟，就是我们的敌人。我认为革命成功，有十万分的把握，理由有以下几点：（一）我省出差驻防各部队，闻义旗飘扬江汉，必立时响应陆续前来受命。（二）各省党人联络已有成效，响应成约自无问题。（三）长江下游以及云、贵各省军队中之军官，多是由我军发迹去的；北洋军队中，吴禄贞统制带去的军官不在少数；东三省军队中的上、中级军官，由湖北调升去的约50员之多，下级军官更不待说了。以上军官都是素抱革命大志的，把握着这些事实，我们的事业一定成功。时间匆促，不多说了。各位回去，尽其职责，速召集旧同事前来，鼓励士兵，不使士兵有脱逃思想，这是目前要紧的任务。

（摘自《炮八标起义经过与汉口战役》，湖北省政协供稿）

黎元洪两次致函萨镇冰

汤芗铭

辛亥八月二十一日（旧历）早晨6点，萨到我寝室，给我看一件北京海军部发来的急电，上面写着"亲译"二字，已由萨先生用密码本亲自译出，大意是说八月十九日武昌兵变，两湖总督瑞澂已出城到楚豫兵舰，除已派陆军进剿外，望即亲率军舰前往武汉，海陆夹攻云云。当时停泊在上海黄浦江的军舰不多，有一些正在船坞修理，不能立即航行，只有楚有一舰能够立即出发，八月二十六日早晨，到达汉口刘家庙附近江面，长江舰队统制沈寿塑已先从九江到了汉口指挥舰队。

隔了几天，有一人假装西洋人，带一副假胡子乘一只小火轮驶近楚有舰旁。舰长朱声岗命士兵开枪，我赶上前去阻止，让他们靠近本船。那人站在船头用英语说要见萨统制。朱声岗告诉我这个假洋人就是朱孝先。我问他来干什么，他用英语说，有一封信给萨上将。我把信接到手，叫他开船离开了。这封信是黎元洪具名的，信中称萨为老师（因为黎本是海军学生），大意是说清廷无道、武昌军民万众一心，立誓推倒君主、建立共和，请老师共举义旗云云。萨先生阅后默无一言，只告诉我黎原是海军中人，甲午中日之战时因军舰被击沉，浮水得以生还。又过了几天，一个名叫轲斯的瑞典人，是红十字会会员，乘悬有红十字会旗帜的小火轮来楚有舰见萨先生，所说的都是宣传武昌革命军怎样好，清朝一定会推倒等等的话，最后拿出一封黎元洪的信交给萨先生，信中与朱孝先送来的信大意相同。萨先生看了信以后，轲斯要求复信，被拒绝了。

我同楚有舰上一个轮机士兵刘伦发交谈了几次，知道他的家眷住在武昌城内，熟悉武昌情形，并且同情革命。我就向萨先生建议，派他去武昌调查革命军的情况，萨应允了，我便写好一封给我的哥哥汤化龙的信交刘带去（我的哥哥当时任武昌革命政府的政事部长）。过了两天，刘伦发带回我哥哥的一封信，用很小的一张信纸写了几句话，大意说：武昌举义，各地响应，革命必成，望策动海军早日反正，以立殊勋云云。刘伦发向萨先生报告说，武昌革命军秩序良好，人民亦同心协力要推倒清朝，建立共和，青年学生纷纷投入军队，准备作战，都督黎元洪的司令部设在阅马厂咨议局里面，革命政府的职员都能吃苦耐劳，每月只支20元的生活费；他从汉阳门进城住了两天，仍从汉阳门出城，出进都有人搜查。萨先生听了未发一言，只是听到革命政府每人每月支20元的生活费时连连点头。

旧历九月初旬，海容、海琛两巡洋舰来到了刘家庙江岸附近停泊。海容舰长喜昌（别字其五），海琛舰长荣治，都是满族。我同这两舰上的人员谈话，知道舰上的官兵对他们的印象不太好；在海容停泊的附近江岸一带，都布满了清廷派来的陆军；和我们取得联系，知道指挥陆军作战的是冯国璋。过了几天，冯派陶某（安徽人，后来在北京统率办事处任职）和另一军官来到海容舰，请求海军炮击武昌，协助陆军进攻。萨先生命我传达海容、海琛等舰，定于九月初七日（这个日期可能不正确）向武昌炮击。当时武昌武胜门外凤凰山炮台时时发炮，向汉口方面射击；从武昌到青山20里长的江岸堤边，都安设有汉阳兵工厂造的七生的半野炮，曾向停泊在离刘家庙江岸不远的楚豫舰开了数十发炮，打死了一个水兵。因为瑞澂住在楚豫舰，该舰每天遭到攻击，因此萨先生把楚豫调开，驶赴长江下游。我们于九月初七日下午3点，从谌家矶附近江面整理舰队出发。驶至纱麻局附近江面，海容向堤岸开了几炮，革命军设在江堤的数十门野炮，纷纷开炮还击。我们的炮射程很远，炮弹都越过江堤，打到后面陆地上去了，而他们的炮却都打中我们的军舰。海容舰上有两人受伤，一个是水兵，一个是舰长喜昌的侍从（北京人）。凤凰山的炮台也发了炮，没有打中我们的舰只。下午4点，萨先生叫我传令把舰队驶向刘家庙附近江面。这次只和江岸炮兵互击，并未向武昌城内发射一炮。

袁世凯被清廷起用以来，某日到湖北萧家港车站慰劳前方军士，派人来约萨先生前往一谈。我同萨于夜间9点钟到达车站，同去见袁。他们两人谈话时，我候在第四镇统制办公的一节车上，当时我看到卸任第四镇统制王遇甲，我和他谈过几句话，并看见王把移交册子交给新任统制（可能是杨善德）。萨先生和袁谈了一点钟的话后，我们仍坐火车到刘家庙回海容舰。

我和杜锡珪见舰上官兵都同情革命，就不断劝说萨先生率领海军起义，顺应潮流，为革命建立功劳。经我们多次劝告，最后萨先生允许把全部舰队调赴九江。我立即向各舰传达命令，于旧历九月初（时间记不甚清）全部舰队驶往九江。将要开船时，萨先生向我说应当去通知冯国璋，不然岸上陆军不知戒备，革命军可能渡江攻击。我说事已至此，无通知冯的必要。

全部舰队开到九江以后，经我们督促，喜、荣两满籍舰长离船乘商轮到上海去了。萨先生自以年老不能担任非常举动，亦乘英国太古公司的商船赴沪。

（摘自《辛亥海军起义的前前后后》，全国政协供稿）

黎元洪与清军的一次秘密通话

晏勋甫

    武昌起义前，我是清陆军第三中学堂（在武昌南湖）学生。1910年前，我与一些同志，如湖北的耿丹、余子祥、万耀煌、张笃伦、辜仁发、袁如芹、李汉卿，湖南的雷洪、侯元英，贵州的吴勉安、席正铭等参加了共进会。起义后，我们同学担任了守卫都督府、藩库、湖北官钱局、电灯和电话公司，以及巡逻武昌各主要街道等任务。我后来担任了检查电话局的工作。

    清军攻陷汉阳后的第二天（1911年11月29日）下午3时左右，清军第四镇第八协协统王遇甲，在汉口某地，打电话要黎元洪与他通话，我们照办了。王是借前方军事上的"胜利"想来诱降黎元洪的。他劈口就大声说道："你是宋卿（黎字）吗？我与你都是湖北人，我们都是协统，朝廷对你我都不薄，你为何做此不义之事，将湖北闹得天翻地覆？现在汉口、汉阳都在我们手中，此地虽与武昌有一江之隔，但长江是不能阻挡我们前进的。你现在赶快出告示安民，要地方马上恢复秩序，各安生业，听候我们来处理；你如果马上做了，我们的情感，还是一样照旧。至于在朝廷方面，我们对你也好说话。你如果犹豫不决，我们大军一到，非同小可，那时我们对你不独无法维持情感，并且也认不了同乡，更不能代你向朝廷进一言而来挽救你了。到那个时候叫我们真不好办了。"当时黎元洪在电话上以哀号的声调对王说："我是一个老实人，你是知道的。这哪是我搞的事，都是他们利用我的名义瞎搞一通。所出的告示，都是他们拟定的，我不仅事先不知道，写出以后我也未曾过目。我是一个完全的傀儡。今天你把这一笔账专门算在我的头上，那真是冤枉极了。你如过江来，我可以和你详谈。"谈至此，我令电话局接话员中断了这个电话。因为我是都督府军令部谍报处中校参谋，与贵州同学吴勉安同做检查电话局的工作的。我和吴勉安都住在电话局，每天对各处来往的电话，都有检查监督之责。又每天都须将所接各处重要电话，作成记录以资检查的。

我令电话中断后，黎元洪尚叫电话局。他说："电话局，电话局，我们电话还未说完，你们赶快接上吧。"我说："这样的电话不能再接了。"黎问我："你是哪个？"我即答复他："我是晏成猷（我在1920年大革命时期改名勖甫，是以字行），我就来都督府。"黎听我说后，他也不再叫接电话了。我到了都督府，径趋黎室，我问黎元洪："王遇甲是什么人？是哪里人？他是做什么的？"黎说："他是鄂城人，是日本士官学生，由湖北挑选出洋的，是陆军第四镇第八协协统；他是歹人，是汉奸。"我说："王对都督在电话上所说的话是很亲切的，并且对都督很关心，都督没有把他当作歹人对待哩。现在汉阳既已失守，黄总司令不辞而去南京，武汉人心惶惶，军情紧急，大有朝不保夕之势。如果都督意志不坚定，而因王遇甲这一番话诚恐起来，试问此种局面，如何得了？况且都督是起义时因受军民拥护勉强出来负责的人，现时人对都督的看法，尚不一致。如果都督和王遇甲所谈的话被别人知道了，不惟于都督不便，其如整个大局何？"黎被我这样一说，面红耳赤，呆不作声。缓了一下，他勉作笑容对我说："算了，算了，你不必说了，请你千万不要告诉别人。"我说："这个电话来的奇怪，还有我的同学同事吴勉安也在场，难免以后不让别人知道。"黎说："你赶快回去嘱咐他们，叫他们不要乱说，要紧，要紧。"我应允办了。从此以后，也没有其他的人传出此番话来。

（全国政协供稿）

黎元洪葛店之行和我奉命购枪械的经过

范腾霄

1911年10月29日（九月初八日），宋遁初有电自沪来云："南京即日可下。"而北军又未有渡江模样。次日，宋复电如前。适都督府哄传拿获汉奸朱蒂煌[①]，将置之法。余往视之，朱略通日语，似曾相识。细讯之，为汪精卫自北京所遣，且持有函，大意谓，汪已与袁项城商妥，命其来武昌交涉，彼此暂时俱按兵不动，候袁迫清廷退位云云。余以大势衡之，事实当不虚谬，函为汪亲笔无疑，即朱亦系志士。当请黎释之，且待以宾礼，人心为之稍定。然仍严戒备，未敢高枕卧也。

30日（九日）晚，夜之12时；余在各部总稽查处方拟就枕，忽心惊肉跳，神为不宁，乃起赴阅马场，欲入都督府觇视，守门军士阻之不令进。余示以特符，并一再申说，始得入。是时见黎正检点一切，做行程准备，讶之。诘以岂非决议死守武昌者乎，黎云："势已迫，四围墙壁之被敌弹洞穿多处矣。不如先去葛店以避其锋。"同时黎弁目某以手枪拟余，且曰："汝辈主张不走，必欲置都督于死而后已乎！"余不复与之辩，急出府赴军务部寻及张振武、邓玉麟等告以状。张大愤，随与邓并甘绩熙、丁复及余诣府，面斥黎不应违议私逃。黎无词。张语丁甘曰："以都督交汝

①　梅川日记作朱蒂皇；李国镛起义日记作朱其煌。

140

两人看守，如走脱，唯汝二人是问"云云。张出，余亦归总稽查处稍息。12月2日（十月十二日）黎明，见阅马场方面火起，急驱车赴之，见都督府墙壁均着火，不能近。遇孙发绪君，孙云："黎方出走，不如同我赴汉。"余不应，仍沿赴葛店大道追黎，沿途见军队拥塞，人困马乏，其狼狈状态似无人统驭者。追至刘家柯堂遇黎，局蹐一室，衣灰色呢袍，方啖糯米饼。见余至，即曰："君等主张死守，以致余之衣履亦尽失，奈何？"余曰："都督不必埋怨此等小事，当商议善后。"黎即曰："顷正有一重要使命，无人渡江。君着海军服装，似日人，且善日语，此事须君一行也。"余问何事，黎曰："顷有致英代领事、俄领事并项城一函，幸即送到，以解此局势之倒悬。"余诺，当持文并索传骑，无应者，至中途得一赢马，勉强乘之。至汉阳门遇孙发绪、王正廷同英代领事入城，恰与余任务巧合，便将文致之，再四致黎命。渠等渡江，而余仍策骑返复命。至博文书院，入夜不能再前进。幸该院有友人徐某，宿之。翌晨，闻黎已赴葛店，汉口外交方面已有人去迎黎返驾矣。约午后2时，闻黎已返宝通寺，复往谒黎，黎甚喜，谓："君任务已办到。"余斯时已无暇致答。缘入寺门时，见有日人七，内一高田，系为军火问题来，而黎不允接见，行寺内乞余介，余允之。当谓黎曰："越是军事倥偬时，益当见客以示镇定，但勿须多谈耳。"黎然之。当由余引日人进，其先头一二皆政客，大谈其君主、民主宪法之类。余挈高田前，速陈来意。高田乃曰："沪上有机枪50挺，步枪若干，炮弹多数待出售。若军政府派妥人去沪，愿竭力以廉价购入。"黎意以为倘和议不成，军火为第一需要。余意则以为和议不过缓兵之计，目前军备实第一要图，意兴大致相同。当决议以余赴沪购办此项军火；另文致沪军都督府，索海容等军舰、炮弹与其他野炮弹等。其需要目录、数量，皆黎手为之，并附以联络长江下游海军之委令。计余莅武昌才九日，又将离此而东行矣。

余奉命后，以任务重大，黎命关于经费各项，与军务部长接洽。时汉口尚存现银五六十万两，黎云如需用可皆提取。余与孙尧卿部长商，预计以此数购买所需之军火，尚不足，后孙谓本晚有下游轮，且先行，款明日即汇沪40万两云云。当由孙处取200元作川资，苏籍蔡副部长绍忠随行。4日（十四日）黎明已鼓轮东下。

抵沪后，投文沪都督府，陈英士极表欢迎。下榻于禅臣洋行经理纪鲁香君之宅，起居饮食极为便利。两日内，即以海陆军炮弹约400发运鄂。

余等抵沪后，同任务之蔡君，则返其私宅，买化妆品，制衣饰，为藏娇之举，旬日不谋一面。余虽与高田磋商，条件太苛，须现款达半数以上。电汉汇款，未接回电。羁留海上，任务未完全达成，焦灼万分。约在抵沪后之半月，突有两日人持孙部长尧卿亲笔函来沪，谓"日本政府及各大御用商联合协议，愿以无代价的大批军火供与革命军。此批军火已在横滨装轮待发，只要武昌政府派有信用之大员赴日，即可押运军火回鄂。着速起程赴日，沪事交驻沪财政代表胡子笏办理"等语。余审视果系孙部长亲笔，只得将去沪善后事交胡接办。仅在胡手中领得500元，即与该两日人东渡。川人杨某，日语甚精，故引为己助。抵门司，迂道佐世保，往谒旧日将弁学校总管铸方氏。铸方氏热情接待。并作一恳切之函，介绍于神户六甲山居住之大谷光瑞伯爵。大谷为大正天皇连襟，掌佛教，别宗本愿派，为政治幕后极有权势者。余等一行经神户，上六甲山系乘绞盘车。由山麓到山巅，别宫巍峨。大谷虽素有兼并吾华之野心，此时对吾辈则极意款洽，转为余等作函介之于参谋本部次长福岛安正。福岛在日本军阀中资格很老，曾乘马长途旅行蒙古人民共和国及我国内蒙古地区数千里。抵东京，下榻神田区之龙涛馆。该馆为东京中下旅馆，留东学生聚居之处，余因限于经济，不得不尔。因福岛之介绍，得识陆军次官松井、外务省次官石井（即签订蓝辛石井条约者）。各方面均认余为中华民国正式代表，表示"善意"。经数日夜之磋商，由陆军省发下明治三十一年式步枪1万支，每支附子弹200粒，价每支日金10元；陆军士官学校御用商河田轻机枪50挺，每挺附子弹1000粒，价每挺900元。交现款半数，其余半数俟货到达武昌时偿清。唯河田氏坚持须附售军用毛衣万套，每套4元。不得已，由余全权代表签订草约。俟上海汇款或武昌电复后，再换正约。共计先交之款约10万元之谱，全价近20万元。俟头批订定后，再定第二批。

不意事竟有出人意料外者。迁延两旬，不惟沪财政代表无复电，汉口亦然。不得已，令助手杨君返沪呼呈。未几，杨复函，汉汇款事已中变，军务部副部长张振武将汉存款全数提取来沪，另有谋干。仅由张派王国栋来日购买军火，并云已经黎委云云。不久，王国栋由横滨来东京。与之晤，则见其满脸官僚气，服用甚奢，指御数金戒指，并随一日本肩客颐指而气使之。谓余曰："张部长云，奉黎督命传语，君即返鄂，另有要差。"余不得要领，只好将所交涉各节，暂停止进行；诡语日人，须亲返国提款云云。幸未正式订约，不然殆矣。买轮抵沪晤胡子笏，诘其状，谓张某除自携巨款外，财政代表处所有余款，尽数提取。彼挟有武装数百人，寓某大厦，声势赫然，无如何也。余以张在武昌时，对余尚敬礼，往晤之。张甚喜，执手道故，备至殷勤；唯对于军火事，则支吾其词，甚至云："鄂政不良，我等当再度革命，君当为我力助。如不愿返鄂，则可暂驻此，以俟机会。"余曰："余旅日两月，预约军械勿论矣。所开支之旅费，尚系日人垫付。国体攸关，将如之何？"张当与支票400元。该款本不足用，然余亦不愿多求暂勉强应付而已。异日往辞张，探行止，张坚约同乘至某照相馆。已先有二十余人员在，其中有知者，有不知者。张为之介曰："此皆吾腹心同志，将来另有一番事业。今日共同摄一影，以资纪念。"余睹状暗为惊讶，未敢面斥之。乃利用尚须等待二三人之机会，谓张曰："余有小掤挡，须半句钟即返。"张颔之。余急返寓，检行李乘沪宁车赴南京，不欲留此痕迹，致将来无可洗刷清白也。

在沪公私事毕，买轮返鄂。见黎复命时，诘以何故另命张振武赴沪购买军火，余所办各节如何善后等语。黎云："张提款竟行，非出己意，但事已如此，军火不再办，办来亦无款可偿。"余曰："已起运之军装如何？"黎云："军装更不需要。"余此时惶急无地，暂时告退。时军务部长已易蔡幼襄。幼襄与余厚，往商之。幼襄谓此易解脱，天气尚寒，此项绒衬衣以之销售市面，利更倍蓰；公家之需用与否，无关也。余终以如此办甚为琐碎；而河田御用商已以5000套军服抵鄂。日商需整款，不零售，致稽时日。且因风声不佳，日商已延一律师，将涉讼。余不得已，偕之见黎，再三申言此项军装已运至，如令运回，不惟道理说不去，该商必破产，致涉讼。余私人不足惜，军政府之面目何存等语。黎斯时因环境甚劣，心绪烦甚，责余不应擅自购买军装。余曰："当时天气尚在冬季，北伐军士军衣单薄。该商又以此为先决条件，须与军火同售，余以所费无几，所需正急，不得已许之。谁料正约未订时，货已至也。"语言之间，余亦因急切受刺激，不免有抵触黎之处，故不欢而退。晚间向黎道歉。黎曰："吾辈系公务上之意见不同，并非私人抬杠，何必介意。"

黎将此案交参议厅核议，主其事者为宋某、纪某、朱某。宋朱主军装、军械全毁约；纪某主张军械不购，区区之军装，以购受为宜。事仍不决。余亦因此事之难处，致染病，卧陆军第一医院。该院正副院长为徐凤梧、谢伯晋，备至优遇。唯日人时偕其律师前来琐渎，大有诉诸法律之势。依照法律，未正式立约本不生效。唯该河田商以经营此事，实费去应酬费不少；且远道运货来华，若不受领，实有破产之虞。黎卒能体会及此，且知余之处境困难，公谊私交，未能坐视，乃命外交司长江镜缘氏从权处理此事。江命其总务科长李介如来医院与余商价，共计二万余元。由官钱局拨与现金，衣由军库收贮，军械草约作废，以了此一段公案。余病约一月始出院。

（摘自《辛亥首义前后》，湖北省政协供稿）

从让黎元洪到逼黎元洪

张知本

由于刘公是辛亥革命、武昌首义的主要领导分子，早在起义之前，同志先已推举他为未来的鄂军都督。但是刘公却一再谦辞，他曾十分诚恳地告诉同志们说："我不能担当这个重责大任。第一我不知兵，其次则我亦无一兵一卒。"

他这个说法在同志之间发生很大的影响，往后举义成功，武昌光复，大家把清军第二十一混成协协统黎元洪推出来当都督，刘公的"都督必须知兵有兵论"，未始不是同志们推黎的动机之一。他既知兵，又颇孚人望，革命同志拥他出来担任都督，一壮革命军的声势，正足以表现革命同志的大公无私，毫无畛域之见，可以说是一种清新光明的开国气象。黎元洪在未出任都督以前，徇部属之请，易服避往黄土坡他的参谋刘文吉家中。因为他不是革命党而系清军军官，他的举措毋宁说是很正常的，并没有什么不对。即以辛亥阳夏之战而论，黎元洪在尚未肯定承诺担任都督一职前，尽管他不发一言，不划一策，但当他的六言韵文公告，和安民布告贴遍了武昌城里城外，不但观者途塞，欢声雷动，市面迅即安堵如常。连外籍人也大为惊奇地说："想不到黎协统也是革命党。"及至10月16日他决心已下，设坛阅马厂，誓告天地暨黄帝，他马上就负起责来，统筹一切。10月19日他致函他的老师海军提督萨镇冰，晓以大义，劝萨镇冰归降。萨镇冰时正奉清廷之命率领舰艇赶来增援清军，反攻武汉。除原在武昌之楚有兵舰外，还有巡洋舰海容、海琛、海筹，驱逐舰飞鹰号，炮艇建威、建安、江元、泰楚等八艘，另鱼雷艇五艘，对于革命军构成很大的威胁。萨镇冰接获黎元洪劝降函后虽然置之未复，但是他这一封信对于往后的海军反正确有相当的作用。

从湖南响应的那一天起，同日，西安光复。10月23日，九江独立。不几天，湘军统带王隆中率领导巡防管、甘兴典率领导新军兼程援鄂，全国各地纷举义旅，陆续响应。10月28日黄兴抵鄂，被推举为革命军总司令，当天统率革命军渡江增援反攻，不但民心士气为之一振，黎元洪的立场也越来越坚定了。黄兴渡江迎战北洋军后，由于北洋军兵多械精，众寡悬殊，11月1日汉口失陷，27日汉阳沦敌，当天搭轮东下，武昌已成为一座危城。冯国璋在汉阳龟山架起大炮，向武昌城里乱轰，大有朝不保夕之概。黎元洪执行紧急军事会议的议决，固守武昌，他并没有畏惧退缩。派万廷献代战时总司令，辞职，乃以蒋翊武护理；杨开甲辞参谋长，以吴兆麟代，副参谋长杨玺章阵亡，当夜特别戒严，就靠刘公、孙武、张振武派人通城巡查，抓到形迹可疑者立予正法。29日龟山敌炮轰得都督府、军务部瓦石纷飞，硝烟弥漫，黎元洪以次重要职员仍然照常办公。记得11月30日北洋军统冯国璋（按：当时为北洋军第一军统）央请驻汉口英国领事葛福出面斡旋和平，谈判停战。冯国璋传来的话有云："匪党须退出武昌城15里，匪党军舰舰炮栓御下，交与介绍人英领事收存"等语。黎元洪的答复则是针锋相对的："满军须退出汉口15里以外，及满军所有军火应由介绍人英领事签字封闭之。"具见他仍然是无视强敌，斗志昂扬的。

因为全国独立省份逾三分之二，袁世凯的北洋军却全部集中于京汉一线，以武昌一隅为敌。就袁世凯来说也是非停战不可。12月1日起双方协议停战，从此武昌便立于不败之地，确保首义之区的无上光荣。黄兴在阳夏奋战一月，黎元洪撑过了最黑暗的四天。他们二位的开国功勋，促成辛亥革命的初步成功。推翻五千年专制政治，缔造亚洲第一个共和国，这两位苦守首义之区，全国腹心地带的开国元戎，黄兴和黎元洪的功劳，同样的不可磨灭。

此所以，民国元年4月1日，孙先生解御临时大总统职，荐袁世凯自代。全国各省纷电上海，欢迎他莅临视察。孙先生首先就接受了黎元洪的邀请，赴武昌一行，慰劳首义地区军民同志。4月9日孙先生坐舰抵达汉口，施即改乘湖鹗号鱼雷舰渡江到武昌。那一天武汉三镇张灯结彩，爆竹响彻云霄，市民夹道欢迎，盛况空前。在头一天的副总统府欢迎会上黎元洪赞誉孙先生功成身退，光比尧舜。孙先生也称誉黎元洪为民国首义的第一伟人。次日黎元洪陪同孙先生凭吊首义之区各发难地，赴都督府大礼堂出席军政各界高级代表大会。会中孙先生讲演自由之意义，前临时大总统府秘书长、广东都督胡汉民继起致辞，他盛赞武昌首义同志的功勋，尤曾说过："然非有黎副总统之出面号召，则各省响应，不能如是风起云涌。又非黎副总统之谨厚，则北军亦不易于赞助共和。"

后来，8月25日，中国同盟会改组为国民党，孙先生被推举为总理。他目光如炬，高瞻远瞩，推荐黎元洪为协理。然而偏偏有少数同志，心胸褊狭，如白逾桓等竟然发表通电驱黎，终使黎元洪失所凭依。加以袁世凯狡狯险毒，诱之入壳。若干首义同志又对他意存轻视，频频的有裂冠毁冕之举，逼着黎元洪跟君宪派愈趋亲近，有以立异于民党。更糟的是黎元洪积愤不能忍，与虎谋皮，假袁世凯之手杀了立有起义大功的张振武，反被袁世凯公布他请将张振武等即行正法的密电，授人以柄，噬脐莫及。所以癸丑二次革命役作，北洋精锐源源南来，黎元洪实逼处此，也就不能不离鄂入京，成为北洋系的傀儡了。

（转载、摘录自台湾天一出版社《黎元洪传记资料》
文：《刘公黎元洪》）

关于黎元洪的几件事

李春萱

咨议局会议、黎元洪任都督立宪党人的活动

咨议局会议　督署被攻下以后，因战争破坏，一时不能修葺作用，经大家决议：以咨议局作为革命军办公地点。咨议局是本省的咨议机关，议员们由地方官吏推荐，他们本身就是地主、官僚，所代表的当然是这一阶级，根本说不上代表民意。有一般人却错误地以为革命事业，首先要得到咨议局的赞助，才能成功。借用咨议局成立都督府，就含有这个意思。经过咨议局会议，黎元洪当了都督，汤化龙居然出任政事部部长。一些革命党人自己不抓着革命领导权，把自己的命运交给毫无革命关系的人来掌握。这就是所谓尊重民意机关咨议局的会议。

强迫黎元洪出任都督　农历八月十九日（1911年10月10日）晚起义各部，共计约4000人，其中，非革命党人，因同情革命而临时参加起义的占多数，这样就造成黎元洪上台的机会。在咨议局开会推举都督的时候，新参加的人数超过革命党人。这时刘公、蒋翊武、孙武三人都不在武昌。黎元洪一向声望较高，大家推举都督时，便集中在他身上。所以事后有人说武昌新军首义，为黎元洪造了机会。革命内部的孙、蒋二人，已成各不相下之势。革命酝酿时期，着重调停孙、蒋争执，表面上似得到妥协，实际上

148

仍存在矛盾；不仅孙、蒋二人如此，孙、刘之间也有矛盾存在。原来刘是共进总会某届总理，回国以后，又公认他是湖北都督，革命爆发之前，不推他为军政府都督，而推他为军政府总理，意思就是要他专管民政，不要于涉孙、蒋二人军事大权。所以八月二十日（10月11日）咨议局会议，都督一席，三个人都是想当而当不成的。正所谓鹬蚌相争，渔人得利。

革命同志对这一点，也顾虑到了，所以事先派居正、杨玉如二人赴沪，邀请黄兴来鄂，主持一切，就是请他来湖北做都督，以免内部发生争执。黄兴于辛亥三月二十九日在广州起事后，成了事实上的革命主将，如果事先能到湖北，以他的威望和能力，不仅可以压倒孙、蒋、刘三人，孙、蒋、刘三人也乐意接受黄的领导。黎元洪是绝对不会被推为都督的。

黎元洪是怎样出来的呢？

八月二十日（10月11日）早晨，武昌全城光复，而军事首领尚未推定。昨日进攻督署时，临时担任指挥的吴兆麟，随着形势的发展，已经无关紧要，掌握军政大权的人选，应重新讨论，正式产生出来。这是革命同志的一致主张，并决定以代表民意机关的咨议局为会商地点。革命党人如张振武、李作栋、陈磊、陈宏诰、邢伯谦、李翊东、赵学魁、苏成章、朱树烈、毕悟明、蔡济民、徐达明、王文锦、吴醒汉、邓玉麟、高尚志、周定原、高振霄、李国镛等首先到局，邀请咨议局议长汤化龙，副议长张国溶、夏寿康，议员胡瑞霖、阮毓崧、沈维周、刘赓藻，秘书长石山俨等到局会商，讨论组设军政府和人选问题。他们都迟迟不来，后经革命党人三请四催，才陆续到会。好像没有他们参加开会，这个革命局面就支持不住。关于都督问题，他们迎合多数同志的心理，极力主张由黎元洪担任。议员刘赓藻大声说："黎元洪现在城中，我已得到消息，知道他的隐藏地方，如果大家一定要找他，我愿介绍前往。"刘原籍黄陂，与黎元洪拉同乡关系，素有往来，与黎元洪的执事官王安澜尤其接近，因此知道黎的行动。这个建议，立即得到赞同，当由蔡济民率少数同志偕刘往迎。在咨议局开会之前，工程营同志已把黎元洪找了出来，强迫黎到楚望台与吴见面，纠缠了很多时间，没有结果。刘赓藻和蔡济民等赶到楚望台，即将咨议局会议情形当众说明，于是同拥黎至咨议局。

黎骑酱色大马，身着黄灰色呢袍，前后十余骑护卫，到了咨议局门前，卫兵举枪示敬，黎摆出协统的旧有威风，从容下马，步行至咨议局楼上大厅，绝不像一个被迫出席的样子。在楼上的一般同志，最初对黎用和平方式，再三劝说，请其就职，黎不肯，后即采用压迫手段，黎仍未明白表示。这些做作，有如演戏的过场，不然的话，对黎出任都督这一场戏，未免太简单了。必须指出的：革命党人感到势单力薄，也只好承认这一办法。至于咨议局议员方面，无不赞成立宪派的改良主张，以为黎一上台，可以减少社会震动，免除革命痛苦，故不惜使用各种手段，达到他们拥黎的目的。其中如刘赓藻与黎的联系，就是一个明显的例子。

黎元洪的顽固和谋略处的工作　二十日上、下午两次会议：上午在楼下会议厅开会，咨议局议员到很多，专讨论汤化龙的立场和推黎元洪出任都督的问题。下午仅革命同志在楼上开会，强迫黎到场承认就职。都督一席，虽未得到黎的承认，但军政府已经宣布成立，布告必须有人署名，于是李翊东在原件上代书一黎字，余由书记缮写，遍贴全城。布告是东京同盟会预先拟好，由李赐生同志于二十日清晨乘小船由汉口过武昌，从通湘门进城送到军政府的。布告原文如下：（略）

这个布告，是中华民国开国第一次发布的文告，富有历史意义；当时人民备受清政府奴役，急盼汉族光复，所以看到这个布告，莫不喜形于色，对群众的革命情绪，起了很大的鼓舞作用。

黎被迫留咨议局，由测绘学堂学生监视。下午四五点钟时，忽转昨日第三标逃匿蛇山的旗兵百余人，在管带邰翊宸率领之下，企图向我咨议局进攻。这时革命军的主要力量，都配备在文昌、平湖、汉阳、武胜等城门和沿江岸一带，防止瑞澂、张彪偷袭。咨议局只有为数不到80人的测绘学生，实力不及敌方。恰值城外陆军中学学生数百人进城，预备集中在都督府听候调遣，途中与邰部旗兵相遇，展开激战，旗兵伤亡甚多，其余四散逃命。当邰部进攻时，黎乘忙乱之际，离开咨议局。事后方知黎已回到自宅，当派程正瀛带兵一排，前往护卫，暗中含有监视之意。

大家看到黎的态度如此固执，认为对革命前途大有影响，即由蔡济民提议：一面派人坚请黎回咨议局坐镇；一面组织谋略处，处理有关军事方面的重要事件。当晚（二十日）谋略处即在都督府开始办公，并议决下列各点。

（一）都督府（一称鄂军政府）设在武昌咨议局。

（二）废除宣统年号，改为黄帝纪元4609年。

（三）用都督黎元洪名义布告地方及通电全国。

（四）革命军旗为十八星旗。

这时黎仅有都督空名，革命党人的真意，也只想用黎的空名来镇定人心，并不需要黎负任何责任和过问一切事情。革命党人利用黎的想法，原是不切实际的，黎在汤等策划之下，不久就把谋略处撤销，大权渐入黎的手中。革命党人想利用黎的空名，结果反被黎所利用，革命党倒成了徒拥虚名。二十一日（10月12日），谋略处派马荣、程正瀛请黎回咨议局，程、马二人都是著名勇汉，黎如稍有支吾，可能遭到生命危险，只好勉强回咨议局。革命同志在密商中，认为瑞澂、张彪还想作最后挣扎，黎元洪如再走开，与瑞、张合流，对革命更加不利。即决定在咨议局东端房间，预备黎的住处，振兵加以监视。黎见革命党人把他当成囚徒，清廷方面又把他当成叛徒，心怀隐忧，饮食不进，当时很想一死了之。

同日（二十一日）军政府接到报告；驻汉阳的第四十二标第一营反正，首先占领兵工厂，队官宋锡全被举为全营领导人，原管带汪炳山不知下落。驻汉口的第四十二标第二营，也于是日宣布反正，管带陈钟麟逃走。综计在武汉的新军，除第四十二标第三营（分驻京汉路沿线，自汉口起至黄河铁桥南岸上，防区不集中，该标标统又往汉口刘家庙与张彪残部会合，因此革命军不能与该营取得联系，所以该营未能即时反正）及辎重第八营处，其余都站在革命的一面，声势更加浩大，与昨天情况大有不同。

吴兆麟素有"智多星"的称号，他又是参谋学堂出身，这几天对武昌军事情况又较熟悉，于是大家请他拟出命令，对武汉三镇的防务用命令规定下来，仍用黎的名义发出。吴兆麟拟好命令，当向黎元洪说："今日（二十一日）军事情况，比昨日大有进步，汉口、汉阳相继光复，武昌防御逐渐巩固，所有以前老兵，都按照指定地点归队。原有官长虽已离开，而提充指挥的人，是一般中、下级的队官和排长，官兵容易接近，指挥上不致发生困难。命令是用'都督黎'的名义发出的，更使他们增加信心，乐于完成任务。"黎听了这些话之后，未加可否，只说："由你做主好了。"表现了半推半就的犹豫态度，不像昨日那样顽固。

黎元洪的转变 二十二日（10月13日）清晨，蔡德懋率炮队一营及胡廷翼步队一队，到两望、青山一带布置阵地，向瑞澂所统率的楚豫、楚材、江清三兵轮射击，双方炮战达两小时，楚豫、江清受伤退走。汉口租界外侨观战时，都伸大拇指赞许革命军炮兵技术的优良。黎得到这个消息，表面上虽仍装出一副苦脸，暗中确实有了转变。这可以从黎自愿剪去辫子一事看出。这天下午，他开口同革命党人谈起话来，带一种聊天的性质，刚巧碰到莽撞的甘绩熙、陈磊两位同志，甘绩熙不等黎的闲话说完，便插入说："你这几天总是苦脸对待我们，太对我们不起，以后如不改变，将以手枪对待。"黎答复说："你年轻人不要说激烈话，我在此将近三日，有什么事对待你们不起？"陈磊接着说："你是对得起我们的，但你的辫子尚未去掉。你既为都督，应做一个模范，首先去掉辫子，借以表示决心。"黎到此时才说："你们不要如此激烈，我决心与你们帮忙就是。你们说要去辫子，我久有此意，从前我在军中曾出过'剪发听便'的通令，你们明日叫个理发匠来，将我的辫子剪去就是。"对于黎的剪辫子，看来本是小事，但黎当日此举，却有其特殊意义。黎已看出武汉三镇已归民军掌握，瑞澂经此炮击，谅不敢再有举动；纵然再来，也不会有什么成就。至于张彪盘踞汉口一隅——刘家庙，手无实力，更掀不起好大风浪。革命形势日有发展，想就任新职，以迎合革命潮流，但又不肯明说，只好借剪辫子为题，来表示他转向革命的态度。

二十三日（10月14日）全日，谋略处忙于内部整理，应该发出的文件如电报、宣言等，概行发出。关于电报、宣言等项的起草工作，许多革命党人尤其是军队中武装同志多不熟习，立宪派人物便乘机兜揽生意。所以在军政府成立初期，好多重要文件，都是由他们起稿的。

黎元洪正式上台 二十六日（10月17日），军政府收到汉口领事团通知以后，即将公函原文和汉口作战胜利情况，由黎遍出布告，并分电上海及各省区，意在促使南北各地，从速响应武昌，以厚声势。黎到这时，投向革命的表示就更加明朗了。立宪党人胡瑞霖等乘机倡议祭告天地，由黎亲读祭文和誓词。表面上说是庆祝外交成功，作战胜利；暗中却是借此强大黎的声势，巩固黎的地位。黎从此正式上台，也就是黎总揽湖北军政大权的开始。由胡瑞霖代拟的誓词说道："元洪投袂而起，以承天庥，以数十年群力呼号，流血所不得者，得于一旦，此岂人力所能及哉（祭天的意思即在此）。日来搜集整备，即当传播四方，长驱漠北，吊我汉族，歼彼满夷，建立共和大业，以与五强各国，立于同等地位。"

回忆当日举行誓师典礼的时候，一切过场，都由汤化龙、胡瑞霖、谭人凤、居正等人事先拟定。先日搭成帅台一座，高耸于阅马场的中央，到时军队林立，黎着军服至台前下马，随拥之登台，台上置黄帝牌位，剑、旗分立两侧，公推谭人凤授旗、授剑，居正讲演革命精神和革命意义。现在想起真是十足的封建仪式。这样庄严隆重的过场，突出地把武昌首义的功劳记在和革命无关的黎元洪的一人身上，不但助长了黎元洪的气焰，立宪党人更是暗自庆幸。这样正完全符合他们集中权力的主张。必须指出：这些过场，都是在革命党人并且是党内有相当地位的如谭人凤、居正等所参加之下进行的。因此，也就麻痹了一般革命同志，使黎一步一步地把革命政权掌握在自己手中，并把革命同志逐渐地排除在革命阵营之外。在黎、袁执政时期，把革命党人看作仇敌，当时很难找到一个真正革命同志能够安然度过他们的平民生活。但这个事，是革命党人自己造成的，从此也就得出了后果自负的教训。

汤化龙出任政事部长 革命爆发的第二天，咨议局议长汤化龙、副议长张国溶、夏寿康和议员胡瑞霖等到咨议局参加会议，他们怀着疑惧的心情，不敢即时表示主张，后见革命党态度温和，遇事求教，他们才放下心来，在议场上开始发言。汤化龙首先说："革命事业，我一向表示赞成，但此时武昌起义，各省均不晓得，须先通电各省，请一致响应，以助大功告成。且瑞澂逃走后，必有电报到京，清廷知道这个消息，一定派兵来湖北，向我们为难。兄弟非军人，不懂得用兵，关于军事计划，请各位筹划，我当尽力帮忙。"

汤化龙用意，首先指出他不懂军事，其意略曰：军事首领，请大家不要推举我，在座的黎元洪是可以担任的。他虽然没有明白说出，暗中却含有拉拢黎的意思，以为进一步夺取湖北政权做准备。

汤、胡等为篡夺革命果实，暗中大出主意。首先草拟都督府组织条例，集中军政大权在都督身上，便于操纵一切。为了掩饰他们的政治阴谋，临时串通革命党出身的居正，请他出席说明组织条例的大意；并委托为同盟会本部所拟①，免得引起怀疑，露出破绽。这个委托同盟会本部所拟的条例当获全体通过。作者当时为出席人之一，同样受了蒙蔽，还替居正帮腔。由此黎元洪一人独揽大权，各省都督尤而效之，造成武人专政的恶果，贻祸全国，这与汤化龙的政治阴谋是分不开的。

这个条例，计六章二十四条，分为军政、民政两大部分，都督权力最大，成为唯一的领导人物。汤等当然得到黎的欢心。这个条例，于八月二十六日（10月17日）由都督府公布后，即照条例规定选任务单位负责人，除都督和以前所推定的参谋、军令、军务三部的部长人选仍旧外，民政部更名为政事部，公举汤为政事部长，内设外交、内务、财政、司法、交通、文书、编制七局，由汤推荐夏寿康、张国溶、胡瑞霖、阮毓崧、刘赓藻、石山俨、舒礼鉴、黄中垲、沈维周、万声扬等为正副局长，几乎成了清一色的旧派人物。至此，军政由黎元洪主持，民政都归汤等掌握。后因这些人过于揽权，引起革命同志的不满，复于九月四日（10月25日）召开会议，把25日通过的组织条例完全推翻，政事部所属七局，一律改名为部，由都督直辖，改推革命同志负责，如胡瑛任外交部部长，李作栋任理财部部长，杨时杰任内务部部长。汤系人物，逐渐失势。汤自己只任一个编制部

---

① 居正（《梅川日记》）、余商前咨议局议长汤化龙等，草定各种条例，谓为同盟会本部所拟，以免各同志怀疑。

长的闲职。到汉阳失守时候，汤便乘机下台，到南京另谋活动去了。这就是立宪党人在湖北谋取政权的一段经过情形。

汤化龙任政事部长时，武昌方面盛传，汤与留驻武昌的膏捐大臣柯逢时勾结，某日某时汤同逃避在柯宅的藩司（财政厅厅长）连甲、臬司（相当于省高级法院院长）马吉樟开秘密会议，密报清廷，请速派兵南下平乱；一面密派汉奸蔡登高等投效鄂军政府，以便与黎通声气。预计清廷得势，即利用柯逢时为奥援；革命成功，则以黎元洪作护符。这种传闻其所以归于沉寂，仍是汤等消弭过去的。革命军占领武昌的第三天，汤化龙向大家说：应假借瑞澂名义发出通电，扩大军情，借以动摇人心。并在会议席上议决：电请各省响应。26日汤又向大家说："要想通电各省，明码是拍发不出的，必须找到密码本子，现柯逢时处尚存有此种密码电本，应由军政府派员交涉取用。"大家认为很有道理。当由李作栋前往交涉，柯逢时无可抵赖，才交出这个密码。当时假名瑞澂所拍发的电报，也收到一定的效果。由于这些原因，大家不仅对汤化龙深信不疑，对柯逢时也给予相当的保护。

黄兴就任战时总司令　武昌军政府为坚守汉阳，特召集各部负责人开会。大家对黄兴出任总司令有两个不同的意见：多数革命党人主张公推黄为总司令，与黎居同等地位，不受黎元洪的委任；保守派旧人为了抬高黎元洪的地位，极力主张由黎委任，以便统率，尤其是立宪派汤化龙、胡瑞霖等极力赞成都督集权。他们说："大敌当前，目前首要任务是在驱逐清兵出境，促成各省响应，至于黄兴个人的委任和公推的问题，此时不应该过于争执，以免影响军事前途，亟应团结军心。黄兴由黎元洪委任，就是团结一致的最好机会，不可更张，以生内乱。"说得振振有词，好像黄兴不受黎的委任，内部就要发生裂痕，汉口难保，武昌就有垮台的危险，因而一般人为这种说法所迷惑，也只好听从立宪派的主张，同意黄兴由黎元洪委任。结果，武昌军务部与汉阳战时总司令部为权限问题发生摩擦，湘军与鄂军因责任问题有了意见。黄兴上有黎元洪，黄的命令不能统一；下面的人事安排不能尽如黄意。战时情况，瞬息万变，黄、黎往返磋商，不能当机立断，最后使汉阳失守。这不是黄兴一人的责任，革命党人应负其责，立宪党人更不能辞其咎。

辛亥九月十三日（1911年11月3日），湖北军政府在武昌阅马场搭起拜将台，仿汉刘邦拜韩信故事，举行拜将仪式，所有印信、聘任状、令箭等由黎元洪捧付黄兴，授以武汉战守全权。黄即席发表演说，表示坚决抵抗到底，达到推倒清政府的目的；并强调军人应绝对服从命令，遵守纪律。各界人民代表听到这些话，都十分兴奋。

汤化龙、胡瑞霖等人认为，经过登台拜将的仪式，黄兴都能受黎的委任，黎的地位和声望更超乎一切了。这样不仅可以控制湖北的革命党人，全国的独立省份也将要依照黎的榜样行事。立宪党人既可借此增强与黎的关系，又可号召全国立宪党人与独立省份的当权派密切合作。这些情形，如果当时不预闻其事，很难知道他们的真实内容。

苦守汉阳与反攻汉口　黄兴接受委任以后，就同他的参谋长李书城、秘书长田桐由武昌渡江，以汉阳西门外昭忠祠为司令部。随即命令蒋肇鉴、张廷辅、熊秉坤三人将所部按指定地点布置防务。汉阳的人心，赖以安定一时。湖南援军到达，更增加了汉阳革命军的声势。但另一面又存在着许多矛盾。

武昌方面的军事领袖，名义上是都督黎元洪，当权的是军务部长孙武，孙武背后对黄兴在汉阳军事上的布置，发表许多不同的议论。他认为汉阳有鄂军蒋肇鉴、熊秉坤、张廷辅、胡效骞等人所率领的步队，还有炮队和工程队等约一万人，相当于四协兵力，再加上湖南王隆中、甘兴典两协的兵力，总计在两万人以上，不应该摆在汉阳一个地区。汉阳上60里的蔡甸，为敌军从侧面进攻汉阳的必经之路，应该派大部分兵力驻守此处。这与黄兴的计划是不一致的。黄兴主张全力收复汉口，不肯分散兵力。因此孙武与黄兴在作战计划上发生了意见。

黄兴主张进攻汉口，黎元洪倒是模棱两可，如果胜利，黎的威望当然随之提高。鄂军都督府参谋部长吴兆麟，素负"参谋天才"之称，吴对进攻汉口，一再表示反对，并得到孙武的支持。黎元洪要他径向黄兴陈述意见，阻止进攻，万一失败，表示黎也有先见之明。

在这个问题上，带兵官除王隆中一派人极力主张进攻外，其他都是附和吴的说法的。黄兴既与大家的看法不同，也就没有把它统一起来，贸然地全力进攻汉口，当然不能得到很好的结果。

海军反正

海军反正经过　武昌首义后的第三天，清廷即命令海军提督萨镇冰率领海军迅速由扬子江开赴武汉。与由清陆军部大臣荫昌率领南下的北洋陆军在武汉会合，企图实现水陆夹攻的计划。辛亥八月二十六日（10月17日），萨镇冰乘坐旗舰楚有号抵汉，海容、海琛、海筹三大战舰及建威、建安、江元、江贞、江利、楚同、楚太、楚谦、飞鹰各炮舰，湖隼、湖鹰、湖鹗及辰字、宿字各艇都陆续来汉。其中海容等为甲午战败以后仅存的三大战舰。清廷这次把所有海军本钱完全投入武汉战场，以为海军稍一出手，就可以荡平民军，夺回武汉。三大战舰中的上、中级官长，很多是满人，暗中监视汉人行动。

海军初到汉口时，瑞澂就想约同海军炮击民军在长江往来的船只，遮断民军的水上交通。以未得到海军全体的同意，没有达到目的。所以瑞澂屡次进攻，反而遭到民军的炮火威迫，不敢驶到刘家庙以上。武汉民军的水上交通，畅行无阻。民军方面已看出清海军暗助民军的许多线索。一日，清海军某兵舰帮带（即副舰长）携带随从二员，借故离舰到武昌来报消息说："海军除满籍官兵外，自萨镇冰以下，都对革命表示同情，所以瑞澂要求海军用远射程大炮轰击武昌，均不同意，至今武昌城内未落一弹，就是证明。"黎元洪原是海军出身，曾致萨镇冰数函劝其归顺。当时虽未得复，却种下海军反正的因素。又致各船主函说："某某船主大鉴：本军政府起义，是为汉族复仇，光复我旧日山河，前曾函萨军门详陈一切，已邀默允。今日本军政府作战计划，意在扑灭满奴，故炮弹攻击，专注楚豫（瑞澂坐舰），窃表本军政府对诸船主之热忱，而诸船主并未射击一弹，具见诸船主深明大义，共表同情。"可知海军与民军已有默契，海军反正，只一个时间问题。

九月二十一日（11月11日），萨镇冰率海容、海琛、海筹等舰秘密开赴九江下游，途中竖起白旗，宣告反正，并致函湖北军政府说："萨军门已与黎都督联络。"黎复信表示敬佩。

九江军政府对海军反正的处置 九江军政府马毓宝对海军接洽反正，不甚明白，用电报向黎请示："据各舰长云：奉萨谕东下，并云与黎都督已有接洽，该舰等均竖白旗，真相未明，现已由浔将三舰扣留，暂不准下驶，米煤等可否由浔供给，乞示！"武昌接到九江军政府电报，也感到海军独立何以如是迅速？当公推李作栋持汤化龙私函前往接洽，并将真实情况调查清楚；一面由黎复电九江分府：一切由李作栋到九江面商。同时要九江军政府：一、请海军派舰西上赴援武汉；二、派员优待萨镇冰。

李作栋到了九江，先与海军司令汤芗铭见面，除了面交他哥哥汤化龙给他的私函外，首先请海军迅速援鄂，这是民军的一致要求。并对汤芗铭表示，黎与萨有师生关系，萨对革命暗中是有帮助的，民军应该予以优待，以酬其功。汤说："萨乘江贞轮至黄石港，改搭渔船到九江英领事署借宿了一宵，第二天即装成商人模样，转赴上海。关于迅速援鄂一层，我（汤自称）以桑梓关系，义不容辞，但须留在会议席上解决。"

海军反击清军 九月二十九日（11月19日）下午，由汤芗铭、杜锡珪和湖北代表李作栋等率领三大战舰及其附属的小兵舰开抵青山下游，各战舰为了本身安全，按照航行路线靠近汉口一面行驶，且行且用大炮轰击，清军猝不及防，死伤人数很多。各战舰开到武昌鲇鱼套停泊，李陪汤、杜二人同谒黎都督，黎为表示欢迎，即设宴祝贺。汤等表示："江水日涸，三战舰不能久停鲇鱼套，应即开赴青山下游待命；水位若退落更甚，还要离开武汉，另以其他小型兵舰代替执行任务。不过今日有此一举，清兵已大受创伤，民军方面掌握了江面控制权，清军失去了优势，我军有海军协助，可以随时进攻。"武汉人民，听到这个消息，个个喜形于色，以为清军绝不敢进攻武昌了。海字三战舰和其他小型兵舰，随即由鲇鱼套启碇开赴青山停泊。但因长江水位关系，行驶仍须靠近汉口一面。这时占领汉口的清军已做准备，等到海军大小兵舰十余只经过汉口龙王庙附近时，清军开炮，我海军即发炮予以还击，直到舰队通过汉口江岸后才停止。事后检查，我海军除官兵死伤各一人外，只一小型雷艇中弹起火，但不久即被扑灭。清军借此宣传说海军如何受创，只不过是欺人自欺，借以安定人心而已，实际上在清军内部却起了极大的恐慌。

九月二十九日（11月19日），海军从九江到武汉，炮击清军以后，汤芗铭、杜锡珪等受到黎的款待，席上盛陈面包、香槟酒、水果等物，宴后，汤、杜等回到兵舰上说："今日黎都督按照海军礼节招待我们，使我们感到愉快。我们特把黎都督这种好意转给大家，希望以后不分海军陆军，共同努力完成革命事业。"当然，这和黎原来的海军生活是分不开的。

黎元洪倒向袁世凯

黎元洪的为人　黎元洪是一个极端守旧和胆小如鼠的人物。他对革命毫无信心，成立湖北都督府的第一天，他就坚决拒绝出任都督。当时起义的首要人物，却竭力推他为都督，并要他把没有参加起义的军队（如跑到青山的张正基炮队，跑到五里界的标统孙国安部，跑到汉口刘家庙的萧安国的辎重营等）和张彪个人（如他不愿同瑞澂结合在一起的话）都一一招降过来，归顺民军。黎元洪不愿照革命党人的计划进行，因而革命党人决定一面把黎元洪软禁在都督府里，一面用他的名义发布各种文件。结果黎元洪骑虎难下，只好归顺革命，并成为革命的统率者。

黎元洪因汉阳失守，武昌城内外谣言四起，说清军就要进攻武昌，并派有汉奸多人，运动民军做内应。这时，原炮八标标统龚光明和清陆军部司长万廷献两人，正由北方来到武昌，因而又有了龚、万二人运动旧部作内应的说法。黎听到这些消息，更加惶恐不安。十月十一日（12月1日）正午，清军由汉阳龟山炮击武昌，都督府正厅中弹起火，黎即在此时仓促出城，经洪山向葛店方面退去。葛店在武昌下游90里，地临大江，是一个很小

159

的市镇，能停泊小型兵舰。万一武昌失守，他就携同存银60万两逃往南京，与下游革命军会合。这是黎元洪左右的人口头传出的。他的随行人员中如龚光明、杜锡钧等是留日士官学生，做过清朝的军官，龚又是辛亥年由张彪派往北京，参观北洋陆军秋操的代表。龚刚由北京回来，一般人都说他负有秘密使命，这次随同黎元洪出走葛店，难免不使人怀疑；同时，黎元洪一向慑于北洋军事势力，一遇时机，就出卖革命利益，也是可能的。

英领事馆出面调停战争　与此同时，英领事馆派英人盘恩到武昌晤都督黎元洪商谈停战条件，时黎已离开武昌，只好由军务部长孙武和护理总司令蒋翊武分别与之接洽。据盘恩说："武昌城内每天遭受清军炮击，所受损失甚大；因此，英国领事联合各国领事，提议停战三日，磋商条件。现在清兵已表同意，我特来武昌面谒黎都督请都督认可，并将我带来的公文盖印，再送到清军盖印，即可停战"云云。这时因都督印由黎元洪带走，不能立即取回，就由军务部长孙武请工匠照样刻了一个，加盖在停战条件上面，表示同意停战。

停战条件如下：

一、自12月2日（阴历十月十二日）上午8时起至12月5日（十五日）上午8时止，停战三日。

二、民军应守之条款：

甲、民军于停战期内，一律按兵不动；

乙、民军之兵船于停战期内，不得行驶，并将机关卸下，交驻汉英水师官员收存，须于十五日（阴历）上午6时转交该船收回。

三、北军应守之条款：

甲、北军于停战范围日期内，一律按兵不动；

乙、北军之火车于停战范围日期内，不得往来作军事上之运输，并由驻汉英水师官员监视。

以上停战条件，完全由英人从中操纵把持，在三日停战期限内，条款规定民军和清军两方一律按兵不动，那还可以说得过去；而民军兵船和清军的运兵火车，都须由驻汉英水师官员监视，民军兵船内机关，卸下交驻汉英水师官员收存，显然干涉中国内政。对重大的停战条件，不经过往返磋商，只要盖印了事，这种草率的"和平"使者，简直对民军是一种侮辱。其实当时民军情况，汉阳虽已失守，海军仍在民军手中，凭借长江天堑，清军纵能炮击武昌，而民军在武昌凤凰山和蛇山的重炮，及武昌青山、两望等处的炮队，一样可以回击清军。即汉口租界，亦在威胁之中。由此看来，领事团的出面调和，一方面是为了自己的安全，更重要的当然是借此庇护袁世凯窃取革命果实。革命党人因为缺乏政治经验，被英人的花招所玩弄了。

双方停战消息传出之后，武昌人心由紧张趋向缓和。此时总监察刘公及军务部副长张振武，因黎元洪事先不与革命同志开会磋商，就弃城出走葛店，以致人心动摇，造成混乱局面，主张通电宣布黎元洪这种轻举妄动、违法失职的行为。各同志以双方正在停战讲和期间，民军内部如发生意见，对革命不利，认为等革命大功告成之后，再提出也不算迟。因此通电被劝阻了。蒋翊武、孙武、李作栋等则更温和，认为两军既已停战，接头的事件很多，应该请黎元洪回武昌，以便随时决定一切。

黎元洪回武昌 停战消息证实以后，黎元洪内心非常高兴。革命党人要他回来坐镇武昌，汉口领事出面调停又要他在条件上盖印，黎便成了南方民军的代表人物，有资格与清军袁世凯对等言和，因而表现出一种急转直下的骄傲态度，对革命党人更是看不起了。

黎元洪出城的第一天，他不肯在离城8里的洪山和离城15里的刘家祠堂暂住，蒋翊武、吴兆麟只好派参谋甘绩熙从后追赶，当日赶至葛店以北20里的王家店，适已入夜，黎便在该处休息，甘绩熙见黎就说："都督究竟何往？"黎说："到葛店。"甘说："都督有守城之责，应与城共存亡，不可效瑞澂之故事，而为天下后世笑。"黎说："你小孩子，不要说，城内时有清军炮击，都督府已烧，何能办事。"甘说："在洪山或刘氏祠堂均可办事，何必要到葛店。都督不要说我是小孩子，我是爱都督，怕都督误听人言，有失体面。"黎遂不听。这时黎已成败兵之将，与当时瑞澂逃出武昌情形差不多。虽然听了甘绩熙的逆耳忠言，尚不敢大发脾气；到了停战见诸事实，甘绩熙重申前议，请他不要轻听人言，随便他往，黎就怒道："你青年人屡次说激烈话，实属不成事体；大家既举我为都督，就要服从，勿得任意说不道德之言。"这时参谋部长杨开甲见黎元洪发怒，遂请都督不要发怒，并将甘绩熙扯开了事。由此一端，就可看出黎元洪前后对革命党人态度的不同了。这就证明黎的转变是从停战讲和的时期开始的。以前他是偷偷摸摸的抗拒革命，以后便明目张胆地倒向袁世凯，一步一步地脱离革命了。

停战时间，原定十月十五日（12月5日）期满，在期满前一天，汉口英领事致电武昌军政府说："清政府拟派邮传部尚书唐绍仪来汉议和，停战日期可望继续。"到了停战满期那天，仍然是英领事从中斡旋，继续停战三日。到9日清晨，又由英领事转来清军停战条件：北军不遣兵向南，南军不遣兵向北，继续停战15日。期限较前为长。黎元洪以此事关系重大，不是一个局部停战的问题，就把它提交由各省派来湖北的代表所组成的代表团讨论。旋经代表团决议并通电民军各省都督遵照办理。

一、停战15日，由西历12月9日早8点钟起至24日早8点钟止。停战期内，除秦、晋、蜀三省另有专条外，两军于各省现在驻兵地方，一律按兵不动；

二、袁总理大臣、唐绍仪尚书与黎大都督或其代表人讨论大局；

三、停战期内，两军于秦、晋、蜀三省各不增加兵力或军火，如有一军违约，则彼一军有立即开战之权。

黎元洪接到代表团的通知，他觉得他的地位是公认的民军方面独一无二的首领，大都督有指挥和号召各省都督的权力；又觉得他可以代表民军讲和，是一个未来的中央政府的领袖人物，于是气焰越高，愈益加深了对革命党人的轻视心理。

袁、黎勾结 在汉阳战争期间，袁世凯玩弄两面手法：一面叫冯国璋从军事上进攻，一面派刘承恩等向黎元洪劝降。在黎元洪方面也开始形成了一个政治集团，其中有立宪党人和投效革命的失意军官。这些人在黎元洪与革命党人之间进行挑拨，他们不是效忠于新生的革命力量，而是歌颂旧日有名望的人物。甚至借口个别现象，诽谤革命党人，意图在群众中造成不良印象，以便取而代之。黎元洪忠实地执行了这个阴谋，对革命党人大加排斥：有的给资退伍，或者送外国留学，有的调到北京去当闲差，或者干脆杀掉。长期在湖北进行革命运动的共进会、文学社首要分子，消极一点的，还可在武汉暂住，积极一点的，黎就派人监视，加上"有二次革命嫌疑"的帽子。黎元洪自被选为副总统兼湖北都督以后，权势日大，他先打击革命干部，继而裁减军队；在革命战争中所成长的湖北的八个师，便是在袁、黎勾结之下归于消灭的。黎元洪的倒行逆施，必然引起湖北党人的反黎运动。黎借口维持湖北秩序，便借助北洋势力。于是北洋军队拥入湖北，为以后讨袁失败及长期受北洋军阀的宰割，种下了恶因。

黎元洪离鄂 黎元洪给袁世凯的电报中说道："大总统英明神武，中外倾心，党见日以消弭，政权日以巩固，中央实行统一，地方渐就范围，普海人民，涣然冰释。"在黎这一方面真是输诚拥戴；在袁那一方面，还是放心不下。总以拔掉老根而后快。

袁世凯先派他的内务部秘书洪述祖做钓饵。洪述祖于张之洞任湖广总督时，在湖北候补知县。张之洞疏浚洞庭湖派他和黎元洪在一起代表湖北方面。他和黎在一起时，说黎面有朱砂痣，贵不可言。洪后来混到北京。此时致函黎元洪，证实他相术高明。洪本是个不安本分的人，在台湾任小吏时代，巡抚刘铭传向外国买商船充军舰，从中取利，查出以后，当被刘置之狱中。有人因他是名士洪亮吉的后人，又把他保了出来。当我们看到他写信给黎元洪说他相法高明的时候，都引为笑谈，可是还不知道这里面另有文章。当时汉黄镇守使杜锡钧是北方人，又系黎元洪亲信，因此袁的办法更容易施展。张振武、方维案发生后，湖北革命人物如胡秉柯、田桐、杨时杰、居正、白逾桓等在武汉加紧进行反黎活动时，黎元洪便完全倒入了袁世凯的怀中。

1913年冬，黎在湖北受到全省人士的反对，处境非常困难，袁世凯认为时机已到，当密派段祺瑞来鄂。段到了武昌都督府，黎才知道袁要黎即刻到北京商量要事。黎只得轻装就道，向北京去了，这个以摧残党人保全权位的黎元洪，就在袁世凯的钳制之下，做了光绪皇帝第二，幽居瀛台。

（摘自《辛亥首义纪事本末》，湖北省政协供稿）

黎都督二三事

邓汉祥

辛亥年八月十九日夜半，武昌新军炮轰制台衙门的时候，云、贵两省在武昌的同学300余人不约而同地主张进城参加革命，于是组成学生大队，公推我为大队长（我当时在陆军第三中学学习）、贵州同学席正铭为副队长（席是参加文学社的）。我立即率领全副武装学生大队由南湖向武昌中和门前进，到达时天刚亮，连同测绘学生等多单位组成学生队，大家决定由各单位推代表到阅马厂咨议局去会商，并要学生队担任保卫咨议局。于是我供职都督府，与黎元洪有较多的直接接触。

因缘时会，黎元洪被迫任都督

当八月十九日夜，新军发动起义时，协统黎元洪躲避在武昌黄土坡他的参谋刘文吉家里，二十日晨，黎被马荣等强迫先到楚望台，11时左右复强迫到咨议局，黎着灰色长袍，愁容满面，此时咨议局议长汤化龙也到来，开会时公推黎元洪为鄂军都督，他坚不承认，但大家认为黎是湖北人，过去资望较高，易于号召，非强迫他担任不可。在意杂言庞的情况下，陈磊、甘绩熙等对黎肆口辱骂，张振武、蔡济民、李翊东等更坚迫他出就都督，黎氏对此默然不答，跟即用鄂军都督黎的名义出示安民，写好后送给他看，他仍摇头摆手说，就写鄂军都督好了，不要加上黎字，其时有一人持枪指着黎威胁，经旁边的人群起制止，黎才没有往下再说。

关于都督府当时的组织，据我所亲历，设有秘书处、主任杨玉如，军令部、部长杜锡钧，交通部、部长李作栋，这三部都设在都督府内；军务部、部长孙武，这一部系设在外面。孙氏在汉口就医，由副部长张振武代理。汤化龙主持民政部，其所辖机构也设在外面。都督府成立后，先派我任交通部科长，队长职务就由副队长席正铭代理，所有藩库官钱局等财务机关，都派我们学生军去保卫。我当时遇事喜欢发言，尚切实际，又勉强能提笔写东西，杜锡钧就坚决约我到军令部工作，由黎元洪改委为一等参谋。杜锡钧虽是士官生，因文化水平较低，有些事不能不假手于我，向黎元洪请示的许多事件，却经常由我去商陈。

当时黎元洪是迫不得已，勉强应付场面，而其内心是动摇不定。汤化龙在清末是同江苏咨议局议长张季直、湖南咨议局议长谭延闿，互相结合，成为立宪派的中坚人物。所谓立宪派，就是同康有为、梁启超的保皇党一脉相通。当时首义诸人对汤是不放心的，汤亦因平时主张君主立宪，对革命是相反的，所以也内不自安。而共进会的主持人孙武尚在养病，文学社的诸葛亮刘尧澂又已被害，起义诸人革命情绪固然甚高，但在仓促中亦尚难拿出具体办法。而所谓十人谋略团蔡济民、吴醒汉、邓玉麟、高尚志、张廷辅、王宪章、徐达明、王文锦、陈洪诰、梁鹏等，权责虽高，因为没有重心，仍不免形成散漫。除交通部部长李作栋尚能起些作用，其他如新军管带杜锡钧、队官吴兆麟等，反而重要起来，后来孙武伤愈到军务部主持大计，他的能力较强，形成重心，情况也就逐渐好转。

第一次军事会议扩军八个师

都督府成立后开第一次军事会议，有主张破黄河桥的；有主张守武胜关的，议论纷纭，莫衷一是。黎元洪尽管主持会议，但他一言不发。这时有人提议不管破黄河桥或守武胜关都非有兵不可，现在我们兵在哪里？于是才决定公推杜锡钧、何锡藩（新军管带）、姜明经（新军管带）、张廷辅为协统，从速招兵，组成队伍。杜锡钧认为都督府内部需人，他坚辞协统，仍任军令部长。湖北原有一镇一混成协，而历年退伍的人颇多，所以成立军队便一呼即至，跟着又增加为八个协，最后并扩充为八个师，第一师师长黎本唐、第二师师长张廷辅、第三师师长窦秉钧、第四师师长邓玉麟、第五师师长吴兆麟、第六师师长王安澜、第七师师长唐牺支、第八师师长季雨霖。

汉阳失守　黎元洪为黄兴担责任

当武昌起义的消息传到北京时，清廷方面大为惶恐，派陆军大臣荫昌率领第六镇及第一镇、第二镇各一协，于二十二日起，分五日陆续向武汉出发，二十四日都督府派协统何锡藩率队先将盘踞刘家庙的张彪击溃，占领刘家庙。约于八月二十八日在刘家庙与滠口之间，革命军同清兵正式接触，因我军炮队器械优良，训练娴熟，作战时炮无虚发，敌方炮击我军，往往落空，因此敌兵大败，向滠口以北溃退，我军也不进击，自动回到汉口，将红绸红布扎成英雄结子，披在身上，满街狂欢，经过一两天，始回到前方设防。

清廷将荫昌调回，改派冯国璋为总司令，赓即向我军反攻，我军连战不利，情势异常严重。在汉口危在旦夕的时候，黎元洪亦仓皇失措，而都督府及各机关人员也大多躲避起来，此时黄兴赶到武昌（约九月初七日），人心士气大为振奋，一般都认为孙文是理论家，黄兴是实行家，他来了一定会增加革命无穷的力量，黎元洪态度也就安定下来。都督府及各机关人员仍照常办公，于是写很多黄兴二字的旗子，插在汉口高房顶上，使敌人知道黄兴来了；一面白昼由武昌黄鹤楼下面汉阳门码头用民船络绎不绝运兵到汉口，夜晚又将白天所运军队由汉口运回武昌，如是者搞了两三天，敌人也就慎重不敢进入市区。黄兴本人曾到汉口去指挥，九月十二日革命军不得已放弃汉口，退守汉阳。

九月十三日，黎元洪以都督名义，又推举黄兴为前敌总司令，在都督府门前搭起高台，举行隆重典礼，登坛拜将，总司令部设在汉阳，以李书城为参谋长，湖南、九江派来的军队连同汉口退到汉阳的湖北军队，统归黄指挥。

大约在十月初六前后，黄兴到武昌与黎元洪商量，主张进攻汉口。这时，南北各省纷纷独立，黄兴认为把汉口夺回，更可以促成各省起义。于是约定次日拂晓攻击汉口，以黄兴所部为主力，渡过汉水，直攻汉口右岸，武昌军队由汉阳门码头渡江，进攻汉口正面，另由湖北敢死队偷袭刘家庙敌炮兵阵地。届时，黄兴亲率所部很快攻入市区，武昌军队先用炮轰汉口正面江岸，然后用小洋船拖民船把兵运往汉口。殊船运之兵刚要到岸，敌人机关枪拼命扫射，于是我军仍然退回，又用炮轰击江岸，如是者经过几次，始终上不了岸，直到晨九时，我到黄鹤楼上去观看，汉口战事异常激烈，我回到都督府把武昌军队不能上岸的情形，面报黎元洪，他也拿不出主意来，湖北的敢死队也未能达成任务。黄兴所部战到当日四五时后，大败而退，伤亡同扑河死的为数不少。客军当时颇为愤怒，认为武昌军队有意规避，在黄鹤楼上看翻船，他们愤然放弃汉阳，自动撤到武昌，扬言要立即返还本省，经黎元洪亲往向他们解释，始而皆以鼓噪对付黎氏，经黎极端忍耐，诚挚开谕，形势逐渐缓和，赓即在都督府召集军事会议。

在会议时，我也曾参加，黎元洪首先介绍，请黄总司令将失汉阳的经过先行报告，然后再商量武昌布防。黄兴上台后，怒发冲冠，开口大骂武昌军队没有上岸，其次就说湖南湖北军队某些军官平时如何不好，作战又如何不力等等，无一自责之语。于是激起公愤，不约而同地拍起桌子说，你当总司令，哪一个官长不好，你可以撤换他，可以惩办他、杀他，何能把失守汉阳的一切责任诿诸他人？甚至有主张要杀黄兴的。在紧张场面的情况下，黎元洪遂挺身而出，黎说："请各位同志息怒，你们要责备黄总司令，首先要责备我，因为他任总司令，是我推举的。但是大家要知道，黄兴二字对革命有不可估计的力量，如果我们今天对他有不理智的行动，使敌人认为革命党人内部起了分化，增加敌人的气焰，一面使独立各省因而灰心。现在汉阳虽然失守，其他各省独立的已经不少，如果因我们一时的意气，而使功败垂成，我们将成为千古的罪人。"黎氏这一番谈话之后，大家也就气平下来。接着又说："请大家商量如何布防，我同黄总司令到楼上去稍作休息。"黎、黄离开会场后，黎对黄说："孙中山先生快回来了，请你到上海去商陈孙先生，组织中央政府，筹划全局，使革命早日成功，我们在此尽量撑持。"黄兴遂离开武昌。

谈判议和附和袁世凯当大总统

12月1日晨8时，段祺瑞令汉阳龟山炮队向武昌蛇山下都督府轰击。当时正值黎元洪、孙武、杜锡钧、饶汉祥、唐仲寅和我在二楼同桌早餐，孙武主张立刻下楼，避往都督府后面。经过两三小时，北军始停炮击。黎元洪感于守武昌的军队力量薄弱，又慑于袁世凯的威势，在汉阳炮兵停止攻击时，就率都督府人员移驻大东门外离城五里的洪山，武昌防务由军务部长孙武同蒋翊武等负责。到达洪山后，黎元洪忽指示我草拟武昌防务分配命令，约经过一小时我将稿拟就送核，黎元洪及军令部长杜锡钧、秘书长饶汉祥等都不知去向。这时我认为他们不会进城，一定是往东走。于是便乘马往东追赶，追至离城30里之卓刀泉，看见黎元洪等在关帝庙休息。我进庙去看见黎正吃猪耳朵，我问黎都督说，都督府移设洪山，何以又要走呢？他的回答是都督府离火线太近，是不相宜的，现决定移到葛店（离城90里），你一路走好了。于是又由卓刀泉行至离武昌60里之王家店。孙武派来追赶的人，快马加鞭，飞奔而来，老远就喊："站倒站倒！"这人将孙武的信面交黎并说，袁世凯、段祺瑞派来议和的代表由英国领事陪同一道，已过江来，请都督赶快回去办交涉，并说广西代表张其煌也到了武昌。这时黎还犹豫不决，在随行人员的劝促下，乃于当夜回到洪山。这时，起义的同志中，有些对黎极尽谩骂侮辱，孙武起来制止说，都督到葛店是我的意思，谁再乱闹，我就要杀人。一场风波，始告平静。袁段代表向黎提出的条件，最主要的就是民国成立后，如以袁世凯为大总统，段祺瑞即用前敌总司令名义率领前敌将士奏请清帝退位，还政于民，并可先将汉口汉阳的军队撤退，黎当即表示赞成，并声明愿负责同孙中山、黄克强及独立各省商量，促成袁任总统的实现。从此，湖北方面、南北双方，就没有发生战事了。

南京武汉失和　袁世凯乘机分化

在汉口汉阳的北洋军撤退后，湖北方面赓即组织北伐军，其用意就是帮助袁世凯威逼清廷，一面对南京孙黄的临时政府采取对立态度。原拟以杜锡钧为第一军军统，提出时有人反对，说他是外籍，又非革命阵营组织中人，于是杜遂负气约我同他一道往南京去。他对我说，南京方面，他有很多的关系，我们两个都是外省人，犯不着在此受湖北人的排挤。商定后我同杜于夜半潜赴汉口，次晨黎元洪发觉，便派高等顾问刘一清、程守箴到汉口劝杜同我回来。因刘程与杜是士官同学，和我的感情亦甚好，黎提出具体办法，仍以杜锡钧为第一军军统，刘一清为参谋长，我任高级参谋，我同杜因此仍回到都督府。第一军组成后，司令部就设在黄陂，所辖三个师，分驻黄陂一带；第二军军统李烈钧，所率领的江西军队驻在孝感方面；程守箴仍以顾问的名义同到前方。

黄兴因武昌开会时受刺激，对湖北人不免有成见，当时独立各省派出来的代表，一部分到上海，一部分在武汉，黄兴就利用在上海的代表，主张组织一个统一机构，于12月4日选举黄兴为革命军军政府大元帅，黎元洪为副元帅。15日又议决在临时政府未成立前，由大元帅代行临时总统的职权，这就引起了上海、武汉两方面代表的争执。非同盟会各省都督的代表，都认为湖北是首义省份，黄兴是失守汉阳的当事人，反对黄兴为大元帅，于是又改议黎元洪为大元帅，黄兴副之。黄对湖北人本有芥蒂，这样一来，更加深了对湖北人的恶感。1912年元旦，孙中山在南京就临时大总统，以黄兴为陆军部长、参谋总长，黎元洪尽管是副总统，仅负虚名而已。凡是湖北派到南京的代表，颇受歧视，如张伯烈、刘成禺等每次归来，对于南京方面排斥湖北人的情形，谈起来就悲愤填膺，不免起了些鼓动作用。袁世凯的态度，恰恰与之相反，凡是湖北派到北京的人，袁必然请吃饭，送礼物及金钱，因此，皆大欢喜。只有刘一清代表到北京回来说，袁世凯敷衍我们，用意在分化武汉南京，是一种手段，并非善意。

第二次革命中　黎助纣为虐

南北统一后，袁世凯任大总统，黎元洪任副总统兼参谋总长。黎原拟保刘一清（号杏村）为次长，代理部务，刘自认为资望不够，转介绍陈宧说："陈是湖北人，曾任20镇统制，有政治手腕，主持参谋部必能胜任。"黎因而向袁世凯推荐陈宧为参谋部次长，代行总长职权，同时要刘一清和我都到参谋本部工作；黎以参加武昌起义为理由，电请袁世凯授我和刘一清为陆军少将。参谋部成立后，黎元洪曾电陈宧转请袁世凯拨款弥补湖北起义所用去的亏空，袁先拨300万元交参谋部，陈宧分三次派我送交黎元洪，黎甚为满意。约在1912年11月，黎元洪又提出请中央建筑武汉大桥，纪念武昌起义，袁允俟善后大借款成功，即拨款兴建。1913年4月，袁世凯向英、法、德、日、俄五国银行团借办理善后为名进行2500万英镑的大借款成功后，就决心以此作战费，来消灭国民党所占领的广东、南京、江西、安徽、湖南几个省区。所谓建筑武汉大桥，便成了一张空头支票。

1913年3月，国民党要人宋教仁在上海被刺死，国民党反袁更为激烈，袁命陆军部总长段祺瑞、参谋部代理总长陈宧派人到长江调查国民党对他有些什么打算。参陆两部派覃师范和我前往调查。覃同我到武昌后，我单独向黎元洪说，袁世凯必然要打国民党，副总统若完全帮助袁，国民党倘若失败，湖北以后不特不能见重，而且现状难保，因袁处心积虑要造成北洋派清一色的天下，不容异己存在；副总统这时应操纵于二者之间，才能为未来留余地。黎说，国民党的人专会捣乱，不能共事，足见他眼光短浅。接着我到南昌将袁世凯要向国民党进攻的阴谋完全告诉李烈钧，并叫他加紧准备。李抗袁的意志固甚坚决，但他很气馁，认为北洋派的力量大，袁又掌握有国家政权，抗拒不易。我回北京后，袁世凯又命陈宦派员到信阳告诉李纯，准备待命开往湖北，关于兵站等勤务，请黎派人主持办理。陈宦即派我前往。我由信阳回到北京，陈宦又要我去武昌告知黎元洪筹划办理兵站，最重要的，是先决定人选，这时刘一清同我商量，如何设法使李烈钧知道袁已箭在弦而必发的紧张情势。于是刘向陈宦建议，派我谒黎后，顺便再到南昌去看看李烈钧的动静，陈宦不知道刘一清和我的用意，便派我再到江西去。我晤李烈钧将袁世凯这一些阴谋部署详告他后，李说，我绝不软化，他来就同他打，明知道打不赢，也非打不可，不过黎黄陂为虎作伥，实在是不应该。我说，江西、南京、安徽、广东、湖南、国民党的几个重点，应该切实联络起来团结一致，才不会遭到各个击破。李很慨叹地说，国民党内部意见分歧，孙中山先生也招呼不住，徒唤奈何。我临行时，李赠送我3000元，并托我转刘一清及陆军部次长蒋作宾各1000元，这时李向我说，时局变幻难测，以后恐难找机会报答良友。由此可以看出他抗袁有决心而无信心，所以终归失败。

黎元洪因在黄土坡、楚望台、阅马厂、洪山四处受窘并被辱，对起义同志怀恨在心，先杀张振武、方维，在袁世凯打败国民党之后，为讨好袁起见，又杀了许多所谓乱党（国民党）。在袁世凯打击国民党的各个运动中，都利用黎放头一炮，殊不知打国民党的战争结束不久，袁世凯就派段祺瑞去接任他的湖北都督，表面说欢迎他到北京，实际则形同绑架，如此下场，实由自取。

（全国政协供稿）

民社成立与黎、袁勾结

万鸿喈

民社的成立

孙武原名葆仁，字尧卿，夏口柏泉人，远在庚子年即参加唐才常所领导的自立军之役，以后经过日知会的失败，始由东北而至日本，同张伯祥、邓文晕、刘公、焦达峰诸人于同盟会之外，组织共进会。复同焦达峰先行回国，分别在两湖地区联络同志，成立共进会分会，中经一度败露，后又恢复，在武昌首义时，也起了一定作用。鄂军政府成立，孙任军务部长，这是军政府中权力最大的一部。孙武没有为革命奠立基础，相反却侮慢同志，接近旧日官僚，拉拢孙发绪等人。黄兴任战时总司令，孙不仅没有全力支持，且嫉妒黄的声誉在他之上。

南京临时政府成立，孙自以为武昌首义有功，特地赶往上海活动，希望得一总、次长的地位，不料南京政府无从位置，因之引起孙对南京政府的恶感，这样一来，孙便一意孤行，在上海拉拢大批失意的文武官僚政客，培植自己的势力。老同盟会员刘成禺自美洲回国，黄兴问刘在美国学什么东西等，刘亦深为不满。于是孙、刘合作，在上海成立民社，与同盟会公开对立。据说章太炎、汤化龙等虽未加入民社，但他们都是赞助孙武的。接着，孙武就与在上海所结纳的一批人偕同回鄂，又在汉口成立民社分社，事实上，民社是以湖北为重心的，民社理事长是黎元洪。孙武、刘成禺、饶汉祥、张伯烈、孙发绪等任常务理事，丁笏堂任总干事。和孙武有密切关系的李作栋时任鄂理财部长，李曾一次拨给民社活动经费5万元。谢彬所著《民国政党史》说："民社者，拥黎元洪为中心之政团也，以卢梭《民约论》为根本主义。其目的在图共和政体健全之发展。其地盘为黎元洪直属之湖北派。其干部为蓝天蔚、孙武、张振武、张伯烈、刘成禺、宁调元、饶汉祥诸人。"关于主义是说不上的，更说不上共和目的。如果说也有所谓政治纲领的话，那就是反孙倒黄，捧黎拥袁，借以达到个人升官发财的目的，实际内容就是如此。谢著所举干部人物，似无蓝天蔚、张振武、宁调元诸人。因为蓝与孙武并不接近；张振武曾在民社查账，大说黎的坏话，谓不应以有用之财做无益之用，且黎、张之间，素不协调；宁调元与黄兴关系极深，而以后宁又是被黎杀了的。其重要社员据韩大载同志回忆，尚有马较田、李组绅、覃达方、丁笏堂诸人。建都地点问题发生时，民社首先反对建都南京，这是露骨反对以孙中山为首的南京临时政府，也是袁世凯所求之不得的。可以说，民社就是袁世凯在湖北的代言人。就我所知，湖北籍的国会议员，湖北的师旅长，以及各部首脑人物，多系民社主要分子。这些议员入京时，送川资，买车票，均由民社代办，民社也就成了袁世凯在武汉的办事处。忠实于革命的同志，要反对孙武，自然要反对民社。首义之区所以闹得互相倾轧，革命力量日渐削弱，民社应该首负其责。

民社对袁世凯帮忙，袁当然"实获我心"，进一步又示意黎之左右，说副总统是全国的副总统，当理事长也应做全国性政党的理事长。于是以民社为基础，在1912年5月成立了共和党。共和党的理事长，不消说仍由黎元洪担任。

黎、袁的勾结

黎、袁勾结，为之牵线的有三个湖北人，这就是浠水的汤化龙、广济的饶汉祥、安陆的陈宦。可以说，湖北的革命事业是在他们手上断送了的。当然，幼稚的革命党人也不能辞其咎。现就我所知所闻，概述如下。

汤化龙字济武，以甲辰进士授刑部主事，又留学日本，清末湖北咨议局成立时，调充议员，后又为副议长而议长。所有议员虽然都是地主官僚的君主立宪派，但他们既以议员身份代表所谓民意，也就迷惑了一般人，连革命党人也不例外。汤化龙曾经公开发出呼吁各省咨议局响应武昌的通电，但他接着在柯逢时宅中又用密电向清廷表示："化龙不甘心附逆。"事为党人侦悉，沉不住气的张振武，就对人说非杀他不可。汤知道在武汉对自己不利，又幸而为黄兴所赏识，即在汉阳失守前夕，同李书城、黄中恺、陈登山等一道赴沪（黄后一日才走）。南京政府成立，汤任陆军部秘书长。湖北党人恐黄兴堕其术中，适我因事赴沪，蔡济民即叫我过南京时向黄密揭他的为人行事。那时陆军部办公处在南京铁汤祠丁公馆，我到陆军部时，先延见我的恰是汤化龙和万声扬。我心里想，我正为汤而来，却先就遇着了他，我只好说，必须面报总长。于是黄便亲自接见了我。我见汤不在跟前，就向黄说，汤如何玩弄两面手法，黄当即说："有这种事？我晓得了。"言下显得惊异。汤旋即到了上海，是否因此离开，我不得而知。但此后汤即完全倒向袁的一面，为袁策划一切。

这时陈宦已先取得袁的信任，即由陈向袁先容。汤对袁说：湖北党人正在分化，孙武组织民社，其目的即在与同盟会对抗，加以运用，裨益匪浅。袁当然高兴万分，并嘱汤设法扩大组织，成为拥护政府的党。袁犹恐黎、汤号召力不够，又叫汤化龙赴日本，迎梁启超回国；与国民党势均力敌，成为袁御用的进步党，即由此而来。袁得到这些人的捧场，便为所欲为了。袁世凯并不以此为满足，他还示意汤化龙、饶汉祥、陈宦三人，彻底摧毁湖北党人势力和湖北的八师军队。

饶汉祥字芸僧，原在福建以佐贰候补，武昌起义回来，住在集贤馆中。其同乡彭汉遗以其会做文章，就介绍给冯亚佛同志说，都督府如需要文牍人员，饶一定可以胜任，就这样，饶就脱颖而出。不久之后，饶便接近都督，因为善于揣摩，每先拟好文电，再向黎建议，经黎同意，稿即呈上。因而大得黎之赞赏，常对别人说：饶某真是才子，文章又快又好。黎于是特给资添置衣物，且升为秘书长。这时黎已把党人抛在一边，所与共机密的不过饶汉祥、胡朝宗等三数人；有时汉川人卢本权得悉一二，又以转告亚佛。某次袁电黎，略谓党人中如有嚣张之徒，能对付则对付之，否则可开列名单，由他邀其来京处理。卢以告冯，冯即向同志们说，最好不要入京，免遭不测。结果凡属调京党人，不为袁所收买，即为袁所杀害，孙武即是被收买了的，张振武即是被杀害了的。

袁、黎之间，关系日趋密切，有些问题需要有人转达，黎认为饶可以作为他的代表，袁又要饶到北京去。饶到京代黎向袁报告湖北情形之后，袁向饶提出三个条件：第一，尽量裁减湖北军队；第二，对首义诸人严加防范；第三，黎副总统应早日入京供职。并说：先给你200万元，就这样办。饶因此又成了袁布置在黎左右的一个私人，黎之一言一行，袁无不洞悉。饶回湖北，当然遵命而行，于是向黎说："湖北年轻的党人都不可靠，你在湖北住着很危险，不如到北京去比较安全。"最后连黎元洪也不得不入京，而饶本人则在牺牲别人的基础上，做了湖北民政长。刘成禺曾为此事对冯亚佛、万鸿嗜说："饶汉祥、陈二庵把黎元洪卖了200万元。"

陈宧字二庵，日本士官生，原随锡良在四川、东北任军事要职。袁世凯为总统后，黎元洪以副总统兼参谋总长，陈以次长代理总长事务，成为袁、黎之间的牵线人。袁虽老奸巨猾，对陈则言听计从，所有汤化龙、饶汉祥之接近袁氏，均由陈为之先容，为之引见。袁对汤、饶，总说你们可和二庵商量。袁对革命党人之排除，对黎元洪之入京，对黄兴之自请撤销留守府等等，悉由陈设计促成。袁、黎间之文电往返，经常由陈会同饶汉祥在京或在武昌拟好，然后分别由袁、黎具名发出。章太炎一见陈宧即说："此第一人才，然亡天下者未必非此人也。"虽不免有所夸大，亦颇有几分道理。

（全国政协供稿）

黎元洪诬杀张振武始末记

刘惠如

开国时期，一切在草创和动荡中，是非难明，黑白不分，因此，不幸的冤狱和枉死事件层出不穷，后人论断，很难分其曲直，不过却可以从这类事件中，看出当时政治恩怨和对后来的影响。

黎元洪诬杀张振武一案，其背景和演变可分为以下各点：

一、辛亥首义的创导者轻视黎元洪，认为他不过是阴错阳差，因缘时会的幸运儿，所以看不起他，造成了对黎轻视的态势；

二、袁世凯借黎密电杀张，而抓住了黎的小辫子，使黎自绝于革命党人而不知不觉中倒向北洋派；

三、张振武被杀，是民国元年8月间的事，可说是民国成立以来第一次违法杀人的政治血案；虽然惹起轩然大波，却不了了之。这无形中给袁世凯增加了勇气，敢于在不久之后刺杀宋教仁。

辛亥三武

在辛亥武昌首义时，有三位年轻人都是策动武昌起义的重要角色，对于创建民国厥功极伟，那就是名闻全国的"三武"——孙武、蒋翊武、张振武。

张振武是湖北罗田人,原名尧鑫,字春山,更名竹山,曾留学日本早稻田大学,研究法律政治,且入体育会练习战阵攻守诸法。后由湖南人刘彦介绍入同盟会联络部,担任组织湖北革命机关之责。武昌首义时,众军拟拥黎元洪为都督,张振武对吴兆麟(工程第八营左队队官)说:"这次革命,虽将武昌全城占领,而清朝大吏潜逃一空,未杀一个以壮声威,未免太过宽容。如今黎元洪既然不肯赞成革命,又不受同志抬举,正好现在尚未公开,不如将黎斩首示众,以扬革命军声威,使一班忠于异族清臣为之胆落,岂不是好。"这一番话后来当然传到黎元洪耳内,因此,张对黎固然意存轻视、而黎对张亦颇有戒心,彼此嫌怨日深,未能化除。北京临时政府成立,袁世凯邀武汉首义诸豪杰入京,黎亦希望调虎离山,除去这些眼中之钉。于是张受袁邀入京,受隆重款待。

辛亥"三武"都是非常瞧不起黎元洪的,张振武在北京惨遭杀害,种因便起于此。

黎和"三武"中,比较与孙武亲近,张振武则和黎最先闹翻。他在汉阳之战后,即在上海负责购买枪支、弹药和服装,这期间两人极不愉快,主因是张振武所购的军用品,黎认为多数不合用,这可以从他们往来的电报中见其端倪。

民国元年1月27日张振武自上海电黎:"现到机关枪七生点五日本速射炮弹均全,商请邵保拨款,渠不承认。请速另汇85000两,找价免延认罚。哈喇呢雨衣已订万套,价5万两,十日内两交,亦祈汇款。"29日黎复张电:"所购到鄂之枪,已经试验,均系废枪,不能适用,尚须速向该厂严重交涉退换。又据来电所购枪炮子弹均已到沪,须汇款5万元,但不知所购之炮弹机关枪及该枪子弹各若干?已付银若干?祈分别电复,即将所购之枪炮子弹全数运鄂,试验后,如能合用,再行交款,庶免受欺。"

2月5日张自上海电黎:"枪弹验讫,因找价未清,致不能就江裕轮运上,此后沪船又须一律运兵往浦口烟台各处,未便借用;查快利在鄂,请速饬来沪制造局接运。"同日黎复张:"所购之机关枪果能适用,须径运鄂，照价给款，无须通融借给。前所购之枪业已试验，内有坏枪三分之一，缺刺刀者三分之二，子弹因年久药性失效，不能用者三分之一，似此虚靡公款，咎将谁归？须将经手各事清理完结，迅速返鄂为要。"2月6日张振武、陈宏诰联合电黎："洋商固执，不允运鄂找价，并将货物搬至岸上不交，立望电汇5万两，庶可早归，否则迁延枉费，不堪设想。至前购之枪，系丁复亲验无讹，缺失之处，应询丁君。此次枪弹由武验看，确系全新，运鄂如有不符，武负完全责任。"2月7日黎电张："电悉，足下购办军械，经手甚巨，仅据清册，恐难明晰，现正派员来沪接洽，务将所购军械全数交清后再行北上为盼。"2月9日张复电："电悉，武所购枪械、军衣、银照、杂件造具清册，并交陈宏诰等解回。枪械因所欠余款由谭人凤君交出，已分一半，作为救烟（烟台）扫北（北方）之用。现两方面物件均已下船启行，可毋庸派员来申。"11日陈宏诰电黎："沪上购取衣物、器械及清册，振武已交宏诰运回，今日开轮，途中因两次停轮，约7日方能到鄂，雨电拟派员来，请免。振武订明日起程。"12日黎复陈宏诰电："电悉，现南北联合，烟台已无战事，张振武所购衣物器械，望全数运鄂为要。"

从上面这些零碎的往来电报中，可以看出张振武是个桀骜不听命令的人，他经手买的军火是否真如黎电报中所说的那样不合用，还没有证据，不过他敢于随便把所购军火分一半自己要去救烟台扫北方，则太任性了。

黎的密电

张振武应召入京后，袁世凯派他为蒙古调查员，他未置可否，便再度回到武汉。黎元洪对张本有疑忌，好容易调虎离山，把他送到北京，他竟又折返，可见张对武汉是有野心的，因此，更加猜嫌。这时，全国各地由于欠饷和裁兵，游勇无归，所在谋变，此起彼伏，如驻宁的赣军，苏州的先锋营，滦州的淮军马队，洛阳的清军，芜湖的庐军，暨通县、滁州、浦口、景德镇各地的驻军，以及奉天、山东、安徽各省会的防兵，均陆续哗变，幸立即剿抚，才告平定。湖北为革命首义之地，喜动恶静，辛亥革命有功官兵，部分恃功而骄，甚难节制，如襄阳府司令张国基不服编遣，擅杀调查专员；祝制六、江光国、滕亚纲以改革政治为号召，企图推翻湖北军政府。此外武昌起义著名的楚望台军械所守兵亦发生兵变，在这次兵变中，据说黎元洪查到主谋人是张振武和湖北将校团团长方维。

当张振武由北京折返武汉时，黎元洪怕他真的在武汉有所行动，又不愿明目张胆对付他，乃邀请湖北籍的参议员刘成禺和郑万瞻由北京返鄂，表面的理由是调停孙武和张振武的嫌怨。孙武因为亲黎，所以和张水火不容。刘成禺等返鄂后，杯酒言欢，孙、张遂重归于好。这时袁世凯聘张为总统府顾问；黎元洪劝张入京就职，张亦慨然允诺，束装启程，于民国元年8月8日抵达北京，同行有武昌将校方维等13人，及随从仆役30余人。刘成禺、郑万瞻、罗虔等亦于第二天由鄂抵京。8月11日孙武也抵达北京，鄂省革命要人于是冠盖京华。在张振武来说，似已决心结束鄂省野心了，可是他做梦也没有想到他的大祸已在眉睫。

就在8月13日，黎元洪自武昌给袁世凯一封密电："张振武以小学教员赞同革命，起义以后充当军务司副长，颇为有功，乃怙权结党，桀骜自恣；赴沪购枪，吞蚀巨款。当武昌二次蠢动之时，人心惶惶，振武暗煽将校团，乘机思逞，幸该团员深明大义，不为所惑，元洪念其前劳，屡予优容，终不悔改，因劝以调查边务，规划远谟，于是，大总统有蒙古调查员之命。振武抵京后，复要求发巨款设专局，一言未途，潜行归鄂，飞扬跋扈，可见一斑。近更蛊惑军士，勾结土匪，破坏共和，昌谋不轨，狼子野心愈接愈厉。冒政党之名义以遂其影射之谋，借报馆之揄扬以掩其凶横之迹，排解之使困于道途，防御之士疲于昼夜，风声鹤唳，一夕数惊。赖将士忠诚，侦探敏捷，机关悉破，弭患无形。吾鄂人民胥拜天赐，然余孽虽歼，元憝未殄，当国家未定之秋，固不堪种瓜再摘；以枭獍习成之性，又岂能迁地为良。元洪爱既不能，忍又不敢，回肠荡气，仁智俱穷。伏乞将张振武立予正法，其随行方维系属同恶相济，并乞一律处决，以昭炯戒。此外随行诸人，有勇知方，素为元洪所深信，如愿归籍者，请就近酌发川资，俾归乡里，用示劝善罚淫之意。至振武虽伏国典，前功故不可没，所部概属无辜，元洪当经纪其丧，抚恤其家，安置其徒众，绝不敢株累一人，皇天后土，实闻此言。元洪藐然一身，托于诸将士之上，阗闻尸位，抚驭无才，致起义健儿变为罪首，言之赧颜，思之雪涕，独行踽踽，此恨绵绵，更乞予以处分，以谢张振武九泉之灵。尤为感祷！临颖悲痛，不尽欲言。"

张振武被杀

8月13日晚上，袁世凯收到黎元洪密电时，即亲取保险柜钥匙找密电本，当时不知密电内容所述何事，不巧这天开保险柜钥匙老开不开。这个保险柜只有袁本人和梁士诒有钥匙，可以开启，袁乃请梁帮助开柜，取到密码本，自行译校。译毕阅后，神色紧张，立命梁通知赵秉钧、冯国璋、段祺瑞、段芝贵四人来府，秘密商量对黎电如何处理？对张振武是否下手？梁士诒主张再去一电询黎，是否确属黎本人意思。15日得武昌复电，据称13日电确属黎本人主意，于是袁世凯才决定逮捕张、方两人，立予正法。其命令云："查张振武既经立功于前，自应始终策励，以成全之，乃披阅黎副总统电陈各节，竟初心，反对建设，破坏共和，以及方维同恶相济，本大总统一再思维，诚如副总统所谓爱既不能，忍又不可，若事容忍，何以慰烈士之灵魂？不得已即着步军统领、军政执法处总长遵照办理。"在此令中末句"遵照办理"，办理之事，就是黎所请求将张、方二人正法，袁这一句伏笔表示杀张、方二人只是应黎之请也。

所有这些密电往来，张振武当然做梦也想不到。他8月14日还在北京德昌饭店请客，大宴同盟会和共和党的要角，在酒宴中还发表演说，调和党见。

8月15日晚6时，王天纵宴集北方军人及湖南来京将校，张振武赴宴后，更在当晚8时偕湖北将校自做主人，宴请北洋重要将领于六国饭店，姜桂题、段芝贵等均在座。这时候段已奉到处决张等的密令，一席未终，段先云有小事告辞，其余客人也纷纷退席，主人则不知已大祸临头。

北京的六国饭店，是位在东交民巷，由东交民巷至前门之西，正在翻修马路，所以改道由大清门绕棋盘街作为临时便道。张振武离开六国饭店约在当晚10时，当时代步还没有汽车，完全是乘的马车。由六国饭店出来一共三辆马车，张的老表前江西协统冯君马车在前，张的马车居中，湖北参议员时功玖的马车殿后。冯等马车驰至大清门栅栏，两旁已埋伏了绊马索缠住马蹄，于是伏兵四起，首先把冯缚了，冯问为了什么事？有一军人问："你是不是姓张。"冯说："我不姓张，我姓冯。"军官乃连说错了错了，即令士兵解冯之绳，而冯已受微伤。原来冯与张均长身中瘦，有点相似。接着张振武马车亦抵栅门门前，栅门已闭，一阵喧哗，有指挥刀斫马车玻璃声，于是张被拖下车，五花大绑，随从和车夫也被拘拿。张被捕后即用大车解送西单牌楼玉皇阁军政执法处。这时前门以东至小沙土园一带均戒严，押解行列共大车三辆，马步军数十名持枪露刀，军队先将行人驱散，其后则有民装数十人，两人一排，尾随其后，沿路铺户皆熄灯灭火，如临大敌。

张振武在大前门栅栏处被捕是晚上10时，而方维的被捕则比张早一小时，方维系在其住所金台馆被捕，有百余名游缉队将金台馆包围，附近戒严，方就逮后，所有随张由湖北来的人均被暂时看管，不准出入。

张、方先后被押至玉皇阁军政执法处，处长陆建章亲自出见，解缚对语，彼此先还说一两句寒暄语，张很生气，见自己的马车夫亦被缚，乃对陆说：我不知我为何被捕，我的马车夫与我毫无关系，应该先释放。陆立即令副官释放。然后张向陆要纸笔，写了一封短柬给前鄂军第四镇统制、当时在北京与袁颇接近的邓玉麟，函中略云：弟忽被大总统之军队所缚，不知是死是活，请兄为我分明，身边未有分文，请兄为我设法。信末并请邓照顾其随从人员及家属。信写好后请陆派人送，陆也立即交人送至十二条胡同邓寓。张其后发觉一部分家人也被缚，乃告陆说：我的家人请开释。陆也应允，立即将其家人释放。这些被释的人都由车子送到很远的地方才释放。

这时张振武乃问陆建章说："我们究竟犯了什么罪？你根据什么法律

逮捕我们？"陆微笑着把黎元洪的来电给张看，张看完气得脸都红了，大声地说，胡说！胡说！陆又把袁世凯的命令给张看，张看了愤慨地说："死吧！看你们能横行多久。"随手把命令交给方维，方看了也愤然地说："死好了！"这时已子夜一时，陆挥手示意，执刑的人乃上前，张不许捆绑，乃挺身受枪，张振武中两枪，一枪中腹肚，一枪中肩，一代英豪，开国元勋，就这样不明不白地死了。方维亦受了两枪而死。

另外张的老表冯君和时功玖在大清门遇事后，立即赶至石桥别业的共和党总部，遍告大众，大众均骇。时功玖又赶赴东城邀集孙武、邓玉麟等同往玉皇阁军政执法处，这时已午夜3点钟了，处长陆建章已入睡，孙、邓、时等力促传达请陆出见，陆满脸睡容出现，孙、邓、时等均向陆责问：张犯了何罪？为何采取这种手段对付开国元勋？邓玉麟则表示先把张、方两人保释，有罪的话可循法律途径解决。陆建章把他的话打断说："各位不必白忙了，张、方两君已经服刑了。"说着便从身上取出袁世凯的处决令，同时说："这命令是由段总长交来，还有陆军部的部员前来监视行刑，我只是奉令行事，各位的责备，我无话好讲。请原谅！"孙武、邓玉麟、时功玖听到这个噩耗几乎跳了起来，眼泪夺眶而出，大家悲痛而愤懑。陆建章请他们用茶，请他们休息，他们完全不理，带着愤怒和眼泪冲出了玉皇阁。时功玖恨恨地说："这是冤狱，我们要替振武报仇，要报仇！"

张振武被杀事件，使湖北旅京人士大为激动，张服刑的当天清早8时，孙武、邓玉麟、刘成禺、张伯烈、张大听、哈汉章、时功玖等同赴总统府质问，袁世凯亲自出见，他说：这件事我很抱歉，但经过情形诸君当已明了，我是根据黎副总统的来电办理，我明知道对不住湖北人，天下人必会骂我，但我无法能救他的命。袁的语气把这事完全推到黎身上，孙武等也知道这是黎的主意，所以只好愤愤退出总统府，前往长椿寺。原来张、方两人服刑后，陆建章即命人将二人尸首送至长椿寺停灵，且为他们买了上好的棺木。孙武等抵达长椿寺，抚棺大恸，痛悼逾恒，祭毕复往金台馆抚慰张的家属，商量治丧事宜。然后至哈汉章家会议，当场决定三项步骤：（一）致电黎元洪质问；（二）以军令中有陆军总长段祺瑞署名，故拟弹劾段；（三）湖北同乡提出质问书，公开质问张案。

湖北将校随张振武来京的有：吴兆麟、黎天才、唐牺支、何锡蕃、冯嗣鸿、马祖全、刘绳五、熊秉坤、张厚德、童序鹏十位，他们于16日清晨的快车返鄂，故启程时不知张振武已遭惨祸。还有未离京的随从人员，则由邓玉麟、孙武等妥为安插。

袁世凯在16日宣布以大将的军礼葬张振武，并且以3000元为赙仪。

同日北京陆军部电复黎元洪："奉大总统令：真电悉，张振武起义有功，固当曲予优容，宽其小眚；乃复蛊惑军士，勾结土匪，破坏共和，昌言不轨，实属扰乱大局，为民国之公敌。踌躇再三，未便加以宽典，留此元憝，贻害地方，已饬步军统领，军政执法处将张振武并同恶共济之方维查拿，即按军法惩办。此外随行诸人，已饬酌给川资，俾归乡里，以免株连，副总统为保全治安起见，自有万不得已之苦衷，防微杜渐，为民除害，足以昭示天下，所请处分，应毋庸议。等因，相应奉达。"

张有一位如夫人随同来京，张死的第二天，张的好友黄祯祥陪张太太赶至长椿寺哭灵，黄坚欲开棺验视，守卫兵丁不许，黄和张太太俱大哭大叫，黄且拔刀欲斫，士兵无奈只好开棺。黄乃驰出雇请骡马市大街三义泰照相店来拍摄张振武的遗照。

孙武因为和张有旧怨，此次张来京即被杀，外间人颇疑孙参与其事。而刘成禺、郑万瞻、罗虔等本系应黎邀请返鄂调和张孙交恶事，且是劝张来京者，张案发后，刘等怕背卖友之名，所以尤其愤慨。至于同盟会对于这一个政治血案自不能熟视无睹，因此由黄兴放了第一炮，通电谴责政府用不正当的手段擅杀有功人员。接着是孙武和蒋翊武跑去见袁，要求给他们"免死券"，同时呈请辞去总统府顾问职。19日参议院开会，议员提出质问，要求政府把张、方二人的谋反证据拿出来。刘成禺首先要求说明，议长制止，认为质问不必说明，刘则为今日之事不比寻常质问，于是痛快淋漓的来一篇激烈演说，张伯烈更继之以号啕大哭，全院震动，议院内外方知张案的严重，非旦夕可了。这一天的质问，作了一个结论，就是通知陆军总长段祺瑞，应于第二天（8月20日）前来出席报告张案的经过。

陆徵祥当总理既受到参议院的轻视，几经艰难才勉强同意其内阁名单，不料就任不到一个月，就发生了杀张振武案，搞得满天雷雨。陆在杀张时恰巧因病入驻法国医院，而杀张振武是袁世凯用的军令，这又发生一个新问题，临时约法上没有言明，大总统的军令要不要国务总理副署。前国务总理唐绍仪就是因为袁世凯发布人事命令不交唐副署而辞职，那是袁世凯违反约法，可是这次袁世凯是用军令，交由陆军部总长段祺瑞执行，究竟算不算违反约法呢？参议院既然大吵大闹，国务总理总不能装聋作哑。陆徵祥在参议院不同意其内阁名单时，就要求辞职，经袁一再慰留，张案发生后，陆在法国医院中便正式拟请辞职，第一个是请假单，拟请病假五日，第二个是辞呈，要求在五日假满后准予辞职。结果陆的秘书长只替他递请假单，没有替他递辞呈，袁世凯也表示不许陆徵祥辞职。

8月20日参议院再开会讨论张案，袁的政府发表第一次答辩书，很含糊地说：此事关系重大，系根据黎副总统密电处理，其所牵涉的人和所牵涉的事都极重大，非仅关系湖北治乱，而且关系全国的安危，还有军事秘密云云。在这件答辩书上，袁只强调黎所据报张的叛变罪行重大，可是又拟就第二次答辩书，大致谓：前咨商令黎副总统择其可发表者发表之，今黎电未到，所以无详细资料发表。纵令国务员列席报告，其所能发表者，亦只如前次答辩书一样，本大总统为尊重立法机关，不敢敷衍搪塞，故仍请贵院俟黎副总统复电到达后再行答复云云。

参议院对政府的第一份答辩极为不满，其愤慨程度比先一天尤甚，最后决定是由议会作一决定，催促陆军总长于8月21日出席参议院报告张案经过。

21日早，段祺瑞到总统府向袁世凯请示自己出不出席问题，袁没有意见，要段决定。段口里说：我去，我不怕！后又左思右想，决定不去。袁世凯乃改派法制局局长施愚持第二次答辩书到参议院。施一登场，立即被轰，刘成禺站起来痛骂施，刘说你是法制局局长，你说说看，杀张是根据什么法律？你们简直是强盗！施被骂后只好把答辩书交出后即退席。

参议院经过两次质问，袁政府提出两次答辩，参议院认为完全不能满意，于是决定提出弹劾案。8月22日举行谈话会，议院中分为两派，一派主张弹劾必须弹劾政府全体，始合连带责任；一派主张只弹劾陆徵祥和段祺瑞。

8月21日下午4时，袁世凯邀湖北议员刘成禺等四议员前往密谈，袁仍强调张案的发生是起于湖北，完全依照黎元洪的意思办理的云云。

黎落入了圈套

在民国成立的那时候，举国公认有四个重要的大人物，顺序排下来是孙文、袁世凯、黄兴、黎元洪。孙总理首创革命，功成不居，万民景仰，不过守旧派觉得孙总理的议论太远太高，他们还无法接受，所以有人便冠以孙大炮。袁世凯有实力，有办法，守旧的觉得他太离谱，新派觉得他勉强还能合作。黄兴被认为是革命的实行家，懂得组织和军事。至于黎元洪，他既不新亦不旧，可是他以做人成功见长，当时的舆论都称赞他是稳健派，是忠厚长者，他为人和蔼可亲，谦虚诚恳，没有官威，章太炎见了什么人都要骂两句，却对黎元洪极称赞，在他描绘下的黎是一个朴素而果毅的杰出人物。

"黎公年49，体干肥硕，言辞简明。秘书、参议衣服不华，每日至黎公座次关白文件，一席之间八九人，皆执连柄蒲葵扇，黎公亦时握焉。其所着西装制服，以粗夏布为之，自大都督以至州县科员，皆月支薪20元。"

民国成立后选举正式大总统，黎有一封预辞大总统的电文，他说："沉机默运，智勇深沉，洪不如袁项城；明测事机，襟怀恬旷，洪不如孙中山；坚苦卓绝，一意孤行，洪不如黄善化。"很多人对他的这个电文鼓掌，认为他谦虚得恰当。

当时黎是以北洋派和同盟会以外的第三者地位，据有武汉顾盼自雄，他的文胆饶汉祥时时替他撰写许多骈体文的电报和文章。民国初年大家都有发通电的瘾，动不动就来一个几千字的通电，而黎的通电最酸最文，但黎能迎合当时一般人心，适时虽已民国成立，但各省军阀还有争城夺地的局部战争，有些省区还招兵买马，杀气腾腾，人心对此甚为反感，而黎这时经常发出许多迎合人心厌孔的骈文长电，如"吁请息争以苏民困"之类，这些电文不问谁是谁非，也不提出具体的仲裁意见和解决纠纷的办法，而只是堆砌些四六排联的字句。每遇时局严重，他必有什么"三危""四亡""五哭""十害"的长电，最后必是"垂涕而道""泥首以请"。当时的人们并不研究电文内容和具体主张，只觉得黎是个好人，不愿流血和纷乱，文章又好；其实饶汉祥堆砌的大块骈文，多数人根本就看不懂。

袁世凯发觉黎元洪欢喜沽名钓誉，因此凡是黎来电他必回，且用"苦口婆心""仁人之言""实获我心""永拜嘉言"之类的字眼来奉承黎。而君主立宪派正需要捧一个出面的领袖，他们认为黎最合条件，是开国元勋，却不是革命党，正好捧他出来，黎也半推半就地走上北洋派和同盟会以外的第三势力。袁懂得运用，所以极力拉拢黎，革命党方面却不来这套，多数革命党领袖都瞧不起黎，使黎在两大之间选择时，逐渐的倾向袁世凯。到张振武案发生后，黎便完全落入袁的手掌中。

张振武案是袁、黎两人的首次交手，黎本意移祸江东，请袁杀张，自己不必蒙杀张之名，可是出乎他的意外，袁并不替他保守秘密，在宣布张、方两人罪状时，把黎的密电一字不漏地录了进去，袁的意思很明白："你想借刀杀人，我就把一切罪名都卸在你的头上。"并且："国人都以为我老袁是一代枭雄，现在请你们看看这位仁厚长者黎元洪吧！他的毒辣手段亦不在枭雄之下。"黎对这事无法抵赖，因为袁接了黎的密电后，还复电询问是真是假，黎回电承认是真，袁才执行的。

袁这么做实在很高明，因为这样一来，黎和同盟会的关系便趋于恶化，因此便把黎糊里糊涂的逼到北洋派来了。

黎发表张振武罪状时，虽然深自引咎。但国人大多数是不谅解的，他那电文中，先历数张振武的十五项大罪，其中除了"购买枪械浮用滥报"和"勾串逆党密谋起事"两项看起来比较严重以外，其余的都是些芝麻绿豆大的琐事，如：广纳良女为妾；每至都督府，枪皆实弹；枪迫商会勒银充饷等等。电文接着又解释非杀张振武"不获已者三"，反复申说必须断然杀张的理由。最后又是一套"洪罪三也"，来个"猫哭老鼠假慈悲"一番。在洋洋两千多字的电文结束时，黎又施出了他一贯使用的撒手锏来——他又要"退避贤路"了。他说：

"溯自起义以来，戎马仓皇，军书旁午，忘餐辍寝，忽忽半年，南北争议，亲历危机，蒙藏凶顽，频惊噩耗。重以骄兵四起，伏莽兹潜，内谨防闲，外图排解；戒严之令，至再至三。朽索奔驹，幸逾绝险，积劳成疾，咯血盈升，俯仰世间，了无生趣，秋荼向甘，冻雀犹乐，顾瞻前路，如陷深渊，自时厥后，定当退避贤路，柠待严谴。倘肯矜其微劳，保此迟暮，穷山绝海，尚可栖迟，汉水不渊，方城无缺，虽死之日，犹生之年，世有鬼神，或容依庇，下世之日，庶知之心。"

黎除了自罪电而外，仍做出一副忠厚长者的态度处理张振武身后事，他给张的儿子2000元作为进京路费，饬军务司每月给张家抚恤金30元，至张子能自立时为止。张家拟拒不接受，张弟振亚怕因此抓破了黎的脸，乃代为接受。

其后张振武的灵柩抵鄂时，黎果然派大员迎接，并在抱冰堂举行追悼大会。黎挽张联作得很好：

"为国家缔造艰难，功首罪魁，后世自有定论；

幸天地监临上下，私情公谊，此心毋负故人。"

在这一幕戏中，黎元洪在前半段扮演了"挥泪斩马谡"，后半段扮演了"吊周公瑾"。不管他如何努力于做工和唱工，但他仁厚长者的令名却大大地打了折扣。他知道是上了袁的当，却又哑巴吃黄连，说不出苦来，他开始觉得自己不是袁的对手，第一回合便遭惨败，而参议院对他又极不见谅，于是他只好引咎辞职。

余波荡漾

黎元洪鉴于南北舆情对他不利，深知上了袁的大当，可是又说不出

187

口，尤以参议院方面天天吵闹，很给他下不了台，他于是只好宣布辞职，并举黄兴以自代。不过这当然是一个姿态，黄兴自从汉阳一战，和武昌方面的人处得非常之坏，所以举黄兴为湖北都督，黄既不会来，武汉方面也一定大为反对，这等于是"多此一举"。

果然，黎的辞职电一发出，便有湖北全体士民名义发出通电"痛责参议院并请坚留黎公"。

湖北军界亦像接力赛一样替黎撑场，他们给参议院的"诘责函"措辞极为凌厉，竟有：

"同人隶属军界，严守法律，当不敢干预政治。自起义以来，无论贵议院如何昏聩，如何荒谬，非属军事概不发言。但天下兴亡，匹夫有责，此次振武本以军人判决军法，为民除害，职分应然。同人粗鲁武夫，但知有国不知有其他，贵议员如必欲弹劾，请将梗电所驳各款，限于电到24点钟内逐一答复，同人如有一字之误，刀锯斧钺悉加同人，贵议员如有一字之诬，刀锯斧钺亦必当有受之者。不然，贵议员无理取闹，借端复仇，是欲因个人密切关系陷我国于危地。同人具有天良，不能容振武余党，靦然为吾鄂代表，无怪同人严重对待也，相见不远，当其勖哉！"

这段文字，简直是杀气腾腾，拔刀行凶之状跃然纸上，全文是想把杀张振武的罪担承下来，而替黎元洪洗脱，可是黎的密电在袁手中，袁拿了这封电报就等于拿了黎的自白书，用不着鄂人叫嚣，他根本不会准黎辞职，他只是要拉黎倒向自己这一边去对付同盟会。

张振武案在扩大时，黄兴介入了，开始是黄主动的因张案向袁抗议，其后则是传说黄和张有勾结，在张行刑前搜到了证据。

在张案发生前，黄本拟随孙总理一同应袁世凯之邀入京，正在筹备时，张案发生了，黄认为张是革命党，袁竟任意诛戮首义之人，是可忍孰不可忍，于是接连致电袁世凯严词诘责。

由于黄一再为张案向袁抗议，袁很感不安，因此他便想出一条毒计来打击黄，伪造张振武被杀前写给黄兴的一封未发的信，信上有这样一句话："承嘱杀元洪事，已布置周密。"他用这个伪证打击黄，使黄处于嫌疑地位，失去为张案发言的力量。北方的袁系报纸也推波助澜，绘声绘影地说黄曾在月中去汉，部署杀黎元洪。黄得悉自己卷入了张案内，极为气愤，乃于8月27日电请袁世凯对此事件勿徇勿隐，彻底查办，并严正表明："如兴果与张案有涉，甘受法庭裁判，如或由小人从中诬陷入罪，亦请按反坐律究办。"同盟会会员于右任、姚雨平、胡瑛、陈陶怡等均愤愤不已，致电袁氏要求："特派公正专员彻查严究"，词意极为愤慨。

孙总理应袁邀北上时经过天津，有一个任北京总统府秘书却和孙总理认识的人去晋见，向孙总理泄露了袁准备陷害黄兴的密谋，孙总理打电报把这个密谋通知了黄，黄又立刻去电质问袁。袁否认有其事，亦否认总统府有这位秘书。且在电文中对黄大加推崇："克强先生奔走国事数十年，共和告成，亟谋统一，取消留守，功成身退，日夜望中央政府臻于巩固，使中华民国不复动摇，其光明磊落，一片血诚，中外皆知，人天同感。"

尽管参议会和同盟会理直气壮的吵闹，终因袁世凯的推脱搪塞，和黎元洪的撒娇使赖，这一开国时期的第一件冤案终于在时间的消磨下而趋于不了了之。

（转载、摘录自台湾天一出版社《黎元洪传记资料》）

讨袁中的黎元洪

温楚珩

宋教仁在上海车站被刺身死，此即癸丑讨袁之导火线。时黎元洪倾心袁逆，讨袁力量自非另行组织不可，乃袭辛亥故智，先从军队入手，以运动各部队官长为对象。其时袁逆恶迹尚未大彰，全国人心又已厌乱，与辛亥革命以前革命条件大不相同，各部队官长为保全职位计，外表赞同，内实观望。虽然二次革命声浪异常紧张，但事实上等于赤手空拳。黎氏深知此种情况，所以开门揖盗，请求北军入境镇压革命；并侦骑四出，捕杀嫌疑党人。文学社同志在此一役，被杀者甚多，从祝制六、江光国、滕亚光杀起，共不下2000余人，可谓惨矣。

黎氏敢于悍然如此者，尚有另外一个特殊原因，即汤化龙、胡瑞霖、饶汉祥、孙发绪等以及一般立宪派官僚政客为其导演人；更收买少数蜕化变节党人，助纣为虐，如由伙夫而当师长之蔡汉卿，竟向黎氏大言，请给予40把大刀，定将党人杀尽。其毫无心肝，一至于是。黎又向英领事交涉，封闭汉口国民党交通部，适季雨霖的参谋长侯吉三与其亲戚二人在交通部住宿，同被捕去；次早三人即被砍头示众，参谋团总机关乃移于日军驻汉司令部内。原定1913年7月23日夜中举事，派人密令驻扎岳口之章裕昆同志，即日率其所部一营顺流而下，袭取汉阳。同时，上海派宁调元、江西派熊越山同志赶到参加。届期省城各部队寂然未动；间有少数发动，又被及时破获，镇压下去，牺牲很多忠实同志。如汉口附近铁路沿线驻有军队一团，由钟仲衡同志负责，当夜亲往主持发动，竟被该团团长杀戮；又如新改第三师师长王安澜，驻安陆，本有接洽，王佯为应许，并派代表来汉，参谋团临时派其嫡亲表弟（或云妹丈）张南星同志前往催促之，亦被悍然枪决。章裕昆同志奉命后，即日宣布独立，因参谋团已告失败，章以孤立，只得只身逃避。

宁调元认为参谋团徒托空言，在日军司令部俟至天晓，绝望欲去，温楚珩再三婉劝，不可外出，宁不听，竟回其所寓德界富贵旅馆。侦探逐踪而至，与熊越山同被逮捕，引渡武昌。赣督李烈钧闻讯，欲以所获黎元洪高等间谍汤显隽、余大鸿二人互相交换，各省当局要人亦多来电保释，黎恨党人入骨，竟不顾，杀之[1]。宁、熊皆同盟会中坚分子，文学优长，世人莫不痛惜。黎之阴险狠毒，有如此者，其罪恶尚复何言，同时，黎早悉日军司令部内匿有参谋团同志多人，久欲得而甘心，乃设宴招请日司令官与仓上校，示以侦探报告。与仓无词以答，只得假意请其派员到部视察，当夜则亲率日兵二三百人，使党人混杂其中，以军用小舰由日界送登岳阳丸轮船，直驶上海，沿途经过九江、南京等地，均未停泊。此行有詹大悲、吴醒汉、潘康时、蔡济民、季雨霖、王志刚诸人；蒋翊武、杨王鹏、钟畸则送登日船沙市轮返湘[2]。温楚珩、夏述唐留办善后，乃伪装日本兵，以帕蒙首卧于床

---

[1] 宁、熊被捕，黎元洪致北京政府及各省电云："查宁、熊二人同寓汉德租界日本人所开富贵馆内，由交涉员军警会同德捕前往缉拿。"电文强调"拥护共和，铲除乱党"，实则为袁扫清道路。

[2] 蔡元洪电云："其匪首詹大悲等十余犯，由日本人保护乘岳阳丸下驶。因有洋兵数人保护，船主不允捕拿。其余要犯亦均四处逃窜。"

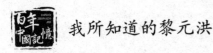

上，视察员来时竟被瞒过。《民国日报》诸同志亦随岳阳丸东下①，《震旦报》诸同志则纷纷逃返本县。未几，夏述唐赴沪，温楚珩赴湘。

温楚珩到湘后，偕杨王鹏、钟畸谒都督谭延闿。谭出示袁、黎通电②，悬赏5000元缉拿杨、钟、温三人。谭谓："以现势而论，湖南能否宣布独立尚难肯定，但大势已与革命非常不利，君等年纪尚轻，我拟各给5万元，任便赴日、赴欧留学，以备他日为国效力。"杨等则坚请谭氏必须立刻独立，以为各省之倡。谭犹豫不决。

（摘自《辛亥革命实践记》，湖北政协供稿）

---

① 《民国日报》同人被捕后，法领事拒绝引渡，由日本《万朝报》己者中久喜信周代购日轮岳阳丸票离汉，抵沪见黄兴，时上海传言被捕诸人已遭杀害，故黄大喜过望。第三日黄即在南京宣布独立，时为1913年7月15日，则《民国日报》同人抵沪之期，应在7月13日。

② 袁世凯通缉令略云："据兼任湖北、江西都督黎元洪电陈乱党扰鄂情形，并请通缉各要犯归案讯办等语。除宁谓元、熊越山、曾毅、杨瑞麈（即杨端六）、成希禹、周览已在汉口租界拘留外，其在逃之夏述堂、王之光、季良轩、钟勖庄、温楚珩、杨王鹏、赵鹏飞、彭养光、詹大悲、邹水成、张秉文、彭临九等犯，务获解究，以彰国法而遏乱萌。"袁、蔡勾结摧残革命，于此可见。

改进团的成立、活动及失败原因

熊秉坤

　　1911年12月（辛亥十月），阳夏战争接近尾声。斯时黄克强先生已离汉，我革命军队内部情况日益复杂，争权夺利，层出不穷。有的革命党人革命意志薄弱，甘心为人利用，只图升官发财。极力施展个人野心。但其中当然也还有一部分革命党人意志是坚定的，在革命中表现了不屈不挠的气概和勇往直前的干劲。这一阶段的情况是：革命党的实权落在黎元洪个人野心家手里，他进一步具备了篡夺革命果实的条件，如：徐镇坤成立独立旅；傅楚材成立马队旅；高尚志成立宪兵旅；王安澜由先锋队成立先锋军；谢石钦、苏成章等成立各部总稽查；胡杰三成立兵站总监部；刘丰同、马云卿成立北伐左军，黄申芗、赵均腾推倒孙武与邓炳三，总司令部被迫辞散。谭人凤乘机出任武昌防御使兼北方招讨使，不三天，即辞职。自此以后，革命的领导权，在他们阴谋的篡夺下，日益削弱。最后大权完全落在都督府，一切唯都督府是从，都督府秘书长杨玉如因而被迫辞职，改任饶汉祥。当黎元洪通电倡议实行军民分治时，刘心源掌民政。

　　1913年3月20日，宋教仁（字遁初）在上海被刺，越日殁于沪上，全国人民惊痛。自此反袁之气氛日炽，革命党人尤为激烈。湖北乃首义之区，对袁世凯这一可耻行为，极为不满。黎元洪知宋教仁之死，为袁世凯阴谋陷害，暗中自然称意；表面上为了应付湖北革命党人，只好施其两面手法故技，企图敷衍一番，仅去电上海陈英士探询一般情况了事。似此作为，引起湖北革命党人极度不满。斯时，田梓琴（即田桐）由上海带来黄克强先生手书。黄先生的手书是给季雨霖、熊秉坤、蔡济民、蒋翊武、蔡汉卿等写的，略谓："遁初惨遭狙击，经据凶手具吐实情，令人骇怒。吾党同志，各当振奋精神，仍须继续努力。此间情况，由梓琴兄面述，并盼兄等与其详商种切"等等，田桐到汉口的第二天，由季雨霖出面召集诸同志，在武昌县华林第八师留守处会议。当时在座的有詹大悲、熊秉坤、管汉礁（字心源，代表曾尚武）、杨庶武（代表蔡汉卿）。蔡济民与蒋翊武因不在汉口故未参加。座谈前，由梓琴将黄先生来信传阅，并简申来意，当时群情激愤，有的主张即时发展组织；有的又说，即时发展组织，容易暴露机密，妨碍行动。我提出最好的办法是先用宴会方式联络各方面，以言语暗中打动，同时利用季雨霖的一团人（团长李荣升，该团驻扎都督府附近，直接归黎元洪调遣）和都督府的60名校尉队（因其大部分为工程营调去的），通过召开军事会议，劫持黎元洪，铲除顽固派，并宣布彼等造反，破坏革命；这样我们便从中取得实权，更利于以后行动。与会者多数赞同，当推季雨霖为领导。可惜参加这次有历史意义的秘密会议者，人数过少，有的不在汉口，有的仅派代表到会，虽有决定，不能立即贯彻执行，只好推迟以后再行商议。事隔数日，季雨霖、熊秉坤等按照原订计划，联络各方面，举行宴会。曾尚武也跟着请了客。另由季雨霖、田梓琴在汉南旅馆宴请了各部队团长以上及宪兵司令部营长以上的约50人；宴后，一部分人作了秘密商议，决定组成改进团，暂推季雨霖为团长。遵照黄克强先生的意见，改进团的目的是：改进湖北军政，继续努力进行革命事业。由季指派郭寄生、管心源、陈重民、丁景良、范汉民、李亚东、朱汉涛、毛凤池、吴无为等负责事务，设机关于碧秀里；复派容景芳、管心源、王神斧等专负其责。此时，有一部分被黎元洪淘汰的下级官佐，及资州反正的教导团人员，闻此消息，纷纷前来接洽。同时，又忽讹传有改进团票布出现，省城内外，风声甚高，各部队皆已动摇。黎元洪深感惶恐，连日部署查究。

5月17日（四月初一日），袁世凯为笼络、分化革命力量，派其侍从武官余大鸿来汉，举行鄂中有功于革命的官长授勋典礼，我被授勋五位。

5月20日（四月初四日），黎元洪乘容景芳等在汉口如寿里宴客之时，派人逮捕了在座人员；同时破获碧秀里秘密机关，捕去第五混成协参谋长罗炳顺、军需官彭正绥、第六旅旅长杜武库（以上诸人，系牵连在内，不久交保开释），以及各部队的团长管心源、王子英、王神斧等。旋即宣布紧急戒严，一面派亲信部队监视其他部队行动，并解散革命党人李荣升所领导的一团；一面下令缉拿首要。

5月23日（四月初七日），黎下令悬赏通缉季雨霖、熊秉坤、曾尚武，并褫夺其官职勋位。告示曰："能生获季雨霖赏银10万；生获熊秉坤、曾尚武各赏银5万。"季等先我离开汉口，我在云梦防区得此消息，于27日（十一日）深夜11时承一刘姓铁路工人的帮助，赶乘货车。由孝感潜回武汉。事发前，黎元洪预派其亲信黎天才的一师、王安澜的一旅，进驻云梦、孝感防区，准备围剿我部。但因我已离开部队，第五混成协旋被给资遣散。我到汉口后，见着詹大悲，他劝我去江西李烈钧处暂避。到江西会见李烈钧，他嘱我绘制鄂东地形图一份，以备作战之用。我派张甘泉等完成这一任务。

自汉口碧秀里改进团机关破坏以后，黎元洪对革命党人及革命的武力竭力摧残，嚣张之气，无可遏制。湘、赣、皖、粤等省都督谭延闿、李烈钧、柏文蔚、胡汉民等连电黎元洪，表示不满，电谓："湖北乃首义之区，彼辈皆系革命志士，拥公而建立民国……勿能杀戮。"黎无复电，但又不便即时究办①。

---

① 作者云，黎元洪在没有接到四都督来电以前，曾组织军法处会审，由唐克明任裁判长，石星川等任陪审官。袁世凯曾派人前来听审，将季雨霖、熊秉坤、曾尚武等缺席裁判，在牢房里，空着三个位子，每天还发给囚粮，容景芳、王子英、管心源等判为绞刑。王神斧在审讯中变节，具吐实情，亦判为绞刑。衙役们已将绞桩钉好，准备执行，因四都督电到，迫于正义呼声，乃暂缓执行，扬言待抓住季雨霖等三人后，一齐正法。幸袁世凯死去，被捕同志因而获得释放。

我在江西小住月余，接季雨霖电告，催我去上海。在沪会见了黄克强先生，指派我同季雨霖潜回武汉，与詹大悲等加强联系，策动反袁，即时发难。俟抵汉后，我们分居于日租界松乃家、九原旅馆。季雨霖、詹大悲、熊秉坤、梁钟汉、温楚珩、钟仲衡等立即开始活动，经费由黄克强先生汇来10万元，又由黄先生电谭延闿交宁调元拨来10万元。因当时风声甚紧，我们不便提款，被日商久源吞没15万元，使我们的活动受到了致命打击。旋由钟仲衡及熊越山带来的何某（技工，何宗纯的侄子）、石某（江西《国民日报》编辑）等前往联络驻在刘家庙的江苏援鄂军，准备发难。他们坐了木划子去刘家庙，第二天被稽查处侦悉，逮捕后杀害。熊越山、宁调元也在松乃家旅馆被捕[①]。趁此时机，四都督又拍来电报，要求"人质

---

① 《黎元洪书牍汇编》致各省通告"鄂乱"情形云："……经鄂军辎重团拿获为首指挥人王泉明等供称：'改进团在鄂起事，有代表钟姓并退伍黄姓，说是军队多在联络，南七省都要动手，叫我等招兵，到南湘集齐，约一点钟进起义门；并有某议员等多人主持'等情。复据黎师长天才呈报：'职师驻扎造纸厂后靠河边，25日夜四鼓时，卫兵见有西装两人，扒越后墙入营，搜获手枪四杆，子弹一百颗。又在墙外捕获接应三名，捕时将手枪、炸弹抛弃河中。据供越墙为时倚方、安汉两名；墙外为钟仲衡、何作传、黄天蓝三名，系由湖南、江西、广东省来鄂运动队，举行暗杀，因欲推倒政府，故行二次革命。昨在东洋租界松乃家、九原旅馆商定，夜三点钟开船，到造纸厂运动军队，并云革命机关无处不有各等情。本月26日在汉口德租界日本所开富贵旅馆拿获宁调元、熊越山二人。搜出日本钞票3000余元，现洋300余元，名册一份内分担任军事，调查、联络、会计、文牍、庶务各科、并支付各种账目一本……现宁，熊二犯、尚留德国捕房，已饬交涉员请其引渡。……其匪首詹大悲等十余犯，由日本人保护乘岳阳丸下驶。其余要犯亦均四处逃窜。势必仍潜集上海，卷土重来。'……"

换人质^①"。黎不允，熊越山、宁调元二同志遂被杀害。至此，众感在武汉发难更形不易。

经同季雨霖商量后，决定由我偕季的军法官侯静安同志持季的亲笔信去仙桃镇、沙洋一带，进行活动。到仙桃，遇团长王伯皋及沙洋方面团长宋镇华、协部军需李朔安等，告以来意，王欣然赞同。卒以王的营长吕某反对，宋、李不表赞同，遭到失败。我同侯静安连夜坐木划赶回汉口，在乾隆巷上坡，遇黎之特务七八人跟踪。因他们身边所带手枪不多，并知道我们也有枪支，不敢立即逮捕。在此危急之际，我们改乘肩舆，扬言直达旧日租界。行至中途，换马车数起。近租界时，发现稽查人员二三十人早已等候。见此情景，我即催其加鞭，快马一跃，冲进租界，使脱离险境。但侯静安同志不幸在翌日竟被逮捕，惨遭杀戮。我同季雨霖、吴醒汉、蔡济民、詹大悲、唐牺支、彭养光、赵鹏飞等快然返沪。

综观上述，改进团反袁失败之原因，其主要者为：黎元洪这一阴险野心家，玩弄两面派手法，十分毒辣；部分革命党人唯利是图，依附敌人；日商久源吞没经费；革命团体内部闹不团结；以及资产阶级领导革命的不彻底性等。虽然如此，但它仍然起了若干推动时局的作用。援笔记之，供世人参考。

(摘自《回忆辛亥首义后的两件事》，湖北省政协供稿)

---

① "人质换人质"事，系指四都督拟将俘获袁世凯的侍从武官余大鸿换熊、宁二同志，黎元洪不允，熊、宁遂被杀害。

改进团的两次失败

郭寄生

　　自1912年农历八九月间张振武在北京被杀和南湖马队发生事变之后，湖北大多数革命党人惧被牵连，朝夕自危，同时察觉黎元洪勾结袁世凯摧残革命势力的阴谋已日益显露，为保持革命成果和自己生存，跟黎元洪已成不能并立的局面。

　　1913年3月20日，宋教仁在上海车站被刺，越三日身死（按：系21日身死），全国震惊。当时曾有人以湖北为首义之区，进言黎元洪应有严正表示。而黎似预知此事为袁世凯所指使，仅去电上海都督陈其美探询情形，闻者多不满意。3月25—26日，田桐由上海来，携有孙中山和黄兴各一信（孙信我未见）。黄信略云："遁初（宋教仁字）惨遭狙击，经据凶手具吐实情，令人骇怒。大憝未除，必滋后悔。吾党同志，务当振奋精神，重新努力。此间情形，由梓琴兄（田桐字）面达。并盼兄等与之详商种切。"此信系致季雨霖、詹大悲、蔡济民、熊秉坤、蒋翊武、蔡汉卿诸人，田抵汉口，先和季雨霖在汉南旅馆（在旧德租界一码头）相晤（彼时我也在该旅馆，故知之）。第二日，由季代田邀请黄信所致诸人在武昌县花林第八师留守处会谈（第八师本有一团，团长李荣升，驻武昌城内，归都督府直接调遣。其团本部和师部留守处在一起）。因蔡济民、蒋翊武两人不在省，蔡汉卿另有事未到，仅作了表面谈话。又隔一日，由季和田假汉南旅馆联名宴请各部队团长以上、宪兵司令部营长以上及政治方面的高级人士约四五十人，宴后，一部分人作了一度秘密商议，决定筹组改进团，暂推季雨霖为团长，目的在："改进湖北军政，继续革命事业"（时并无必须倒黎之意，因湖北革命阵营已经破裂，又因季和黎很有私感，据说曾经拟定有规约数条，但我未见）。由季指定陈重民、管心源、丁景良、范汉民、李亚东、郭寄生、朱汉涛、毛凤池、吴无为诸人分负事务责任。但此时有一部分已被裁汰生计无着、积愤甚深的中下级官佐，尤其是参加过资州反正的教导团人员，闻此消息，认为是一个翻身机会，多来接洽。同时又忽有改进团票布发现（迄不知何人所为），省城内外，顿时风声很大，各部队皆已动摇。

5月8日，举行鄂中有功革命官长受勋典礼时，黎元洪神色颇形张皇。5月11日晚，突然霹雳一声，黎派人在汉口碧秀里（门牌已忘）围捕了第六混成旅旅长杜武库和第五混成旅参谋罗炳顺、军需彭正绶（第五混成旅旅长即熊秉坤）以及各部队的团长管心源、容景芳、王子英等多人（另有几人是在四五日前秘密被捕，如王神斧即是其中之一），并宣布临时紧急戒严，一面派亲信部队严厉监视其他部队动作，一面下令逮捕首要。季雨霖、田桐、詹大悲等诸人于当晚乘外轮往上海；熊秉坤回云梦防区（旋被调职亦往上海），此是改进团第一次失败。至5月17日（四月十一日），黎通电以四六骈句作了一番自责，内有"民国初建，经纬万端"和"黄台之瓜，讵堪再摘"等语，似对孙、黄来信而发；但对改进团事只字未提，局外人听之，殊难知其意之所指。被逮捕的杜武库诸人，亦陆续开释，改调闲职。此因黎元洪知此事大有来源，且对宋教仁案亦自觉其表示不洽舆情，所以不能不马虎了事。至对第八师驻在襄河中上游一带的第十五旅阚龙（阚系团长）部队，则以其为季雨霖的军事主力，极力嫉视，必欲整个取消而后快。经阚龙多方斡旋，勉强延至改进团第二次失败时，才由刘铁率领在沙洋宣布独立，为湖北唯一的讨袁实际行动。

1913年6月，袁世凯见各省有因宋案直接攻击于己的，乃先发制人，突然下令免江西李烈钧、湖南谭延闿、安徽柏文蔚、广东胡汉民四都督之职，一时，形势顿呈极度紧张。在此时期，季雨霖、詹大悲率同志多人，由上海回返汉口。季住日本旅馆松乃家（在旧日租界），詹住大达医院（在旧英租界）。不日，蔡济民、蒋翊武、熊秉坤、刘英、王宪章、梁瑞堂、黄申芗、彭临九、温楚珩、谢超武、杨王鹏、耿毓英、丁景良、范汉民、容景芳、郭寄生、彭达五、谢石钦、高汉声、王文锦、邓贤才、苏成章、李亚东、阙龙、胡玉珍、管心源诸人，陆续会合。此次活动，是用国民党的名义，但以改进团的原有结合为基础，所以社会上和各部队中仍视为改进团的活动。季雨霖并密令刘铁在沙洋发难。一切布置正要成熟时，又被黎元洪预得消息，急电袁世凯迅速派兵相助，因有李纯先率一师南下之事。黎既得外来的武力，胆气益壮，是月下旬间，下令分途捕人，此是改进团第二次失败。诸人陆续搭日本凤阳轮、大元轮和日本兵舰往上海，未往的多避往外县，其他也有被逮捕的，也有往江西、湖南催促李烈钧、谭延闿发难的。詹大悲、丁锦良两人于凤阳轮抵九江前即以小划上岸，劝告湖口林虎首先发难。7月上中旬间，江西李烈钧、安徽柏文蔚、湖南谭延闿、广东陈炯明（胡汉民已往上海）、福建孙道仁、四川熊克武、上海陈其美各都督纷纷树立讨袁旗帜，号"讨袁军"，声势至为浩大，民国革命史上称为"二次革命"。袁世凯命段芝贵、冯国璋分统强大兵力，配合海军，以武汉为策应地，分途进击。至9月间，各省革命势力相继瓦解，二次革命的结果，又被袁世凯获得完全胜利。此乃革命党放弃领导而又预见性不够，遂致失败而不可收拾。

综观上述，改进团是革命党人接受革命领袖指示的一种结合，也是湖北代表性最大的讨袁集团，尤其是因宋案而发生，可称为二次革命的一个先锋军。虽其一再失败无所成就，而其历史价值是不可磨灭的。

（摘自《辛亥革命前后我的经历》，湖北省政协供稿）

湖北裁军

高震中

武昌起义，清军南下，湖北革命军即成立五协，以后扩充为八协。为了准备北伐，又将八协扩编为八镇，即第一镇统制唐克明，第二镇统制杜锡钧，第三镇统制窦秉钧，第四镇统制蔡汉卿，第五镇统制吴兆麟，第六镇统制王安澜，第七镇统制唐牺支，第八镇统制季雨霖。

北伐既告停止，所有各镇均就驻地整训。袁世凯深知军队为政治资本，恐民军势力太大，于己不利。那时北洋六镇分驻直鲁等省；而湖北一省就有民军八镇，以兵力对比，已超过北洋，自然为袁之大忌。乃于1913年3月派总统府顾问覃师范来鄂与黎都督磋商裁军问题，几经商讨，乃决定召开裁军会议：出席者有第一至第八镇各统制和军务司长蔡济民、参议王文锦等20余人。黎宣布开会意义时，略谓现在南北统一，湖北兵力过于庞大，现中央派人来鄂，商讨此事。拟将湖北八镇缩编为三镇；万一不服分配，或者增加两协，接着就由第一镇起，挨次发言，黎问唐克明："愿裁愿留？"唐说愿留。杜锡钧、窦秉钧、吴兆麟均表示愿裁。蔡汉卿、王安澜愿留。第七镇唐牺支、第八镇季雨霖因兵员不多愿裁。另外成立两个混成旅。这一会议上，湖北军队即裁去一半。裁军后的编制：第一师唐克明，第二师蔡汉卿，第三师王安澜，第一混成旅徐镇坤，第二混成旅吴德震。所有编余官兵由各主管单位资遣回籍①。我所在的第三镇官兵即于4月内奉令退伍，一时人心惶惶，谣言四起。都督府就近调黎天才部一团配机关枪一连到孝感监督编遣，第三镇除第六旅编入新第三师外，其余均资遣回籍。反黎运动不能不自是而起。后北洋军队开入湖北，黎本人完全成为袁氏俘虏，倒不足惜！二次革命失败，湖北长期在北洋军阀统治之下，则的确成为历史上的遗恨。

（摘自《辛亥首义前后的一点回忆》，湖北省政协供稿）

---

① 湖北裁军，黎元洪原则上以附己者留，异己者去，唐克明自上海投黎，为蔡所重用；蔡汉卿虽以革命起家，却与革命为敌：王安澜原系黎亲信，其余各部以党人为多，故均予裁去。1912年六七月间，蔡元洪所为《工程营退取训辞》《遣散军队谕文》《告诫军人文》《严令各军人遵守纪文》等，均对此而发。

黎元洪解散革命军与入京的经过

许兆龙

　　辛亥年农历八月十九之夜，湖北革命军攻克了武昌，连日占领阳夏（汉口汉阳）等重镇。鄂军政府为应付战局，招募新兵，于是先有几个旅之新编（例如，一至四等旅），后有几个军之续成（例如，奋勇军等等）。约计兵力有12万人以上。然为便于统一指挥。改成八个正规师之名，其师长人选，虽迭有调升，兹为说明当时情况，不分先后，略记其姓名与出身，以证明袁世凯昔日毁谤鄂军上级官长尽是目不识丁之乱兵，乃污蔑之词。

　　第一师师长黎本唐（后改唐克明）留日士官生
　　第二师师长蔡汉卿　炮兵随营学堂学生
　　第三师师长窦秉钧　留日士官生
　　第四师师长邓玉麟　行伍
　　第五师师长吴兆麟　湖北参谋学堂学生
　　第六师师长王安澜　湖北参谋学堂学生
　　第七师师长唐牺支　湖北陆军特别学堂学生
　　第八师师长季雨霖　湖北将弁学堂学生

　　湖北革命军编成八个师后，日夜训练，正预备北伐之际。南北和议告成。袁世凯提倡裁兵，黎元洪首先响应，各怀鬼胎。有不可告人之隐情，袁为的是削减孙（中山）、黎（元洪）实力，好威胁反对他的国民党人，黎为的是公报私恨，裁减他说的悍将骄兵。黎在裁兵会议上主张将八个师减至两个师，或照前清之规定（湖北之兵一师一旅），会议多日，均未达成，最后协商编成三个师两个独立旅，以应袁氏之命令，才达黎氏之私恨。今编至此，我追述当日袁、黎等解散湖北革命军第一次之情形。

第一次主张裁减鄂军的是袁世凯。

第一次执行裁减鄂军的是黎元洪（八个师裁成三个师两个独立旅之原因是黎氏在裁兵会上受了吴兆麟师长之质询，大不安心，即将第四师之名义取消，不要吴兆麟当师长，改为两个独立旅，受鄂军都督之直辖）。

第一次设计裁减鄂军的是金永炎。

第一次建议裁减鄂军的是陈宦。

第一次帮助裁减鄂军的是饶汉祥。

八个师裁了一半（只有三个师两个旅了），被裁编的各级官长不是送国内外学习，就是调陆军部候差，或是给资遣散。至于士兵全行解散，另招不属首义之人。今再论三师两旅的师旅长之姓名和出身。

第一师师长　石星川（留日士官生）

第二师师长　蔡汉卿（炮兵随营学堂学生）

第三师师长　王安澜（湖北参谋学堂学生）

第七独立旅旅长　徐镇坤（北洋速成学生）

第八独立旅旅长　刘佐龙（湖北参谋学堂学生）

湖北陆军已规定三师两旅，各师旅长各照指定区域招兵。我是自愿降级充湖北陆军独立第八旅第十六团团长兼汉口守备司令，往孝感县征兵。斯时袁氏造的癸丑之战将起，袁要黎氏派兵出征。黎以老兵已退，新兵训练不精，只能负押运军品之责，巡查地方之任；袁以硬打孙中山，软勾黎氏之计，允黎之请，时派陈宦来鄂，表示亲近。及赣战甫定，袁氏二次裁兵之意生，并言北军各师先裁四成，以后有死故逃亡，不补不增。黎将袁电在会上公布，似有照办而不能。因第一次裁兵时，已经说明，以后不得缩编失将士之心，于是用拖延之法，报袁暂缓裁减，免出意外，稍安军心。不料黎氏之旧部，是黎一手提拔之湖北陆军第八独立旅旅长刘佐龙，经袁之代表沟通，背叛革命，卖省求荣，秘上裁兵条陈，袁命陆军部见机执行，于是鄂军有第二次之裁兵。黎氏装聋作哑，事先不作阻止言行，因陈宦奉袁命一再征黎意见，黎总是闭口不直说不能行。及裁减已定，还说早向段祺瑞言过，是段不肯，推过于人。

第二次主张裁减鄂军的是袁世凯。

第二次明知要裁减鄂军，不加阻止，等于赞同的是黎元洪。

第二次执行裁减鄂军的是段祺瑞。

第二次上条陈裁减鄂军的是刘佐龙。

第二次设计裁减鄂军的是王水泉。

第二次帮办裁减鄂军的是陈宦。

第二次协助裁减鄂军的是王占元。

鄂军的三个师两个旅被第二次裁减后，只有一个空壳（湖北陆军第一师之名），兵力总共不到7000，薪饷总是欠三个月，一不足食，二不足兵，逼令师部撤去武昌，移驻荆沙，由他自灭自生。这第二次之裁军，虽不是黎的名义执行，然是黎氏种下的祸根。查黎氏在第一次裁兵时，曾主张只留两个师，电请袁氏核准，虽最后编成三师两旅，并未得袁氏之特准。黎以他的副总统兼鄂军都督之职权，以为可以独断专行，哪知黎氏进京后，段祺瑞以代理都督名义，用迅雷不及掩耳的手段，裁尽鄂省的革命军，真是言之痛心。

至于黎氏之入京，我在事前不知不闻，但黎氏于离鄂之前，约四五日的下午八九时，以电话召我至武昌都督府（我是在汉口硚口营房居住）而询曰：你训练的新兵，能否作战，实弹射击，有若干次，我想亲自检阅。又说你负有守备阳夏的责任，除练兵外，还要好好的防护地方。良久又说，我倦于办理军政，想出国旅行。我问地方治安谁来负责任，黎曰，中央自有权衡，你不必细问。最后黎乃说段祺瑞总长不日来湖北，你接到我的电话后，即率全团官兵到刘家庙车站欢迎，今夜回团，即做准备，候我的命令云云。果然三天之后，黎氏一面用电话传达，一面以笔记命令说段祺瑞总长的专车已过孝感，命我带队火速到刘家庙守候欢迎。及段氏到达武昌第三日，用代理都督名义召集会议，我才知黎氏已往京。

段氏在会议上用威胁的口气说，我奉大总统的命令前来代理都督，专为的裁兵，因鄂省第一次裁兵未认真执行，如有人借口地方治安要紧，我负责任云云。北军第二师师长王占元接口说（王是列席者之一），我的兵都回防湖北（由江西作战回鄂的），地方治安，我有责任，各位官长不必担心，等语。这一次会议是段祺瑞说，王占元应，所有湖北各师旅团长，均默不作声，静候裁编的命令，这是民国二年冬季的情形。

民国三年春，我奉调到陆军部候差，往见黎氏于瀛台，黎不待我开口，即说，我（指他）用错了人，可恨刘佐龙（湖北第八旅旅长）这个畜生，私上条陈，湖北又被裁兵，害得你们失业，听说他还是一个旅长，未达到师长之职。

黎氏的副官胡人俊（那时是高级副官）对我说，胡子（指黎）不惟恨刘佐龙，更恨陈宦，有时骂金水炎，因刘想当师长，是暗中进行，而陈想当湖北都督，金想当参谋部次长代总长，都是明的向胡于求情提携，他们时常花言巧语，请胡子进京就副总统的任，同袁协办国政。胡子信以为真丢了权位，负了鄂人，但他们只做了功狗，未达到目的，只害了你们和胡子与我们。我们现在饱食终日，无所事事，门口石上生青苔，无人往来过问，胡子有时写字看书，有时掩卷发悲声，我们怕他发大怒，如履薄冰，格外的小心。

（全国政协供稿）

四、出任副总统、总统时的黎元洪

袁世凯、黎元洪结合之史实

薛观澜

辛亥鼎革之后，袁世凯与黎元洪被举为正、副总统，彼二人分处南北，尚未谋面。是时元洪坐镇武汉，对大局有举足轻重之势，为袁世凯与革命党人所必争，黎氏原为民党所推出，但于癸丑二次革命以前，即已与袁氏公然结合，俾袁得遂其统一全国之志愿。至于民党在癸丑二次革命之失败，袁、黎之结合，实为主要原因之一，此在民国史上，确占重要之一页，值得大书特书者也。

一生怕听瓜分与革命

兹先略述袁、黎二人之个性，以作为本篇的开始。

举措之间，含有威风煞气，平日常御军服，而以武人自居。然袁氏颇通翰墨，著有《圭堂诗集》行世。笔者与项城（指袁世凯）有半子之谊（编者按：薛氏为袁世凯之婿），凡所论列，容有主观成分，然笔者属文，向来尊重读者，绝不作违心之论，亦不致人云亦云。大抵袁氏当年与民党结成深仇，故时论卑之，视为奸猾之流，揆诸实际，袁氏脑筋守旧，性情机警，当其强仕之年，适值列强阅谋瓜分中国之秋，袁氏一生最怕听

"瓜分"二字，故来腾踔之时，主张变法，既握政柄之后，推行新政，谋自强也。然与民党始终背道而驰，盖袁氏一生又畏闻"革命"二字，尤其对于世界大势，并无深刻之认识，此为前清大员之通病，贤如李鸿章、翁同龢、张之洞之辈，何尝不如此。

袁氏系出旧家庭，毕业守礼甚严，秉性孝悌，私德无亏。袁出嗣他房，事嗣母甚孝，其姊未嫁而婿得病死，姊遂终身不嫁，平日凛若冰霜，永无笑容，袁敬而惮之。既为总统，亦每日与姊请安，仍不敢坐。袁之拘谨如此，世人知之者甚少也。

先祖庸庵公（编者按：即薛福成）笔记中，某次述及袁氏有云："袁慰亭（袁氏别号）观察来访，颇通时务，盖世家子弟中谨愿者也。"

袁氏自撰日记则谓："不忠不孝之言，向不敢出诸口。"昔年孙幕韩氏尝谓笔者曰："项城说话有分寸，举止无失措，见者竦然起敬。曹仲珊（指曹锟）学其外表，徒自苦耳。"笔者乃附和之曰："尚有段祺瑞与袁克定诸人，亦悉心揣摩项城之作风，克定学会不送客，段氏学会不开口。"幕老闻之，拈髯而笑。

袁氏的真正重大过失

民国以前，袁氏所经历大事而招物议者，可举出以下三项：一为驻朝鲜时，袁氏与日人战于宫门而败之；二为戊戌政变，袁以维新党谋围西太后于颐和园之计划告知其统帅荣禄；三为辛亥与南方议和，遂将清室推翻。以上三事，世人见仁见智，议论不一，唯袁皆有极大苦衷。

袁氏真正之重大过失，端在受人蒙蔽而帝制自为，此在国人视之，实无可恕罪。唯有不能已于言者：袁项城事必躬亲，劳心怛怛。年未五旬，头发尽白，至民国四年（1915）受辱于日人之后，尤愤萦怀，病态已深，其病实与光绪帝相同，心血已竭而外表不观；又以美总统罗斯福之在德黑兰会议时，措置乖张，实为病魔所缠，创可怜矣！

笔者更以为袁之另一重大过失，在于练兵，世人每称袁之长处在于练兵，实则袁在军界既非正途出身，所知当属皮毛，练兵20年，而军实不充，纪律不严，徒养骄兵悍将，纵成武夫干政之恶习，袁故不能辞其咎也。虽然，袁于清季，处境大难，当时政权操清廷诸亲贵之手，汉人处处吃亏，为督抚者，非恃亲贵为奥援不可。大以李合肥（鸿章）威望之隆，尚有"求生不能，求死不得"之苦境。是故人人只有权利思想，而无国家观念，朋比结纳，以达目的。如袁世凯与张之洞二人，能为人民稍谋福利者，已属铁中铮铮矣。

黎元洪厚重庸人多福

黎元洪为人厚重，无官僚习气，每见形势不利，辄效金人之三缄其口，故有"泥菩萨"之称。国人多许为忠厚长者。

黎为副总统时，与段祺瑞不睦，所以处境困难，唯黎氏内有国会议员之拥护，外有南方政府之同情，故能成为不倒翁而两跻极峰，可谓庸人多福。

笔者不妨再举一例，可觇黎氏为人处世之态度：民国五年（1916）6月6日袁氏帝制失败，病情沉重，卧春藕斋，气息奄奄，已入弥留状态。克定侍疾在榻旁，袁氏召徐世昌、段祺瑞、张镇芳三人，以备托孤寄命。徐世昌以小站练兵起家，任营务处提调，由袁一手提携，十数年后竟拜相国。段祺瑞此时为国务总理（段因模范团事，与袁父子不睦，但袁临终之前，与段已言归于好）。张镇芳曾任河南省将军，事袁甚忠，与袁为至亲，当时我等皆以张五舅呼之，凡小站军需以及袁家经济，悉系其手。

是日徐世昌到得最迟，险误大事，袁氏见徐至，轻摇其首，其意若曰："我已不中用了。"徐氏攒眉勉慰之曰："总统静养几天，自然会好的，现有何事吩咐？"袁氏待欲提出继任人选，已不能言语，良久即溘然长逝，在场诸人皆张皇失措。若按旧约法，袁总统死后，应由黎副总统继任；若按新法，则金匮石屋之秘密，无人得知。以当时情形忖度之，宜属黎元洪、段祺瑞、徐世昌三人。袁克定则随帝制失败而告绝望矣。关于总统继任人选，黎氏虽占法理上优势，然而段祺瑞为实力派首领。大大有望，因段氏乃北洋团体承继人，众意所属，且全国战乱未休，亟待收拾，是故黎段之间，选择一人，当时实系于徐相国之一言。

克定首先发言曰："徐老伯身负重望，请主持至计。"徐略加思索曰："依我看，推副总统继任，较为妥当。"徐氏为人素极圆滑，此时又恐段祺瑞生气，乃转语曰："这不过是我个人的意见，究竟怎样，要问段总理的高见。"于是众目瞩段，而段不语，逾10分钟，段始低声发言曰："此时团结北洋，最关重要，我推相国继任。"徐固辞，仍推黎元洪。如徐可谓老成谋国者矣。无何，段犹踌躇不决，良久始再发言曰："那么我没有意见，相国的意见，就算我的意见。"

由此观之，推黎继任，甚为勉强，所以日后黎段之间，势成水火，有由来也。

黎段演出了一幕哑剧

会谈既竣，段祺瑞即以电话召来国务院秘书长张国淦，命其同车赴瀛台，见黎副总统。段氏坐在车上，一路沉默不语，张国淦因不知此事经过，亦不敢出声。既抵瀛台，黎氏出迎，段氏等进入客厅后，黎元洪木雕泥塑般坐于主位，段张分坐两端，主人不开口说话，客人亦不启齿，呆坐若干时，段祺瑞忽起立向黎氏三鞠躬，黎亦茫然答礼，礼毕，二人仍还原坐，坐定之后，三人仍不开口，此幕哑剧约费半分钟，段氏始起身，向黎元洪半鞠躬告退，黎起身送客如仪。

上述情景，确实滑稽可笑，但事有蹊跷，双方皆非故意，唯因此更加深黎段双方之误会，却系事实。黎氏无应变之才，彰彰甚明，呆滞一至于此，如何能胜元首之任；段祺瑞则目无总统，根本看不起黎元洪，加之袁世凯之死，段氏不但内心难过，且认为袁氏死讯，在黎氏听来不啻为喜讯，故段氏偏不肯说出"总统死了"这句话，继任之事无从说起。至于国务院中，是日已大起骚动，因北洋派全体主张推段氏继任总统，不得已而求其次，则推徐世昌，以为缓冲，万无拱手让黎元洪继任总统之理，幸段氏能恪守前言，不受益惑，勉强演此一幕哑剧。然其心中怏怏，殊无法自制。

综上所述，袁、黎二人之个性，适得其反。黎氏之智慧，远不及袁氏，才识尤有未逮，诚如黎氏自云："沉机默运，智深勇沉，元洪不如袁项城；明测事机，襟怀恬旷，不如孙中山；坚苦卓绝，一意孤行，不如黄善化。"然因利害关系，袁、黎二人依然深相结纳，所谓合则两利，分则双方皆有失败之处。

因为黎氏本为革命党人所推出，且与旧势力无甚渊源，无奈当时民党之人，态度骄蹇，对黎氏始终不以同党视之，遇事予以掣肘；同时袁氏又以种种手段笼络之，黎氏遂不知不觉，入其掌握。此固民党重大失策，亦为袁氏成功之关键。兹再将黎氏发迹之经过，以及袁氏笼络之手段，钩玄提要，阐述于后。

生拉活扯被逼任都督

辛亥武昌起义，成功之速，出乎任何人意料之外，实则事有必然者。盖湖北虽称富庶之省，械精饷足，然革命党人早已渗透了鄂省各军事机构，一旦发难，气吞江河，内应外合，克奏肤功。按照革命党预定计划，武昌首义成功后，原议定推刘某为都督、蒋翊武为总司令、蔡济民为参谋长。刘某字仲文，曾出纳粟捐官之款5000元！以充发动革命之费用，又以寓所供作革命党人集合机关，故众推之。唯当时清廷在鄂省之大吏瑞澂与张彪相继逃走之后，地方秩序亟待维持，各路民军必须统一指挥，时则鄂人归心之黄兴与宋教仁，迟迟未到，蒋翊武在逃，孙武受伤，诸义士虽以"协力同心"四字自勖，然事前无计谋，事后无领袖，事且成功，岂非天意。

蔡济民等见事急，乃在武昌咨议局选举都督，以第二十一混成协统黎元洪官阶较高，廉介稳重，众意属之。是时黎元洪已逃往武昌城内之黄土坡，匿于参谋刘文吉家，蔡济民等卒在刘家梯后小室搜得元洪，元洪穿灰呢袍，频摇手曰："你们不要抬举我，我不是革命党，够资格的是孙文。"

蔡济民等见黎氏态度坚决，乃掏出手枪云："你若不答应，我们都自杀在你面前。"黎氏万不得已，被拥至咨议局，黎看见议长汤化龙，更无话可说，因汤亦非革命党员也。黎氏勉强接受都督之印，仍不肯签署文告，蔡又拔枪大呼曰："都督不签名，我们都自杀。"是为当时革命党员对待元洪之一贯作风，从此黎氏居常三缄其口，至多说一"好"字，因此谥为"泥菩萨"。此实为黎氏消极抵抗良法也。

袁世凯刻意拉拢黎氏

是时湖北省都督府打开藩库，储金甚多，又有兵工厂，积械甚富，故能充分接济滨江诸省，有求者，即予之。又以蔡氏秉性淳厚，不露锋芒，遂大受各方推重，此时南方各省与山陕次第皆已起义反正，竟推黎氏为中央大都督兼陆海军大元帅。不久，各省代表集于沪上，决以武昌为中央军政府，以鄂督黎元洪主持大政，各省代表且赴武昌集会，通过临时政府组织大纲。袁世凯当时闻讯，大为震惊，垂询鄂籍之夏寿康、张国淦等，无有认识黎氏者，但袁氏心仪其人，知为风云人物，特派蔡廷干、刘承恩二人赴武昌，游说元洪，以期双方携手合作。蔡为粤人，善交际，与黎一见如故，黎氏立允中止战争，并派代表议和，此为袁、黎二人合作之先声。

延至辛亥年（1911）底，中山先生返国，黎氏之声望稍降，参议院举中山先生为临时大总统，黎副之。翌年2月，清廷逊位，中山先生让贤，参议院遂举袁氏为临时大总统，黎副之。袁用调虎离山之计，授黎为参谋总长，请入京，黎不允。但袁、黎二人此时已有默契，黎竟通电主张定都北京，是为黎氏与国民党分裂之信号。国民党与袁因宋教仁被刺而双方破脸，宋案则因责任内阁问题而起，故袁氏作殊死战，黎复通电支持袁氏，有"长江下游誓死揸挂"之语。此予国民党以莫大打击，黎氏一面倒于袁氏之怀抱，除上述情况外，尚有许多因素促成，兹再列举如下。

黎袁合作的许多因素

（一）黎元洪与革命党本无源，对于革命学说，亦毫无研究。黎氏初习海军，从张之洞编练海军，旋充张彪部下，曾三度赴日本考察军事，湖北省革命机关甚多，如"共进会""日知会""文学会"等，黎氏皆未加入，平日奉公守法，为一纯粹军人。有服从思想而无参加政治之雄心。

（二）南北和议告成，定都北京，凡民党议员所采积极政策，黎氏皆不赞同。中山先生亦有退处为在野党之表示，不为同志所接受。要之，孙、黎二氏皆对袁十分重视，故袁与黎结纳，黎之反应极佳。

（三）袁氏亲书"民国柱石"四字，制匾赠黎。迨国会正式选举之后，袁又亲书"中华民国副总统府"长匾，特派专员赍送武昌。黎氏大悦。袁之书法，与于右任院长同体，刚健婀娜，兼而有之。

（四）按鄂军都督府初成立时，先组谋略团，以蔡济民等10人任之，黎都督形同傀儡，党人对黎氏且不加尊重，视察可欺以其方，军人尤其跋扈难制，一言不合，拔枪示威，每使黎氏退既不能，忍亦不可。此时都督府内外紊乱已极，党人满腔热血，一呼汉奸，兵刃随之，使黎氏大为伤心。鄂籍革命党人胡瑛出狱，跨进都督府，竟自委为外交部部长。军令部副部长蒋翊武与军务部长孙武两人，最桀骜难驯，更使黎痛心疾首。胡鄂公担任府中卫戍事宜，附设侦缉组，权倾一时，亦不受黎氏驾驭。嗟呼！如此做法，奚怪元洪不与合作乎？

（五）朴学大师章太炎，早年宣传革命，文名满天下，其言论向为国人所珍重。民国元年（1912），章氏至武汉观光，大为鄂人所欢迎，此时黎氏受民党压迫，只想还我初服，每向人言："请中山先生来鄂，领导革命吧。"可是章太炎独垂青于黎氏,主张袁、黎合作,其言曰:"黎公体干肥硕,言辞简明,其所着西装制服,以粗夏布为之,自大都督以至州县科员,皆月20元,夫以项城之雄略,黄陂之果毅,左提右挈,中国宜无灭亡之道。"寥寥数语,有千钧之力,黎氏闻之,大为感动,遂决意附袁。袁氏闻之亦喜,畀章氏以勋二位,礼聘至京,特授东三省筹边使。章氏对袁曾大骂民党,唯中山先生大度包容,希其回心转意,未几章果辞去筹边使,仍与民党交游。至民国二年(1913),民党与袁大战,章忽款款入都,遂被袁氏羁押于龙泉寺,至黎继任,始获释放。

在袁、黎之间的饶汉祥

黎元洪之秘书长饶汉祥,乃湖北广济县举人,为黎氏夹袋中唯一人才。按清季文人皆有不修边幅之积习,污糟邋遢,令人不敢亲近。章太炎与柯劭忞皆终年不沐浴,饶汉祥则满身虱子,又脏又臭。光绪末造,笔者在苏州东吴大学肄业,章执教鞭于该校,大考出题为"胡林翼李秀成合论"。江苏巡抚恩寿论为大逆不道,下令通缉之,章师逃沪得免。犹忆某日,章师与黄摩西先生同至苏州观前小吃,二人皆身无分文,接到账单,不知所措,黄师先返筹款,留章为质,讵知黄师杳如黄鹤,一出店门,浑将使命忘却,盖黄毕生寝馈中西哲学,精神不无恍惚也。

饶汉祥之文采,远不及章黄二师,然其际遇至隆,以都督府秘书长荐升湖北民政长,所撰长电,洋洋数千言,咬文嚼字,雕琢过甚,然为当时人士所传诵,黎元洪之声望,因之益著。当黎被选为副总统,汉祥代拟就职之电,有"元洪备位储贰"之语。其任民政长之下车文告,有"汉祥法人也"之词,时人戏撰一联云:"黎元洪篡克定位;饶汉祥是巴黎人。"一时传为美谈。饶氏有烟霞癖,被党人攻击,遂负气,回广济原籍,袁世凯闻讯,特派员持手函存问,饶氏固受宠若惊,黎氏对之乃愈加器重,如回畀以民政长,饶以是德袁,此后袁、黎合作,汉祥出力最多,亦最起作用。于是黎渐脱离革命阵线矣。

黎氏抵北京下榻于瀛台

袁、黎既告合作，黎元洪终于离鄂北上。当黎氏抵达北京之日，袁特派自己所乘坐之金漆朱轮双马车迎之，可谓极尽优礼。此时北京城内尚无汽车，除马车为奢侈品外，资产阶级多乘骡车代步，平民阶级则只能乘坐木质大车，介乎其中者，为新兴的人力车（俗呼东洋车，北方人则呼胶皮）。

黎元洪抵北京之日，袁派代表3人至东车站迎迓：一为无职无衔之袁大公子克定；二为公府大礼官黄开文；三为侍从武官长荫昌。黎氏乃下榻于瀛台，即光绪帝被幽之所。黎之居室中，悬有楷书一幅，下款为："臣全忠敬书"，此即光绪幽居之时所写，不敢以皇帝自居，而假托全忠之名也。

袁克定虽为袁氏长子，但此时尚无职位，曾有若干人向袁氏进言，请予克定一项官职，袁皆不纳。民国二年（1913）10月，黎元洪尚在武昌时，即曾电袁请叙克定赞助共和之功，袁复电云："酬庸之典，以待有功，儿辈何人，乃蒙齿及，若援奚午举子之例，并无谢元破秦之功，俟其阅历稍深，或堪造就，为公奔走，待诸将来，幸勿复言，以重吾过。"

复电大意如此。袁氏对儿辈约束素严，与克定见面时，只叙家常，鲜及政事。旋设模范团，团务先亦委诸陈光远，迨至酝酿帝制，克定日与杨度、夏寿田等集议，始一切反常，噬脐何及！

袁氏初见黎元洪，亲切异常，知其无用，不足为患，但袁喜其厚重，亦真能推诚相与，盖袁用人与交友，第一取其诚实；第二始重才具。兹举二例，以申吾说。

一、参谋次长唐在礼，才华甚绌，然为人可靠，致密无失，袁放擢为统率办事处总务厅长，宠任磐桓，权至总长。

二、杨度拔萃其群，觊觎首辅，由于操守平常，始终未获高职。熊希龄组人才内阁时，杨已内定为交通总长，乃首屈一指之优缺，但因交通系首领梁士诒进言于袁曰："交长一席，应择练覈持重者任之。"袁遂摈弃杨度，易以周自齐，周属交通系，笃实君子也，袁信任之。

民国三年（1914）6月，袁氏设参政院，以代行立法职权，实为中央政府之神经枢纽，袁选黎元洪为参政院长，其推心置腹，可以想见。

袁、黎结亲家有一段佳话

袁又规定副总统月俸10000元，每月公费20000元，另支参政院长与参谋总长（由黎兼任）之薪津，为数可观。按黎氏实际所得，尚不止此，其居瀛台，一切供应，皆由袁氏负责，且黎有俭德，积聚三载，枉枉然亦富人矣。至民国六年（1917）张勋复辟，黎氏下野后，曾纠合蒙古王公与一班失意军人，如张勋、孔庚、王芝祥、冯德麟、冯玉祥等，创办银行与各种企业，观澜亦曾投资，但皆经营无方，蚀得精光，幸黎氏先曾投资于中兴煤矿，得为桑榆之收，幸未全军覆没。

回溯民国三年（1914），袁黎既甚相得，即有联姻传说，而袁氏不待婚礼之成，即先呼黎为亲家，十分亲热，当时双方皆想做男家，黎夫人看中袁六小姐，居间之人大感为难，最后黎家让步，以黎次女许配袁之第9子，名克玖，时仅8岁。内务总长汤化龙为男家媒人，内务次长言敦源为女家媒人。直至10年之后，观澜始知黎夫人大有苦衷，盖黎二小姐品貌皆优，惜有精神衰弱之症，遣嫁之后，不久即赋大归，此乃家庭悲剧，为父母者不能辞其咎也。

先是袁以第9子与第11子生辰八字，征求黎夫人同意，二子皆袁之五姨太所生，五姨太贤明，深得袁心，黎夫人于选婿之时，发问曰："这两位公子，哪个是大太太生的，哪个是姨太太生的？"黎氏答："都是姨太太生的。"黎夫人摇首曰："不行，因为我的女儿是我生的。"黎也忙说："不行，袁家嫡出只有克定一人，夫人将就些吧。"

黎夫人坚持不可，黎又云："李鸿章是姨太太生的，宣统皇帝也正与袁家提婚，袁七小姐亦是姨太太生的，我曾见过老九，下颚特长，主有后福，你答应了吧。"这才说服了黎夫人，完成文定手续。

袁氏不好货全家多戏迷

此后袁氏每饭，常呼亲家共食。一日大雪，袁御貂皮大氅，系浙江将军朱瑞所进，价值万金，黎氏见之，极口称赞，袁即解裘赠之。澜按：袁不好货，为其生平最大长处，袁氏常谓："身外之物，不足恋惜。"

段祺瑞任陆军总长时，袁知段性疏慵，常不到部办公，遂将府学胡同巨邸赠之，因其邻近陆军部，可以打通洞门，来往方便也。段知此邸系袁私款所购，坚不肯受，袁云："这是我为女儿陪嫁的。"盖段妻张氏，为袁之义女，自幼抚育于袁家，故袁视同己出也。执笔至此，予请附述总统府内之演剧事，以飨同好诸君子。

回溯清代内廷演剧，原以内侍扮演，至西太后专政，始召京中名角为内廷供奉，西后嗜剧成癖，赏赉甚丰，晚年一面观剧，一面打盹，锣鼓喧阗，仍能入眠。袁氏任总统后，仍沿清制，设升平署，管理公府（即总统府）剧务，其家人尽多戏迷，内子对于谭鑫培腔调，比我更加熟悉，时则怀仁堂堂会，以谭叫天为中心，盛极一时，每逢令节，辄邀各国公使团观剧，分赠说明书，而担任翻译之事者为公府秘书顾维钧。当时京中名角以入府献艺为荣，凡场面上或检场人，皆着绣团花大红袍，整齐严肃，叹为观止。场面一席，隔以纱幔，嗣后梅兰芳初度赴日，即采用此法。

黎寿堂会中忙杀余叔岩

此时黎元洪居于府内瀛台，民国三年（1914）之秋，适值黎氏伉俪五旬双庆之期，袁深注意，特嘱袁乃宽筹备一切。乃宽即与升乎署长王锦章接洽，举行盛大堂会，以表庆祝。于是，余叔岩自告奋勇，大卖其力。按叔岩自幼受尽折磨，此时嗓败运厄，誓绝粉墨生涯，在袁克定处当差，差使并无固定，时或伺候克定之母于太夫人，是与婢仆共事；时或穿起制服，扈卫袁大爷，却与要员同列。其同寅唐天喜，翟克明等，有被保升镇守使或卫队旅长者，叔岩怦然心动，每日上操甚勤，渴望平步登云。据伊告我，此其平生扬眉得意之秋。如叔岩者，可谓官迷极矣！唯府中男女职工仍以"小小余三胜儿"呼之，叔岩殊不悦，但亦无可奈何。是时府中堂会络绎不绝，每逢老谭有戏，必使叔岩充任配角，叔岩亦乐得借此机会偷学老谭，如《探母》《失街亭》诸剧，谭、余二人诚有相得益彰之势。

反对帝制拒受亲王封号

黎氏居京，甚为得意，既绝回鄂之意，始辞鄂督之职，饶汉祥代拟呈文如次："元洪屡觐钧颜，仰承礼遇，周逾于骨肉，礼渥于上宾。推心则山雪皆融，握手则池冰为泮。驰惶靡措，诚服无谁……"从此可知袁、黎二人相得，亦见汉祥酸腐之笔，诚无足取。直至民国四年（1915）冬季，帝制议起，袁、黎二人之感情，始渐生摩擦，黎氏称病，而不肯出席参政院，即为反对帝制之暗示，凛然其有节概，时论歆然贵之。

民国四年（1915）12月12日，袁既接受帝位，封黎元洪为"武义亲王"，其词曰："带砺山河，与同休戚，椒名茂典，王其只承。"当时得亲王封号者，仅黎氏一人而已，黎以不出席，不开口为消极抵制。派人赴武昌买屋，以夫人养病为辞。

黎请回籍，袁不允；吁请辞职，又不许，袁命内史长阮忠枢与顾问舒清阿往贺授勋，尊称"王爷"。黎云："你们不要骂我。"袁又下令，劝黎受封，令曰："王其只承，毋许固辞。"无何，黎夫人与饶汉祥均劝元洪接受亲王之封，元洪索性不了了之。除黎之外，袁氏拟封溥仪、黄兴为王，溥仪为"懿德亲王"，已成定局，当时清室且有接受之意。

袁氏又下"故人勿称臣"之命,计有旧侣黎元洪、奕劻、世续、载沣、那桐、锡良、周馥7人,嵩山四友徐世昌、赵尔巽、李经义、张謇4人。耆硕王闿运、马相伯2人,总共13名。大抵旧侣最尊而不亲,四友为道义交,又称"故人"。何以黎元洪尊而不亲?因其消极抵制,袁不悦也。何以徐世昌不在最尊之列,因袁深知徐相国,所注重者只为俸给问题。唯嵩山四友有种种优待办法:(一)每人给年金20000元;(二)赏乘朝舆,赏穿特种朝服;(三)临朝时,四友得设矮几以坐,免称臣跪拜。

按旧侣之中,唯黎为袁之部属,其他或高于袁,或尝并肩,然黎氏名列首位,可见黎之接近,非任何人所能比拟。其次奕劻是袁氏之老上司,昔为袁之靠山,感情素洽。世续为小朝廷之首相,素为民国政府所重视。摄政王载沣名列奕劻、世续之后,贬抑之也。足见袁氏对于"回籍养疴之事",旧恨未消。那桐与袁最为投契,袁五旬做寿,那相充戏提调,在台前与谭鑫培请安者,即属此君。锡良在前清督抚之中,最有清廉之誉。两江总督周馥前在段合肥幕,袁受合肥重视,周与有力焉,周氏之女适袁之第8子克轸。

澜按:封爵之前,内史缮就名单,袁用朱笔按名加圈,五圈者为公爵,如龙济光、冯国璋等6人;一圈者为男爵,如许世英、王揖唐等。重武轻文,不得其平者,此亦帝制失败原因之一也。

袁黎之间可谓有始终

迨帝制失败,袁临终时,元洪虽近在咫尺,袁亦未以后事相托,更未指定以黎氏继位,是因帝制之事,二人已有隔阂,不利于黎,亦彰灼可见。

民国五年(1916)6月6日上午巳时,袁氏以糖尿病逝世。据临床医生萧阆友与首善医院方院长云,此病甚为普遍,患者之中,胖子居多。据观澜所知,现世纪20%之人们,患此严重病症,迄今尚无特效药。当年袁公得病之时,口渴胸闷,小便频频,身体日渐羸瘦,针药罔效,遂一瞑不视,在场诸人不知所措，延至下午申刻，然后发出公报，遗命以黎继位。略谓："副总统忠厚仁明，必能奠定大局，以补本大总统之过，而慰全国人民之望。"此令系徐、段二人代拟也。

至于袁饰终典礼，则极其隆重，6月7日入殓时，头戴天平冠，身穿祭天礼服。其棺木系由河南彰德府运来，为太昊陵旁一株老柏所制，古色斑然。大祭时，黎派段祺瑞致祭，举殡时派王揖唐致祭，又派蒋作宾赴彰德代表行祭，派河南巡按田文烈董理建墓事宜，名曰"袁林"，一切建筑，系仿日本明治天皇之神宫，共费400万元。按彰德一带，盗墓之风甚炽，袁因无殉葬宝物，未为盗墓者所垂涎。

（转载自台湾天一出版社《黎元洪传记资料》）

家父饶汉祥与黎元洪

饶蘑华

我父亲的少年时代

我父亲饶汉祥（1883—1927），字芯僧，湖北广济人。我父自少天资聪颖，艰苦好学，16岁考取县案首，19岁中举人，三试京师大学堂，皆第一，文名藉甚。在我父所处的时代，内有清廷腐败，外有列强侵略，内忧外患，国家危急，凡属爱国有志青年，无不痛心疾首，我父爱国有心，他初至武昌时，见闻大广，爱国之心沸腾，愤然作诗曰：

"方今群鲸沸横海，六强角立何匈匈。谁召外人入堂奥，黄河扬子飞艨艟。中原氾滥隔鱼鳖，严刑峻赋犹交攻。安得壮士塞巨浸，尽挈万族登岍嵝。仰天痛哭返归路，道人正打黄昏钟。"

在故乡时，我父联结当时在乡有志青年，结为密友，如居正、田桐、彭汉遗等。他倾向革命，于是又随他们前后去日本留学，在日本崇拜孙中山先生，加入同盟会，又加入共进会。

我父自加入同盟会后，深受孙中山先生影响，作诗曰："誓摅九世愤，扬我大汉声。"来表示他对推翻清室建立共和国的决心。并在送友归

222

国的诗中曰："愿君无惩断头台，君行吾戴吾头来，畏首畏尾真奴才。"
从诗句中可以看出，我父对革命的决心。

我父怎样与黎元洪相识的

我父于1907年自日本回国，那时革命尚处于低潮，为衣食所迫，远任福
建盐大使（相当于教育厅科长）。在福建3年，沉忧郁积，加以父逝子亡，
致患心脏病。在武昌辛亥革命前夕，忽得彭汉遗来电，嘱速回武昌过中秋
节，我父知有变故，即时束装上道。回到武穴，彭来我家，告知革命情
况。彭时任鄂东巡抚使，我父即随之来武昌，其时正值阳夏失守，武昌城
门已闭，不得进城，适逢族侄饶商夷守城门，告知我父危急情况，我父说
革命何惧牺牲。进城后，得和我二叔、三叔相集，时二叔饶校文和李作栋
组织文学社——为一革命据点，三叔饶杰吾为联络员。

彭汉遗介绍我父入见黎元洪，谓我父系东京同盟会会员，有文名，黎
见之很欢喜，认为我父年少有为。那时我父年不满三十，派他在都督府秘
书厅任秘书，起草普通文件，后杨玉如离职，让他接杨工作，任秘书长。
凡关于时局大计，重要文电，都命我父起草。于是我父用骈俪之文，宣扬
民主共和之事。他的文电隶事精详，情辞深挚，在当时起了些影响，使黎
在首义群雄中，增加了一些马首的声誉。

我父追随黎元洪的终始

我父追随黎元洪，是因为他虽不是革命发难人，但对革命有功，有爱
国思想，在当时思想比较开明进步，众望所归，被拥为都督。我父亦少怀
爱国思想，也总想国家能成为共和民治的国家，所以二人志同道合，我父
就竭忠尽智，帮助他。其间袁世凯曾引诱我父为福建民政长，江苏、湖

南、直隶督军亦先后聘我父为民政长，我父一一拒绝，追随黎元洪，始终不渝。1913年黎元洪任副总统，都督府秘书厅改为秘书处，不设秘书长，我父由秘书长改任内务司长，后又接任民政长。这时我父不负文电之事，思有所建树，改革旧制度，建立选举制度，建立法治，废除前清酷刑，焚烧刑具，奖励教育，设立新学等等。

1913年我父在内务司任内，重修陈友谅墓。在内务司内后山上，有一荒墓，当地樵人指点，说是陈友谅墓，我父念陈友谅是驱元复汉的革命志士，虽然失败，但不能任其淹没，使后世人无知无闻，特重修复大汉陈友谅墓，并为之立碑。

袁世凯怀有野心，对黎和段祺瑞有戒心，因令段为陆军总长，黎为参谋总长，并促令黎入京，黎辞不就，不愿北上。我父劝黎勿为所动，为之起草电文辞呈，后来袁克定又出谋：调黎入京加以软禁，出段为鄂省都督，夺去二人兵权。陈宧从中拉拢，往返了3次，拖延了2月。其时正值我父因跌伤踝骨，在病假中。后因就民政长，须应袁传见，临行往见黎元洪，黎告知事变和自己的苦衷，认为当时南方6省兵力已被瓦解，鄂省又无能力自卫，既不能阻止直豫之兵南下，又不能抗兵相拒，鄂省已陷于孤危之地，加之此时袁世凯野心未露，只有解去兵权，接受北上。待我父自北京回时，黎已准备启行，并坚要我父同行。到北京后，袁世凯任黎为参政院长，黎荐我父为参政。

黎到北京后，就买下了东厂胡同一所房子，听说是明太监魏忠贤的房子，黎全家住在这房子内，后来袁世凯想称帝，就把黎迁到光绪皇帝被囚的瀛台内。在东厂胡同时袁对黎百般殷勤，并且要和黎联姻，我父即时向黎进说，千万不要和他联婚，黎不能坚持拒绝，记得我父回来曾向我母说，这是袁世凯的紧箍咒，绝不能上他圈套。我母说可向黎夫人吴氏说，后我父向吴氏力劝拒绝此婚事，吴虽也不同意，但不能做主。以后订婚之日请酒，我父未去，这件政治婚姻，确实害了子女，约20年后，黎之二女黎绍芳嫁到袁家，不久即夭亡了。

我家被袁世凯派军警监围：1915年，我家住在北京兵马司2号，记得是个夏天，我父的一青年通讯员洪诚向我父说，这几天有一队警兵把我家看守了。那时我仅有10岁，我们孩子们入夜从门内偷看，有两架红灯笼摆在我们大门前，一左一右，两边各站有军警，一家人惊慌失措，不敢出门，也无人敢来我家。后来洪诚向我父说，这队的警长名张光裕，是河北人，每夜到我家门房来喝茶。我父即嘱洪与张结交，张答应相机放我父离京。8月间筹安会起，有一天我母忽然告我，我的一堂伯父带我姊妹回武汉探望祖母，在车上两天，未见我父，到武汉时才见我父已到武汉。祖母见我们突然回家，惊喜交集。1916年1月云南起义，讨袁军声势浩大，我祖母恐北京有战事，2月间嘱我父入京取眷回乡，这时我家仍被包围。3月初，仍得张光裕之力，全家才得脱险南下回到武汉。3月22日袁下令取消帝制，4月我父受黎催促，又从武汉来北京。时袁世凯在全国讨伐声中，一气之下，于6月病亡。黎继任总统，我父任副秘书长。1918年，我家住天津，张光裕失业，住在我家，我祖母为之娶妻成家，以家人相待，在我家住了几年，至1923年，黎第二次任总统时，我父任秘书长，荐张任总统府卫队长，此时我父兼任侨务局总裁。

袁病亡后，黎继任总统，任段祺瑞为总理，接着因府院之争，引起了张勋复辟。那时黎为暴力劫持，内外不通，我父绝早闻得消息，即时入府，同府中同僚商量。为使总统能发令讨逆，必须脱离劫持，大家商定，一方面与对方磋商，一方面使秘书刘钟秀陪总统出避日本使馆，卒能使总统脱离劫持，发令授权段祺瑞讨逆，并请冯国璋副总统代理总统，令发出后，段冯入京，不到一周，张部被消灭，黎也于这时去职回天津。

1922年夏，曹锟、吴佩孚连同10省督军省长，联电主张恢复法统，请黎元洪复职。我父以武人专政是民主政治的障碍，劝黎勿应，并建议发电曹吴，以废督裁兵为条件。旋遵黎嘱，特拟废督裁兵鱼电，痛陈武人专政之祸。此电发出，深得全国人民同情，曹吴也表示接受。后因曹锟觊觎总统位职，嗾使阁员离职、军警逼饷，迫总统退位，黎的左右和我父都主张总统不能行使职权，不如南下易地办公，不意到沪后又遭苏督齐燮元阻止在沪开会和办公，使废督裁兵，又成泡影。

我父一生追随黎元洪，想他所未想到的，随时对黎有所建议。其一，革命初期，黎有感于军人专政，有碍于民主政治施行。我父向黎建议军民分治，督军之外，另设一民政长，专主民政，督军则主军事，在湖北首倡施行，后在全国推行；其二，黎二次恢复约法，继任总统，我父建议废督裁兵，并代黎起草鱼电，通告全国；其三，有鉴于鄂省屡受军阀割据统治，政治不得清明，我父向黎建议鄂人治鄂。黎二次任总统时曾荐一汤某代换刘承恩，惜终被肖耀南赶走，鄂人治鄂，亦未实现。我父同黎元洪共患难，共进退逾17年，而国家纷乱日甚，民不聊生，国将不保，我父忧国忧民，只得发之于诗歌。观其诗，是一部悲歌；观其文，电文中常有可为长叹息者，可为痛哭者，这类哀恸的词句，可见他的心情是很忧愤的。

我所见到的黎元洪私人生活片断

黎元洪有较新的生活作风，他常以美国华盛顿总统为榜样。我见过黎元洪数次，记得初次，那是在天津英租界寓所，也是他的大公子黎重光结婚的日子。我父引我和我母亲去见他，他本人和相片一样，身穿西服，容貌堂堂，态度和蔼，有元首的风度。客人上楼去参观新房，我一抬头就看到新房门楣上，挂着一块金框绣花匾额，题曰"镂壁明珠之室"，那是我父送的礼物。记得我父拟好了这六个字，叫我写，我究竟是个孩子，写了几张，我父觉得拿不出手，于是叫我二叔父写，因此我一见这匾，虽不是我写的，印象是很深的。其实新房的华丽，较之匾额题词，有过万千。新娘也是天生丽质，听说是华侨姓唐的女儿。入夜我们观看他家大厅舞台演出的京剧。

京剧在当时是盛行的，举凡国际会议，中外交往，以及大众文娱等都举行京剧演出。黎在任总统时，公余之暇，时常不带侍从独自去大众的剧院，观看京剧，如遇纪念日、节日或有外宾，则在故宫怀仁堂演出京剧。记得在怀仁堂演剧时，我父曾带我去看过几次，印象最深的是梅兰芳演出他新编的《花木兰从军》。黎在天津做寓公时，每逢辛亥纪念日或较大宴会也常演京剧，我也去看过。演员是当时名演员金月梅、金少梅等，有时袁零云（袁克文）兴来，也上台演出昆曲如《脱靴》《拾画叫画》等折。

黎元洪除好京剧之外，也好骑马、滑冰、跳舞等，在总统任内，曾在北海溜过冰。在天津时，他家中常举行舞会，客人中华侨居多。我父曾带我去参观过，父亲指出客人中有清室德菱公主、龙菱公主等，她们已是华裔外侨。父亲很称赞她们能通6国语言。在我总的印象中，黎是过着欧美总统方式的生活。

（武汉市政协供稿，1990.8.25）

黎元洪拒袁世凯封王位

张国淦

　　1915年12月12日，袁世凯登上帝位后，其第一道命令即封黎元洪为"武义亲王"。消息传出，黎电余往商。余毅然进言："以副总统立场，万无接受王位之理。"饶汉祥言："就名义上着想，自不能接受；就安全上着想，又不能不迁就。似不妨容忍一时，再行从长计议。"余言："袁固枭雄，但在此时期绝不敢危害副总统，以冒天下之大不韪。如果有心危害，即命令今日接受，将来仍难避免。副总统果能保存约法上名义，中外观瞻所系，比较上还能达到安全地步，况且事尚未可知，容有转危为安之一日；即不幸危险发生，副总统为创造共和之人，与共和始终，亦自足以千古。"黎频点头。饶言："如君所言，真是牺牲副总统。我并非赞成王位，但不愿副总统牺牲个人耳。"彼此辩论甚久，其左右在座者亦先后发言。黎颇不悦于饶，大声言："你们不要多说，我志已定，绝不接受。即牺牲个人，亦所甘心。"

　　据黎之秘书刘钟秀纪事云：民国四年（1915）底，项城（即袁世凯）登基在即，遂于颁布洪宪年号之前明令黄陂（即黎元洪）为"武义亲王"，并令在京文武简任以上官员赴东厂胡同黎邸致贺。是日晨7时许，百官涌赴东厂胡同，东至隆福寺，西抵皇城根。拥挤不堪，路为之塞。及8时半，人员到齐，由国务卿陆徵祥率领请见。黄陂便装出，陆徵祥致贺词，略谓："大总统以阁下创造民国，推翻满清，功在国家，故明令晋封为：'武义亲王'以酬庸。特率领在京文武首领，恭谨致贺，恳即日就封，以慰全国之望。"黄陂答云："大总统虽明令发表，但鄙人绝不敢领受。盖大总统以鄙人有辛亥武昌首义之勋，故优于褒封。然辛亥起义，乃全国人民公意，及无数革命志士流血奋斗，与大总统主持而成。我个人不过滥竽其间，因人成事，绝无功绩可言，断不敢冒领崇封，致生无以对国民，死无以对先烈。各位致贺，实愧不敢当。"辞毕遂入。各官员亦默然离去。下午，项城又派"永增军衣庄"成衣匠至黎邸，为黄陂量做亲王服。黄陂坚拒不允，并谓："我非亲王，何须制服！"面具呈坚辞。越日，政事堂以公文送"武义亲王"府官制至黎邸，大书"武义亲王开拆"字样，被收文者误劳，盖收文者仅阅及政事堂封面，未及见背面有"武义亲王"字样吧。及呈阅时，黄陂震怒，谓："我非'武义亲王'，岂能收受'武义亲王'之公文！"饬令退还。收文者大窘，多方设法换封，方得退回。自此后，项城派驻黎邸之旗牌内卫等，无不深恨黄陂，终日大声痛詈，故意使黄陂闻之。黄陂亦置若罔闻。前此，民国元年（1912）、二年（1913）间，国人多谓项城野心极大，将来必帝制自为，劝黄陂加入反袁。黄陂谓："目前国情，以统一及安定民生为主。若全国统一，国会告成，项城如有野心，变更国体，即为违反约法，为国民公敌，不啻自掘坟墓。予当追随国人之后，誓死反对。即便予毁家灭身，继起者亦大有人在，中华民国断不灭亡"云云。故袁氏称帝时，黄陂誓死反对，亦为遵守元、二年间之约言也。

（转载自《人民政协报》1988.8.16三版）

受制于北洋军阀的大总统

邓汉祥

　　黎元洪因缘时会，辛亥武昌起义后被拉出任湖北军政府都督，到北京后又两次登极大总统。然而胸无城府，放弃实力，经常受制于北洋军阀，无所作为。兹就所知，分段回忆笔录如后。

为袁世凯所愚弄

　　袁世凯的为人奸诈险狠，窃国野心，积蓄已久，一贯采取两面手法来达到他的企图。如戊戌出卖维新派，辛亥操纵清廷与革命党之间，在其使用欺诈权术时，被玩弄的人往往堕其术中而不自知，事例甚多。现就我个人所亲历关于黎元洪被袁所愚弄的一些事实，略予叙述。

　　1913年3月20日，宋教仁在上海被刺案发生后，全国各省，尤其是长江一带，在国民党的策动下，反袁空气，大有山雨欲来风满楼之势。袁世凯命段祺瑞、陈宧派人前往调查。当时参、陆两部即派覃师范和我到武昌、南昌、南京、上海等处，观其究竟。回京后，由陈宧、唐在礼引我们去见袁世凯当面报告。覃师范比我年长六岁，事前我就推他先报告，我作补充。殊知覃见袁时，忽然做战栗之状，说话吞吞吐吐的。袁见他说不出

230

所以然，也就有不愿听下去的神气，我此时甚为着急，便情不自禁地说："他们反对大总统，有两种借口，就是说宋教仁是中央派人刺杀的，并说大总统要想做皇帝。"袁世凯听我说了这两句话，便兴奋起来，郑重其事地解说，在历史上做皇帝的如何不好，其子孙是如何的残酷下场等等，并说："况且总统职权已与皇帝无异，如果我要做皇帝，辛亥年就可以做，何必等到现在来做，这些都是国民党用来煽惑人心的谣言。"他整整说了35分钟。以当时幼稚的我，听了他这番鬼话，一时也就被他迷惑了。下来之后，每逢有人说袁要做皇帝，我必为他辩护。后来经至好刘一清告诉我说："你太天真了！袁世凯一生专卖假药，越说得好听越不可靠。"我才渐渐醒悟起来。

黎元洪由海军而转入陆军做到协统，已甚满意，他不但没有革命思想，政治上亦缺乏经验，辛亥革命起义，迫不得已而出任都督，当时他对起义的一些同志们，因一再强迫他颇有成见。1911年阳历12月1日段祺瑞令汉阳龟山炮队向武昌蛇山下的都督府轰击，黎率都督府人员，扬言移驻洪山，到洪山后又向葛店前进，因袁段派代表到武昌议和，才中途折回，及同袁段代表接洽停战，黎元洪对袁段所提条件，可谓求之不得，从此双方就没有发生战争，也渐成为袁世凯的驯服工具了。

黄兴因失守汉阳，在群情谴责的情况下离开湖北。南京临时政府成立，黄兴尽管只任陆军部长和参谋总长的职务，但在革命过程中，他的声望甚高，已成为临时政府的中坚人物。因他对湖北方面有排斥情事，湖北与南京临时政府不免貌合神离，袁世凯利用这个矛盾，尽量拉拢湖北方面，黎元洪也认为要走袁的路子，才是坦途，所以袁黎的关系遂异常紧密，在袁同国民党的斗争中，黎总是站在袁的一方。因黎表面上是首义的领袖，兼以他的秘书长饶汉祥所拟文电词句很能动人，袁世凯颇得其助力，国民党则受到很严重的影响。

1913年4月26日袁世凯派赵秉钧、陆徵祥、周学熙与英、法、德、日、俄五国银行团接洽，借办理善后为名，进行2500万英镑的大借款，实际则系筹备打国民党的战费。参议院正副议长张继、王正廷（国民党员）知其内

231

幕，通电反对，南京留守黄兴、安徽都督柏文蔚、江西都督李烈钧、湖南都督谭延闿、广东都督胡汉民等，根据张、王电报，也通电指责这次大借款的违法性质，抨击袁世凯私借外债，丧权辱国。袁见到国民党几个省区的反对电报更赫然震怒，直接威吓反对者说："该都督等有保障人民、维持治安之责，正宜主持公论，不意竟有此随声附和之言，淆乱视听，殊堪骇诧！"黎元洪承袁意旨，也通电帮腔，打击国民党。

　　1913年6月9日袁下令免李烈钧江西都督职，一面派李纯、王占元等率北洋军队进攻江西，并命商承黎的意旨拟订作战计划；关于后勤事务也是由黎元洪派汉口镇守使杜锡钧负责办理。当时黎元洪在武汉方面也杀了许多国民党人来讨好袁世凯。凡在袁世凯打击国民党的一些斗争过程中，打先锋的总是黎元洪，黎以为这样便可以巩固他的地位，保持他在湖北的地盘，并可以发泄不满意国民党的私愤。孰料袁世凯将南京留守黄兴及安徽、江西、湖南、广东国民党的势力击溃后，他认为绾毂南北的武汉重镇，为局势安危所系，岂能容异己的黎元洪盘踞其间，于是就打黎元洪的主意。其办法除利用陈宧外，并收买黎的心腹饶汉祥，及黎所敬重的夏寿康（前清翰林），同时与黎元洪结成儿女亲家。当时我曾听黎谈到此事，说他的夫人不赞成，因袁的儿子是姨太太所生。黎向他的夫人解释说，如张文襄（张之洞）、谭都督（谭延闿）、袁大总统都是庶出，母以子贵，不必计较及此，黎想高攀，不惜以自己女儿的前途作政治上的交换。袁世凯这些布置完毕后，1913年冬，忽然派段祺瑞前往武昌欢迎黎到北京，都督一职，即交由段祺瑞接任，一面采取利诱威胁手段；一面由饶汉祥、夏寿康从旁劝说，实际上形同绑架。袁世凯这些安排非常秘密，黎由汉口乘车北上，行至中途，陈宧才告诉我同刘一清。我们到保定去迎接黎，见面时，他意气甚为沮丧，到北京后就把他安置在中南海瀛台，等于软禁。我过去承黎提挈，确有私感，每逢星期日必去看望他，大有门前冷落车马稀之凄凉境况，令人不胜感慨！

反对帝制拒封亲王

袁世凯在打败国民党，夺取黎元洪湖北地盘后，复于民国三年（1914）12月以会办四川军务名义派陈宧率北洋军队冯玉祥等三旅入川，刘一清和我也奉调随同前往。袁世凯这些如意算盘达成后，以为"天下莫予毒也"，遂积极进行帝制。当时他知道刘一清和我为陈宧亲信，并晋升我们二人为陆军中将以示羁縻，但我们始终坚决反对帝制，终于转变了陈宧拥袁的思想。川省独立之后，蔡锷甚为高兴，曾有敬成电略谓"成都陈都督刘顾问暨邓范杨诸兄鉴：二兄致京两养电，已电由滇黔分途递寄矣。四川独立，竟观厥成，二兄之苦心毅力，深堪佩仰！诸兄翊赞之功，足垂不朽。如袁氏因川事发动，幡然彻悟，退职去国，则二兄一举手投足之劳，胜于雄师百万矣"等语，殊非袁世凯始料所及。当袁揭露帝制时，又感觉黎驻瀛台，观感有碍，特购东厂胡同住宅赠给黎元洪。这所住房，系清末后党首要荣禄的故宅，也系明奸宦魏忠贤的遗园。一面又以大总统的名义封黎元洪为"武义亲王"。当时黎左右的湖北人，分为两派，赞成帝制者：有秘书长饶汉祥、平政院长夏寿康、辛亥武昌起义的主要人孙武同师长黎本唐、蔡汉卿、石星川等；反对帝制者：有副秘书长瞿瀛、秘书黎澍，武昌起义的骨干曾任师长的邓玉麟、高尚志及国会议员张伯烈、时功玖等。周树模亦站在反帝方面，周曾做过前清巡抚，在鄂人中素负重望，他的言论亦能影响黎元洪；至瞿瀛虽仅任副秘书长，但他长于旧文学，对黎甚忠实，黎的一切重要文件多系由他执笔，黎很信任他，他反对帝制在黎身边说话颇有力量，黎辞参政院长、参谋总长，都是瞿瀛的主张。饶汉祥、夏寿康深知反帝制的这一部分人，可以动摇黎元洪的思想意识，如用皇帝的命令来册封，黎是辛亥首义的人，适贻反对帝制者阻挠受封的口实，黎便不好接受，因此才用大总统的名义册封。令文云："光复华夏，肇始武昌，追溯缔造之基，实赖山林之启！所有辛亥首事立功人员，勋业伟大，凡夙昔酬庸之典，允宜加隆。上将黎元洪进节上游，号召东南，拥护中央，坚苦卓绝，力保大局，百折不回，癸丑赣宁之乱，督师防剿，厥功尤伟！照法第二十七条，物沛荣施，以照勋烈，黎元洪著册封武义亲王。带砺河山，与同休戚，嘉名茂典，王其敬承。此令。"此项令文下达时，黎拒避不受，嘱瞿瀛草拟辞王位函，大意谓："武昌起义，全国风从，志士暴骨，兆民涂脑，尽天下命，缔造共和。元洪一人，受此王位，内无以对先烈，上无以誓明神。愿为编氓，终此余岁"等语。并将册封原匣返还。饶汉祥、夏寿康又向袁世凯建议说：黎为左右所摇惑，并非奉意，可再册封。又于中华民国四年（1915）12月19日以政事堂奉申令的方式，派礼官及九门提督江朝宗送往黎宅，黎仍拒绝。从此以后，便闭门谢客。黎元洪的生平，就我所亲见，他是中无所主，因此一切多系被动，如武昌首义及辞王位，就系较显著的事例。

斗不过段祺瑞

1916年6月6日袁世凯暴卒，黎元洪以副总统继任大总统，段祺瑞为国务总理，一切实权都操之于段，黎元洪形同傀儡，一筹莫展。黎对段过去逼走他接替鄂督，始终未能释然。此时段独揽大权，国务会议的议事日程和议事纪录，从来未呈总统阅览，仅由国务院秘书长徐树铮口头向黎报告一下。每发一令，总统不知其用意，每用一人，总统不知其来历，黎元洪颇觉难堪，在其左右蒋作宾、哈汉章、饶汉祥、金永炎、黎澍等怂恿下，旧仇新恨，涌上心头，所谓府院之争，便日趋尖锐。由于内务总长孙洪伊同徐树铮发生冲突，段提出罢免孙洪伊，黎不赞成，段祺瑞前后拟就的一些命令，黎都以拒绝盖印或延迟盖印，使其失去时效为对策。一面并拟改组内阁，以徐世昌代替段祺瑞，因徐不愿得罪段，遂未成事实。段愤怒之余，竟向总统府提出责问，责备总统的一切措施，违反责任内阁制的精神，黎迫不得已，只好下令免孙洪伊的职。

1916年12月以冯国璋为首的22行省及特别行政区军民长官，致电黎元洪略谓："今后有政客飞短流长于府院间者，愿我大总统总理立予屏斥，任贤勿贰，去邪勿疑，然后我大总统可责总理以实效，总理乃无可辞其责"等语。同时致电段祺瑞则云："自内阁更迭之说起，国璋等屡有函电，竭力拥戴，一则虑继任乏人，益生纷扰，一则深信我总理之德量威望，若尽其用，必能为国宣劳"云云。这时冯国璋已被选举为副总统，此项电报，显然在打击黎元洪，支持段祺瑞。1917年1月7日倪嗣冲约集北方各省军阀代表到徐州开会，议决请总统罢斥佞人，取消国会，拥护总理，淘汰阁员，尤予黎元洪以难堪，所谓府院之争更如火如荼。黎、段冲突之最突出者，即对德宣战和段祺瑞呈请解散国会二事。1917年3月，段祺瑞提议对德绝交，在国务会议通过，黎元洪以国会未通过为理由，拒绝在电稿上签署，段祺瑞便愤而去津，后由冯国璋调停，段仍返回北京，于4月25日召集各省督军到京，成立督军团，逼迫国会通过参战案。5月1日国务会议讨论宣战案，各督军等破例进入会场，发表意见，宣战案得以顺利通过。5月3日督军团公宴国会议员，对宣战案做疏通工作，7日即将宣战案向国会正式提出。10日国会开会讨论，在讨论时，院外聚集了许许多多形形色色的请愿团体，由段祺瑞的亲信靳云鹏、傅良佐亲身指挥包围国会，凶殴议员，劫持议会，以期将宣战案通过。因请愿团体殴伤议员，国会就停止开会，19日并议决将宣战案缓议，段祺瑞则利用督军团借口宪法草案不适合国情呈请解散国会，黎不同意。5月23日，黎元洪竟以外交总长伍廷芳副署，免去段祺瑞总理职务，并以伍代理总理。段祺瑞由京赴津时曾发出通电，大意谓："责任内阁制，非经总理副署不能发生命令效力，此次祺瑞去职，本人未经副署，以后国家地方，发生任何影响，完全不负责任。"并暗示督军团采取行动，打击黎元洪，于是安徽倪嗣冲在5月29日首先通电宣告脱离中央，奉天张作霖、直隶曹锟、山东张怀芝、河南赵倜、浙江杨善德、陕西陈树藩、福建李厚基等亦相继独立，黎元洪手忙脚乱，穷于应付，乃邀请徐州的张勋出面调停，张便率所部来京。在未入京前先派李咸铎代表谒黎，要求黎先解散国会，张才出面调停。6月13日黎元洪允张勋之请，由江朝宗副署，下令解散国会。次日张勋即由天津到北京，7月1日张勋、康有为等，拥出清朝废帝溥仪复辟，黎元洪逃匿。段祺瑞于7月3日到马厂誓师，宣布张勋八大罪状，12日进逼北京，将张勋击溃。这出复辟政权闹剧仅12天就崩溃了。

终溃于曹锟吴佩孚之手

1920年7月曹锟、吴佩孚、张作霖联合打倒段祺瑞后，仍然拥护安福国会所选出的徐世昌为大总统，直、奉破裂，张作霖失败出关，北京政权完全掌握在曹、吴手里，这时曹锟企图取徐世昌的总统地位而代之，又苦于无适当产生的方法，约在1921年五六月间乃以恢复法统为名，欢迎黎元洪复大总统职，并主张恢复旧国会，为曹锟窃国铺平道路。当时黎元洪曾提出以废除巡阅使督军等为条件，意在迎合全国人民厌恶军阀的心理，曹、吴及直系的军阀亦假意复电赞成。黎复职后，曹、吴等对此项主张置之不理，黎也不敢再提。约经过一年的时间，经曹锟的心腹爪牙曹锐、高凌霨、王承斌、边守靖等，在旧国会方面勾结议长吴景濂、副议长张伯烈，运动逐渐成熟，遂多方驱逐黎元洪，用军警索饷、警察罢岗、市民散发传单等卑劣手段逼黎下台，并将总统府及东厂胡同黎元洪住宅的电灯、自来水截断，为黎守卫的士兵亦自动散去，这些部署和执行，冯玉祥实为其主要。而黎元洪在这一年的总统任内，出谋定计，都是政学系的李根源、韩玉宸等人。在曹党恶作剧的情况下，政学系诸人亦束手无策，黎迫不得已避往天津。至津站时，直督王承斌又来一个劫车索印，弄得黎元洪狼狈不堪。黎走后，曹锟进行贿选，竟以5000元一票被选为总统。黎从此以后，也脱离了政治生活。

（全国政协供稿）

236

从黎幕诸子探源府院之争

刘星楠

民国二年（1913），袁世凯解散了第一届国会，大多数议员都经过了两三年的困苦颠沛生活。此次幸得恢复，议员诸公自己觉得议员的地位不保险，于是借着议员的头衔为阶梯，群趋于猎宦之途。尤以政学会的议员最为热心禄利，其中如张绍曾、谷钟秀、杨永泰、文群等，终日结驷联骑，奔走于黎、段之门。

政学会原是一个政团，是从国民党内分化出来的，其分化原因，就是因为挂着国民党的招牌于做官不利，所以脱离了国民党，当时有人私议，说政学会分子都是官迷。

段祺瑞对于这一伙求官的议员，初尚敷衍，继见来者愈众，且均抱有做显官的欲望，位置无多，供不应求。于是对于议员求见者，一律享以闭门羹。对不是求官而来商榷政见者，亦连带受了冷淡的待遇。

黎元洪则不然。黎氏对于议员求见，一向是来者不拒，且应接态度平易近人，若谈及求官问题，黎氏必照例说，只要你向段总理方面商量好了，我这一方面毫无问题。总理若不答应，我也没办法，因现在是责任内阁制。

议员中第一个出来做官的就是丁佛言。丁为人粗鄙无学，浅躁无识，又不安分，遇事专好兴风作浪，卖弄聪明。清末他在山东咨议局做议员，已经闹过许多笑话。民国元年（1912），黎元洪任共和党的理事长，丁系共和党的中坚党员，当时他二人已经有所接触联系。民国五年，黎氏继任大总统，哈汉章、孙发绪等竟怂恿黎元洪任命丁佛言为总统府秘书长。当时的国务院秘书长是徐树铮，为段氏亲信，徐为人胆大量小，貌智心愚，遇事兴风作浪，卖弄聪明则与丁佛言可谓异曲同工，而骄悍之处或有过之。

总统与总理，关于一切政务，并不经常见面磋商，皆由双方秘书长代表接洽。几乎每日都需见面。都是著名的好事之徒，彼此钩心斗角，负气逞材，以致府院之间发生了许多政潮。

任命阁员之争

府院之间第一次大冲突，便是阁员名单问题。按照临时约法，及民国惯例，国务总理系由大总统提名特任，其他阁员名单，系由国务总理提出商承总统完全认可后，再由国务总理提交国会征求议员之同意。而丁佛言、哈汉章、饶汉祥、孙发绪等，竟悍然违法，怂恿黎元洪片面的擅自拟定一阁员名单，一面通知段祺瑞，而一面径行提交国会。

记得黎元洪所拟的阁员名单为：

外交唐绍仪，内务许世英，财政陈锦涛；

陆军段祺瑞，海军程璧光，司法张绍曾；

教育孙洪伊，农商张国淦，交通汪大燮。

唐绍仪系民国改元第一任总理，资望较高。丁、哈等预料将来黎、段必有交恶之一日，所以提出唐绍仪来，以备将来一旦黎、段决裂，即以唐绍仪继任国务总理。

许世英善于趋附，做官的手段极高，他以北洋的老官僚，在蒋介石统治时代获得很高的职位，便可证明他的老吏手段。自民国元年即极力联络黎元洪，因皖籍同乡关系与段祺瑞亦有较厚的私交。

陈锦涛之弟锦章与黎私交素厚，黎在湖北时，锦章曾窃公款30万元逃走，元洪设法代为弥缝，并未追究，锦涛对于元洪极为感激。此次锦涛被提名，还是在黎氏幕中花费不少运动费的。

程璧光是黎元洪在前清天津水师学堂的同学，而且在兵轮上同事。其与段氏素不相识。

张绍曾、孙洪伊均为众议员，张系法律学者，孙无专长，此二人均以结好黎幕诸子而被列名，与段氏不相识。

张国淦、汪大燮均为黎氏同乡，且素附元洪。汪之为人精于官场，自民国以来，至其身殁，几乎每幕都有他出场。

段祺瑞为人稍较深沉，接到此项名单，默然不语，其心中当然不快。徐树铮为人轻躁，见此情形当然沉不住气，他见段祺瑞无所表示，他也不敢当面说出主张。他退出之后，心生一计，不直接向元洪反抗，而采用了另一手段，即嗾使各省军人单独反对唐绍仪。于是由冯国璋、张勋领衔发出通电，列举唐之丑行，并谓如任唐掌外交，以后外交部与各国所订的条约，各省皆不承认。只此一举便形成了后来督军团进京的先例之根。

当此电文发出之时，唐绍仪已经到了天津，唐在天津见此电文，遂即折回上海去了。黎元洪收到冯、张等20余人联名通电，始自悔做事孟浪。黎幕诸子的凶焰也被这一纸通电压下去了。于是黎元洪始由电话邀请段祺瑞过府，黎以前倨后恭的态度，双方重新商定阁员名单：

外交伍廷芳，内务孙洪伊，财政陈锦涛；

陆军段祺瑞，海军程璧光，司法张绍曾；

教育范源濂，农商谷钟秀，交通许世英。

孙洪伊才识甚低，不敢担任教育，且夹带人才已有150余人，在教育界绝对无法安插，因此，孙到任后即撤换部员，以便安置其私人，于是部员联名控告。孙遂去职。

谷钟秀系前清浙江巡抚增韫的幕僚，在浙已显劣名。此次组阁，认为做官的机会到了，于是向政学会的会员们许了很多条件，始由政学会的会员向黎元洪请求，始得列名。

陈锦涛、许世英系因在黎幕下了本钱，所以彼等一到任所，拼命捞本，后均因赃案蹲狱，世英手眼高明出狱较早，而陈则被囚一年有余始得释出。

自孙洪伊、谷钟秀做了阁员之后，经常帮着丁佛言，吹毛求疵，所以府院争潮日益加剧。

任命山东省长之争

关于任用普通官吏，府院双方意见也不一致，府方提出的，院方有时不同意，院方提出来的府方也故意挑剔，所以有许多已经拟定了的人选，中途竟搁浅了。另外因任命山东省长问题，几乎双方起大波。黎幕诸人认为中央的阁员，黎派已占了优势，阁员中没有跟段祺瑞一致的。许世英或者勉强算是半个。极有向外省扶植势力之必要，然军界是不易扩张的，只有在行政界想办法。于是丁佛言、谷钟秀等，煽动黎元洪任命孙发绪为山东省长。

孙发绪字莼斋，安徽怀宁人，在安庆素有阮大铖第二的徽号。辛亥武昌起义后，他向皖抚朱家宝自告奋勇，愿西赴湖北侦察民军虚实，以便效忠清室。他到武昌后，自称分发候补人员，愿投效民军，由李作栋、雷洪介绍见了黎元洪、孙武，发绪舌巧如簧，黎、孙二人竟为所惑，延之入都督府。汉口失守，詹大悲至浔阳，得悉发绪系朱家宝派来的侦探，函告在鄂诸同志，须加意防范。某日都督府会议，第二镇参谋蔡大辅以手枪击发绪未能命中。第二镇统制张廷辅，亦力主惩办。元洪不得已，遂将发绪交军法局永远监禁，迫宣布共和后，元洪纵之私逃。发绪逃至北京冒充黎元洪代表，因系皖籍，终日奔走段芝贵、陆建章之门，发绪且善贡谀，段、陆二人竟认其为才堪大用。后因起义人员授勋，遂将发绪之名列入名单，授予一个勋五位。武昌起义人员见之大哗，纷纷电京揭发其隐。发绪自觉没趣。其时，朱家宝已移任直隶民政长，发绪恳求朱家宝愿到外县做一知事，盖因无颜再回北京也。家宝居然委其署理定县，到任后，百政废弛，唯与谷钟秀、王振垚的家族，曲意联络。所以到民国五年（1916）谷钟秀做了阁员，与丁佛言勾结一气，极力代发绪暗中酝酿山东省长一席。

谷钟秀在民国元年，因为推戴标准小人王芝祥做直隶都督，遂酿成了唐绍仪出走的大政潮。此次又推荐孙发绪做山东省长，招到了山东人民的反对。

关于任命孙发绪为山东省长一事，黎已命人缮就任命加盖府印后，尚须国务院加盖印信，会同发令。丁佛言认为事关山东问题，不便出面，丁素知哈汉章与段祺瑞有师生之谊，遂请元洪特命哈汉章持令前往段处。哈见段说：总统因为山东省长缺人，今物色了一位安徽同乡孙发绪，认为人地相宜，即请老师盖令发表吧！段祺瑞听见"安徽同乡"四字，勃然大怒，拍案骂道：什么东西，我不认得这个同乡，难道说安徽同乡就该做省长吗？汉章见势不佳，即行溜走。当时适值许世英在座，许遂劝段说：总理不要生气，孙发绪这个人我也认识，是一个势利官僚，香岩（段芝贵）同他很要好，将来或不至于对我们敌视。关于山东省长，以我所闻总统预备了3个人，一孙发绪，二李庆璋，三丁佛言；李、丁二人做山东省长，均有后患，反不如发表了孙发绪，将李、丁二人截住。段听完许世英的话认为颇有道理，遂勉强将命令发表。

李庆璋字莪卿，山东历城人，系张勋的亲信，当时正任江苏徐海道道尹。

自此以后，孙洪伊、张绍曾、谷钟秀三人，为狡兔三窟计，又打算以阁员兼任议员，即使丢阁员，还可以回到国会去当议员，且可以凭借着国会的威风作他们的后盾，却想不到，此案提出后，竟被参众两院否决了。

参战问题之争

中国参战问题，是府院争执的第二次大风波。中国参战问题，首先发表主张的是梁启超，梁曾周游各国，对于各国的国情形势，比较明了，当时梁已经看准了德奥集团没有战胜的希望。所以毅然发表此种投机的主张。中国宣布参战，协约国战胜后只是体面上好一些，国际地位、外交权力，稍微地可以提高，或顺利一些。至于较大的利益，是得不到的。因为事实上，中国无力牺牲大量金钱，派遣大批军队到国外去作战。反过来看，中国若不参战，怎么样呢？中国当时原是半殖民地的国家，为世界列强所看不起的国家，然始终维持中立，协约国战胜后，亦不至于把中国当敌人看待，不过体面上差一些。总而言之，参战与否，并不是国家存亡的根本问题，乃是私见私利之争，都不是为了国家的利益。表现在黎、段争端上，段这方面，以为若实行参战，战事结束后，他就可以获得协约国的同情，他的武力统一政策就容易贯彻。关于借款练兵诸问题，就容易解决。袁世凯死后，事实上他已经成了北洋军阀的领袖，若再得到世界列强的援助，他这一派在国内就根深蒂固了，就可以恢复袁世凯时代军政两界的旧势力。黎派的心里恨不得立刻将段派打倒，把北洋军阀即时消灭。参战案若能成功，段及北洋军阀的寿命又得到巩固和延长。所以黎幕诸人，暗中勾结了一部分国会议员，极力破坏参战案。关于参战案竟演变成为军人与国会议员之争。段派的后面是一大批北洋军人，黎派后面是一大批国会议员。靳云鹏、徐树铮二人，恐怕参战案被参众两院否决，于是铤而走险，竟电召各省军事领袖，包括督军、护军使等，齐集北京，威胁国会，非通过参战不可，此举即常谓之督军团也。当时除督军团案外，又有曲同丰、孙熙泽等所倡导之公民团，其举动较督军团更无意识。

黎幕诸子，见事已危急，索性一不做二不休，嗾使各阁员辞职，使段祺瑞成了光杆总理。然后借口内阁无人，由元洪下令将段免职，督军团到此地步，势成骑虎。首由倪嗣冲、杨善德宣布独立，与中央政府脱离关系，各省督军纷纷效尤，黎元洪反成了光杆总统。督军团并威逼元洪解散国会，黎幕诸子，心中虽已着慌，然仍想出以合肥人制合肥人，以北洋派制北洋派的办法。竟撺掇黎元洪任命李经羲为国务总理，电召张勋入京。

结果，李经羲组阁不成，黎元洪下令解散了国会。张勋到京扮演了一出复辟丑剧。

自此以后，南北对峙的局面愈加尖锐，而南与南战，北与北战，造成分割抗拒的局势，所谓英雄造时势论者，却万料不到混世虫能造出什么样的时势来！如若专就民主政潮而言，其是非曲直，则黎元洪、段祺瑞、徐树铮、丁佛言、孙洪伊5人当祸之首，罪之魁或不谬也。

（天津市政协供稿）

黎、段府院之争的主要成因

徐　樱　齐协民

编者按：下面两段文章，是分别从徐樱的《先父徐树铮将军事略》（载《天津文史资料》第40辑）和在北洋军阀时代充任过《民生报》总编辑的齐协民写的《官僚军阀祸国殃民见闻录》（载《天津文史资料》第11辑）中摘出的。它反映了"府院之争"的主要成因，有参考价值。题目是编者加的。

（一）

袁世凯帝制失败，民国五年（1916）6月间死了。段祺瑞大权在握，但没有自做总统，而是拥戴现任的副总统黎元洪继任，段氏为国务总理，第三次组阁，任命徐树铮为国务院秘书长。从政治上说来，黎、段的结合，非常不幸，不但他二人很快就成了誓不两立的死对头，同时也给国家带来了灾难。段祺瑞看不起黎元洪，前清时期，段做过统制（相当师长）、军统（相当军长）和提督，又署理过湖广总督，而黎元洪那个时期不过是个协统（相当旅长），此其一。第二，段自恃是民初北洋派首屈一指的大将，而把黎看成一名无权无勇的政治俘虏。第三，段认为黎居总统的地位，是他一手"提拔"起来的，所以对于黎没有假以辞色的必要。

无可讳言，段、徐原是两个极为飞扬跋扈的人物，对黎元洪的态度可以想见。段氏自己不愿常与黎见面议事，徐树铮身为秘书长，便不得不常与黎接触，而他的专断态度显露出来，目无黎大总统的事情，多有传闻。内阁内部产生矛盾，"府院之争"酿成，而斗争白热化，正面交锋对垒的人物中，徐树铮又成了主要角色。黎元洪曾愤慨地说："现在哪里是责任内阁制，简直是责任院秘书长制。"府方策士看到段、徐专横，时下一般军政要人都有吃不消之势，主张电召隐居河南卫辉的徐世昌入京组织内阁以代段。他们认为：段氏的政治资本是北洋派，而徐世昌在北洋派中的威望则高于段。

徐世昌到京，提出所谓"府院威信双方兼顾"的办法，就是将"府院之争"中的两名主角——徐树铮和虽经发表教育总长而不肯到任的孙洪伊同时免职。徐树铮拿了免他职的一道命令入府盖章，黎元洪一面盖章，一面流露出忐忑不宁的神色，还说了许多安慰性的好话。黎、段形如水火，民国六年（1917）黎免段职，段由京到津，徐树铮随之入津。黎、段的对立，意味着北洋派与非北洋派的对立。

（二）

1917年大总统黎元洪与国务总理段祺瑞因对德参战问题，发生了矛盾，演成所谓的"府院之争"。段祺瑞被免职后，暗中联络各省军阀组成督军团，进行拥段反黎活动。首先由皖系大将安徽省督军倪嗣冲通电各省，宣布"独立"；继由奉天张作霖、陕西陈树藩、河南赵倜、浙江杨善德、山东张怀芝、黑龙江毕桂芳，直隶曹锟、福建李厚基、山西阎锡山等省督军，响应倪嗣冲的通电，也宣布独立。他们各派代表来津，设立各省军务总参谋处，由雷震春任总参谋长，准备成立临时政府和临时议会。另由各铁路线向天津运兵，造成即将发动武装政变的紧张局势。黎元洪本是一个傀儡总统，他既无兵又无权，他手下只有四个谋士，即金永炎、哈汉章、唐仲寅和饶汉祥，由于各省军阀对黎的不满，上述四人被称为"四奸"。黎本人虽不属直系，但直系却利用他作为抵制皖系的政治工具。段祺瑞的后台是日本帝国主义，直系的后台则为美英帝国主义，因此说府院之争，实质上是在反映直皖之争，也反映了各帝国主义分子通过中国军阀们争夺权益的斗争。在这样的情况下，黎元洪如果倒台，直系和英美帝国主义势将陷于不利地位。为此，直系军阀派"小诸葛"边洁清秘密南下，就商于江苏督军冯国璋和江西督军李纯，设法使英美帝国主义插手这件事，为黎元洪解围。

　　黎政府驻德大使颜惠庆，是英美派的中坚人物，这时由于中国对德断交，颜卸任回国，冯国璋、李纯乃委托颜惠庆联系英美大使。经过颜的奔走磋商，英美帝国主义允由美国公使出面干涉中国内政，给黎政府递送了一份公文，要求黎元洪转达督军团，施加政治压力。与此同时，黎元洪电请张勋北来调停。张勋到津后，即与督军团勾结，并向黎政府的代国务总理伍廷芳提出两个条件：其一是撤除京津的警备部队；其二是解散国会。这两个条件，是张勋进京调解的前提，这两个条件不解决，张勋就不再进京。黎元洪最初只答应撤除京津警备，不同意解散国会。张勋威胁说："非解散国会不可，限三天下令解散，否则本人即通电卸责，南下回任，恕不入京。"黎元洪迫于张勋的压力，又仗恃美国人出面干涉，自以为可保无虞，遂下令解散国会，请张勋入京。不料张勋进京后，立即表演了一出复辟丑剧，黎元洪被迫下台，大总统仍然没有保住。美国人的出面干涉，虽然没有保住黎总统，但对督军团却起到了敲山震虎的作用。督军团一方面害怕美国人，但另一方面是与张勋有了默契，准备在复辟后进行分赃，故其反黎活动得到暂时缓和。从此，帝国主义与军阀派系的勾结就更加深入了一步。

（天津市政协供稿）

黎史的两个片段

袁家宾

黎元洪在1915年12月15日，被袁世凯册封为"武义亲王"。由袁派他的次子克文亲自送黎府，黎拒不受封。在命令发表的当天，袁命国务卿陆徵祥率领简任级以上诸文官，上校以上诸武将，齐到东厂胡同黎家中去道贺。黎见此情况，只冷淡地说了一句话："无功不敢受爵。"便再一言不发，大家只好鞠躬告退。袁随即又派人用大红帖送去两万银圆，上写"赏武义亲王"字样，黎退回不收。袁又改写姻愚弟袁世凯敬送，黎始欣然收下。

当天下午，黎又将袁送来的预先制就的一套金花亲王服，拒不为收。次日，袁又派人将预先拟就的亲王官制表送去，黎宅收发人员误拆收下，遭黎怒斥，仍将原件给袁退回。

1916年1月9日，袁又补发一道命令，请黎不要固辞"武义亲王"，并拟再加一个辅国大将军（上将）的称号，黎表示不就。饶汉祥在侧极力劝黎明哲保身，可勉为就职，黎将其严厉呵斥后，永禁饶汉祥再未登门。

黎此时为何又如此坚贞不屈，拥护共和？因黎本身原是个见风使舵的政治投机老手，他心中有他自己的如意算盘，他跟进步党比较接近，他深知进步党正在反袁倒袁，他已看清袁的帝制自为必将短期失败，不论如何，将来他以副总统继承大总统地位，是顺理成章之事。为了他个人的利害关系，何苦为洪宪王朝去做无谓的牺牲。黎也清楚地看到他在这帝制的风浪中，不能由"开国元勋"而落得个"民国叛徒"。这就是他这次如此公开地不去参加帝制旋涡的主要原因。

黎又进一步请求辞去参政议长职，并不到院办公，更请解除其副总统职务，再三乞求回湖北黄陂原籍休养。被袁一再"恳切慰留"，不允离开北京。

黎元洪又借口夫人患病，所居瀛台过于寒冷，不适起居，请求另迁住所，袁始同意移居东厂胡同（此宅系早年袁所赠送于黎的住宅）。

1915年10月1日，黎请袁裁撤其副总统办公处，并称自即日起，不再接受副总统薪金和办公费，但袁对此均置之不理，未予回复，黎只能度日如年，忍之而已。

1916年3月25日，蔡锷起义后，在云南给黎的电报中，有依照民国元年约法，推黎副总统继任大总统。但袁坚决不肯退位。

同年4月22日，袁世凯自知已陷绝境，四面受敌，不得不把黎元洪请出，恢复其副总统职务。黎虽每天到公府和袁共同处理国事，但对袁仍是抱着貌合神离的态度来应付一切。

1916年6月7日（旧历五月初七日）即袁死后的第二日，由徐世昌、段祺瑞、王士珍、张镇芳4人打开金匮石屋，见到袁生前所写的继承总统名单，上面写着黎元洪、段祺瑞、徐世昌3人的顺序名字。于是，黎元洪即于当日在东厂胡同私宅举行就职大总统典礼。6月28日，黎在袁世凯移灵出殡时，只在新华宫向袁柩行一鞠躬礼。

黎元洪和段祺瑞的摩擦

1917年，黎元洪在执政大总统任内，和当时国务总理段祺瑞因对德国宣战问题，双方意见不合，发生争执以致冲突。

同年5月21日上午，段祺瑞去总统府见黎元洪。经黎接见后，双方商谈一小时有余，争论激烈，段坚持己见，要求黎即下令对德宣战。黎则反复强调说国会不同意这样做。最后见段竟对黎拍案大骂，临走时还用力跺脚说，我不干了。带怒而出，黎对此未加理会。

黎在总统府用电话通知北京车站，不经总统亲自批准，任何人不得开行专车。段到车站，见不提供专车，大怒，掏枪威胁站长，强行开走专列去天津。黎闻知此消息后，于5月23日，即命令免去段祺瑞国务总理职。

段在天津寓居时，倪嗣冲来见段，大声嚷道："黎宋卿对我说，不经国会通过，径行对德宣战，是不合法。什么他妈的法，总理是责任内阁的领袖，总理的话就是法律。他（指黎）不经内阁副署，就免去总理的职务，是合法吗？辛亥革命武昌之变，他听到枪声吓得钻进床底。这种人还以开国元勋自居，还有谁来拥戴他呢？"段说："庸才足以误国。"后此对话竟为黎的亲信所悉，转而告黎，黎从此对倪嗣冲亦多方责难。

1917年7月14日，黎元洪卸任总统下台，由副总统冯国璋继任大总统。段祺瑞由天津乘专列返回北京，复任国务总理，于8月4日，即宣布对德、奥两国宣战。

（武汉市政协供稿）

黎元洪两次任大总统下台的经过

张绍程　述　胡君素　记

曹锟急于当总统

1922年至1923年黎元洪第二次上台，补足他第一次总统任期，他的总统，是经过国会及一批南下护法议员支持的。这时的国务总理张绍曾也是经两院议会通过任命的。在黎补足任期将满时，盘踞在直隶省保定的直鲁豫巡阅使曹锟觊觎大总统宝座，一定要想攀登上去。他的势力，分布在北京、天津、保定，形成那时的京、津、保三派：在北京的以高凌霨内务总长，吴毓麟交通总长为首领；在天津的以曹锐、王承斌前后任直隶省长，边守靖直隶省省议会议长为首领；在保定的以曹锟的巡阅使署秘书长王毓芝为首领。这三派都是拥护曹锟做大总统的。当然还有在洛阳的吴佩孚的实力派。黎在任期未满前，曾宣布他绝不竞选下届大总统。虽然黎元洪这样表示，曹锟仍然不放心，积极布置，准备用金钱收买两院的国会议员，以众议院议长吴景濂为首，替他进行这一交易，每人5000元一张选票。

倒黎必先挤掉张绍曾

正当曹锟要做大总统甚嚣尘上的时候，适逢保定陆军军官学校第九期学生毕业，张绍曾以国务总理身份代表总统，去主持这次毕业典礼，因为这批学生是民国六年入学，中间因战争关系停课到民国十二年春季才毕业。在民国六年时，张绍曾以陆军训练总监身份去主持过这批学生的开学典礼，这次去除代表总统对毕业生训话，和发给毕业证书及赠送军刀外，另一主要目的是借这个机会到保定劝曹锟不要用金钱来贿选总统，应当通过国会正式合法手续选举。黎既不竞选，当然曹的希望是很大的。但曹急于求成，不听劝告，同时曹以为张是稳着他，怀疑张绍曾和他竞争。因为张的总理是两院议员一致通过，曹认为张在国会势力大，有议员拥护，其实那年张才44岁，按当时选举法尚不到年龄，没有资格竞选。

曹锟既然要贿选，急于登上宝位，必须要首先把黎元洪撵走。但撵走黎就必须先把责任内阁张绍曾这个国务总理挤下去才能实现。由于冯玉祥以陆军检阅使驻在北京，冯和张的关系是很密切的，曹派有所顾忌。在这以前冯玉祥在河南解决了赵倜后，曾得到张绍曾支援，成立了三个混成旅，旅长是张云江、李鸣钟、宋哲元，冯自兼第十一师师长，那时张以陆军总长的命令，未经国务总理汪大燮批准，即许可冯成立三个混成旅。

黎与冯玉祥关系紧张

冯玉祥军队虽多，但无地盘，给养非常困难。他时常要求黎给他设法维持饷粮，黎虽表示"有饭大家吃"，但是点金乏术。于是张绍曾就想到把崇文门监督这个税政机关给冯，以资挹注，把监督这个缺委冯系人物薛笃弼担任。张绍曾在国务会议通过这一议案，将命令送交总统府盖印，黎元洪拒不签署。原来崇文门监督税收机关的收入，从前清时代起，那个收入是归宫内的胭脂费用，一向是为皇室所独享。到了民国，即成了总统府的收益，作为特别开支。张国务总理把这个税收机关赠给冯陆军检阅使，黎总统认为影响了总统府的利益，断然拒绝这项命令，不肯签署盖章，几乎闹到张绍曾要辞去内阁总理之职，几经调停折中，答应每月仍提10万元给总统府，黎元洪才勉强答应。那时候崇文门监督的税收每月可得30万元，给黎10万元，冯仍感不足，故此，冯对黎的吝啬极表不满。有一次黎去航空署航空教练所给举行毕业典礼的学生发证书，张绍程任航空署所长，陪黎去行礼，黎在礼毕后对张绍曾说："我们去看看冯焕章。"这时冯正患小肠疝气，冯听到黎来看他，以为黎对他表示好感，极为高兴，勉强出见，由卫士二人架着，黎讥笑他，对冯说："你是在唱独木关这出戏。"冯见黎即表示他的军队生活太苦，军士每天吃的都是小米饭，希望黎为他的军队多给些粮饷。黎不但未安慰他的病症，反而讥笑他那副样子，并说小米是最富营养价值，多吃头脑清楚，我很爱吃。言外你的军队吃小米就很不错了，再想要大批的粮饷，是不可能的事。从此冯对黎更加一层的憎恨。

张绍曾下台去津

在京、津、保三派曹系人物的奔走拉拢下，也就是收买"猪崽"工作初步成功时，以众议院议长吴景濂为首的议员们，忽然对张绍曾内阁提出不信任案，实行挤张下台。张知道后，尚欲挽回参众两院对他的攻击，便在他的私宅后门外南锣鼓巷帽儿胡同原冯国璋住宅，宴请一些重要人物吃饭，欲作疏通打算。请帖已经发出，饭馆酒席已经备好，临时召集全体阁员会议，用总辞职方式，全体阁员离开北京去天津，以作要挟。京派阁员高凌霨、吴毓麟表面上表示一同进退，散会后都对张不合作。在未举行宴会时，临时将请帖收回，请客之举作罢。原定全体阁员一起离京，届时只张绍曾一人到站赴津，随行者只国务院骑墙派的秘书长张廷谔。张廷谔将张绍曾陪送到天津敷衍一下，又转回北京。张到津后，黎元洪尚派总统府秘书黎澍到津劝他回京，张对黎澍说："请转告总统，北京的情形太复杂，我不愿再去了"，张绍曾就这样被曹派挤下了台。

张内阁总辞职

这时黎元洪在他的东厂胡同私宅居住，由于曹锟急欲做总统的美梦，京派重要人物对黎再一次施加无礼的粗暴压力，简直不是对待国家元首所应该的下流手段，把黎宅的水电线路切断，形成了对黎的最后严重威胁。1923年6月30日，黎元洪忍无可忍，就在私宅客厅，由李根源农商总长签署，罢免了张绍曾的国务总理，这是无可奈何的举动。黎在被围困时，李根源天天去黎宅，说是保护总统，但他非武人，又无卫士，他只带了他所捧的程砚秋去到黎宅保驾。那时北京风尚，总长们都喜欢接纳一些演京剧的青衣花旦的演员，如交通总长吴毓麟之捧尚小云；司法总长程克之嬖朱琴心；最滑稽而又富于戏剧性的，在免张绍曾的国务总理的时候，黎总统以农商总长李根源的单独签署，撤销各省督军督理和各省巡阅使及巡阅副使这一重大命令，看来绝对是行不通的。这样做只是表示他是总统有此特权而不能起作用的泄愤罢了。

张绍曾的国务总理被免职，张内阁全体阁员除李根源外其余均辞职，黎元洪撤销各省督军督理、巡阅使和巡阅副使。这些命令发出后，曹派驱黎运动的声势更为高涨，曹与黎已形成决战，水火不相容地对立起来。在这以前，曹派一班人拉拢冯玉祥、许饷、许粮，许以高官地盘。冯本来就不满意黎的吝啬，这时见支持他的张绍曾已去职，于是对黎也不客气，就派兵包围黎的住宅东厂胡同前后一带，说是武装保护，实际是加紧要薪要饷，这样达到了曹派的驱黎必先去张的目的。如果张不去，以冯与张的关系，冯对黎是有些投鼠忌器的，不肯对黎下手的。现在知道张绝不会再回北京，冯就放手地干，满足了曹派的愿望，更可以满足他对黎的愤恨。曹派利用冯达到了一箭双雕的策略，这样一来，更坚定了张绍曾不再作回北京的打算。

黎元洪离京走津

曹派这样逼黎，黎的总统实在做不下去了，不但总统不能做，就是在北京居住也不可能。黎第二次上台，始终未进总统府，是以总统身份行使总统职权，居住在他的私宅里。他在免去了张绍曾的国务总理后，以李根源代理国务总理，放了许多起身炮。他和李计划打算从天津南下，另组政府。李根源在黎离京后，不敢同黎一起走，骑马到丰台上火车来天津，因此黎把总统印信大小15颗交与他的宠妾黎本危带到东交民巷法国医院躲藏起来，自己先乘专车来到天津，他这一走，当然引起京、津、保"三派"的密切注意。京方曹派就电知直隶省省长王承斌到天津车站阻止黎元洪下车进入英租界他的住宅，向他索要总统的印信，王承斌和黎交涉，初时黎不肯交出，说："不知印信在什么地方"，又说："我还未辞职，只是到津料理私事，事毕仍然要返京供职。"费了四五个小时，还是不让他下车，王承斌对黎说："只要把印信交出，即可下车进入租界住宅，一切没有问题。"北京方面曹派在这时令京师警察总监薛之珩到东交民巷法国医院向黎本危索要，黎本危也不肯交出，并对薛说："你这个人没有良心，总统对你那么好，你怎么这样逼迫我们。"又说："没有总统的话，死我也不能交出。"黎在车上揣度这种情况，不能再拖延下去，即在车站打长途电话给黎本危，要她交出，黎本危得到黎元洪许可，才招薛之珩进医院将印信点交他。待到印信交清后，京方电知津方，才把黎放过，下车回到了他在英租界的公馆再做寓公。

（全国政协供稿）

黎元洪第二次复职的三封电报

喻育之

今年我已是103岁的老人了，1911年10月10日武昌起义，我同我的陆军测绘学堂的同学组织了学生军，被派保卫都督府。11日下午，突有三十标一营管带郜翔宸率领残兵向都督府排枪射击，我们学生军奋勇还击，打退了敌人的进攻。12日傍晚，测绘学堂的同学闵伟、郭振亚（本姓名汪剑农）等20余人护送都督黎元洪回左旗二十一混成协本部去休息，走的路线是翻蛇山步行。我和罗锦、陈健留山守卫。走到山顶，黎发现刘家庙江面有轮船数只，他很紧张，毫不迟疑地下令叫人送信至炮兵阵地实弹射击。

黎元洪之所以能在革命胜利后当上都督，是因为革命党在暂时群龙无首的情况下把他拉出来的。他毫无革命意识，生怕惹祸灭族，终日愁眉不展，恐慌万分。想不到因缘时会，竟扶摇直上，连续当了副总统、大总统。

黎元洪当上总统后，解散国会和复职不止一次，历史家定有相应的评价。我这里再举两件事作为修史的参考。

1922年，我在上海写了一本小册子题目是《论黎元洪》，其中有两个重点内容。

第一是民国五年袁死黎继，这没问题。民国六年黎、段因参加第一次世界大战引起"府院之争"，卒至闹得张勋复辟，解散了国会，黎跑到天津，结果段祺瑞把张勋复辟讨平了，段还是请黎回京做大总统，黎拒绝，

255

乃以冯国璋摄行大总统职权，这也没问题。问题在于民国十一年他又来一次所谓元洪复职法统重光的笑话。这年夏天，直奉战争将要爆发，北方局势非常动荡，军阀们想利用他出来缓和一下。于是由长江上游总司令孙传芳通电请黎复任总统，一唱百和，北方军阀一致响应，因此徐世昌只得滚蛋，黎又上了台。当上台之前，黎还有一番做作，表现在文字上的有三个要紧的电报。第一个电报上说，他是堕溷之花，难登衽席，辞条之叶，不返林柯。这是他直言不讳说任期终了无权复职的老实话。那时军阀们急于要利用他，信使往还，不绝于道，但黎因有前车之鉴，又爱又怕，总以为将帅骄悍，难以驾驭，想借此以废都督相要挟。于是他发出第二个电报说，各省督军解甲之日，即元洪命驾入京之时。军阀听了大为不满，说他不识抬举，想另辟蹊径，再想办法。黎知事情不妙，马上发出第三个电报说，各省督军从容解甲之日，即元洪缓缓入京之时。这样，他才又上台当了些时日无所作为的总统。

第二个重点内容，就是所谓举行总统复职典礼时，礼堂已布置就绪，侍从武官长唐仲寅进内室请他出来行礼，黎已穿好礼服，戴好了礼帽，在那里踱来踱去，对着穿衣镜大笑不止。唐问总统想起什么事这样高兴，黎情不自禁地说，人家都说我是黎大苕，如今黎大苕又坐起天下来了。为这事我问过唐仲寅，唐笑眯眯地答复说，总统一生涵养功深，能忍人之所不能忍，所以到必要时还是非请他老人家出山不可。真是一出闹剧。

（武汉市政协供稿）

黎总统第二次下台前命我组阁

李根源

　　直系军阀头子曹锟、吴佩孚于1922年战胜皖系军阀段祺瑞后，为笼络人心，他们宣布恢复国会，迎请黎元洪恢复总统职位，并惩办安福祸首。他们名义上请黎元洪恢复总统职位，背地里却积极地进行着攫取总统的阴谋。直系军阀攫取总统的种种阴谋详载刘楚湘著《癸亥政变纪略》，张国淦著《癸亥政变篇》，李剑农著《中国近百年政治史》，覃寿堃著《六月十三日记事》书，兹不赘述。当时直系军阀认为黎一日在位则曹锟一日不能登上总统宝座，因此他们制定的策略是拥曹必先驱黎。他们终于利用内阁总理张绍曾辞职去津的机会相继演成逼宫和拦车劫印等丑剧，而主使其事者实为直系高凌霨与王怀庆等。高凌霨是张绍曾的内务总长，他和直系另一骨干吴毓麟（张阁的交通总长）以责任问题威胁张绍曾辞职。张辞职后，曹党以为可由高代替，但黎元洪不愿意。王怀庆是当时的京畿卫戍司令，掌握北京军权。当时冯玉祥任陆军检阅使，他曾为曹锟部属，但他并不是直系。在直系军阀围困总统府时，曹党将暗杀我，冯玉祥力阻故未见实行。由此可见冯玉祥是主持正义的，他不同意曹党的胡作非为。

　　曹党围困总统府以后，黎元洪原无离京之意，故先后邀约颜惠庆、孙宝琦、顾维钧等人到总统府请他们组阁，但他们都不愿意。到6月11日黎叫饶汉祥和金永炎请我组阁，我毅然承担了下来。12日上午在总统府开了一个小会，参加的人除去总统府内的饶汉祥、瞿瀛、唐仲寅外，还有国民党人褚辅成、彭养先、焦易堂、吕天民等；政学会人张绍曾、谷钟秀等；一致认为总统在北京已不能行使职权，故决定暂时离开北京。黎与孙中山先生曾有书信往返，当时也曾有去南方之意，但路途遥远，故先到天津再相机前进。在这次会上一共签署了裁撤巡阅使及讨伐曹锟等7道命令，当时由我签署，总统盖印。第7道命令是改善税法和优惠商会的，这是因为在总统府被围时，北京商人关怀总统的安危，故饶汉祥提出一并签署盖印。7道命令签署盖印以后，由总统府秘书覃寿堃送交印铸局发布，不料印铸局已为曹党掌握，拒不公布，杨秉权（众议院议员）、熊小豪和外国驻北京的记者有来往，遂交杨、熊二人分转外国驻京记者，向上海、汉口、香港等地发出。

13日晨，以新任陆军总长金永炎的名义向路局租用了一辆专车去天津，黎怕路上出问题，他对我说："我们两个分开走，免得被直系一锅熬了。"我于是派人租了两匹马，在哈德门等着。我骑马到丰台，然后由丰台上火车去天津。我到天津后就直接到黎的住宅，黎绍基出来接我，这才知道黎被拦在天津车站上。和黎同行的有金永炎、唐仲寅、韩玉辰等10余人。韩玉辰字大载，参议院议员，曾任湖北省政协委员。

薛之珩到法国医院向黎本危索印的具体情节，因我已去天津故不很清楚。据说到法国医院索印的不止薛一人，还有王怀庆。王怀庆没有进去，由薛进去向黎本危索印。

（全国政协供稿）

黎元洪到上海组府失败

曾毓隽

1923年6月，黎元洪被曹锟、吴佩孚驱走后，移居天津。黎认为他虽然在直系暴力下离开北京，但总统任期未满，想在天津召开国会，组织政府。他派金永炎到上海联络西南以及国民党和奉、皖两系军阀，作为恢复总统职权的实力基础。但因各种利害关系，未能成功。当时孙中山、段祺瑞、张作霖联合成立的所谓"反直同盟"正在运动国会南迁，以破坏曹锟想做总统的美梦。那时我正在上海。9月10日前后晚间，我妹夫庄景高来告，午间他同黎元洪搭日本轮船由天津到此。我问庄景高何以如此唐突而来？经过情况是这样的：原来北京方面有很多议员离京来沪，但其中有一部分投机取巧的议员，因受直系的利诱，又返回北京，反直同盟认为这种形势于他们不利，想利用迎黎元洪南下，以壮反直的声势。黎、段之间，在过去芥蒂固然甚深，但在今天政治方向相同，互相利用未始不可，所以8月下旬，在天津黎宅会议上，安福系方面主张黎元洪南下组织政府，但任期满后，要由段祺瑞为内阁总理摄行总统职权。黎元洪看到任期过短，不如不去。正当黎元洪行止不定时，忽得浙江督军卢永祥密电催黎元洪迅速南下，黎元洪得电后，才加强了南下的决心。9月8日，以看病为名，坐汽车到日本人办的东亚医院，由医院上日本轮船，悄悄地进入了船长室。这一切统由王印川布置，除庄景高同行之外，还有日籍医生2人。

黎元洪到上海后，处境甚为狼狈。原因是当时江苏督军齐燮元和浙江督军卢永祥，为了争夺上海地盘，久不相容，促使卢永祥反直系更厉害。齐燮元打算联络福建的孙传芳和海军杜锡珪，进攻浙江和上海，但是遭到吴佩孚的反对。吴佩孚认为直系目前的敌人是奉天，不是浙江，而且皖系在浙江、上海拥有雄厚的兵力；驻上海海军将领林建章也站在反直的方面；福建、厦门方面有皖系的臧致平，致使孙传芳受制，一时不敢发动。同时帝国主义为了保护上海经济基地，英、美、法、日四国公使，向北京政府提出警告，声明如江浙发生战事，他们就派遣军舰登陆保护侨民。由于这些原因，使在上海召开国会、组织政府、召开各省联席会议等各种活动，受到严重打击。在这些压力下，齐燮元、卢永祥、何丰林成立了和约，江、浙局势大和缓，召开国会、组织政府就更渺茫了。

在反直同盟的初期，浙江督军卢永祥，曾拨现款100万元，交给他的代表邓汉祥，作为国会议员南下的经费，黎元洪误认为如国会南迁，总统当然也应随之南下。到沪后出乎他的意外，卢永祥和何丰林都采取不理的态度。黎元洪在沪寓还召集各省代表会议，表示南来目的和组织政府的必要。广东代表汪精卫首先发言，表示对黎本人十分敬佩，但对在上海组织政府不感兴趣，其他各省代表亦以请示本省长官之后，才能答复。黎元洪此时才觉得形势不妙。我去见卢永祥，谈到黎元洪来沪如何安顿，卢表示：对黎元洪只好采取既不欢迎也不拒绝的态度，我若是表示欢迎，同意他在上海组织政府活动，势必破坏对江苏的和约关系，以兵戎相见，但是我在军事方面一切都没有布置好。所以黎元洪到上海，只能作为个人自由行动，由地方士绅或商会团体举行招待，借此敷衍，尚无不可，官方不便参加。数日后，果由杜月笙、黄金荣联名招待，我亦在座。后曾有人问黎元洪此次何以突然而来？黎说："卢永祥有电报欢迎我。"据卢永祥的代表邓汉祥和我谈，卢永祥绝对未发电报。我事后问庄景高，始知此电出于姚震诡造。黎元洪也知受骗，而在上海又不容久住，在11月初旬，搭日本船东渡，到别府养病。到了1923年10月10日，曹锟贿选总统成功，"反直同盟"也就暂告结束。

（天津市政协供稿）

癸亥政变篇

张国淦

　　王宠惠内阁既去（众可谓洛派），津保即欲以本派登台，其预定计划有阁即倒。汪大燮为黎总统强迫而出，声明维持现状，（1922年11月）10日保方反对，国会张伯烈亦攻击，汪通电辞职，经府方慰留，汪再声明维持10日，其阁员唯教育彭允彝、农商李根源新加入，但为期过短，未曾发生作用，至12月5日，以张绍曾组阁，提交国会，汪免职。

　　张绍曾内阁为国会通过，民国十二年（1923）1月4日特任张绍曾为国务总理，其阁员如下：

　　外交　施肇基（未通过，黄郛署3月，顾维钧署）

　　内务　高凌霨

　　财政　刘恩源（5月张英华署）

　　陆军　张绍曾（兼）

　　海军　李鼎新

　　司法　程克

　　教育　彭允彝

　　农商　李根源

　　交通　吴毓麟

　　此次张阁以津保资格而出，参加者高、吴津保派，刘、李（鼎新）、程附属津保派，彭、李（根源）与黎有关系，自津保视之。即日府方洛派孙、高（恩洪）去后，吴佩孚声明不过问政局，故无表示，众无人参加府方，如饶汉祥曾参与庐山会议，与张本有关系，但李、彭在黎左右，彼等亦无甚作用也。

在此次张阁期内，其政潮之扩大，为历来内阁所未有，从各方面分析言之：以政策言，张阁标榜和平统一，在曹锟本无所谓，吴佩孚主张武力统一，当然冲突，其实军事实力完全握在吴手，张阁空洞，吴以为聆命令之人而已，并不重视。张就任后，于1月8日电致西南各省，主张和平统一，26日孙文在上海发表裁兵救国宣言，南北响应，在中央以为和平有望，而洛方则各自进行其武力统一，不相谋也。2月17日曹、吴电请中央任命沈鸿英督粤，孙传芳督闽，似此，则和平显然破裂，张虽于3月7日愤而辞职，卒于3月20日据以发表，至是张与各方裂痕揭开矣。据其时内幕张志潭言，张阁本身失败不在洛吴，亦不在府方，而在津保派同阁者自相排挤，致堕其术中而不能自拔。黎总统就职后，大选成为重大问题。洛吴固推尊曹，但其始意并未积极拥曹为总统，颇欲利用黎名义拖延选举时日以完成其武力统一，自府方殊属不成事体，电发布后，对黎失望，始与津保选举进行，不促成亦不阻止（事后高凌霨、吴毓麟亦云），津保派乃为所欲为，彼等阁以内高凌霨、吴毓麟为主干，阁以外天津曹锐、王承斌、边守靖等为主干，国会方面与吴景濂、张伯烈等互相勾结，并以大选告成第一任总理许吴景濂。在京军人有力者加入选举团，一时空气以为黎一日在位则大选一日不成，张性游移，欲干而又不敢干，故为彼等所抨击，在沈、孙命令发表，彭、李府派站在保洛以外，当然不赞成，故主总辞职。张一面辞职，又一面在宅召集非正式阁议，并发表假造曹、吴挽留之电，高、刘、吴去津非关政策，实拆张台，经张派程克往津，高等始回。17日在张宅决定总复职（事后吴毓麟亦云），其手段卑劣当不只此，魏联芳实业专使，张会卿塞北关监督，亦假造阁议通过，吴、高、程反对，曾相继去津，早已表现不能合作，于是彼等窃窃私议，以为拥曹必先驱黎，驱黎必先驱张，张去而由高、吴等主持内阁操纵大选，此等酝酿不止一朝。国会方面4月2日参议院提弹劾案，5月16日众议院通过不信任案，而张亦不为所动。至5月24日黎总统批发制宪等经费，高、吴等遂以责任问题胁张总辞职，6月6日提出辞呈，张即日去津，在张以为要挟黎也，不日即可返京，不知以高拒张，在津保所希望之高阁不能实现，于是军警发动，借口索饷，府方提议顾维钧组阁，其时，北京实力在冯玉祥，冯素反对顾，府方不然也。9日水电断绝，而府方强硬如故，于是各方面群集密议，数日以来，总统既恐吓不去，高阁又不能实现，打算暂时改用和缓手段。颜惠庆各方感情都好，尤其是冯玉祥以之组阁于黎有颜缓冲，先宪后选仍可达到拥曹之目的（事后王怀庆、聂宪藩亦云），当即相偕强颜，又挽府方某某向黎进言，黎亦允，军警当局又向黎作正式要求，黎当即约颜商量，颜未拒绝。有反颜者诡词告黎，午后再约颜、顾两人同时入府商量，两人当然互让，不得要领而退（府方某某进言亦云）。至此，颜阁不能实现，已到一不做二不休地步。11日、12日两日各愈逼愈紧，12日冯玉祥、王怀庆通电辞职，以为府方技穷矣，不知黎左右有李根源等策划，不可谓秦无人也。13日黎被迫到津，张终不能返京。14日高凌霨摄阁以至曹锟任职时为止云云（以上均其对内幕某策士言）。兹将张阁辞职至黎到津各电撮录如次。

6月6日张绍曾呈云：窃于5月24日财部收到税务处公文一件，内开借拨海关重建房屋经费一案。奉大总统批出使经费月拨13万元，国会制宪经费17万元，其修建江海关经费即照数匀拨，财政部查照行知等因，金以制宪为国家根本大业，本应宽筹经费以促观成，出使经费亦关重要，唯依法定手续须先由国务会议通过方生效力，历次陈明未蒙称许，乃于6月2日又接府秘书所友函，前派哈汉章往查京师军警督察处复呈一件，奉手谕交院照办各等因，是日又经议决调薛笃弼为崇文门税务监督，拟具命令，副署送府，时经三日后未蒙盖印发下，伏查民国约法采取责任内阁制度，故于第45条明定凡大总统发布命令须经国务院副署，又查政府组织令国务由国务会议行之，又查国务会议规章第一条所列国务会议事项预算外之支出、第七项简任官之进退各等语，是借拨关款及简任税务监督各案须经国务会议议决办理具有明文，今天大总统事先出于独断，事后不纳勘勘，凡劳主座之分忧，实以阁员之失职，绍曾等既不蒙信任，唯有仰恳钧座立予罢斥，以明责任，而重法制，不胜屏营待命之至等因，窃维责任内阁载在约法，今既责任不明，以后危险情形岂可言喻，绍曾等备员阁席，既不欲使一己蒙失职之咎，复不欲元首陷侵权之嫌，唯有声请罢斥解除责任，区区苦衷，伏希谅察。

7日黎总统通电云：元洪不德，负我元僚，致有总辞职之举，制宪经费列为主因，当时国会议决，议长请求，适财长缺员，元洪曾遍约阁员，下及财次公司筹议，始转商税司缓筑海关，批明用途，及获定约，不虞今日复有后言。元洪赞助制宪，心在救国，纵责过失，犹胜阻挠，此可请邦人共鉴者也。使馆断炊，下旗归国，此何等事，而忍漠然不问，座中讨论亦无异词，军警督察直接元首，项城设官躬予其议，卫戍既立何防裁省？阁员反对业予新除，崇文税差阁员力主易人，比经许诺，第以陶立并参大过，可授别官，执意不从，亦允盖印，乃电促再三，迄不送府，今犹在院，可覆按也，凡斯物薄细，故既非常政，绝无成心，宁承劻勷，不垂嘉纳，元洪与内长同寅，推毂屡矣，张揆诸人半记旧契，缟纻之友，视席之好，欢若生平，恃府院之间情同骨肉，维持拥护始终不移，垂拱观成未曾掣肘，纵复责为失检，亦仅此数端，偶偡意见，初非拘束，旋复听从，曾谓久要而唯原谅，一统未成百废未举，阁员肯明责任固所祷祝以求者，节关在迩，全枢偕行，中流失船，不知所屈，元洪纵不足惜，如国家何？阁员明达，宁忍愸然，已派刘次长治洲、金次长永炎赴津谢过，分劝就职，期于得诸知念，特闻。

10日黎致电曹、吴云：连日留张不获，请人组阁皆畏不敢就，罢岗开会，全城鼎沸，谣言纷起，皆谓有政治作用，本日复有军警中下级官数百人，无故闯入住宅，借名索饷，此岂元首责任所在？又有公民请愿团近千人，续来围宅，元洪依法而来，今日可依法即去，60老人，生死不计，尚何留恋？军警等如此行为，是否必陷元洪于违法之地？两公畿辅长官，当难坐视，盼即函示。

同日，黎又通电云：本月6日，张揆辞职赴津。7日派刘、金两次长前往谢过，极力挽留，据敬舆言，此次政潮，酝酿极久，原因复杂，个人力难消弭，只得远避等语，辞意坚决，无法挽回。8日即有军警官佐数百人佩刀入新华门，围居仁堂，借口索饷，经当面再三开导，始各散去，夜商议长，劝顾少川组阁，业经应允，卒以形格势禁，合作难期，谢不肯任，同时向国务院询取张揆副署空白命令两纸，亦未交出。9月凌晨，城郊警士一律罢岗，领袖公使来宅质问，天安门前复有数百人散放传单，虚构罪状，新华门外及东厂住宅守卫尽撤，上午，住宅数处电话不通，查系军警派人监视，不许接传。军警当局推颜骏人组阁，促先发命令，并询政权是否即交新阁，当启组阁并无成见，至个人来去一听国会，正在约骏人商筹，而10日午后京畿师旅军官数百人闯入住宅，包围索饷，3时复有自称市民请愿团接踵围宅，将近千人，手执改造政局、总统退位、总统恋栈等纸旗，呼喝之声，响震屋瓦，百般劝谕均不见听，并推举代表军官20余人守索不退，骏人初似肯相助，嗣因座中会议元洪曾表示守法之意，亦不敢担承。此日来元洪困难实在情形也。窃念元洪津门伏处，与世何求？既已依法而来，自应依法而去，接渐可行，成言俱在，60老翁，饱经忧患，身命弗恤，岂恋其他？若专政已计安全，遂致为后来开恶例，海内健者，相率效尤，国纪不存，乱源曷已？京师首区，元洪住宅演此怪剧，成何事体？直鲁豫巡阅正副使为畿府长官，本日已电询办法，一面仍物色阁员，以维现状，特述颠末，用告邦人（11日复以公函致参众两院）。

同日黎又通电云：本日军警各官百余人，无故闯入住宅，借名索饷，百谕不散，复有号称北京市民请愿团近千人，手持旗帜，要求退位，围宅喧嚷。屡请步军统领警察总监等来宅不至，晨约颜骏人面商组阁，初有允意。下午复晤，谓新阁无成立之望也。

12日黎致曹、吴电云：叠电计达，本日又有军警官佐多人，麇集门外，复雇流氓走卒数百，手执驱黎退位等纸旗，围守住宅，王、冯二使联名辞职，慰留不获，元洪何难一去以谢国人，弟念职权为法律所寄，不容轻弃，两公畿辅长官，保定尤近在咫尺，坐视不语，恐百喙无以自解，应如何处置仍盼即示。

13日黎未出京前，由李根源副署命令7道，命秘书刘远驹送交印铸局，发布如左：

大总统令

国务总理张绍曾呈请辞职，张绍曾应免本职，此令。

大总统盖印　农商总长李根源

中华民国12年6月13日

大总统令

特任农商总长李根源兼署国务总理，此令。

大总统盖印　农商总长李根源

中华民国12年6月13日

大总统令：

署外交总长顾维钧、内务总长高凌霨，署财政总长张英华、海军总长李鼎新、兼陆军总长张绍曾、司法总长程克、教育总长彭允彝、交通总长吴毓麟呈请辞职，顾维钧、高凌霨、张英华、李鼎新、张绍曾、程克、彭允彝、吴毓麟均准免本兼各职，此令。

大总统盖印　署国务总理李根源

中华民国12年6月13日

大总统令：

特令金永炙署陆军总长，此令。

大总统盖印　署国务总理李根源

中华民国12年6月13日

大总统令：

巡阅使、巡阅副使、陆军检阅使、督军督理着即一律裁撤，所属军队归陆军部直接管辖，此令。

大总统盖印　署国务总理李根源

署陆军总长金永炎

中华民国12年6月13日

大总统令：

此次京师乱起，显有发纵指挥之人，本大总统委曲求全，胁迫愈急，毁法乱政，罪恶昭彰，举国官民，当同义愤，扶危定乱，愿与天下共图之。此令。

　　　　　大总统盖印　　署国务总理李根源

　　　　　中华民国12年6月13日

　　大总统令：

　　迭据全国商会联合会、全国商会商约研究会呈请宣布实行裁
厘日期，先行根据约章次第励行，增加进口税率值百抽二十五以
资抵补等语。所有全国厘金，兹定于民国14年1月1日一律实行裁
废，着外交部、财政部、农商部税务处妥为筹备，为期施行，以
期无负改善税法、保惠商民之致意。此令。

　　　　　大总统盖印　　农商总长署同务总理　李根源

　　同日，黎咨参政两院云：在本大总统去年复职之始，曾补行公文向贵
院声明辞职在案，现在国难方殷，万难卸责，特向贵院声明，将去年辞职
公文撤销，即希查照。

　　同日黎又分致参政两院及外交团文云：本大总统认为在京不能自由行
使职权，定于本日移津，特闻。

　　是日午后1时20分，偕同新任陆军总长金永炎，侍卫武官唐仲寅、秘书
韩玉辰、熊少豪，洋顾问福开森、辛博生等十余人并护卫十余人，以金永
炎名义乘专车赴天津。临行将大总统印信大小15颗，交秘书瞿瀛随其眷属
（如夫人黎本危）携至东交民巷法国医院，午后1时半黎行后，由某策士用
长途电话告直隶省长王承斌到站截留，王即乘车迎至杨村站，索印不得。
到4时半车抵天津站。黎原拟开到东站即下车回宅，乃抵新站，王令将火车
头摘去，不准开行，并派军警千余名严密包围，仍催交印，相持甚烈，黎
曾用手枪自杀，为福开森等拦救，王回省署，黎留新车站。

　　黎令顾问辛博生往电报局发电云：上海报馆转全国报馆，鉴之元洪今
日乘车来津，车抵杨村，即有直隶王省长上车监视，抵新站王省长令摘去
车头，种种威胁已失自由，特此奉闻。

　　是日晚10时，王承斌复乃盘诘印信究在何处，黎迫不得已，乃云在北京

法国医院，即强令其电北京交印，是夜因北京印尚未交出，不许黎回宅，即扣留于新车站室。深夜王回署通电云：本日午后1时半钟接京电，黎总统以金永炎名义专车秘密出京，并未向国会辞职，印玺亦未交出，不知是何意思，承斌当即乘车迎至杨村谒见，请示印玺所在，总统语意含糊，继云在北京法国医院由其夫人保管，屡次电京，迄未见交。嗣悉总统频行有致两院公函云，本总统认为在京不能行使职权，已于今日移津等因，黎邸在英租界，非组织政府之地，恳请移在省公署从容商议，徐图解决，不蒙见允，现暂驻新车站，保护之责，承斌义无旁贷，此今日经过实在情形，特此电闻。

黎又令辛博生再发电云：前电计达，工省长率兵千余人包围火车，勒迫交印，查明印在京法国医院，逼交薛总监，尚不放行，元洪自准张揆辞职后，所有命令皆被印铸局扣留未发，如有由北京正式发布之命令，显系矫造，元洪不负责任。

14日晨4时许，北京黎眷属将印信全数交出，天津接电话后，王承斌复持代黎拟电稿三道，一向国会辞职，一大总统职权交国会摄行，一声明临时所发命令无效，迫黎签名，所谓天津新站黎总统之寒电也，王始令车开老站放黎回宅。

是日黎回宅后通电云：本日致参政两院公函，告在津被迫情形，其文曰：径启者，元洪以连日军警借口索饷，无业流氓逼请退位，显系别有作用，情势险恶，迫不得已，暂行移赴天津，一面已另行任命阁员，以维现状，而是日午后3时行抵杨村，即有王省长承斌等坐车监视，抵天津新站，王承斌即令摘去车头，百般要挟，数千车警密布，监不放行。始则要求交印，迫交出后要求发电辞职交院摄行，否则羁禁车内，永不放行，旋出所拟电稿迫签名，直至本日早4时方得自由回宅。此在天津新站被迫情形也。窃维被强迫之意思表示应为无效，此为通行法例，王承斌以行政长官监禁元首，强索印玺，古今中外皆所罕闻，应如何维持法统，主持正义，敬希贵会诸君迅议办法，是为至盼等因，特电布达，希查照。

是日王承斌亦通电云：查此次大总统突然来津，人心惶恐，婉劝回京，未蒙应允，所有总统职务，当然由国务院摄行，苟无印玺，则文告无法施行，即政务于以停滞，节关在迩，军警索饷甚急，遂陷全国于无政府地位，前途异常危险，所有黎总统到津对于印玺办理情形，已于元电详陈，计已达览，兹因黎总统派秘书随员等到京，于本日寅刻在京法国医院将印玺取出，交由薛总监暂行点收，京津地方安谧，秩序如常，请纾廑注。

是日黎又通电云：元电计达，王承斌索印信已在北京法国医院取去，复派人持寒电三通，一致参众院，一致国务院，一致全国，渭元洪因故出京，向国会辞职，交国务院执行职权，逼令签署，否则羁车内永不放行，兵队密绕，凶恶异常，已迫签发。此种被迫之意思表示，依法绝不生效力，当此政象险恶时，一身去就，关系过巨，绝不能率言辞职。即去年补行辞职咨文亦俞已备咨撤回，不能牵强附会作为此次根据，如国会竟据此咨讨论，元洪绝不承认，特此通告。

同日黎又通告云：现在印玺被劫夺，所有北京发出之非法命令，概行无效。

14日北京内阁接列天津王承斌所发通电后，即将其到津已免职之国务总理张绍曾排去，由已免职内务总长高凌霨等国务员摄行大总统职权。是日高凌霨等通电。

通电云：本日奉大总统寒电，本大总统因故离京，已向国会辞职，所有大总统职务，依法由国务院摄行，应即遵照等因，奉此，本院仅依大总统选举法第5条第3项，自本日起，执行大总统职务，特此通告。

是日高凌霨等致黎总统电云：天津探报，黎大总统钧鉴：本日钧座赴津，事前未蒙通谕，攀辕弗及，北京为政府所之地，不可一日无元首，合恳钧座即夕旋都，用慰嗢望，凌霨等诸位阁员议，暂维本日行政状况，祗候还旌，伏希迅示。

同日黎复高凌霨电云：北京高泽畲、张月笙、李承梅、吴秋舫诸先生鉴：元电悉，盛意极感，执事等呈请辞职，挽留不得，已于元日上午有依法副署盖印命令发布，准免本兼各职，并特任农商总长李根源兼署国务总理，请稍息贤劳，容图良观，特此复谢，并转沈次长为荷。

16日参众两院以吴景濂等由谈话会改开合会非法议决后，高凌霨等以国务院名义通电云：本日准参众两院咨开为咨会事。本月16日开参众两院会合会，提出黎大总统6月13日离职出京，应依照大总统选举法第5条第2项之规定办法，自6月13日起，黎元洪所发命令文电概不生效，经众讨论，多数可决，相应备文咨达查照等因，特此电达，即希查照。

20日黎总统通电云：有人假借国务院名义，擅发铣日通电，内称各节，语多谬妄，查元洪为暴力所迫，认为在京不能自由行使职权，乃于元日离京，参众两院及公使团均经函达有案。国境以内，随地均可行使职权，即越境出游各国，亦有先例。此次出京何得谓离职？大总统选举法第5条第3项次之规定系指大总统因故，当然以本身自然之故障为限，若谓胁迫元首为法律所定因故之故，国会加以承认，是不啻奖励叛乱，开将来攘夺之恶例。至元洪由京移津。并非离职，更不得妄为援引，且前总理张绍曾、前总长顾维钧、高凌霨、张英华、李鼎新、程克、彭允彝、吴毓麟等早经辞职，经于文日由国务员李根源依法副署命令，准免本兼各职，元晨盖印交印铸局发布在案，高凌霨等既经免职，国务员资格业已丧失，尤不容任其假借。6月13日上午元洪尚在北京，所发命令手续并无缺误，国会依何法律可以追加否认？即元洪出京以后仍为任职之大总统，所发命令只须有国务院副署，自应一概有效。若夫个人文电其无关政令者，更非同会所得干预，至6月16日两院不依据法律私开会合会，其人数及表决率意为之，尤为不合。元洪迟暮之年，饱经凶险，新站之役已拼一死，以谢国人，左轮朱殷，创痕尚在，夫以空拳枵腹孤寄白宫，谓为名则受谤多，谓为利则辞禄久，权轻于纤忽，祸重于丘山，三尺之童亦知其无所依恋，徒以依法而来，不能不依法而去，使天下后世知大法之不可卒斩，正义之不可摧残，庶怙兵干纪之徒有所监而不敢出，虽糜躯碎骨，亦所甘心。国会若以元洪为有罪，秉良心以判之，依约法以裁之，元洪岂敢不服，若舞文弄法，附和暴力，以加诸无拳无勇之元首，是国会先自绝于天下后世也。元洪无孱，绝不承认，自今以往，元洪职权未得国会确当之介免，无论以何途径选举继任，概为非法，特此声明（并函参众两院及外交团）。

（湖北省政协供稿）

曹锟拦车劫印丑剧

黎本危

宋卿（黎元洪的号）于1922年6月第二次出任大总统的时候，总统府仍然是在东厂胡同。有的时候也往延庆楼去办公。没有特别的事情，他总是在东厂胡同办事。那时我就住在总统府里。1923年6月，有一天刚刚天亮就听到女仆在我们卧室门外喊："总统！夫人！府门外面挤满了人，手里拿着旗子，吆吆喝喝地叫大总统离开北京。快起来看看，怎么办？"宋卿这时还沉睡未醒，我推了他一阵，他梦中惊醒忙问："什么事？"我低声向他耳边说："府门外挤满了人，不知道为什么事情，口口声声叫您离开北京。"他听到这儿，立刻起来穿好衣服，一面洗脸刷牙，一面叫人给秘书长饶汉祥先生和其他的人打电话。他正吃早点的时候，绍基（黎的长子）、绍芬（黎的长女）都跑来了，他们只敢给他爸爸问安，却不敢多嘴多舌地问别的。宋卿吃罢早点，就到前面办公去了，直到晚上10点多钟才回来。我见他精神疲倦，不愿意说话，没有问他什么就叫他睡了。

第二天，也是天刚刚发亮，就听见大门外面的吆喝，声音是越来越大："大总统连军饷也发不出来，这也没办法，那也没办法，那就赶快退位让贤吧！"宋卿这时真发了火，一翻身坐起来说："这个曹三疯子（即曹锟）指使在天桥雇了这群叫花子们，每天两个馒头200钱，来这儿吆喝一顿就走了。"我接着问："那么您预备怎么办呢？"他说，我准备离开

271

北京去天津。这一天，他又在傍晚才回来并和我说："他们叫我下台的目的，就是曹锟想当总统。我是合法的总统。曹锟虽然兵权在手，却不敢把我怎么样。就是袁项城逼我当什么'武义亲王'，我也坚持着没接封。现曹锟凭吴佩孚给他打了几次胜仗，打垮了段芝贵的部队，紧接着又借着援鄂的幌子赶走了王子春（湖北督军王占元的字）。去年他们打败了张雨亭（张作霖）以后，我才接了徐东海（徐世昌）这个位子，今年曹锟就想当总统，太可恶了！他们等不及了，要弄流氓手段，撵我走。我把这3颗大印交给你，你带往东交民巷的法国医院去藏起来，我就乘车去天津再想办法。"

我和宋卿谈话以后，就连忙赶往东交民巷的法国医院说明来意，医院里的一些奶奶们表示愿意留我住在那儿。第二天的下午，当曹锟所雇的一群叫花子们都回去了以后，监印官把那3颗大印、两颗小官章都送到我这里。3个大印盒都用黄缎子裹得好好的，装进那个盛印的箱子，在箱子外面又用红毡包起来，有汽车把我送进了法国医院。我打开印箱，用手边一条绸格手巾，把3颗大印、两颗印章全部盖起来。

我在法国医院住了两天，忽然那个警察总监薛之珩到医院里来见我。我这才知道总统的专车，刚刚开到天津总站就让当时的直隶省长王承斌给扣住了。他们说，参议院叫总统留下印信才能放行。他们认为大印就在总统的专车上，可是想不到留在北京我的手上。王承斌威胁总统说："大总统若不把大印全部交出来，我对于国会负不了这个责任！我宁可同这团守卫的官兵一道住在车站上，也不敢回去。"王承斌说这话的时候，他派的那团武装部队，个个横眉竖眼地拿着长枪，上着明晃晃的刺刀，把总统的列车包围了几层。这时候总统料定不交出印来，他们是不准开车的，这才告诉王承斌说："王省长，所有的印信都在东交民巷法国医院我夫人黎本危手里。"王承斌立刻打电话到北京要薛之珩到医院见我。

医院里的那些奶奶们最初不让他进，后来他和奶奶们说："如果危夫人不肯把大印全部交出来，不但大总统的列车在天津开不了，就是危夫人本人也离不开这个医院。"他们说话的时候，大约一二百名武装警察，就已经把医院包围了起来。见此情况，那些奶奶们就从法国兵营叫了一个军官和几个枪兵来保护我，并且警告薛之珩说："你若不赶快把武装部队撤出东交民巷的保卫界线以外，我们马上就要解除你们的武装！"薛之珩这才叫部队撤走，只剩下他一个人在医院里等着我回话。

不一会总统派人给我挂长途电话，叫我把大印全部交给参议院的王议长（即王家襄）。王议长不敢来，便打电话叫我把印信送到他家里去。我呢，更不敢出这个医院的大门。这时候已经是夜间12点钟了，我怕总统困在车上着急，便向薛之珩提出了一个条件："只要总统亲自从英租界的住宅给我打电话，我才能把大印全部交给你。"薛之珩把我所提的条件向曹锟他们请示，对方说一定要我先交出印，再放总统专车开往东站。我没法，又向薛之珩讲明，在他拿到大印前必须给我开收条。等到总统从天津英租界住宅和我亲自打电话以后，才能取走印箱，此时薛之珩本人由法国军官看守在一个房里。

经薛之珩打电话请示商量，曹锟他们同意了我所提的条件。薛先把收条交给了我。收条上写着："谨接到黎本危夫人交下印箱一个，内盛大印盒三个，小印盒一个，计有：'中华民国之玺'一颗，'大总统印'一颗，'陆海军大元帅之印'章一颗。"于是我把箱亲自点交给他。他当着法国军官和医院里的奶奶们面前，把印箱交给他的随员送出医院，他就被法国军官留在医院等天津的电话。

当夜两点钟以后，忽然黎绍芬给我来电话，叫我把薛放回去。我向她表示不相信，要求她请总统亲自接电话。她去了不久，黎绍基又和我通电话，他说："总统被王省长那些人困在总站几乎一天一夜的时间，把老人家弄得真是筋疲力尽，现在老人家已经回到了英租界的住处，已经上楼休息了，请您放心！可以请薛总监回去了。"我听到这儿，忽然又听到绍芬说话的声音："总统虽然现在回到家中，但被他们作弄得够受了！请您吩咐法国军队再扣留那个姓薛的在医院里几天，也好使他们这帮东西尝尝不自由的味道好不好？"我听了这话把电话嘭的一下挂上，心想："像你坐在家里说风凉话，我却在这里担惊受怕，连觉也不能睡。"我想到这里，

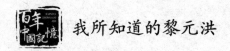

马上走到值班的奶奶那里，叫她快和薛之珩说，总统已经到家了，请法国军官让他回去吧！这就是曹锟派王承斌、薛之珩拦车夺取大总统印章的经过。

（刘化南记录，本书编者根据李根源的文章有所校正）

（全国政协供稿）

黎元洪与天津

徐世敏

黎元洪是我的外祖父，虽然我出生时他早已去世，但是母亲和大舅及其亲朋好友却常常给我讲起外祖父生前的一些事情，使我从小就对这位曾经叱咤中国政坛的外祖父，有了较多的了解。后来，又读了一些中国近代史方面的书，对外祖父及北洋时期的历史就更有了进一步的了解，几年前大舅病重卧床期间，我每日侍守身旁，又听大舅讲了很多关于外祖父及家里的一些事情。现在根据记忆和记录，将与天津有关的史料整理出来，算是我为这位从未见过面的外祖父做一点点事情吧。

第一次引遇返回天津

1917年黎元洪因对德国宣战问题，与段祺瑞争持不下，导致府、院交恶，极不相容。以后黎元洪在国会的支持下，罢免了段祺瑞国务总理之职。段不仅不承认这个罢免，而且在天津暗地唆使张勋带兵进京威逼国会。然而张勋却有自己的打算，带兵进京后即搞了复辟，拥戴废帝溥仪重新出来当皇帝。在张勋的威逼下，元洪无奈，请冯国璋代理总统之职，并请段祺瑞出面讨伐张勋，自己则通电全国，辞去大总统职务，躲避于日本

275

公使馆。

张勋复辟失败后，段祺瑞复任国务总理，并去日本公使馆请黎元洪复出，继续任大总统。黎元洪则深厌北洋政坛之黑暗，即通电全国引咎辞职。他在通电中说："元洪已于本日移居东厂胡同，即赴津宅休养。此次去职，负疚恐多，以后息歇家园，不问政治，特此奉闻。"1917年8月28日，黎元洪辞职离京，返回天津英租界私宅。黎返津后，闭门谢客，不问政治。南方军政府成立时，曾派人来津接黎南下主政，段祺瑞恐黎元洪被南方军政府利用，派王士珍去津催促黎返京。但黎因无意重新卷入政治旋涡，故两者皆谢却之。1918年1月冯国璋又派人去津迎黎返京复职，黎称病不见。不久冯又派专使赴津接黎回京居住，以息流言，黎对专使表示谢意，并请向冯解释，自己已厌倦政治，不再出山。

黎元洪自辞去总统职务后，息居津门，闭口不淡政治。尤其当时北方政局混乱，元洪更是闭门谢客，不问政事。唯在宅内读书习字，或在园内种花剪草，或偕家人出外看电影、散步，有时也骑骑马。这期间，元洪对投资实业颇感兴趣，他曾与一个美国人华克合作，开办了中美实业公司，并担任该公司的董事长。另外，他还应湖北黄陂私立前川中学之请，捐赠银圆3万元，作为兴建校舍之费用；另外又赞助梁启超巨款，用于在上海佘村园筹建松坡图书馆，以纪念蔡锷护国之功。

黎元洪引退居津期间，常常反思自己的从政生涯，他当副总统时，因对袁"矢志共和"的谎言认识不清，上过袁的当；任大总统时，又因段祺瑞独断专行、咄咄逼人而吃过不少苦头。每当他回忆起这些往事，感到从政如在瞬息万变的惊涛骇浪中行船，搞不好就会船覆人亡，心中尚存余悸，故他引退后，连北洋政府每月致送的1000元公费都坚辞不收，唯恐再卷入政治旋涡。

但以黎元洪的身份，在当时完全脱离政治也不可能。1918年，当南北双方政府军队集结于湖北境内，一场内战即将爆发时，汉口各界人士一致敬请黎元洪出面调停。黎为避免内战，曾派其秘书郭泰祺赴广州与陆荣廷等人会晤，劝说要以国事为重，毋走极端。同时黎还派人赴京拜见冯国璋，申述其调停时局意见，力劝南北双方罢战议和。

1922年直系军阀津保派头目曹锟、吴佩孚等为了达到篡政目的，打着"恢复法统""实现南北统一"的旗号，威逼徐世昌辞去总统之职，恢复黎元洪的总统职位。曹、吴向全国发出通电，主张请黎复职，恢复国会。结果通电得到各省响应，拥黎复职的文电如雪片飞至京津。1922年6月2日徐世昌正式通电辞职，而拥黎复出的文电及登门劝驾的说客，更是一日多过一日。6月3日黎发出通电，表示自己已引退，不愿再复职。但同时他在会见各国记者时说："我身为中华民国国民之一分子，既然各方面基于救国热忱，力促复职，我岂能置之不顾，再事高蹈？迫不得已，也只有牺牲个人之安危，再跳入火坑……"

6月5日，黎公馆门庭若市，各方代表40余人麋集黎府，促请黎元洪尽快复职。黎当晚设宴招待各方代表，并在宴会中提出四项主张，以作为复职的条件。四项主张是：1. 南北统一；2. 恢复国会；3. 废督裁兵；4. 财政公开。当晚吴佩孚的代表李卓章便给吴打电话，转述黎的四项主张，并认为黎复职已无问题。吴听后大喜，决定第二天乘专车赴津迎黎返京复职。吴见黎后，二人交换了对政局的看法，并对复职一事细节进行了讨论。黎提出以"废督裁兵"为复职先决条件，并以此通电全国。6月7日曹锟、田中玉等复电，表示愿首先废督裁兵，并促黎早日复职。6月10日黎元洪发出了通电，谓"废督裁兵"之主张已获各省督军拥护，宣布于次日入京复职。6月11日上午11时5分，黎元洪乘专车从天津抵达北京，又开始了他新的从政生涯。

脱离政坛　寓居天津

曹锟、吴佩孚拥黎元洪二次复出，目的并非真心护法，而是想借黎元洪缓和日益紧张的南北对峙，借此发展自己势力，最后达到武力统一中国之美梦。黎复出后因所行之事不符合直系军阀利益，故直系开始逐黎下台。1923年5月曹、吴威逼黎元洪下令讨伐孙中山，遭到黎的坚决拒绝。6月，在曹、吴的唆使下，高凌霨等直系阁员集体辞职，使北京陷入无政府状态。接着曹锟又策划武装军警以索饷为名，行"逼宫"之实。然后又有所谓公民请愿团千余人包围了黎元洪在东厂胡同的住宅，进行示威。事态发展到如此严重地步，使手无一兵的黎元洪束手无策。黎被逼无奈，只好决定离开北京返回天津。

黎元洪返津后，在部分南下的北京国会议员屡屡电邀下，于9月乘日轮抵达上海。原准备组织一个新政府，但因各方意见不一致，而未成功。这时孙中山先生派汪精卫赴沪欢迎黎元洪去广东，黎元洪再三考虑后，决定东渡日本，同时函谢孙中山之邀。11月黎乘船赴日本，黎在日本期间，除休养、游览外，未有任何政治性活动。黎在日本受到华侨及各界友好人士的款待，当时有人怀疑黎为日本政府所利用，黎返津后特意召开记者招待会，声言此次旅日一切费用均为自费，与日本政府及官方人士无任何往来。自此以后，黎结束政治生涯，息居天津，一心从事实业投资活动。

黎元洪投资新式厂矿企业总计达45个之多，除中兴煤矿公司投资较早，数额较多外，还有六河沟煤矿公司、磁县怡立煤矿公司、中原煤矿公司、湖北石膏公司、久大精盐公司、永利化学公司、山西大应广济水利公司、中美实业公司、东北兴林公司、上海华丰纺织厂、山东鲁丰纱厂、东北兴华面粉厂、天津民丰面粉公司、山东华兴造纸厂等。此外黎元洪还投资于金融业，如黄陂商业银行、震义银行（该行与意大利合办）、劝业银行、上海永亨银行、上海中南银行、交通银行、中国银行、金城银行等都有黎元洪的资本。黎还曾担任过上述一些企业的董事长，如中兴煤矿、中美实业公司、震义银行等。黎元洪很崇拜孙中山的《建国方略》，他认为实业救国才能使中国富强。因此他脱离政界后，一心致力于投资实业，甚至不惜借巨款来扶持民族企业。例如他为了办中兴煤矿，曾向华北银行借了巨款，至1924年结算时，竟欠银行本息近30万元。而华北银行此时见黎已失势，拟诉诸法院追索。黎元洪无奈，只得将北京东厂胡同房屋变卖给中日合办的东方文化事业委员会，这样才偿清了欠款。另外黎元洪还投资兴办教育，除前文已提到的外，黎还在武昌筹办私立江汉大学，并拨中兴煤矿股票10万元作为建校基金。后来此项基金及校产均移捐给武汉大学。

1924年12月孙中山先生应冯玉祥之邀乘船北上，途经天津时，在天津休息数日。此间孙、黎互相进行了礼节性拜访。黎元洪曾设宴招待孙中山和夫人宋庆龄，但因孙中山先生突然发病不能前往，故由夫人宋庆龄代表出席。孙中山先生在津养病期间，黎元洪曾多次前往张园探望，对孙中山先生的病情非常关心。孙先生移居北京后，黎也曾多次派人赴京探望。1925年3月12日孙中山先生不幸病逝，黎元洪甚感悲伤，在自己私宅中设立灵堂祭奠孙中山先生。

冯玉祥驱逐曹锟后，段祺瑞暂掌北京政权。段曾邀请黎元洪再度出山，黎复电谢却之。不久段又派专人前往天津迎黎，黎坚辞不就，段只好作罢。1925年，张作霖联合吴佩孚击败了冯玉祥之国民军，不久又撵走了段祺瑞，之后，张、吴协商复拥黎元洪出任总统。黎因记取两次被逐之惨痛教训，坚决不肯再次出山，对张、吴置之不理。

"五卅"惨案时，黎元洪之长子黎绍基正在天津南开大学读书，学生为声援这次罢工运动，推黎绍基为后援会募捐组组长。黎元洪得知此事后深予嘉许，除自己出资捐助外，还亲笔函介黎绍基前往拜见顾维钧、杨以德、鲍贵卿等名流，故使黎绍基在三日内募得11000余元，大大超过了预计数目。

黎元洪平日喜欢书法，寄居天津后更是乐此不疲，因此各方求书者甚多，他无不应之。1926年8月，黎元洪应无锡亲友之邀本欲赴无锡畅游，因身体骤变，血压升高，故未成行。但他应无锡梅园主人之请，书写了一副对联赠予梅园主人，其词云："梅放满园春，欣看四围山色，万顷湖光，胜景逾辋川别业；诗吟小香雪，媲美三径黄花，千林红叶，闲情有邓尉高风。"黎不仅喜好书法，还非常好客。1926年世界青年会组织来津，约有2000人之多，黎元洪热情接待，并为每人备茶点一份。另外，每逢元旦、圣诞，黎元洪总是在公馆举行庆祝招待会，宴请各界人士、亲朋好友及外国友人。黎很愿意与美国人交朋友，例如美国木材大亨罗伯特·大莱就是其中一个。大莱每次来中国，总要去看望黎元洪。另外美国钢笔大王派克也曾专程拜访过黎元洪，并特制一支朱砂色金笔送给黎元洪，还请黎用这支笔为其签字留念。英国报业巨子北岩公爵也曾到天津拜访过黎元洪。

1926年10月下旬，黎元洪突患脑溢血，经名医会诊治疗，至年底病情大为好转。次年清明时病情已基本恢复，并能独自出外散步，甚至偶作郊游。1928年初夏，黎前往赛马场去观看赛马，突然旧病复发，晕倒在地，即请总统府医官及名医会诊，但终至卧床不起，几经医治无效，于1928年6月3日病逝于天津英租界寓所。黎元洪在临终前曾告诫家人："丧葬要从简，戒诸子今后从事生产实业，毋问政治。"

黎元洪临终前留有致国人遗电，谆谆告诫国人以精神、道德、礼教为重，并对中国政治提出八项主张：（一）从速召集国民大会，解决时局纠纷；（二）实行垦殖政策，化兵为农工；（三）调济劳资，应适合全民心理与世界经济趋潮，统筹兼顾；（四）振兴实业，以法保障人民权利；（五）正德、利用、厚生不可偏废，毋忘数千年立国之本，精神、道德、礼数，当视物质文明，尤为重要；（六）革命为迫不得已之事，但愿一劳永逸，俾国民得以早日休养生息，恢复元气；（七）参酌近今中外情势，似应采用国家社会主义；（八）早定政治方针与教育宗旨，以法治范围全国。

黎元洪去世后，国民政府下令优恤，为黎元洪举行了隆重的公案，并举办了规模浩大的出殡仪式。出殡后黎元洪的灵柩停放在天津特一区黎氏容安别墅，此原为黎元洪旧居，后建西式坟墓。1935年11月24日，南京政府在武昌土宫山为黎元洪举行国葬，参加葬礼者约50000人，还有各国驻华使者。南京政府下令当日全国致哀，一律降半旗，并停止娱乐活动一日。作为民国的开国元勋，黎元洪似乎到此时才享受到了总统应有的待遇。

子女情况

黎元洪有子女四人：长女名绍芬，字介繁，出生于光绪二十七年（1901年5月1日）她在天津南开时，曾与周恩来总理是第一批男女同班同学，1923

年毕业于天津南开大学，然后赴美国，就读于哥伦比亚大学，攻读硕士学位。因为她是总统的小姐，故美国参议院议长夫妇陪同她，在华盛顿参观了美国的国会，并前往白宫，受到了美国总统哈定的亲切接见。绍芬在美国时，经常写信其父，介绍在美国的见闻，黎很感兴趣。绍芬在美国获得哥伦比亚研究院硕士学位后，即起程返国。其父非常高兴，认为他的女儿能出国留学，并获得学位，真是荣幸至极。故让其子女绍基夫妇、绍业和绍芳，远程至日本横滨去迎接。黎还为女儿归国举行欢迎会。绍芬归国，即从事教育工作，初在天津市教育局担任督学职务。1933年8月，与徐璧文君结婚，并育有一子一女。婚后绍芬暂时不工作，直到抗战胜利后，应当时任天津市市长张廷锷之邀请，担任过天津市政府的顾问，并与当时政界人士有所往来，社会活动频繁。她还经常参加南开大学校友会活动，与张伯苓校长过从甚密。南开大学教务长黄钰生（现任天津市政协副主席），亦是她的好友。另外，她还经常参加天津市基督教女青年会的活动，并募捐多次获奖。中华人民共和国成立前两年，她曾任天津市二女中校长。中华人民共和国成立后，她即加入天津市民革，并曾做过对台统战宣传工作，因她有不少亲朋和老同学在台湾和美国，故在"文化大革命"时，曾遭受严重迫害，以致心脏病复发，不幸于1966年12月9日病逝于天津。

长子绍基，字重光，出生于清光绪二十九年（1903年5月13日），曾赴日本贵族学院读书，1921年8月13日，黎元洪为绍基完婚，所娶之唐闳律是无锡人，与绍基同岁。婚后夫妻感情甚笃，育有三子一女。1923年，绍基由日本返国，就读于天津南开大学文科，毕业于1927年夏季，正值绍芬由美归国之时。黎元洪去世后，绍基就担任中兴煤矿公司的董事兼协理，后来又担任中兴轮船公司常务董事。1949年11月，他在香港应邀列席北京全国交通运输会议，并受到敬爱的周总理在怀仁堂的亲切接见和宴请。在宴请时，他正巧坐在总理的身旁，总理跟他讲的第一句话就是："宋卿先生有句名言'有饭大家吃'。"还问起绍基的姐姐黎绍芬的近况，并言及绍芬跟他在天津南开时是同学，而且是第一批男女同学。1950年，他先后从香港调回轮船五艘。中华人民共和国成立后，他曾担任中兴轮船公司董事长和枣庄煤矿公司副董事长。在"十年动乱"期间，他受到了严重的迫害。粉碎"四人帮"后，他坚决拥护党的十一届三中全会所制定的各项方针、政策，并热心侨务工作。曾任上海市徐汇区政协副主席、市工商联常委、市侨联委员以及徐汇区侨联主任委员。他经常嘱咐旅居国外的子女，一定要热爱祖国，要为祖国建设多贡献自己的力量。其子女为黎昌俊、黎昌懿、黎昌胤、黎昌祁，他们均在美国和加拿大，并多次回国探亲、观光和访问。1982年，他在国外的子女，为了庆祝其父80寿辰，相约在上海团聚。在回国期间，上海市人大常委会副主任、中共上海市委统战部部长张承宗会见了他们，并对他们来沪团聚表示欢迎和祝贺，同时期望他们今后能经常偕子女回国访问。会见后，上海市侨务办公室设宴招待他们一行。不幸的是黎重光于1983年1月31日病故于上海。

次女名绍芳，出生于1906年11月14日，与袁世凯第九子袁克玖结为夫妻，但因患精神病，被袁家送进北京疯人院，于1945年4月15日病逝于北京。

次子名绍业，字仲修，出生于1911年7月31日，在家喜读四书五经，并喜爱弹古琴，曾就读于天津南开中学，后因病退学。1935年3月3日，他与原海军总长刘冠雄之第九女刘孝琛结为夫妻，并育有二子二女。现任天津市文史馆馆员，是天津市民革成员，亦是全国政协委员。

（天津市政协供稿）

我当黎元洪警卫时的见闻

李宝荣

1922年6月黎元洪第二次复出任民国大总统时，我正在天津警察厅当警察。当时黎元洪家住英租界，身边没有警卫，天津警察厅长杨以德看出这是巴结大总统的机会，便马上去黎公馆表示，愿意为大总统效劳，提供总统警卫人员，而且警卫薪水可由天津警察厅支付。黎元洪对此当然乐意笑纳，杨以德回警察厅后即刻任命纪进元为大总统警卫队队长。

纪进元是天津警察厅的警察，其母为黎公馆专门侍奉黎夫人的用人，纪进元因此成了天津警察厅派驻黎公馆的门卫巡官。由于其对黎元洪忠心耿耿，因此颇受黎元洪的赏识。纪进元当了黎元洪的卫队长后，更是得意，不久便带着卫队随黎元洪赴北京复职去了。黎的卫队共有40名警察，是从警察厅所属的第一、二、五、六、七、八保安队挑选出来的，他们个个身材高大，相貌端正。我也忝列于其中。

我们40人刚到北京时，职务、级别都没有变，仍着天津警察制服，并每月派人回天津警察厅领饷。大概是考虑到总统的卫队应该穿着体面些，因此到北京不久，就给每人赶制了一套制服，是红呢子上衣，上缀双排铜扣；蓝呢子长裤上镶着白色条纹；帽子是前后出尖，像日本仁丹广告上画的那样。另外还有金色带穗的肩章和乌黑发亮的皮靴，这身装束蛮神气。不过这身制服只有在大总统接见外宾或遇大典时卫队的警察、警官们才能穿。到时每人手里还须持一杆6尺多长的黑缨长矛，列队在总统身后或两边，那场面很像在戏剧里看到的样子。

以往历任大总统的卫队，是由两三个营的陆军来充任，委以亲信为队长，驻扎在总统府内外，担任保护总统个人及其家属的安全任务。但黎元洪第二次上台时，即将以前旧制裁撤，不再用军队担任警卫，只用从天津带去的警察做随从卫士，兼管府内勤务，接送公文函电及迎送谒见人员等工作。在总统府内外站岗值勤的警察，由北京内务警察担任。府内外总共不过百十来名警察值勤服务，这与以前历任大总统的作风完全不同。黎之所以如此，一是因为他的财力拮据，不能铺张；二是他一向反对摆官僚架子，反对吓唬老百姓。不过也谈不到他要为老百姓办事。

黎元洪第二次出任大总统之前，曾提出各省要"废督裁兵"的条件。当时虽各省督军回电响应，但黎上台后，各省根本未付诸实施，反而屡向黎元洪索粮索饷；加之当时北京政府政令多受曹锟、吴佩孚左右，国会议员大多随声附和，黎元洪形同傀儡。对此黎完全没有料到，常感到郁闷憋气，有时闲得无聊，便找几个熟识的从天津带来的卫士聊天，谈话中常流露出牢骚，并说后悔不该二次出山，还不如在天津公馆里舒服。他说自己是骑虎难下。

由于曹锟想驱逐黎元洪，达到自己当总统的目的，遂唆使部下用各种手段排挤黎元洪，煽动军队和警察罢岗索饷，也是其中手段之一。有一次冯玉祥率领他手下的高级军官数十人列队（其中也包括鹿钟麟），请黎元洪阅操。检阅完毕，冯上前敬礼报告，并询问操练如何？黎答："很好！"冯说："报告大总统，没有饷，他们干不下去了，请大总统发饷。"不久曹锟又收买了一些地痞流氓，组织了所谓的"公民团"，前往东厂胡同包围了黎元洪的住宅，搞得黎坐卧不宁，只好向曹、吴打电报求援，曹、吴却置之不理。后来索性切断黎元洪住所的水电，搞得黎四面楚歌、焦头烂额，不住地唉声叹气。我们当时也很为黎的处境担心。后来纪进元对黎说："报告总统，咱们回天津吧！"黎听后低头不语。

1923年6月13日凌晨，天尚未亮，我们警察卫队还正在睡觉，黎元洪忽然亲自来到我们宿舍，将我们逐个推醒，说："起来，起来，收拾东西，咱们马上回天津！"我们40名警察收拾好行装，在纪进元的带领下匆匆忙忙地跟着黎元洪来到前门车站，乘上专车向天津疾驶。

没想到火车在杨村被曹锟部下——第23师师长王承斌带人拦住。王气势汹汹地冲上车来，要见总统，我们拦挡不住，王进了总统专车。至于他与黎大总统交涉什么，当时不准我们进去，因此也无从知道。专车开到天津北站时，黎要下车，王承斌却命早已等候在北站的他的部下拦住车门，不准黎元洪下车。黎怒目而视，与王承斌争得面红耳赤，硬是从车上下来。这时我们才知道王承斌是来逼黎元洪交出大总统印信的。黎认为王不过是一个小小的师长，竟敢如此无礼，十分气愤。而王却蛮横地说："不交出总统印信，休想离开车站！"黎边走边大声叱骂王承斌无权阻挡一国大总统的行止。王命令其部下将黎包围。这些大兵一个个手执枪械，横眉立目地将黎围了起来。黎孤立无援，知道实在走脱不了，乃退回专车中，并命纪进元马上给黎公馆挂电话，让他子女前来接他。经过一夜的折腾，黎元洪在王承斌的威逼下，只得交出总统印信。但王承斌还不放他走，拿出一封事先写好的电报，让黎在上面签字。电报是给国务院的，大意是"本大总统辞职，职权暂由国务院摄行"。黎元洪看完后怒气冲冲地在上面签了字，之后把笔往地下一扔，转身带着儿子离开火车，乘汽车回公馆了。

这时天津警察厅长杨以德见黎元洪大势已去，连印都交出来了，知道自己用不着再巴结黎元洪了，便命令纪进元："你把咱们的人都带上，马上回警察厅！"就这样，我们40名总统卫队从跟黎元洪进京复职，到把他又护送回天津，整整在大总统身边经历了一年零三天。这期间我们既随黎元洪经历了第二次出任总统的风风雨雨，也目睹他被逼交印信的经过。这一年多的时间对我们来说，可以说是圆满完成了任务，对黎元洪来说大概是非常辛酸的一年了。我们来去乘的是同一列总统专车，但这一去一来是多么截然不同啊。

（天津市政协供稿）

黎元洪晚年居津生活琐记

孙启濂

　　作为曾任黎元洪10余年的英文秘书，我对黎元洪的政事、家事都有所了解。由于写黎元洪政治活动方面的史料已有不少，这里我只想对黎元洪退出政坛后，晚年居住天津的生活情况略作叙述，供人们参考。

　　黎元洪的生活方式趋向西式，无论是他在职或不在职时都是这样。他向来喜欢穿西服和制服，很少见他穿中式服装。在吃的方面，自辛亥革命以后的十数年中，他每日三顿都是西餐。他家里有一个中餐厨房和一个西餐厨房，他和他的女儿吃西餐，夫人及办事人员吃中餐。不过若遇他伤风咳嗽，就暂时改用中餐。他认为吃西餐比较卫生，而中餐用筷子反复在盘子里夹菜，易传播疾病。黎元洪有午睡的习惯，但他不是在床上午睡，而在沙发上。黎注意健身，每日早餐前，必做一次体操；此外还喜爱骑马，有时也喜欢挂着文明棍外出散步。他常和夫人一起步行到剧场去看戏或电影。他不像其他的总统出门时要前呼后拥，他不要人跟随，喜欢自由自在地出入，因此很多人认为他是很平民化的。黎元洪的另一个嗜好是书法，他经常练习书法，遇有人索要，提笔就写。若有人备好空白的对联或横幅宣纸请黎元洪为自己题词的话，他总是很高兴地按客人的意思写好交给人家。很多人家里当时都挂有黎元洪的墨迹。

　　黎元洪退出政坛后，不再过问政治，而专心致力于发展中国的实业，他对很多企业都有投资，例如我国北方有名的大企业中兴煤矿公司、启新洋灰公司、久大精盐公司、永利碱厂等都有他的投资。后来他又为华侨首次创办的中国远洋轮船公司投资万余元的美金，以鼓励该公司在远洋运输方面能够得到发展，为国家挽回一部分利益。该公司当时购买了一条近万吨的远洋轮，命名为"中国号"，从香港经上海驶往美国旧金山，然后再顺此航线返回。可惜由于该公司经营管理不善，不到一年因赔累不堪而倒闭。

黎元洪很注重教育，他一方面给南开及其他一些学校捐赠款项；另一方面对子女教育尤为重视。他曾聘请天津的著名学者赵元礼教其子女们汉语和书法，使他们有很大进步；我也曾教黎的子女们学英语。后来黎命其长子黎重光赴日本留学，几年后归国复进南开大学学习；他曾命他的长女黎绍芬赴美国留学，黎绍芬在美国麻省著名的威斯列女子学校学习四年，取得文学硕士学位后归国。

黎元洪非常好客，他对来访的客人总是要留他们用便餐的，每次都由我们几个主要办事人员作陪。由于他在天津的寓所客厅、饭厅都不够大，而在天津的中外朋友们又多，因此他不得不有计划地、分期分国籍宴请一些客人。被请的客人包括外国总领事、副领事、驻军的各级军官、租界工部局的一些负责人以及外国公司和银行的经理等。举行宴会前，他总是按照西方的习惯发出印妥的英文正式请帖，并请答复，对日本客人则用中文的正式请帖。按照礼节，赴宴的必须穿礼服出席，每逢此时黎本人也身穿礼服迎接客人。客人来到前，黎元洪总要亲自检视餐桌上每位客座前已摆好的外文菜单。他宴请外国人不完全是西餐，如每次都有鸽蛋汤或鱼翅汤等。如时逢节日，他还要在他私人的戏院（今烟台道儿童影院址）里举行舞会，并放焰火，以示庆祝。戏院楼上备有西式冷餐、果汁饮料等，供客人食用。

除外国人外，黎也经常设宴招待在津的本国军政要员及社会各界名流，在春节时还邀请京剧名角和杂耍艺人前来演出，以此招待宾客。黎下野后虽不过问政事，但对国庆节却非常重视，他常说，我作为民国的一个平民也应该庆祝。每逢国庆他都准备焰火和露天电影，让群众在他寓所与他共庆国庆。

黎元洪的生活开支主要来源于他投资实业的股息和红利，偶遇钱不凑手时，就拿股票或房契暂向中外银行透支。他的开支主要用于交际和向学校捐款，而对他个人及家庭的开支却一向是俭朴的，他日常生活比较简单，过生日也从不铺张，也不请客，只邀请身边的几个工作人员共进午餐而已。

黎元洪患有糖尿病和高血压症，十余年来一直由日本人在天津开的东亚医院院长田村给他诊治。在当时这两种病也没有很有效的治疗方法，只是经常检查预防而已。民国十七年（1928）初夏黎元洪同夫人去英租界赛马场看赛马，突然昏倒，当时有在场的观众将他抬入车内，已不能言语，送至二夫人的寓所经过一星期治疗无效，又转送至大夫人寓所继续治疗，仍不见效，不久便与世永别，享年64岁。

（写于1964年）

（天津市政协供稿）

黎元洪投资金融、实业经济情况

张树勇

黎元洪在两次出任大总统前后，从事大量的经济活动。特别是随着他政治地位的升迁，思想的演变——接受了一些资产阶级民主共和思想，眼界也逐渐放宽。这时，他已经不再满足于过去那种靠大量的购置土地、房屋，收取房地租，从事封建性的经济剥削每年所获得的数万元财富了。于是，他把大量的资金转向金融、实业的投资，进行资本主义经营，以求获得更大的经济收益。而且，他在第一任总统下台以后，就曾公开表示："对于政治业已心灰意冷，以后将在实业界力求活动。"

根据天津市历史博物馆等单位收藏的有关黎元洪经济活动的账目、股票单据、函电以及黎与子女的有关记录等大量资料的不完全统计，编辑了黎元洪投资于银行、厂矿等企事业方面的一些经济活动资料。

粗略统计，黎元洪先后投资的银行、厂矿等金融、实业近70个，投资金额最低不少于300万元。其中，投资银行有20余家：中国银行（股票金额320000元）、中华江业银行（股票1000股，股金50000美元）、中国实业银行（股票金额55000元）、黄陂商业银行（股票10张，股金50000元）、左通银行（股票150股，股金150000元）、劝业银行（股票576股，股金57600元）、新华储蓄银行（股票300股，股金30000元）、上海永亨银行（股票500股，股金25000元）、金城银行（股票200股，股金20000元）、天津北洋保商银行（股票200股，股金20000元）、华孚商业银行（股票200股，股金20000元）、中南银行（股票100股，股金10000元）、农商银行（股票50股，股金5000元）、香港广东银行（股票200股，股金10000元）、华意（义）银行（股票200股，股金10000元）、华孚银行、天津汇理银行、天津麦加利银行、天津华北银行、东方商业银行、震义银行等。

投资煤矿8个，即中兴煤矿公司（股票66张，计5400股，股金540000元）、浙江长兴煤矿公司（股票11045股，股金310900元）、中原煤矿公司（股金110000元）、六河沟煤矿公司（股金110000元）、磁县怡立矿务公司（股票10张，股金100000元）、芦汉银公司（即临城煤矿，股票4张，股金100000元）、北票煤矿公司（股票500股，股金18750元）、翕和萍乡煤矿公司（股票50股，股金50000元）。

矿产类8个，即龙烟铁矿公司（股票50股，股金50000元）、新乡宏豫铁矿公司（股票10股，股金5000元）、济华铁矿公司、中华矿业公司（股票40股，股金4000元）、湖北石膏公司（股票9张，股金80600元）、塘沽久大精盐公司（股票700股，股金70000元）、永利制碱公司（股票561股，股金56100元）、伍佑泰和盐垦公司（股票10股，股金10000元）。

森林类3个，即铁嫩森林采木公司（股金146000元）、天利采木公司（股票100股，股金10000元）、龙门县林照。

纺织类6个，即上海华丰纱厂公司（股票100股，股金14705元）、无锡纺织公司、汉口第一纺织公司（股金15000元）、山东鲁丰纱厂公司（股票800股，股金40000元）、石家庄大兴纺织公司（股金1700两）、湖北楚安公司（股金560两）。

面粉、食品类5个，即山东兴华机器制面公司、天津民丰机器制面公司（股金62968.49元）、香港及上海兴华机器制面公司（股金港币10000元）、马宝山糖果饼干公司（股金港币10000元）、中华国民制糖公司（股票200股，股金25000元）。

证券类5个，即北京证券交易所（股票500股，股金26000元）、天津证券花纱粮食皮毛交易所（股票100股，金额不详）、上海证券物品交易所

（金额不详）、华盛信托公司、中易信托公司（股金25000元）。

保险类2个，即上海华安合群保寿公司（股票100股，股金银2000两）、金星人寿保险公司。

其他杂股类15个，即中国南洋兄弟烟草公司（股票5000股，港币100000元）、北京玉泉山啤酒汽水公司（股票3张，股金3000元）、山东华兴造纸公司（股金63000元）、兴林造纸公司（股金10000日元）、山西大应广济水利公司、中美实业公司（股金3500元）、上海新新公司（股票50股，股金1000美元）、香港中国邮船公司（股票2张，股金21000美元）、直隶赛马总会（股票4张，股金2000元）、京师华商电灯公司（股票560股，股金26000元）、孔雀电影公司（股票10股，股金1000美元）、天津振中新记油漆颜料股份有限公司（金额不详）、中孚制药公司（股金1000元）、北洋贸易公司（股金2500元）、集庆源公司。

在黎元洪参加投资的这些银行厂矿中，他除了担任汉口黄陂商业银行总董外，还担任中兴煤矿公司、中美实业公司、震义银行的董事长，由他或其子担任长兴煤矿公司、中原煤矿公司、六河沟煤矿公司、芦汉银公司、湖北石膏公司、马宝山糖果饼干公司、中华国民制糖公司、民丰机器制面公司、南洋兄弟烟草公司、鲁丰纱厂公司的董事，怡立矿务公司、中华江业银行的监察人或监事。而且，黎元洪的这些投资，大多是以大德堂、秉经堂、孝义堂、传经堂、楚宝斋等堂号和黎宋卿、黎萱卿以及他的子女黎绍基、黎绍业、黎绍芬、黎绍芳等名义购买投资的方式进行的。协助黎元洪、黎绍基父子从事经济活动的是黎的亲信唐宾如和胡英初等人。

综合黎元洪在金融、实业方面的活动，大体有以下几个特点。

一、他的投资范围广，在金融、矿产、森林、造纸、食品、面粉、贸易、证券、保险、邮船、运输、市政、文化教育等方面，都有一定的投资。据不完全统计，黎元洪在1921年投资金额的大体情况是：在煤矿方面共计1051259元，约占他全部投资的46%；在银行方面共计669250元，约占27%；在矿产方面（主要是铁矿、石膏、盐等）计207520元，约占8.7%；在森林方面计61000元，约占2.5%；在纺织方面计50528元，约占2.2%；在证券方面计18000元，约占0.8%；购买公债计52000元，约占2.3%；在保险方面计17314元，约占0.8%；在其他方面计206300元，约占8.8%；总计投资为2333162元。

二、投资地区分布广，计有北京、上海、天津、山东、山西、河南、河北、江西、浙江、江苏、湖北、辽宁、黑龙江、香港等地。

三、他投资的重点是在煤矿和银行两大方面，这种投资风险小而获利大。如黎元洪在他投资的八大煤矿中，以在中兴煤矿公司投资最多，他以黎大德堂、孝义堂、传经堂、黎宋卿及其子女的名义购买了大量股票，约计6400股，共计股本银64万元（内有代管江汉大学股票10万元）。其中仅在大德堂名下认购的股本银126000元、在孝义堂名下132000元、在传经堂名下42000元，于1918年就分别获官息和红利为25200元、36400元和6400元。也就是说，这三堂股本银30万元，仅在一年之中就获利68000元之多；而在1920年这三堂之下的股本又获利高达90700余元！在中原煤矿公司，黎元洪以大德堂名义购买股票20张，每张股本银5000元，共合股本银10万元。其中5万元股本于1921年获取利息为1986元；另5万元股本1922年获取利息5000元。在芦汉银公司，以黎大德堂名义购买股票为10万元，于1921年和1923年分别获取纯利为6125元和7000元。在怡立矿务公司，以大德堂黎名义购买股票10张，每张计股本银1万元，共计股本银10万元，仅在1921年一次即获利息8357元；1922年一次又获利息5000元。仅举以上几例，就可以看出黎元洪在煤矿的投资中所获纯利颇丰。难怪他在1923年6月被直系军阀头子曹锟及其爪牙赶下台以后曾对人讲："我两次干总统，皆赔累不少，不如做生意较为安闲自在。"此话虽是自我解嘲之语，但也确实道出他做生意能获取厚利之真意。

黎元洪在银行投资的情况，从一份1927年《黎大德堂资产总目》的结算账簿中可以了解一个梗概：他在中国银行投资计有202000银圆；在中华汇业银行为10万日元；在中华懋业银行为75000银圆；在中国实业银行为55000银圆；在汉口黄陂商业银行为5万银圆；在新华储蓄银行为3万元。此外，在金城银行、北洋保商银行、中南银行、农商银行等均有数万元不等的投资。

在这些银行的投资中，不仅每年获取固定的利息，更为重要的是在这些银行中享有高额的透支借款权，用大量的借款转手又可以投资其他企事业或做股票生意，从而获取更大的收益。例如，仅北京和天津金城银行，黎元洪每年即可以分别有12万元的透支借款权利。

四、是利用他在政治上的特权，给他的经济活动带来极大的方便。如黎元洪的亲信唐仲寅（字宾如）在给他的一封信中透露："顷据中孚银行经理程穉松到府面告，该银行昨开董事会，有某董事提议，谓我董事等在本银行活动款项尚年息一分，何黎大总统挪用之款只年息八厘？虽言往来透支，而向来又无存款，请该经理答复等语。"这就是说，黎元洪在这一银行不仅在没有存款的情况下取得了透支的特权，而且凭借他政治上的地位反而比该行董事付息要少。再如，1912年黎在临时副总统兼湖北都督任上，由他批准，与他的把兄弟徐荣廷等人组建楚安公司，承租湖北纱布丝麻四局，投资仅70万两，仅在1914年至1919年即获利580万两。不仅如此，黎元洪在大总统任上，以北京政府的名义，授予金融或实业界的人物以总统府顾问、咨议或勋位、勋章等，以示笼络，从而在经济活动中得到极大的便利。

总之，本资料的编辑，为了解北洋军阀官僚的私人经济活动，特别是黎元洪的投资情况提供了一些第一手的资料。但它远不能概括黎元洪经济活动的全貌。即使如此，也可以看出黎元洪的一生投资金融、实业经济的梗概。

（天津市政协供稿）

黎元洪的晚年及安葬

贺鸿海

黎元洪这位辛亥首义显赫人物，民国初期国家元勋，已去世60多年了，对他一生的为人及于中国革命之功过，褒贬纷纭，评说不断。本文拟从其晚年生活和死后的安葬这一侧面提供某些情况。算是"评说"之外的话题吧！

晚年生活及死因

黎于1923年下野，出游日本数回，回国后即隐居天津，投资兴办一些工矿企业，并任中兴煤矿公司董事长等。平时好习书法，多临张迁、华山等汉代碑帖，并以颜书见长，常泼墨挥毫取乐；还饲养孔雀2只，在茶余饭后，观赏开屏之英姿；有时还外出郊游或观赛马。1927年10月，患脑溢血，经中西医会诊日渐痊愈，然心爱的孔雀在其病中却死去一只，视为憾事。1928年清明节，精神甚佳，曾去郊外游览观光。黎氏在下野的四五年间，深居宅寓，当年蒋介石打到津京时派阮齐（黄陂人）胁迫黎交军饷（百万元），买公债（80万元），这两件事，使其沉闷不快，至5月28日晚，旧病复发，乃延请屈桂定、关锦庭、梁宝鉴等名医会诊治疗，未见有效。1928年6月1日，黎自知不治，即由其口述意思拟就遗电，并叮嘱其子女绍基、绍

294

业、绍芬、绍芳从事实业，毋问政治。6月3日晨，黎昏迷不醒，刻刻濒危，延至晚10时半在天津本宅逝世，终年65岁。此时，尚存的一只孔雀，也突然死去，家属至亲视为奇事。

遗电内容及舆论

黎氏去世，各方关注。1928年6月4日，逝世的消息和临终遗电以及生平简介、评论等内容占据全国各大报纸的显要位置。

临终遗电，洋洋近千言，颇费苦心。遗电开始说："元洪遭逢时会，得与创建民国之役。德薄位尊，时深惕厉。中间两度当国，均不得行其志以去。退思补过，无时或忘。迫维首义之初，主张罢战言和，军民分治，驯至裁军解督，身为之倡。一切措施，虽不能尽满人意，无非力求和平统一，利国福民。不意17年来，民生疾苦愈甚，国际地位愈危，桑梓之乡，屡经变乱，辛亥同志，颠沛流离。负国负民，殊乖素志。频年兵连祸结，疮痍满目，久已疾首痛心。此次济案发生，外交岌岌，牵动旧疾，已非药石所能挽回。"

接着给当政者提出"忠告"10条。即：

"（1）国民于济案，应以沉毅态度，求外交正义之解决，不得有轨外行动；（2）从速召集国民大会，解决时局纠纷；（3）实行垦殖政策，化兵为农工，勿使袍泽失所；（4）调剂劳资，应适合全民心理与世界经济趋潮，统筹兼顾，预定翔实法规，行之以渐，毋率尔破坏社会组织及家庭制度，幸免各趋极端；（5）振兴实业，以法律保障人民权利；（6）正德利用厚生，不可偏废，毋忘数年立国之根本精神，道德礼教，当视物质文明尤为注重；（7）革命为迫不得已之事，但愿一劳永逸，俾国民得以早休养生息，恢复元气；（8）参酌近今中外情势，以应采用国家社会主义，毋遽思破除国界，为外强所利用；（9）早定政治方针与教育宗旨，以法治范围全国，应持中至当，可大可久，毋以偏激，旷滋流弊；（10）民元以来，凡无抵触国体之创制，应仍旧保存，请勿轻议纷更。"

最后说："此外，立国大端，未能遍举。想我识时俊杰，必能度越前人。所幸南北宗旨既已相同，争执系无意义，尤在立时罢兵，化除畛域，共谋统一和平之实现，则外交困难自解，国民痛苦自除，元洪死亦瞑目。此则实望我同志同胞共相策励者也……"

天津、北京、上海、南京、武汉等城市的报纸，对黎氏遗电及其一生为人的评说，多颂扬其功绩。1928年6月4日《天津大公报》的社评，有一定代表性。社评在简述其生平后说"综观君之于民国，以首义元勋任合法之首，及其晚年下野，爱好和平，反对专制……虽在闲居，萦心国事……唯绝不参与政争。盖君非盘根错节之政治家，而足为共和市民之榜样也。今闻黎君之讣，愈增怀旧之感，虽然盖棺论定，君可谓保其勋名之人矣！中华民国史之第一页，将永与君之名字以并传。而临危遗电犹谆之以和平统一之实现为言，国民之哀悼而纪念之者，岂有涯矣哉！"而6月8日国民政府的优恤令中，对黎的功绩认定则代表官方之言，说黎氏"辛亥武昌首义，翊赞共和，功在民国，及袁世凯僭号，利诱威胁，义不为屈。""凛然大节，薄海同钦。"

安葬规格及盛况

国民政府发出从优安葬的优恤令后，内政部长薛笃弼于1928年6月26日公布七条办法，主要内容为：举行国葬；国葬费一万元（实际大大超过此数）；修建专墓；葬期由国府派员致祭等。

国葬乃一国之最高丧葬礼仪。其丧葬过程大体经历天津殡殓、北京追悼、武昌安葬三个阶段，历时10年余，盛况空前。

（1）天津殡殓。黎氏死时，正逢初夏，遗体不宜久放，由黎宅治丧处决定，于次日6月4日下午2时在黎宅入殓。棺木、衣着及入殓的随葬器物早有准备。棺木是选用木斋棺材铺特制的黑漆楠木棺。入殓时，黎氏仍着生前大总统衣冠，身佩指挥刀，胸前佩总统金牌，背垫金币七枚，两手各执银元宝，身上覆盖衾褥、丝绵等；棺内还置炭屑、灯草、雄黄等防腐物品。6月5日下午6时，行"送三"礼后，确定7月16日至18日3天开吊，19日出殡。开吊头一天的黎宅设灵堂，两侧置满各界人士致赠的挽联、花圈、祭幛。前两院议长王正廷、褚辅臣等几十人自上海寄来一副哀辞，长丈许，悬灵堂之中，引人注目。在众多挽联中，以自称中华民国遗民的章太炎所撰挽联别具一格，寓意颇深。联曰："继大明太祖而兴，玉步未更，绥寇岂能干正统；与五色国旗同尽，鼎湖一去，谯周从此是元勋。"此联妙在把黎氏比作善于应变先后在蜀、魏、晋三个朝代为官的谯周。

16日，第三集团军总司令阎锡山自北京电令天津市，嘱各机关团体下半旗志哀。上午10时，国民政府代表南桂馨（天津市市长）着礼服致祭，各界人士前往吊唁者络绎不绝。17日上午9时，1926年下野的北京临时政府执政段祺瑞自往祭吊，津埠各国驻华文武官吏也先后来吊。18日来吊者有蒋介石的代表蒋作宾，阎锡山的代表李庆芳，李宗仁的代表方本仁，警备司令傅作义，河北省主席商震等。

19日上午8时出殡。出殡时将灵柩置于特制的灵车上，有黎氏子女及亲朋故旧唐仲寅等50余人披麻戴孝，挽灵车而行。因灵车需经日、法、英租界，事先由市政府出面办妥武装通过手续。灵车前由天津埠警备队3个连、保安队、骑巡队、手枪队各一连护送，从英租界10号路黎宅出发，经法租界31号路转入日租界的福岛街、经旭街。11时许，灵柩抵达特别一区别墅，置厅堂暂厝待葬。

出殡这一天，中外记者30余人摄影、采访，次日各报纷纷报道出殡消息。6月中旬，新编历史话剧《黎元洪》也在津公演。该剧内容，从清帝退位起（包括袁氏称帝、宋教仁被刺、蔡锷脱险）至黎氏复职止。7月下旬，津埠各影院还加映黎元洪出殡的新闻纪录片。

（2）北京追悼。天津殡殓时，蒋、李、阎等各方代表对召开黎氏追悼会一事做过磋商。至10月中旬，由国民革命军总司令蒋介石、第二集团军总司令冯玉祥、第三集团军总司令阎锡山、第四集团军总司令李宗仁、第四集团军前敌总指挥白崇禧、总司令部参谋长李济深以及北洋军元老王士珍、河北省府主席商震等人发起，联名通电公告于众（在津《大公报》连载三天），决定于10月26日至28日3天在北海公园天王殿举行追悼会。"前大总统黄陂黎公追悼会筹备处"设在北海公园静心斋。北海公园门前新扎牌楼一座，上悬"薄海同凄"四字，天王殿头门素彩牌楼，满缀素花，中横"名垂千古"四字，两旁各为"首义""护国"二字。灵台设在大殿前楹，中悬遗像，殿内四周遍置国民政府和各界人士送的花圈、挽联、祭幛。26日上午8时追悼会开始，黎氏子女绍业、绍芬均立于灵桌左侧，彬彬还礼。8时半朱绶光代表阎锡山主祭；11时，周震麟代表国民政府公祭。津京世故陈调元、徐源泉、江朝宗、张荫梧、赵以宽和各方人士以及外国驻华公使代表、代办等均分批临祭。追悼会的第二、第三天来祭的多为外省、市代表以及北平市各机关代表。

（3）武昌安葬。黎氏死后两年，其原配夫人吴敬君亦病故天津，仍备与黎氏同等棺木入殓，据故人遗嘱和家属要求，确定启棺定葬武汉。国民政府于1933年将其夫妇灵柩由天津运回湖北武昌。届时，湖北省政府官员和各方人士出面组成迎柩队伍，在车站、码头及沿途扎牌楼，设路祭，鼓乐、鞭炮之声不绝。白马素车，将棺柩迎进洪山宝通寺法界宫的藏经石库内暂厝。设专人看守，候勘定葬地后，再举行国葬礼落葬。后经多方选择，最后选定武昌卓刀泉南土宫（公）山为墓地。

黎氏国葬典礼定于1935年11月24日举行。国民政府于三日前周知全国，届时全国下半旗，停止喜庆娱乐一天。黎氏子女绍基、绍芬等提前由津来汉。并以子孙（八人）署名在《武汉日报》发"告窆"三天，以告知至亲故友。国民政府责成湖北省成立国葬典礼办事处，由省主席张群任主任，筹办国葬的一切事宜。在交通方面，备专轮4艘、大小汽车21辆，接送参加典礼的各方来宾。但因来宾过多，轮渡拥挤，汽车接送不暇，武昌洪利汽车行派235号货车驻守汉阳门码头运客，取费一角、二角不等。约上午10时许，载客起动，固车无后栏板，有数人从车上跌下，内仅市棉花行业公会代表胡某被跌成重伤，险些成为黎氏的"陪葬"。许多人因搭不上汽车，便高价雇人力车前往（每次约7角）。还有步行10余里去"奔丧"的。在国葬的气氛布置方面，三镇的交通要道上，汉口有市政府、汉口商会、黄陂同乡会、特三区、国民党汉口市党部，武昌有省公安局、武昌商会，南洋烟草公司、武汉大学等单位扎的素色牌楼十余座，沿途街道设路祭台（桌）几十处。是日上午先在宝通寺举行移灵公祭。寺门前的牌楼上，横书"黎前大总统国葬启灵处"字样。启灵祭堂设在法界宫停枢处。枢前挂白色长帷幔，上挂遗像及国民党党旗、国旗，灵帷前置长方大餐桌，上铺黄缎桌布，前方垂下为桌帷，上置花篮两个和银制杯、盘各三个（盛有供品）。在灵堂右侧，置主祭、陪祭官之休息所，左为军乐队奏乐处所。入祭者均臂佩黑纱。11时整，在19响礼炮中，行公祭礼，礼毕即启灵下山。送葬仪仗分八列，第一列为骑兵，第二列为步兵，第三列为海军，第四列为警察，第五列为各省市党政军和省内各机关团体代表，第六列为中央各部、院、会和外国人士代表，第七列为灵枢、家属车，第八列为骑兵队。前七列之首各配置乐队。其中第七列的情形是：黎氏灵枢在前，夫人吴氏灵枢在后。枢前有遗像和绸制"铭旌"。两具灵枢均外套黑绒柜罩，用鲜花扎盖。彩龙大杠下共136人抬棺（各棺68人）。杠夫均戴草帽，着蓝色短服，背缀国民党党徽，在号歌下齐步缓行。黎氏子女绍基、绍业、绍芬、绍芳等亲属十余人在灵枢后的黑幔下俯首而行（尾随一车，供家属休息）。沿途两旁的祭桌旁，人群簇拥。出殡队伍过处，烛火如星，香烟若雾，哀乐声、锣鼓声、鞭炮声连成一片，震耳欲聋。在出殡队伍中，还有专人抛撒纸钱，并对路祭者散发铜币、银圆，以示"优隆"。据退休老人陈年喜回忆，当年他年仅5岁，在一祭桌前看热闹，灵枢经过时，在路边拾得大洋3元，当时有许多乞丐也蜂拥街头，以求得几枚铜币或一二块大洋。灵枢于下午2时抵达墓地。时有巧合，这一天从上午11时启灵下山起有毛毛细雨，下午1时左右雨下得更大。所有送葬人员的衣履均为雨所浸。据报道参加此次移灵公祭的各方代表和民众达5万人。

黎氏墓地前，用席棚搭有宽敞的礼堂，堂前屏门上悬国民政府主席林森题书的"民国元勋"横匾，周围陈列亲故好友、国民党上层人物和社会知名人士馈赠的祭幛、挽联、祭文和花圈一千余件，下午3时整，在101响礼炮声中国葬典礼开始。由辛亥首义参加者、湖北省政府委员李书城代表国民政府林森主席主祭，中央各部、院、会、各省代表和外宾陪祭。在国典会上宣读祭文的有中央内政部、交通部、司法部、教育部和各省市代表共23人。礼毕，扶灵柩入墓穴，将两柩置于形似仰盂的墓椁内，椁内撒朱砂，取吉利之意，各置铜炉一个，谓可暖土。墓椁上再用水泥板盖顶封固。

国葬日那天，典礼处专制干点万余份，在沿途散发给参加葬礼的各方来宾。礼成之后，又在武昌、汉阳、汉口的餐馆酒楼招待丰盛的"丧饭"。对土官山墓地附近的民众则另有一番"打发"，除国葬当天陈家湾的家家户户派人入席就餐外，每家发给粮食几十斤，以示"关怀"。时有民众说黎元洪是个"生前走鸿运，死后享冥福"的人。

国葬典礼当天和第二天，南京和北平、济南、南昌、成都、武汉等各报纸都发有消息和文章。《武汉日报》的第二、第三版作了两天的整版报道，配有照片，发表有黎元洪事略和社论。各方面对黎氏的评论多与津京追悼时相似。诸如颂扬黎氏"乾坤正气，河岳精灵，一旅起家，为民除暴""今黎公往矣中央笃念勋劳，举行国葬，足以慰英灵""中山巍巍，公亦岳岳""卓刀泉之幽宫，与中山陵墓东西相望，永为我国人民低回景仰之所矣"等。

黎氏葬后不久，即修建坟基工程，刻竖墓碑，碑文为章太炎撰，李根源手书，还有江苏吴江县金天羽撰墓志铭，江宁邓祁述书，墓从前还修有石砌栏杆的祭祀坪台，整个墓园占地约百亩。墓园工程一直延续到1938年武汉沦陷时还未最后竣工，据其子回忆，仅墓园工程即耗资3万多元。

武汉解放后，黎氏墓园为湖北省林业厅勘测设计大队占用。1966年9月在"文化大革命"扫"四旧"中墓园被毁，1981年在纪念辛亥革命70周年时，武汉市政府拨款，在原墓后侧重建新墓一座。不久塌陷，1985年又由市政府拨款2万元重新修建，墓前竖有"大总统黎元洪之墓"的石碑。

（武汉市政协供稿）

黎前大总统国葬典礼

（资料摘录）

　　1911年10月10日，辛亥革命武昌首义胜利后，黎元洪被推为中华民国湖北军政府大都督。1912年1月中华民国临时政府在南京成立时，孙中山先生当选为总统，黎元洪当选为副总统兼湖北省都督。继而在1916年6月至1917年6月，又继于1923年6月至1924年6月军阀混战时期任北京政府大总统。黎病逝时，国民政府两次发令举行国葬。大悟县丰店区唐店张东冲村黄土榜、黎文英将此国葬册一份保存了58年，县政协在征集文史资料时，他将此册献出。现摘录发表于后，以供史学界参考。

国民政府令

　　前大总统黎元洪，辛亥之役，武昌起义，翊赞共和，功在民国，及袁氏僭号，利诱威胁，义不为屈，凛然大节，薄海同钦。兹闻遘疾弥留，犹勤国计，追怀遗烈，怆悼尤深。所有丧葬典礼，着内政部详加拟议，务示优隆、以彰崇报元勋之典，此令。

国民政府训令湖北省政府

案据行政院呈，据内政部转报，黎前大总统前于民国十七年6月3日逝世，曾奉明令国葬在案。兹在武昌卓刀泉之南土宫山择定茔地，拟于本年11月24日安葬，请转呈派员组织国葬典礼办事处筹备进行等情；转呈鉴核一案，据此，应准照办。兹令派该主席组织黎前大总统国葬典礼办事处，筹备国葬事宜，除指令外，仰即查明。此令。

国葬法

国葬举行之日凡公务人员均须臂缠黑纱，全国停止娱乐，各机关、各团体、各商店民居均下半旗，以示哀悼。

仪　节

一、电请国民政府通饬全国，于11月24日下半旗一天。并停止娱乐，以志哀悼。

二、电请中央执行委员会、国府及各院部会派代表参加。

三、函请省内党政军警各机关、各学校、各团体派代表参加。

四、电请外交部通知各友邦。

五、由省府通知驻汉各国领事。

六、参加人员一律左臂缠黑纱。

七、参加典礼军警军乐队之刀旗鼓号上遵陆军礼节之规定，加缠黑纱。

八、扛夫一律着蓝色短服。

九、启灵祭礼。

1. 11月24日上午10时半，在洪山宝通寺，举行移灵公祭，由国民政府代表主祭。

2. 启灵礼节：一肃立，二主祭官就位，三陪祭官就位，四奏哀乐，五献花，六读诔文，七默哀，八行三鞠躬礼，九奏哀乐，十启灵。

十、国葬礼节。

1. 灵柩抵墓地后，中央委员、国府及各院都会长官或代表，国葬典礼委员，亲故家族，恭扶灵柩于殡堂，下午2时，开始举行安葬典礼，由国府代表主祭。

2. 外宾，各省市党政军各机关代表，省内党政军警各机关代表，各学校各团体代表，依次随同行礼。

3. 仪式：一肃立，二主祭官就位，三陪祭官就位，四奏哀乐，五献花，六读诔文，七行三鞠躬礼，八默哀三分钟，九恭扶灵柩入圹，十奏哀乐，十一各复原位，十二肃立，十三行三鞠躬礼，十四奏哀乐，十五礼成。

4. 礼炮：上午11时起鸣炮19响，下午2时半起鸣炮101响。

附公祭仪式：一肃立，二主祭人就位，三读祭文，四行三鞠躬礼，五默哀，六礼成。

送殡行列

1. 送殡行列如下。

第一行列　骑兵官长1名（乘黑马执旗开道），骑兵2名（乘黑马背枪护旗），骑兵2名（乘黑马背枪，分执党国旗。党旗在右，国旗在左），骑兵2名（乘黑马背枪护旗），军乐队，骑兵一连（枪口向下）。

（上列骑兵，由炮兵第六团担任，军乐队由湖北省政府军乐队担任）

第二行列　步兵军乐队，步兵一团（枪口齐下）。

    （上列军乐队，由武汉警备司令部军乐队担任，步兵由武汉
    警备旅担任）

第三行列 海军军乐队，海军（枪口向下），童子军。

    （上列海军军乐队及海军，均由海军驻汉军舰担任）

第四行列 警察乐队，警察队。

    （上列警察乐队，由省会公安局军乐队担任，警察队由省会
    汉口两公安局担任）

第五行列 军乐队，各省市党政军各机关代表，省内党政军各机关各
    团体代表，步兵一连（枪口向下）。

    （上列军乐队，由第二十五军军乐队担任，步兵由巡缉团担
    任）

第六行列 中央执督委员，国府及各院部会长官或代表，外国代表，
    国葬典礼委员，亲故家族。

第七行列 灵榇，家族车，步兵一连（枪口向下）。

    （上列步兵由巡缉团担任）

第八行列 骑兵一连（枪口向下）殿后。

    （上列骑兵，由炮兵第六团担任）

上开各行列，由本处先日在宝通寺前通卓刀泉大道上依次以标志标明。

  2. 24日晨9时，送灵军警，除第五行列之军乐队外，其余全体集合于洪山宝通寺前偏东北向之旧武豹汽车道指定之集合场上，主祭陪祭官及外国来宾均由交际组延入休息室。

  3. 10时半，举行移灵公祭典礼，第五行列之军乐队担任奏乐。炮兵团鸣礼炮十九响。

  4. 在启灵公祭开始时（10时半），总、副指挥与各指挥，即依照行列单之规定，先行指挥在集合场之第一至第四行列，依次向卓刀泉大道移动，至标志指定地点停止。

  5. 启灵时，第五行列之军乐队及来宾，自宝通寺依次进入行列（童子军负责本行列秩序），同时第五行列之步兵一连，随后继进，第五行列整

列后，六至八行列，依次继进。

6. 由宝通寺出发后，各行列作四路纵队行进，各组指挥纠察随同各该行列，维持沿途秩序。

7. 先头行列到达卓刀泉车站时，停止大道两旁，相向对立，灵榇经过时，同时敬礼，第一行列之全部（骑兵及军乐队），准备导灵入墓山，不行分列敬礼。

8. 灵榇到达卓刀泉车站后，除第一行列之骑兵及军乐队外，其余军警，均从石牌岭大道开回。第五行列之来宾及童子军，到达卓刀泉后，亦得自由散归。此时须到墓山参加安葬典礼者，为第一行列之骑兵及军乐队，第六行列之全部，第七行列之家族，及各指挥纠察。

9. 第一行列之骑兵，到达墓山前，即在牌楼前作连纵队停止，灵榇经过时，举行敬礼，灵榇抵殡堂后，即全部开回。

10. 灵榇抵墓地，由国府代表典礼委员等扶入殡堂后，总副指挥，指挥各参加内礼之来宾，就其规定地点驻立（上第一行列之军乐队奏乐，地点在礼堂东槛前），布置妥帖后，再由总、副指挥请主陪祭官，各高级长官及外宾入礼堂，举行安葬礼，礼毕后，由招待员分别延来宾入东西茶棚用茶点。

礼堂布置

甲、启灵处

1. 启灵处庙门：在宝通寺门前偏西跨武珞路（与庙门成直角）扎牌楼一座，横出"黎前大总统国葬启灵处"10字，庙门外道上先日用标志示明各行列之地位次序（如附表）。

2. 启灵祭堂，就停灵原殿扎彩（蓝黄白色），柩前挂白色长帷幔，上挂遗像及党国旗，灵帷前置长方大餐台一张，上铺黄缎桌布，前方垂下为桌帷，上置花篮两个，高脚银杯酒3樽，高脚银盘供果3盘，即于停灵大殿之右，布置主祭陪祭官休息所，大殿之左，为军乐队奏乐所。

3. 来宾休息处：外宾休息处，在宝通寺前殿；其余来宾休息处，在宝通寺前院。

4. 茶担：茶担两处，一在宝通寺停灵大殿前院，一在宝通寺前殿之前院。

乙、墓地

1. 礼堂：在墓前搭盖席作凹字形，宽10丈，高1丈5尺，中深4丈，两旁突出处深7丈。中间以席隔开为礼堂，宽6丈，左右面席壁，后面两旁席壁，中间距后壁约6尺建一屏门，宽2丈4尺，屏门悬白布幔，可自由开合（柩自此进）。前面缘以短槛，扎松柏枝，左右槛均长1丈5尺，高4尺，中留3丈空隙为通路。屏门之白幔前悬挂遗像及党国旗，壁上悬挽联，屏门前设大餐台一张，面积约为普通大餐桌之4倍，上铺黄缎，前面下垂为桌帷，上置大花篮一对，大高脚银盘供果3盘，大高脚银杯酒3樽，及各方所送之花篮，餐桌之前地上围置花圈。

2. 来宾休息处：来宾休息处两处，在礼堂之东西，与礼堂相连，均宽2丈，深7丈。东席棚之东面，西席棚之西面均敞开，余均有席蔽。棚内用长板钉成桌凳，上铺白布，桌凳行列之间，中留通道。棚外挂挽联，东棚屋内中间更用席隔开，北部为主祭高级官长及外宾休息处，南部及西棚屋，为一般来宾休息之处。

3. 牌楼：祭堂对面前端，建牌楼一座，牌楼高2丈（除顶），宽5丈，分中、左、右三门，中间宽2丈，左右两门均宽一丈余，用木料构成，外面加钉木板，油蓝色，顶上用宫殿屋顶式，绘黄色瓦，绿色瓦沟。宫殿屋顶之下，三门之上，用白字横出三尺经"黎前大总统国葬典礼"9字。

4. 甬道：自牌楼至祭堂之道上，两方用蓝色方木桩，钉成甬道。

5. 安葬礼时军乐队地点：葬地礼堂东槛之前方，划定地点，立标识，为行礼时军乐队奏乐之地（葬地礼堂军乐，由第一行列之军乐队担任）。

6. 茶担四处，分置于四角，在来宾休息处附近。

7. 西餐馆一处，设在祭堂东北方空场上。

（黄陂县政协供稿）

附　录

黎元洪年谱

薛民见

编者按：《黎元洪年谱》是上海文史馆薛民见先生遗著。原著写于1961年。当时薛以民间不老人之名，在书前刊登启事谓：本资料备向黎宋卿先生生前友好至戚及有关人士继续征求年谱资料而作。全为抛砖引玉之用，并非正式年谱，仅作资料用，且亦所印无多，除供各图书馆等内部参考外，概不对外分送。特此声明，尚希鉴谅。

民间不老人启

薛民见先生后来还未修订，即已去世。我们未作订正，有所删节，作附录收于本书。

1864年（清同治三年，岁次甲子）谱主黎元洪育于湖北黄陂县。

元洪于阴历九月十九即公历10月19日辰时出生于黄陂木兰乡东厂畈沙地岗（本谱所记月日，辛亥以前，以阴历为主，辛亥以后，以阳历为主）。是年元洪之祖父年51，父年30，母年24。距太平天国天王（洪秀全）自杀，天京（南京）被破才3个月。

1865年（同治四年，乙丑）元洪2岁，居黄陂。夏，母病几殆，遂停奶。

1866年（同治五年，丙寅）元洪3岁，居黄陂。

其父乡居，生活艰苦，略事种植外，以僵梨为食。（沙地岗有僵梨树，大可两围，二百年前古树，丫枝分两干：一干于8月放桂花，一干于10月结石梨，又曰僵梨，大仅如枣，因系公产，咸可采食）

1867年（同治六年，丁卯）元洪4岁，居黄陂。

太平军新军（捻军）回湖北，自黄安、麻城、黄冈渐近黄陂，转孝感、云梦，以至德安、应城，疾驰突奔，飘忽无定，大败淮湘两军，相传元洪之祖国荣连年在外，父则卧病在家，迄未谋面。

1868年（同治七年，戊辰）元洪5岁，居黄陂。

相传元洪祖父国荣卒于是年，存年50又5，唯尚无可考证。天津现存神主亦未载明。一说元洪祖父国荣，于天王洪秀全自尽后，即将儿孙等安置黄陂，己则转辗两湖间，始终未至黄陂。且是年太平军新军（西捻）全部溃败，犹未见其归来，故其家人即假定是年为其死年。

1869年（同治八年，己巳）元洪6岁，居黄陂。

父朝相授方块字启蒙，元洪开始识字。

1870年（同治九年，庚午）元洪7岁，居黄陂。

元洪妻吴敬君（原名汉杰）于是年六月二十七日出生。（阳历7月25日。详见1888年）

1871年（同治十年，辛未）元洪8岁，居黄陂。

春间患天花（天然痘）垂危。痘后复咳至百日以上，是年未就读，其父以乡居无发展，即迁寓城中，主人亦黎姓，相处颇安。

1872年（同治十一年，壬申）元洪9岁，迁居北塘。

其父于战乱之后，曾设塾课徒，因受业者不多，生活颇为困难，是年夏间得族人黎德生之介绍，赴北塘投奔游击守备，被委为外委，犹之军中之司务员，不在九级军职之内，秋后携眷同往居住。

1873年（同治十二年，癸酉）元洪10岁，居北塘。

从李雨霖先生读四书，师喜其浑厚朴实。父在清军中升司书。

1874年（同治十三年，甲戌）元洪11岁，居北塘。

仍从李雨霖读，开笔习作文。

1875年（清光绪元年，乙亥）元洪12岁，居北塘。

仍从李雨霖读五经。

1876年（光绪二年，丙子）元洪13岁，居北塘。

仍从李雨霖读书，其父升任清军把总。

1877年（光绪三年，丁丑）元洪14岁，居北塘。

夏秋病疟。继又患咳，因是辍学年余。是年由父母之命，聘吴敬君为妻。敬君时8岁，少于元洪6岁，即由君姑陈氏童养于北塘。

1878年（光绪四年，戊寅）元洪15岁，居北塘。

父升任千总，6月13日，胞弟元泽出生。（后卒业湖北武备学堂，至1901年，即光绪二十七年四月十日卒，仅24岁，配刘仁富为妻，长元泽一岁）其母陈氏，因产后失于调养，兼受暑热，于11月10日子时逝世。元洪哀毁辍读。

1879年（光绪五年，己卯）元洪16岁，居北塘。

正月重入李雨霖塾中温读。李夫妇怜其失恃，倍加爱护。

1880年（光绪六年，庚辰）元洪17岁，在北塘。

新春，父续娶崔氏，时父年47，继母年37，父升任都司。

1881年（光绪七年，辛巳）元洪18岁，居北塘。

1882年（光绪八年，壬午）元洪19岁，居北塘。

仍就读李雨霖老师塾中。讲解并圈点纲鉴，尝至父兵营中，对军事操演感兴趣，父嘉许之。其年秋父升任清军游击职。

1883年（光绪九年，癸未）元洪20岁，在天津。

春，元洪考入天津北洋水师学堂，月领津贴银四两。

1884年（光绪十年，甲申）元洪21岁，在天津。

正月三十日丑时，父朝相病故，病起仓促，元洪闻讯赶归，已不及一面。先于前晚弥留时，遗言诫其努力求学。谨慎出处，学成后要为百姓服务。又嘱其对幼弟务须友爱，于继母克尽孝道云云。元洪节哀顺变，随继母料理丧事，草草安葬北塘，然而债台高筑，一家衣食几至不给，遂告假居丧至年终。

1885年（光绪十一年，乙酉）元洪22岁，在天津。

春，返水师学校继续求学。元洪家居，对继母弱弟，克尽孝友，在校则勤学，擅骑术，遇实习时，对同学颇多照顾，故咸以长兄视元洪，以是深得总办周馥、监督严复之器重。

1886年（光绪十二年，丙戌）元洪23岁，在天津。

元洪在校中勤勉如故，擅长轮机驾驶技术，对引擎修造学尤具心得。

1887年（光绪十三年，丁亥）元洪24岁，在天津。

元洪在北洋水师学校（堂）学习成绩斐然，其在教练舰上实习成绩亦佳，探得教师嘉许与同学推重。年终总办周馥、监督严复特予嘉奖。

1888年（光绪十四年，戊子）元洪25岁，在天津。

元洪与汉阳吴达三女敬君完婚。达三育一子一女。子早殇，女生于1870年，庚午六月二十七日（阳历7月25日），少于元洪6岁。1930年（民国十九年）2月14日（正月二十六日）卒。是年冬元洪在天津水师学堂毕业，奉派至北洋水师中见习。

1889年（光绪十五年，己丑）元洪26岁，在北洋水师。

是年在北洋水师见习。

1890年（光绪十六年，庚寅）元洪27岁，在北洋水师见习。

是年仍在北洋水师，与同事相处颇洽，待士兵如手足。

1891年（光绪十七年，辛卯）元洪28岁，在广甲舰见习。

8月生女不育，未命名。

1892年（光绪十八年，壬辰）元洪29岁，在广甲舰。

调任广甲舰管理机器之开关拆洗及保全事务，兼管储料生火诸事。职曰"管轮"巡视琼崖、虎门、汕头。

1893年（光绪十九年，癸巳）元洪30岁，在广甲舰。

是年孙文在广州一面行医，一面鼓吹革命。8月，元洪所驶之广甲舰远航南方，停泊广州时，有同事名仇思者得病，邀孙文到舰诊治，及毕，孙文参观各部，并与舰员互谈，即涉及种族革命意义，是为元洪首次会见孙文并聆听种族革命宗旨之始。是年5月，元洪生一女，逾月而殇。未命名。

1894年（光绪二十年，甲午）元洪31岁，在广甲舰。

日侵朝鲜事起，七月初一，清廷对日宣战，元洪服务广甲舰任管轮职。此舰原为木壳，乃教练及安放鱼雷之用者。9月17日（平壤失守第三日）大东沟海战发生，清海军提督丁汝昌率北洋舰队镇远、定远、致远、经远、济远、超勇、相威等共十二舰应战，广甲舰亦与焉。战败，广甲舰触礁，敌炮中舰要害，弗能驶，恐被俘，元洪及三船员跃入海中，经10余小时，赖有救生衣，得不死（广甲设备简陋，船员有救生衣者少，元洪于去岁在广州自费购得救生衣）游水至旅顺登岸，随身仅存银币一枚，及银表一个，以之向农民易得棉衣一袭，并以生山芋充饥，得免饥寒。

1895年（光绪二十一年，乙未）元洪32岁，在南京。

正月，湖北武备学堂创立，聘德人法理亨根为总教习。二月，署两江总督张之洞设延才馆，招水师学生。元洪赴宁投效，张重其器宇深沉，委以修建金陵狮子山、幕府山、清凉山、乌龙山炮台工程。十一月十八日，清廷谕刘坤一回两江总督原任，张之洞回湖广总督原任。张命元洪随同赴鄂。

1896年（光绪二十二年，丙申）元洪33岁，在湖北。

正月十七日，张之洞交卸两江篆务。二十八日，元洪随张至武昌，张即回湖广总督任。奏调护军前营到鄂，扩充而为前后两营，聘德人为总教习，委津粤武备毕业生分任马步炮工兵种之分教习。以元洪擅骑术，任为马队管带。

1897年（光绪二十三年，丁酉）元洪34岁，在日本。

正月，奉张之洞命，派赴日本考察军事教育，中秋始返国，仍任马队教练兼管带，能与士卒同甘苦，颇得所部爱戴（张彪忌之，数谮于张之洞，由是不获升迁者数年之久）。当元洪在日本考察时，曾游览东京、大阪等处公园，见大量陈列甲午战役中在我国及朝鲜所夺之战利品，触目惊心。尝集侨胞请求监督商之日本当局撤除，未获许。是年秋获二男，未及命名即不育。年终随张之洞至武备学堂考试。

1898年（光绪二十四年，戊戌）元洪35岁，在湖北。

张之洞阅及元洪报告日本军备情况，欲令长孙厚琨赴日学习。六月，会清廷旨饬各省督抚选派学生赴日，鄂派20人前往。行前，张命元洪讲介赴日一切常识。

1899年（光绪二十五年，己亥）元洪36岁，在日本。

正月，张之洞订定湖北练兵新章，并调护军营练习洋操，颇有成绩。于是令武汉各标营防营一体仿照操练，又饬防绿各营员弁听讲兵学于六营公所，观其优劣给奖或加薪，加委元洪权充各营教练官。四月，法军官罗勃尔到鄂军参观，张彪设宴款待。席间，罗勃尔颇多询问，彪不能答，元洪不欲贻笑于外人，一一代张作答。罗颇心折。明日，罗诣督署辞谢张之洞，盛誉元洪为知兵之将。

五月，元洪又奉张之洞命，再赴日本考察军事，预期一年。

1900年（光绪二十六年，庚子）元洪37岁，由日本归国。

四月，奉张之洞电促提前归国。至武昌，报告赴日考察经过，奉命仍回原任，并兼训练新兵事宜。七月，各国联军入北京。清廷调黄忠浩率湘军驻汉口，由元洪任联络事宜。年终，元洪胞弟元泽在湖北武备学堂毕业。

1901年（光绪二十七年，辛丑）元洪38岁，在湖北。

四月初十申时，元洪胞弟元泽病殁，元洪哭之恸。五月初一，长女绍芬生于武昌，长适徐璧文，育有子女各一。七月二十日巳时，继母崔氏病殁，伤益甚。

清廷宣布举办"新政"，设督办处，以奕劻、王文韶、鹿传麟任督办大臣，两江总督刘坤一、湖广总督张之洞均遥为参与。湖北更加紧推行，元洪奉命协助将绿营防营结束，增招新兵，扩充武备学堂设备。

1902年（光绪二十八年，壬寅）元洪39岁，在湖北。

二月，张之洞采纳元洪建议，令水陆各营所辖兵勇遇有重大过犯者，均交执法官审讯，不得擅杀。元洪引以为慰。四月，又建议将武备学堂及防营将弁学堂改为武备高等学堂，另设武备普通中学，张之洞许之。五月，湖北省会开办警察，即就各营选拔五百八十人训练组成之，经费以裁汰绿营节余之款拨充，元洪所部应选者颇多。七月，奉派赴日本参观仙台大操，归国后详具见闻于张之洞。九月，清廷令张之洞署理两江总督。九月二十一日，例行各军联合操练，各军事学堂学生亦参加。先一日，元洪冒雨检查枪械服装。十月初一，各同事以元洪东渡归来，且将随张之洞东下，故设宴为之接风并饯行。越日，元洪即送张之洞登舰东下。初九日，清廷忽又下令，张之洞仍回两湖原任，十二月，清廷以北洋训练新军颇具规模，令各省逐渐推广。并谕河南、山东、山西各省派将弁到鄂学习操练。

1903年（光绪二十九年，癸卯）元洪40岁，在湖北。

春，元洪奉命统带前锋四营。……闰五月十三日（阳历7月7日）元洪长子绍基生于武昌（至十六岁始字曰重光）。……秋，元洪升任清军协统，相当于副都统衔。因原已授副将衔，例无加授。

1904年（光绪三十年，甲辰）元洪41岁，在湖北。

二月十四日，张之洞回湖广总督任，元洪循例往贺。四月，奉命率师阻英德舰队入长江。六月，协助建立两湖劝业场及益智场（后改为学堂应用图书馆）。七月，元洪升任第二镇统制兼护统领事（张彪以总兵领第一镇兼护统领事），并提调兵工、钢药两厂。八月，协助添建省城外火药库两所（原已有六所）兼理丝麻纱布四局会办。十一月，清廷谕湖北溢收土膏捐专办练兵用费。十二月，清廷派钦差大臣铁良南下，在鄂阅兵并观察政务，湖北文武官员按日陪宴。

一日，同僚假汉口南城公所某伎馆征花侑酒，元洪与焉。饮至深夜，元洪醉不能行，就宿妓女危红宝（江西贵溪人）室，后遂纳以为妾，并改红宝之名为黎本危，亦名危文绣。

又闻（光绪三十二年）划一全国新军编制，改设三十六镇事，当改编湖北护军第一、第二两镇为第八镇，张之洞欲以统制一职予黎元洪，终因内眷关系，仍畀张彪。元洪助彪改编，经训两月，规模粗备。成军之日，张之洞校阅满意，招元洪面加慰劳。元洪谢曰："此皆张统制部署之力，元洪何功之有？"时彪亦在侧，闻元洪不自居功，始释前嫌。旋清廷又饬湖北增设第二十一混成协，之洞遂委元洪为协统。因系混成协统制官，可以单独指挥部曲。不在第八镇管辖范围之内，并附以说明。

1905年（光绪三十一年，乙巳）元洪42岁，在湖北。

正月，清廷据铁良所奏，以湖北所练新军成绩优越，自张之洞以下皆受奖，元洪亦与焉。二月，将湖北武备学堂改为武备师范学堂（清廷练兵处准各省设武备小学，南京、北洋、广州、湖北则各设武备中学堂，另设武备大学堂及军官学堂于京师）。元洪奉令兼辖六楚舰队（舰名楚材、楚同、楚豫、楚有、楚观、楚谦六舰）及四湖雷艇（艇名湖鹏、湖鹗、湖鹰、湖隼四艇），均系上年向日本川崎厂订购，由饶怀文前往监造者。本年秋，先行接收楚材、楚同两舰。

1906年（光绪三十二年，丙午）元洪43岁，在湖北。

江西萍乡起义，元洪奉命与江宁第九镇会同前往镇压。将抵萍，元洪诫所部勿与战，以劝导解散为主。比至，起义者已溃散，元洪驻军二月回鄂。

八月，清廷派袁世凯与兵部侍郎铁良为阅操大臣，在彰德举行秋操。鄂军由张彪及元洪选队与操。元洪任指挥得体，克与各省新军争胜，鄂军射击技术获得最优等奖励。

元洪在军中爱恤士卒，士卒亦爱戴之。辛亥之役，元洪被推为都督，未尝无因也。

是年秋，又接收日本承造运华之楚豫、楚有两舰及湖鹏雷艇。十一月十四日（阳历12月29日），次女绍芳生于武昌，长适袁世凯第九子袁克玖（袁世凯僭位前欲结好于黎，乃为其第九子克玖求婚于元洪之幼女绍芳。元洪知不可却，遂许之。唯黎夫人不以为然，由是两人意见相左。绍芳性笃孝，以此忧郁不已，迨闻婚期，乃得精神病。婚后不为夫家所谅，入北京精神病院，至1949年绍芳殁于北京）。

1907年（光绪三十三年，丁未）元洪44岁，在湖北。

六月，清廷授张之洞为大学士，仍留湖广总督任。七月，奉调入京。八月，清廷以东三省将军赵尔巽补授湖广总督。赵到任后，欲以元洪代张彪为第八镇统制官，元洪力辞。盖元洪于张之洞有知遇之恩，雅不愿于张去鄂之后，即取其宠信张彪职位以自代也。十月，续收日本承造驶华之楚观、楚谦两舰及湖鹗雷艇。至此十艘舰艇已接收其八。

1908年（光绪三十四年，戊申）元洪45岁，在湖北。

春，元洪任中军副将，仍兼二十一混成协协统。四月，赵尔巽调补川督，由陈夔龙继署湖广总督，改委张彪兼充中军副将职。陈妻为庆邸（庆亲王）假女，张彪使其妻联络之，以图固宠。陈喜作诗，彪出百金丐李涵秋作律诗四首，颂陈功德。陈报以"儒将风流"匾额。陈督丧女（殇），其妻挟其治丧，张彪倡与部下集十万金，置珠衣为赙仪。元洪独持不可，仅送数元吊唁，彪嗤其吝。同时，汉口慈善会筹措赈款，元洪独出三千元。会有构其事于陈者，陈衔之，欲借他故揭参，以元洪深得军心，恐激变，遂寝其谋。鄂中各报有记其事者。八月，奉命率部至安徽太湖附近秋操，清廷所派阅兵大臣为荫昌、端方，总参议为冯国璋，副总参议为哈汉章，卫队管带为许兆龙，分南北两军：北军总统官为徐绍桢，南军总统官则为张彪，而南军实由黎元洪指挥，一切计划均由日本顾问寺西中佐主持。操演三天，北军三战三败，时人讥北军为"三战三北"。秋操完毕，元洪获清廷赏戴花翎。元洪由是与徐绍桢订交，九月，向日本订造六舰四艘之最后两艇（湖鹰、湖隼）到华，仍归元洪接收统率之。

1909年（清宣统元年，己酉）元洪46岁，在湖北。

兼任武昌陆军特别学堂会办一职。元洪每逢外籍教习在校讲课时，常列席旁听，与学生共求深造。先后听取日人教习铸造炮兵大佐及寺西步兵中佐等讲述炮兵学及诱导计划等课程。六月，原配吴敬君四十生辰，张彪具厚礼使其妻来贺，见敬君衣裙古朴，叩以胡黜华崇实乃尔！对以宋卿（元洪字）所入仅供堂上菽水及津贴贫困亲友之用，焉有余资事华饰。张妻归后即遣人赠以衣饰，尽却之。张妻又欲与敬君结盟为姊妹，亦婉言谢绝。

八月二十一日，张之洞在京任内去世，元洪感其知遇，闻讯伤悼，特电其子张仁、张侃暨孙厚琼致唁，并赠厚礼。

1910年（宣统二年，庚戌）元洪47岁，在湖北。

三月，长沙人民因水灾严重，清廷坐视不救并加迫害，群情愤怒，攻毁衙署及捐局厘卡，并毁外国教堂。元洪奉命率六楚四湖舰艇会同清军统领沈寿堃前往弹压，至五月始返鄂。

淫雨为灾，湖北省咨议局筹设赈灾会，借以缓和人民之革命情绪。元洪与咨议局副议长夏寿康两人为赈灾会之实际负责人（夏寿康于光复后任湖北民政长，继又任总统府秘书长）。

陈夔龙在湖广任内，贪赃枉法，声名狼藉，众论嚣然。汉口《武汉新报》主编张汉杰尝撰评讥之。陈怒，逮汉杰交执法处究办，欲致之死。得元洪力为缓颊，仅被判刑一年。既而陈夔龙去职，元洪乃营救汉杰出狱。一时报界中人士，对元洪均具好感。

1911年（宣统三年，黄帝纪元四六〇九年，辛亥）元洪48岁，在湖北。

仍任清军混成协协统。

李国镛等成立铁路协会，李与元洪均被推为协会委员。

闰六月初六日（阳历7月31日），元洪次子绍业（字仲修）生于武昌。

八月十八日（阳历10月9日）上午八时，孙武在汉口俄租界宝善里制造炸弹失慎，孙武头部炸伤，送至日人开设之同仁医院医治，俄捕即来搜查，将准备之起义文告、旗帜、印信等搜去，又将刘尧澂（应为刘公，此误）家属捕去，武汉军警四处搜捕。复从搜获之册籍中获得党人姓名。工程营士兵占半数，立召张彪、元洪按名传送严办。元洪见人数过多，恐酿巨变，请于瑞澂，别图处理。瑞疑元洪有二，严词申斥，即饬张彪率宪兵驰往工程营搜捕。

八月十九日（阴历10月10日）——附注：自本年10月10日（阴历十九日）起，改以阳历记载年月——瑞澂、铁忠仍然继续按名进行搜捕党人，以致人人自危。当晚七时，武昌城内驻有第八镇所属工程第八营，后队熊秉坤、金兆龙、程正瀛等为谋应付紧急形势，首先发难，武昌全部占领，当即肃清余孽，布告四方，办理善后，已是10月11日（阴历八月二十日）清晨矣。

当起义之初，清军长官纷纷避匿。元洪初匿刘司书寓所，夜半被部下侦知，即驰往吁请其出任领导。元洪踌躇不决，李翊东（字西屏，测绘学堂学生）以枪迫之。元洪不得已，乃出。遂相偕诣咨议局成立军政府，推元洪为军政府都督（刘司书寓所在黄土坡）。

元洪既就任军政府都督，以革命军事方兴，不暇兼理民政，请众另推人任之，于是汤化龙得以乘机取得军政府民政长之职位。11日（阴历八月二十日）清晨，祭告黄帝，集教育会开大会，成立都督府，推元洪为都督，下设参谋、军务、军令、编制、民政、财政、外交、交通、司法九部，又编制军队为八协（八个旅）。即日通电并布告全国（布告原文略）。

当时有少数军士在鄂搜查服官之满人家属，且有杀之以泄愤者。元洪立即招集军士亲为演说，指出满人虐我汉族，乃少数有权势者所为，与普通满人无涉，不宜狭隘仇杀。经此告诫，仍有阳奉阴违情况发生，于是元洪下令军中曰："敢有抗命者治罪。"

10月12日（阴历八月二十一日），汉阳光复，驻守之清军于缴械后或给资遣散，或送武昌改编入队，当晚即合力进窥汉口。

李国镛偕陈芝来访。李极言外交治安之重要，并言愿与外甥夏维松负外交折冲，与吕逵先组织地方保安社以维治安，许之。

10月13日（阴历八月二十二日），汉口亦告光复。唯因兵力单薄，以致土匪乘机掠劫，商人损失不资。商会董事长蔡汉卿（应为蔡辅卿，此误）及李紫云等来见元洪，要求设立军政分府于汉口，许之。

有胡人杰（石庵）者，以卖文所得之十千文，于起义之翌日自动发行《大汉报》，刊布光复军政消息，每张售铜元二枚（合二十文），一时争购者途为之塞。第一天销数即达二万余份，翌日倍之。于是招人合作，扩充篇幅。一日来见，元洪出五千元为助，该报基础乃固。三镇虽告光复，敌人之势力尤强，一时谣言孔多，时有清兵朝发夕至之威胁。有人建议拆毁刘家庙、滠口以上铁路，以阻遏清兵之来。元洪不以为然，即就当前敌我形势分析之，指出全局成败关键在于各省民气之能否迅速继起响应，而不在于一轨之拆否与一城一地之得失，闻者服之。

10月15日（阴历八月二十四日），原任二十九标统带张景良来见，谋得参谋一席，然心怀叵测。及闻清军增援，张景良阴谋挟持元洪作乱，夜半突趋元洪榻前，抱膝痛哭，进以谬说。元洪怒，立命捕之，正军法。因部属蔡济民、高尚志之缓颊，遂下之狱。

李国镛、赵偘葳、张福先、王利用、张知本、罗兆鸿来见，请求组织红十字会，许之。

10月19日晚间，清军四十一标一营前队司务长唐牺支（文学社发起人之一）与巡警胡冠南（为革命目的而充巡警）等在宜昌领导起义，清军管带戴寿山及巡防营统领仓皇宵遁。唐牺支被众推为"荆宜施司令"，改编巡防军队为"光复军"，消息传至武昌，人心大振，元洪当即去电道贺并联系。

10月22日（阴历九月初一日），湖南举义，焦大鹏（达峰）、陈作新率军斩黄忠浩而占领长沙。焦陈被推为湖南正副都督，并即派兵支援湖北（不幸10月31日立宪派首领谭延闿阴谋发动兵变得逞，陈焦遇害，谭延闿攫取都督职位）。元洪闻湘省举义，即派刘毅夫、余钦梯往洽，复派宋碧珍、肖国藻等赴襄阳联络驻军并策划举义。

10月24日拂晓，清军猛袭滠口，激战终日，相持不下，萨镇冰奉清廷之命，率海军炮击刘家庙，前线不支，退守大智门。袁世凯复亲率冯国璋猛攻汉口，于是武汉皆受威胁。元洪闻萨镇冰之来，具函动以师生之情，而晓以汉贼之义，未得复。而海军威胁如故，乃下令青山炮台还击，重创清海军江口、利楚两舰，敌焰稍戢。次日，元洪再致一书与萨镇冰（文略）。

同时录文电分致清海军各舰长，又反复说明举义之真理，旋得萨复电，颇收影响之效果。

当武汉危急时，鄂省陆军中学学生，组织学生军助战。每出征之前，群集督府，饱餐而后出发。元洪日必躬与伴食，并约胜利归来再见。及返，稽其人数，减十之二三，询以何往？对曰："均报国矣！"元洪呜咽涕下。于是下令学生军只任巡防城市秩序，以补保安团队之不足，不许其再开前线作战。然而牺牲已重大矣！

10月25日，下令前线反攻。敌冯国璋军顽抗革命军，标统赵承武阵亡，士兵益愤激。胡廷佐督队冲锋，冯军不支败退。追击至三道桥，敌负隅扼要防守。元洪为统一前敌指挥，拟设临时总指挥部。部将蔡济民、高尚志力保张景良可胜此任作戴罪立功，遂委任之。至二十七日午后，张景良突然背信弃义，纵火焚烧粮台，以致前敌全线动摇，再退至大智门。张景良被军士捕缚之归来，元洪下令汉口军政分府长官詹大悲斩之，以正军法。

未几，汉口失陷，革命军退保汉阳。詹大悲、何海鸣诣辕请罪，左右欲杀之。元洪以此次失败，由于后援不济，非詹何失机之责，仍令戴罪立功。适黄兴、宋教仁自沪抵武昌，因请黄兴出任总司令职。因黄兴指挥失宜，乃有十〔一〕月二十八日汉阳之失。

10（11）月29日，敌军在汉阳龟山架大炮直轰鄂军政府，波及民房，一时军心动摇，颇有临阵脱逃情况发生。

元洪下令军中曰："今日之事，唯有与城共存亡，敢有倡言煽乱或临阵脱逃者，杀无赦。"即饬军士登城戒备，防敌渡江。

满族余孽铁良，派宗社党徒潜鄂行刺，为卫兵拿获。元洪鞫得其情，下令杀之。刺客涕泣求免。元洪曰：汝为破坏革命大局而来谋我，非关个人恩怨，故罪有不赦！竟杀之。

都督府初设阅马厂咨议局。汉阳失守后，督署为清军所炮毁，乃迁汉阳门旧藩署。会左侧青龙巷有某旅馆与军政府仅一垣之隔。宗社党人利用于夜间投掷炸弹入署，毁屋数间。卫兵查知弹掷自旅馆楼上，立往搜捕。奸人已逸。拘其店主来见。元洪以事与旅馆主人无关，命释之，唯责令歇业迁移，以免再为奸徒利用。并给资补贴其因歇业迁移而蒙之损失，旅馆主人泣谢而退。

11月1日，清皇族内阁辞职，任命袁世凯为内阁总理大臣。

11月9日，袁世凯派代表蔡某、刘某携函至武昌谒黎元洪，开具谈判意见四条。元洪当即复函，并将复信原文抄送清军各将领以作"攻心"之谋略。

同日，元洪通电独立各省，促派代表至鄂会商，以组织中央临时政府。同时，汤寿潜、程德全、陈其美等亦联电各省，派代表至上海集议。11月15日在沪开会，定名为各省都督代表联合会，推出伍廷芳、温宗尧为外交代表，并承认武昌军政府为中华民国中央临时政府。24日，在沪各省代表即赴鄂开会，讨论组织中央政府事宜。因汉口汉阳相继失守，武昌处于敌军炮火射程之下，不得已假汉口英租界内完成会议，推谭人凤为议长。会议进行五天，决定中华民国临时中央政府组织大纲，并讨论袁世凯"反正"

后之地位问题。决议袁如能背清"反正"，当推举为民国大总统。

12月2日，浙江江苏革命联军已攻下南京，摧毁清军在长江下游之主要据点。消息传至武昌，各省代表乃决定以南京为临时中央政府所在地。

当武昌形势危急，而各省举义独立纷纷响应之际，元洪在鄂总揽兵符，抗击强敌，联络各方，尽筹大局。军书旁午，颇费勤劳。

11月21日，电复云南都督蔡锷，请其出兵定川，以解湘鄂西顾之忧。同日，复以现款十万元接济九江革命军用。22日，又派董舜琴到湖南采办军粮，致电请湘督谭延闿查照，并由九江马都督将海容、海琛、通济各舰所存弹药运鄂，应急抗敌。23日，通电各省都督，必须清帝退位让国，方能再谈优待条件。同时吁请各省派兵大举援鄂。

12月4日，陈其美邀集各省留沪代表举行会议，同意以南京为临时中央政府所在地。唯推举黄兴为大元帅，而以元洪副之，嗣因苏浙联军总司令徐绍桢（新克南京有功）反对，遂决定改推元洪为大元帅，而以黄兴为副元帅。

12月7日，因英领事递来北方（清军）条件，其第二条建议"北军不遣兵向南，南军亦不遣军向北"。元洪通电各省，暂停战十五天。唯另电各省一面援鄂，一面专力北伐，水陆并进，直捣幽燕，并主张速设中央临时政府于南京，以固根本。

12月8日，元洪电云南蔡都督，宣告在南京临时中央政府未成立前，鄂军政府权任中央政府办理所有外交。俟南京临时政府成立，即移归南京临时政府主持。

12月9日，致电各省都督，告以清军谈判停战条件情形：（一）停战十五日，自12月9日至24日上午八时止；（二）袁世凯派唐绍仪为讨论大局代表；（三）嘱各省于实行停战期间，仍须严为戒备，以防军情之瞬息万变（10日唐绍仪至武昌晤元洪）。

12月13日，电各省都督，告以"现虽停战议和，仍当以援鄂为急。方略既定，自应趁此机会，各省援兵一律于开战前到达，始可决定计划……总之能战始能和，能守始能战，我军计划当从'战'字着想，和则视为意外结果……"云云。

12月18日，元洪通电承受大元帅名义，唯委请副元帅黄兴执行大元帅职务。

12月23日，元洪复电孙文，略称："元洪才识凡庸，略无表现，此次发难，皆赖群策群力，共赴事机。元洪何人，敢叨天之功以为己力？先生首倡大义，奔走呼号，二十年如一日，薄海内外莫不钦仰。……武汉独当敌冲，任大责重，唯有夙夜孜孜，万不敢稍恃和议，致懈枕戈……"云云。

12月25日（阴历十一月初一日），孙文由海外回抵上海。先一日，十六省代表集会于南京，讨论组织临时共和政府及选举临时大总统两条，宣布改用阳历，以1912年为民国元年。

孙文当选为临时大总统。

1912年（中华民国元年，壬子）元洪49岁，在湖北。

1月1日（辛亥十一月十三日），孙文由沪赴宁，宣誓就临时大总统职。

1月3日，各省代表正式公举黎元洪为临时副总统，并由各省代表具签名书。文曰：

"宋卿大元帅钧鉴：兹于元月三日由各省代表开正式副总统选举会，我公当选为临时副总统，谨呈签名书，送呈钧座，即请就职。"并派杨时杰代表将印信送至武昌。

元洪于就任临时副总统后，仍兼领湖北都督及大元帅职。

1月4日，元洪通电南京临时政府并各省代表及各省都督，略谓"……现在和议未定，战事方棘，尚望诸君坚矢初衷，共襄盛业，勿争权力而越范围，勿怀意见而分门户，勿轻敌而有骄心，勿畏难而萌退志……"等语。盖当时革命阵营之政治中心虽在南京，而军事重心则在湖北。武昌当清军前敌之要冲，设一旦"和议"决裂，湖北首当强敌之威胁。元洪审度时势而有此电发出，乃"实逼出此"耳。

同盟会总部在南京开大会，重新选举孙文为总理，并选黄兴及元洪为协理。

2月12日，清帝溥仪发表"退位诏"，清皇朝至此告终。

2月13日，南京临时政府大总统孙文即向参议院提出辞职咨文。

2月15日，南京临时政府举行所谓"南北统一共和成立"典礼。同日，南京临时参议院"选举"袁世凯为临时大总统。

2月20日，临时参议院选举黎元洪连任副总统。先是，袁世凯既被"选"为大总统，元洪即于16日去电"申贺"，袁有复电致谢。19日复致电袁世凯颂其"功德"，袁再复电"逊谢"。

3月1日，段祺瑞、姜桂题、冯国璋等北洋军阀通电主张，临时政府应设北京。袁世凯电请元洪代表其到南京就职，并宣称俟六个月后再行南下。

3月6日，南京临时参议院被迫通过允许袁世凯在北京就临时大总统职。

4月6日，元洪自请解除大元帅兼职。9日，孙前总统应元洪之请，到鄂巡视，元洪盛礼欢迎。

10日，通电举出"十害""三无"事实，痛斥军人柄权之非，主张军政民政分治，以杜乱源。

4月13日，北京政府任命元洪以副总统兼领参谋总长，仍领湖北都督事。

章炳麟解去筹边使职，由京至鄂，与元洪相处欢洽。及行，元洪钱之，若甚依依，由是章心德之，见人必颂元洪为"诚厚长者"。炳麟心性狭窄，喜漫骂时人，于元洪虽称道之不绝，而亦时有规劝（元洪死后，章炳麟为撰碑文，有褒有贬）。

6月望日，李国镛写起义日记出版，元洪曾为写序言冠书首。

8月1日，元洪令裁撤交通司事务，归民政府办理。并电京宣称鄂省"已实行军民分治"。

8月9日，下令查封《大江报》，并严缉负责人何海鸣、凌大同等"法办"，盖以该报鼓吹"无政府主义"耳。当湖北武昌首义时，孙武、蒋翊武、张振武乃推戴元洪上台之最力者，恃功而骄，元洪颇受挟制，心焉患之。乘袁世凯伪作"礼贤下士"之便，遂将孙武、张振武等十三人推荐于"中央"。张、方首先抵京，元洪电袁加张、方两人以"赴沪购枪、吞蚀巨款"，继复"煽惑军队，乘机思逞"等罪名，请将二人就地"正法"。袁据以将张振武、方维逮捕枪杀，并于宣布"罪状"时将元洪之电文录入。盖袁明知元洪欲假其手杀张方，乃将计就计，揭露元洪之谋，使其与同盟会关系恶化，而不得不投靠于己，以求自全，亦各有千秋也。张、方一案，既晓于天下，元洪颇感内疚，乃通电全国，罗列张、方十五罪及其不获已者三，频向国人引咎自责。最后复有"赡其母使终天年，养其子使成立"句，更迎张等柩归籍安葬，并设奠挽之以联云："为国家缔造艰难，功首罪魁，后世自有定论；幸苍天鉴临上下，公情私谊，此生毋负故人。"

9月5日，上海红十字会推元洪任名誉总裁。7日，楚有舰长朱孝先在沪病逝，元洪念旧，由鄂省优恤3000元，并致祭文挽联。

29日，电告所部各师长，严禁军人加入江湖会团。

籍忠寅、周大烈（原国民协进会）、孙武、蓝天蔚（原民社）、章炳麟、张謇（原统一党）等联合组成共和党，推黎元洪为领袖。

袁世凯以大总统名义授元洪、黄兴、段祺瑞三人为陆军上将。

元洪曾倡议以10月10日（九月初一日）为辛亥革命纪念日，袁世凯即于是日在北京举行第一次国庆典礼，并下令改北京"大清门"为"中华门"，授孙文、黎元洪以"大勋位"，授唐绍仪、伍廷芳、黄兴、程德全、段祺瑞、冯国璋等以"勋一位"，授孙武"勋二位"，其余人员各给"嘉禾勋章"有差。

是日，武昌亦举行庆典，北京及各省均派代表参加，情况热烈。元洪复亲诣彭楚藩、杨宏胜、刘复基三烈祠致祭，并慰问其家属，命军政府按家恤赠3000元，更饬财政司按月各补给百元，以作赡养之费。

梁启超归国抵北京，元洪驰电致贺（梁启超在清末为维新人物，发表言论，启发民智，有其作用，湖北新军争相传颂）。

月中南湖马队兵变，迅即镇压敉平。鄂陆军执法处处长程（汉卿）逮捕得"叛兵"百数十人，除当场格杀顾斌等三人外，程拟不分首从，一律处死。元洪不许，仅杀其首要者数人，余则给资遣散之。同时发还上年起义时没收之满人财产，阿谀者大加颂扬，称为"黎菩萨"，而讥之者则谐其音而呼之为"泥菩萨"。

12月16日，元洪电请取消"长江水巡总稽查"职。

是年终，瑞澂、宝英、铁忠等家属，以"五族平等"为词，吁请发还其被籍没之财产。元洪许之，并将所籍没之张彪财产，亦悉发还。誉之者或称其"厚道"，而实徇私情、泯公义也。

上年阳夏之役，伤兵颇多，曾设铁血伤军院优恤之，月需万余元。遇供给不继，元洪解私囊补足之。或请撤裁，元洪不许。其后元洪离鄂，伤军院卒为段芝贵所裁撤。

首义后，武汉各报不下二十余家，党同伐异，不遗余力。《震旦民报》记者蔡寄鸥曾作《新空城计传奇》，影射元洪于武昌首义时，避匿情形，并讽刺其匿于床下，左右请黎封其报而惩其人。元洪恐因此反贻外间以疑其"真有其事"之口实，竟不之究，谤言亦息。

四川籍革命党人黄桢祥，为元洪学生，有"游侠"名，以事见忤于元洪，声音将以"白刀子进与红刀子出"对黎，有人请黎捕之，元洪未许，后对黎极恭顺。

1913年（民国二年，癸丑）元洪50岁，在武昌。

2月12日，元洪派哈汉章、张昉为代表赴北京，参加"建都北京第一周年纪念会"。

是年春，孙文赴日，宋教仁代理国民党理事长，袁世凯、赵秉钧密使武士英、应桂馨于3月20日夜10时，刺杀宋教仁于沪车站，元洪闻耗，迭电主张缉凶，并派员参加治丧。

胡石庵尝于起义时办《大汉报》，有功宣传。民国成立，鄂都督府月予津贴。胡性挥霍，时虞拮据，常来告窘求借，为数屡矣，元洪患之。或谓胡染有"烟霞癖"，元洪尝面诫之，并下决心，此后不再资助胡，迨胡石庵来谒，见面之下，情不可却，又往往应之如故，但曰"此次姑助君，下次难如命矣！"胡唯唯，他日又至，至必求借，而应之亦如故。人谓元洪"仁厚过人"，实出于此。

鄂省革命党人潜力颇大，佥皆不满于元洪之倾向"北洋"，思欲有所异举。元洪惧，故于4月4日电致袁世凯，请其饬李纯派兵一团至汉"镇慑"。于是袁即命第六师李纯部"受副总统节制调遣"，而北洋势力进入湖北之"大门"遂打开矣。

4月14日，袁希洛由苏来鄂，征集革命纪念文物，元洪接待，并亲自检赠之。

6月9日，袁世凯公然准备发动内战，下令罢免江西都督李烈钧，并以元洪兼领江西都督事，欧阳武任江西护军使。元洪"顺水推舟"，保举欧阳武为江西都督，未许。

6月15日，元洪亲书"东南朴学"匾额一方，用锦装池〔驰〕赠予章炳麟。

元洪督鄂两年有余，凡学校工厂开幕及各界重要集会，必躬自参加并作演说。每出轻车简从，不似同时期武人军阀擅作威福之风气，斯则颇足多者，且视事以来，从未患病请假，尝谓"分内之事，义所当为"，故其在当时虽以依附北洋而见诟，仍颇负时誉，非无因也。

会"白朗军"起事中原，为势甚盛。元洪以武汉受胁，电请袁世凯派兵协助。袁令北军王占元、萧耀南两部入鄂，于是湖北实权，渐渐转入北洋军阀之手。元洪与国民党之矛盾，亦于是日深。

元洪素主军民分治，在元年即已推荐樊增祥任湖北民政长，久未就，是月改任夏寿康。

10月19日（农历九月十九日）为元洪50寿辰，由孙武、许兆龙等任招待。是日也，各省文武"官员"及鄂省"士绅"咸来致贺，元洪设盛宴飨客，所有各方馈赠礼物颇多。袁世凯更派梁士诒为"专使"，代其至武昌祝贺，所馈翡翠钻石饰成之香烟盒，价值逾万。元洪即将礼物全部概行璧还，即至亲亦不受，对樊增祥所撰骈俪寿文则极珍视。

赣战以国民党军失败告终。元洪举鄂省之力北附于袁，实为此次"讨袁"战役迅速失败重要因素之一。战事既告一段落，段芝贵率北洋军进驻漤口、刘家庙，元洪设宴款之督署。芝贵自恃"功高"，目无余子，隐然有取元洪都督一席以自代之意，左右皆愤懑。元洪至此，颇有"引狼入室"之内疚，唯故作矜持，貌若泰然。

北洋军在鄂境驻扎，风纪荡然，肆行奸淫劫掠，人民苦之。元洪尝据情以告芝贵，请其严加约束。芝贵复电则自诩所部皆受教育者，保其无事云云。会青山镇乡民缚送北军第七十二旅之士兵来（因轮奸幼女爱囡致死案），元洪亲自讯得其情，派"宪兵"押解送与段芝贵处理。段知为窘己，遂杀犯事者数人，而心衔元洪。

袁世凯既以武力挫败国民党，气焰愈张，犹虑元洪"名高望重，未可居于外藩"，欲招之来京以羁縻之，并使为助己之工具用也。12月8日，袁世凯特派段祺瑞赴汉迎黎北上，元洪即委都督府参谋长金永炎代理都督（元洪犹在途中，袁即已下令以段祺瑞代鄂都督，时人谓之"霸王请客"）。一说饶汉祥是时适亦在京，袁先与商定并取得元洪之同意而为之。

当元洪应袁世凯之"邀"而赴京也，孙武、饶汉祥随行，其眷属亦由段祺瑞备专车送京。抵京后，寓于南海瀛台，警卫均由袁派。名为"警卫"，实则监视。逐日更番前往谒见者必数十人，表面虽曰"瞻聆风采言论"，实皆受命于袁世凯而来探询耳！

1914年（民国三年，甲寅）元洪51岁，居于北京。

时传浙都督朱瑞以金丝猴元狐裘两袭献媚袁世凯。袁以其一赠徐世昌，一留自用。一日，宴黎，元洪见而赞其名贵，袁立即解下以赠元洪，却之不许。盖袁世凯老奸巨猾，师曹阿瞒之于关羽，欲示恩以折其心也。唯据其家属云并无此事，仅于家属入京时，袁曾各赠裘一袭。所赠亦普通狐皮。

元洪居京，常自悁悁，袁世凯知之，欲示以无他。故于农历正月初五日，请汤化龙、阮忠枢、饶汉祥、孙武作伐求聘元洪幼女绍芳为其庶出之第九子克玖妇。元洪知其意，许之。婚议既定，袁世凯改以"亲翁"呼之。（元洪既许婚，大拂夫人之意，盖嫌克玖乃庶出也）

元洪虽与袁氏结为姻亲，终不能尽释袁世凯之疑忌。常恐其为二己者所利用，常遣人潜察之。或有劝元洪向袁诘质者，对曰："若此反增其忌矣。"元洪心中尝以"曹阿瞒"目袁，而以"刘豫洲在许昌"之情景自况。于是深自韬晦，示袁以无远略。唯段祺瑞察知其心，数请袁对其严加防范。袁觇之既久，疑忌渐失，尝语人曰，"吾固知宋卿之无远谋也，何

芝泉（段祺瑞字芝泉）之多虑哉"。（摘自袁世凯手记）

元洪虽兼领参谋总长，不常到部办公，部务均由次长陈宦代行。陈二庵固乃袁世凯之心腹也。

元洪在京颇以长作"安乐公"为无聊。尝请袁世凯给以"特使"名义，出洋答谢各国"承认"，袁终不敢听其脱去樊笼，拖延敷衍之而已。元洪察其意遂不复言。

3月8日，《政府公报》载有四川城口知事上书请戴袁世凯为"终身大总统"，时又有"大总统可世袭，副总统亦当循例"之说进，元洪变色曰："约法所以必设副总统者，恐总统因故出缺，得以代行其职权耳。若果世袭要设副总统何用"，言者惭退。

随同元洪入京之孙武、饶汉祥等皆受袁世凯重任要职，与元洪之情渐疏，左右有不平者，元洪泰然置之，后孙、饶等闻知，趋前谢过，遂欢晤一如平时。

6月20日，"参政院"成立。选元洪为"参政院议长"，汪大燮副之，至29日，袁世凯下令"参政院代行立法院职权"，元洪至此方悟，所谓参政院实乃袁氏"帝制自为"之御用机器。亟谋所以脱身之计，请求出国既不许，则以回籍"料理家务"及"省墓"为请，袁世凯唯以温言慰留之。元洪惧祸将及己，乃退而作"明哲保身"之计。于是深居简出，沉默寡言。

段芝贵继段祺瑞督鄂，在"任"内无恶不作，因《大汉报》胡石庵刊其隐事于报端，深恨之，遂伪造"白朗军"致胡函件，指使通"匪"而将置之死，石庵母妻电京，向元洪求救，元洪驰电致段云："石庵为人，相知有素，通匪证物或为不足于彼者所赝造亦未可知。乞详加审慎，苟有兹事，某愿负责……"段接电疑诬陷事外泄，改易"三等〔年〕有期徒刑"了事。

8月5日，十九省区地方军阀及北洋将领发表通电，主张先选"总统"，后制"宪法"。

9月5日，"参众两院"在袁世凯通缉居正、杨时杰等四人及擅杀"众议员"伍汉达后，人人自危，被迫通过"先选总统案"。10月4日即由所谓

"宪政会议"公布"总统选举法"。10月6日导演"选举"丑剧，袁世凯在经过"三次投票"，仍未获得"法"定票数之后，再由袁、黎二人"决选"。袁世凯以507票对黎元洪之179票"当选"为"大总统"。其后又以719票"当选"元洪为"副总统"。

10月10日，袁、黎同时在太和殿"就职"。

11月4日，袁世凯即悍然解散国民党，并取消国民党籍"议员"职权，于是"参""众"两院陷于停顿状态，鄂籍"参议"有因资斧断绝，来求助者，元洪各赠二百金，他省籍"议员"求助亦如之，所费不下数万金。袁世凯疑其别有意图，密饬亲信"议员"试探之，助亦如数。元洪平居幽静，沉默寡言，虽出其"岁俸"助人（"副总统"月俸一万元，公费一万元，交际费一万元）而了无"示恩"表示，袁闻之喟然语人曰："此公长者也，吾深佩之。"然而防范侦察仍未稍懈，元洪亦自知其处境，貌若泰然。

鄂人裴治平，有中表任袁世凯侍从武官，首先请愿"复辟"，袁偶与元洪道及并示以裴所上书，元洪乘机谓袁曰："首义志士以鲜血换取民国，何物腐竖，甘冒大不韪，请杀之以儆其余。"袁笑曰："裴治平为公之同乡，岂无桑梓情耶。"元洪愤然曰："彼既鄂人，不独民国公敌，且为吾乡害群之马，则杀之愈不容缓。"次日袁即令裴回籍，并密嘱善为安插。

关系者情况：奉年六月，易国干、宗君彝、陈邦镇、杜光佐、胡朝宗、黄家琳、雷预钊、梁柏年、饶汉祥、瞿瀛、宋康复等汇集元洪三年来所发出之函电，由武昌"官印局"刊印，颜曰"黎副总统政书"，凡三十四卷，计十七册，分为"号召改革政体"及"维持统一"两大类。

1915年（民国四年，乙卯）元洪52岁，居于北京。

7月28日"参政院"通过所谓"总统选举法"。"总统选举会"由"参议院参政"，"立法院议员"各选五十人组织之，"副总统"同，继改"总统任期为十年，连任不受限制"，是后又一次改为终身总统。"总统继任人"由"现任总统"预书三人名单于"嘉禾金简"，钤盖"国玺"，设金匮石屋以藏之。备匙三把，由"总统""参政院院长""国务卿"分执。

8月，袁世凯依照其所篡改之"总统选举法"，亲笔写"继任人"名单三人于"嘉禾金简"内，并钤盖"国玺"藏之"金匮"，兹录写所谓"嘉禾金简"原文及样式如下。

中华万世	袁世凯	四年仲秋	中华民国	徐世昌	段祺瑞	黎元洪	兆民托命

8月14日，杨度、孙毓筠、严复、刘师培、李燮和、胡瑛六人联名通电发表组织"筹安会"宣言。宣言发表后，杨等来见元洪作游说，并谓此乃袁意。元洪怫然作色曰："我身为民国副总统，对此违背民国事，非所愿闻。"杨等赧而去。

9月6日起，元洪即不出席"参政院"，并请辞"副总统"及"参政院议长"职。托词夫人有病，瀛台过于寒冷，不适病体。袁世凯一面慰留不许其辞职，一面同意元洪迁居东厂胡同一号。此一住宅，乃袁世凯所赠送与黎者。

袁世凯帝制自为之阴谋，已日渐"成熟"，于是公布所谓"国民代表大会组织法"，并于10月28日以后，就各省举行所谓"国体投票"。至11月20日，其御用之"国民大会代表"，遂以1993张全体票数赞成"君主立宪"，并通电推戴袁世凯为"中华帝国皇帝"。

11月1日起，元洪拒绝领受"副总统"薪俸及公费。并请裁撤"副总统办公处"，知大难之将作，自此缄口不涉时政，装成"木头人"。

12月15日，袁世凯公然以"皇帝"名义册封元洪为"武义亲王"，元洪坚拒不受。袁又使在京文武简任以上官员陆征祥、阮忠枢、舒清阿等以"道贺"为名，前往察其态度。陆等公然呼黎"王爷"，元洪变色曰："你们不要骂我。"继由陆徵祥致贺词，略谓"大总统以公创造民国，推翻满清，功在国家，故特明令晋封亲王以酬庸，特率在京文武首领致贺，恳即就任，以慰全国之望"。元洪当答："辛亥起义全国人民公意，亦先烈与大总统主持而成。元洪滥竽其间，因人成事，无功可言，断不敢冒领崇封，致生无以对国民，死无以对先烈，各位致贺，愧不敢当。"辞毕遂入，各员亦默然离去。

袁世凯令其伪"政事堂左丞"杨士琦来见元洪游说，语阍人谓"有事求见武义亲王"。阍人（门口负传达之责者）拒之曰：此是中华民国副总统公邸，非"武义亲王"府，言毕不顾，掉臂入内。袁又使人赍"武义亲王"俸3万元至，三至而三却。袁不得已使孙武往说之，元洪但闭目不答，作有所思状，武叩之，乃闭目曰："思辛亥首义者先烈耳"武知其意，惭而退。

元洪与袁世凯因儿女姻亲关系，向例在年终互送礼物。是年袁送黎礼，用红帖书"赏武义亲王"字样，黎甚怒，拒不收。越日袁改用"姻愚弟"帖，黎始受之。唯据当时元洪秘书刘钟秀纪事，项城登基在即，遂于颁布洪宪年历之前，明令册封元洪为武义亲王消息传出，元洪电传张国淦等往商，张即毅然进言拒之。饶汉祥则言：就名义上着想自不能接受，唯就安全上着想又不能不迁就。张又言：袁固枭雄，但在现时不敢危害吾公，以冒天下不韪，如果存心危害，即令今日接受，将来仍难避免……即不幸发生危险，与共和始终，亦足千古。黎频点头。时在座左右先后发言，饶更有言，元洪即谓，我志已定，决不接受，即牺牲性命，亦所甘心等语乃散。

当袁贼宣布"承认帝位"之初，蔡锷即设法秘密出京，行前曾赍夜访元洪，叩其对"帝制"意见。元洪表示极端反对，唯虑无策以制之。蔡曰："唯有武力解决耳。"元洪曰："君之处境，亦若我之身在樊笼，鸟由而出此。"蔡笑曰："计之审矣，公但伫观我出京40日后，必有信（佳）音"，遂别。12月25日，云南独立，计其时日，果一月有余。元洪矍然而兴曰："松坡（蔡锷字松坡）正不愧英雄本色。"

1916年（民国五年，丙辰）元洪53岁，居于北京。

1月1日，袁贼世凯僭改中华民国五年为"洪宪元年"。

袁贼初不以"云南起义"之事为意，曾命李长泰、张敬尧、曹锟率师攻滇。一日袁在"公府"召开军事会议。元洪亦被强邀参加，座间袁傲然对元洪曰："癸丑之役，沿江濒海，各省独立，不两月悉平。云南丛尔之地，蔡松坡等敢于称兵造反，实可笑也。"元洪对曰："今日之事大异往昔，未可轻视。"袁知黎所云"今日之事"乃指"帝制"而言。面有愠色。及闻滇军大败北军，各地讨袁之声四起，袁贼乃惧，复向元洪问计。对曰："今日之事，唯有取消帝制，可以息争耳。"袁聆言变色久之，方云："容缓图之。"

元洪既改其沉默之态，数以言拂袁贼意，所好咸为忧之，盖恐触袁之忌，而祸及其躬。元洪笑曰："此人（指袁）方处于炉火之上，举措不遑，岂敢复冒不韪而加害于我耶，且其祸将不远矣。正可拭目以俟之，又何畏乎。"

北洋军在川湘屡战皆北，各省纷纷宣告独立，袁逆益惧，欲起用段祺瑞复掌陆军，并兼任"征滇军总司令"。段对袁已怀离心，因潜就元洪私邸叩决行止。元洪谓曰："今日之事绝非恃武力所能解决。公必欲西南行，恐亦徒损威名，而于事无济耳。"祺瑞讳其言，遂婉辞"征滇"之"命"。

袁世凯所一手扶植之北洋军阀冯国璋等，对袁贼久已离心，均不齿袁之帝制自为，联名电请取消"帝制"。袁贼知大势已去，被迫于3月22日宣布"撤销承认帝位"（自始至终袁贼称"帝"共计83日，贻笑中外，遗臭万年）。元洪尝见《政府公报》上载有屈映光"奏扎"保举一批浙江官吏，其在"县知事"陈培埏名下，注有"此人曾由参谋总长臣黎元洪保举"字样，元洪大怒骂曰："屈映光自己称臣不识羞。还要来替别人称臣。"并向袁世凯要求追究其事，袁贼报以苦笑。

袁贼取消"帝制"，犹恋栈总统不舍，并未能稍抑各方之愤怒，前方护国军（云南及各省起义军称护国军）与北洋军尚未"停战"。并于4月中旬向袁贼提出六项条件：（一）袁世凯退位出国贷其一死；（二）诛帝制祸首13人以谢天下；（三）因筹办"帝制"所费之6000万元，应查抄袁世凯及祸首13人财产抵偿；（四）袁之子孙三世剥夺公权；（五）依约法由黎元洪继任大总统；（六）北军驻地受护国军指令，嗣经元洪及冯国璋等居间调停，由陈宧与护国军在四川协议"局部停战"。

6月6日，袁世凯卒于北京。

当袁病势转剧，自知不起。6月4日，命其子请元洪及徐世昌入"公府"，径诣卧榻前，袁执二人手哽咽曰："予殆将死，今后国事宋卿主之，家事烦菊老（徐世昌）主之"，言已泪下，良久，又抚元洪臂曰："余纵横天下，凡40年，视满清君臣如无物，不图晚年误听人言，致余一世英名扫地，悔之何及。"又曰："吾惯用权术牢笼人，不料今日堕入术中，亦天之报施也耶。"元洪退而谓人曰："人之将死，其言也善，项城其死矣乎"，越二日袁卒。

袁世凯既死，段祺瑞时任"国务总理"兼掌陆军，遂代袁而成为北洋政权之中心人物。关于袁死后之"总统继任人"问题，在当前形势下，除由黎元洪"依法"继任之外，别无他途。据张国淦云：是时段与北洋要人研究继任人问题，会谈一夜未得结果，乃不得不迎黎继承。矧段意在于实际控制北洋政权，能得一"手无寸刃"之黎元洪高拱其上，实为有利。故决计敦请黎元洪"依法"继任为大总统。

元洪于袁世凯之死，乃"一则以喜，一则以惧"。喜者喜其今日得以"合法"由"副总统"晋升为"大总统"。惧者惧段祺瑞之咄咄逼人，惧北洋人物之骄悍难驭。盖元洪在北京日久，深知"一个袁世凯好应付，许多小袁世凯不好应付"，故对于其即将到手之"总统宝座"，似已有"嚼之无味，弃之可惜"之情势，最后复经左右力劝，始决定"姑予尝试"。

6月7日上午10时，黎元洪在北京东厂胡同私邸，就任"大总统"职，仪式简单，仅摄影留念。就职后，在私邸接见道贺官员，为状谦构，唯命其随从秘书吕达先代司机要而已。

元洪就任后，先后收到唐绍仪、梁启超、康有为、孙文、黄兴、唐继尧、岑春煊、陆荣廷、汤芗铭、冯国璋、袁瑛、钮永建等贺电。

因时局动荡，纸币信用破产，影响人民生活至巨。元洪于就任后，筹集现款60万元，交中国银行在先农坛兑现。并责令梁士诒清理交通银行账目，梁惧，遁入东交民巷法公馆私邸。

元洪就任大总统职位后，首先口头并条示左右及寓内诸人，一切循旧，节俭不得铺张。

段祺瑞借口袁世凯"遗命"，以所谓"约法第29条"之规定为元洪继任大总统之"法律根据"，引起全国反对，盖所谓"第29条"，乃民国三年由袁贼私订伪"约法"之第29条也。孙文、黄兴、唐继尧、汤化龙、孙洪伊等纷纷发表通电，虽一致赞成黎元洪继任大总统，唯坚决反对引用所谓"新约法"为元洪继任之"法律根据"，在沪自行集会之"国会议员"299人，亦发表通电说明"现在黎大总统继任应系根据民国二年10月国会所制定之大总统选举法第五条之规定，其应继任之任期至民国七年10日为止"。北洋军阀集团内之冯国璋、赵倜等亦主张应根据旧"约法"，海军将领李鼎新、林葆怿、曾兆麟等并宣言为拥护旧"约法"宣布独立。段祺瑞鉴于形势不利，乃被迫于6月29日公布恢复民国元年旧"约法"，并定是年8月1日召集"国会"。

同时，张勋在徐州开奉、吉、黑、直、豫、晋、皖七省军阀会议，订立"攻守同盟"，及包庇"帝制"祸首。6月16日，北京政府下"停战令"，命令各省军队撤回原防。7月6日，北京政府发表命令，将各省将军、巡按使改名为督军、省长。并发表各省督军及省长名单如下：（略）。

7月8日，驻北京各国公使向元洪呈递国书。9日，元洪破例乘车前往答谢各国公使，并趋章炳麟寓所访问。

元洪以府（总统府）院（国务院）相距太远，接触公务不便，遂由东厂胡同私宅迁入南海居住，方其在东厂胡同时，常独出外散步，或赴郊区驰马。及其继任总统，亦只带侍从一人出入。又常喜至真光电影院观影。

元洪颇有俭德，在当时统治人物中实为难得者。其在武昌时，自都督以迄末僚，均无浮侈之风，故章炳麟颂为"大布之衣、大帛之冠"，非尽饰词也。及其就任总统，将"公府"预算由袁世凯在世时之每年191.55万元，一减再减至每年57.465万元，又将冗员遣至他处安插，并严禁府内人员恃势横行。

元洪昔年在清军时之"老上司"张彪入见，谋求差事，元洪笑谓曰："君多内宠，尚有精力出而办事乎？"张赧然莫对，碍于"老上司"情面，卑以"总统府顾问"一职。

7月12日，下令释放全国各地因政治犯罪、被袁世凯生前所拘禁或处刑者。14日电令惩办"帝制"罪犯计杨度、孙毓筠、顾鳌、梁士诒、夏寿田、朱启钤、周自齐、薛大可八人。同日唐继尧、岑春煊、梁启超、刘显世、陆荣廷、陈炳焜、吕公望、蔡锷、李烈钧、戴戡、李鼎新、罗佩金、刘存厚等通电宣告撤销本年5月8日成立之"军务院"。18日裁撤"海陆军大元帅统率办事处"及"京畿军政执法处"。

7月29日，任命段祺瑞为国务总理，30日任唐绍仪、许世英、陈锦涛、程璧光、张耀曾、孙洪伊、张国淦、汪大燮等为外交、内务、财政、海军、司法、教育、农商、交通各部总长，段祺瑞兼掌陆军，章宗祥使日本。

8月1日，"国会"重行开幕，到519人，汤化龙、陈国祥被选为"众议院"正副院长，王家襄、王正廷被选为"参议院"正副院长。元洪莅会补行"就任宣誓"，并咨请"追认国务总理及国务员同意"案。14日通令各省于10月1日召集各"省议会"。

9月1日，"国会"参众两院组织宪法会议。21日，安徽省督军张勋，省长倪嗣冲等联合各省区军阀在徐州组织"省区联合会"，干涉北京政府职权，而以"监视国会参议宪法"为名。

10月30日，"国会"援用"总统选举法"，补选冯国璋为副总统。11月8日，冯即在江宁就职，仍兼领江苏督军。

1917年（民国六年，丁巳）元洪54岁，居于北京天津。

1月，段祺瑞发动各省军阀联合干政。11日，张勋等召集各省军阀代表在徐州开会，所谓"督军团"组织形成。

2月1日，德国封锁我国领海，元洪令外交部提出抗议。

2月23日，北洋军阀江苏督军冯国璋以"副总统"资格，应元洪之邀入京（3月11日回江宁）。

元洪受制于段祺瑞，无所施为，唯犹理想贯彻其旧时倡言之"有饭大家吃、有事大家做"主张，日常与袁希洛相谈论。

元洪不堪段祺瑞之专横武断、咄咄逼人，乃想凭借其"总统权力"与"国会约束权力"而对段加以制约。当3月4日段祺瑞提出"与德绝交"问题时，乃借词"须得国会同意"以难之，祺瑞据以"辞职"为要挟，并即日离京赴津，元洪不得已，复央尚未离京之"副总统"冯国璋亲往天津"促驾"，段始于6日返京。数日后，所谓"与德绝交"案，竟获"国会"两院通过。14日，北京政府正式宣布与德国断绝邦交。并于16日接收天津、汉口德"租界"，通告各省停付德"赔款"。25日，德驻北京公使启程回国。

5月7日，"国务会议"以所决定之"对德宣战"案咨送"众议院"。18日，"众议院"议决缓议"对德宣战"案。

因"对德宣战"案问题，使黎、段之间矛盾尖锐化。段祺瑞复感到"国会"遇事掣肘，遂唆使在京"督军团"各军阀提出"改制宪法"及"解散国会"等要求。至5月21日，在京之各省军阀，纷纷离京赴徐州"长江巡阅使署"开会。会后各返据地，不旋踵所谓"与中央政府脱离关系"之军阀割据局面纷纷起矣。

5月23日，元洪不顾一切后果，下令免去段祺瑞之国务总理兼陆军总长职，以外交总长伍廷芳代理国务总理，并通电全国说明免职原因。段祺瑞岂甘示弱，亦于当日离京赴津，并通电指出元洪之免职令未经副署。失去"法律"效力，声明对"后果"不负任何责任，同日，元洪幻想利用"北洋制北洋"，乃起用王士珍（北洋军阀集团中所谓"三杰"之一），特派为京津临时警备总司令，而以江朝宗、陈光远副之。28日，又特任李经羲为国务总理，并派员迎迓，李复书辞谢，不敢就。

段祺瑞既被"免职"，北洋军阀集团大哗，在段之唆使下，张作霖、倪嗣冲、陈树藩、赵倜、田文烈、杨善德、齐耀珊、张怀芝、毕桂芳、曹锟、李厚基、阎锡山、王丕焕、张敬尧、李长泰等大小北洋军阀及地方军阀，先后纷纷宣告"与中央脱离关系"。

当陕西督军陈树藩谋"独立"时，曾威胁省长李根源副署，根源素对元洪尊崇，拒不允附。陈树藩怒，以"不从则死"作进一步胁迫之，根源坚决抗拒，并于其"独立宣言"上大书："中华民国六年五月三十一日，督军团叛变，陕西督军陈树藩从逆，省长李根源不屈死之。"陈为之气慑，不敢加害，遂幽囚之。

6月1日，元洪电召皖督张勋勒兵入京，引狼入室，更铸大错。张得电即驱"辫子兵"兼程而来，7日启程，8日抵津，一面长驱入京，一面电陈所谓"调停时局条件"，要求元洪下令解散"国会"。

6月14日，张勋偕李经羲由天津入京，"辫子兵"蜂拥进城。

张勋入京后，李经羲亦就"国务总理"职。所谓"独立"之各省军阀，又复纷纷宣告"取消脱离中央"。同时众参两院"议员"在上海集会，并发表通电，否认元洪6月12日"解散国会"命令之效力，指出"总统已在武力威迫下失去自由，其解散国会之命令与法律抵触，应为无效"……

7月1日，张勋等公然在清宫拥溥仪宣告"复辟"。

"复辟"事变既起，张勋即命王士珍、梁鼎芬、李庆璋、江朝宗往见元洪，胁其补办"奏请归政"事，黎即斥之，即于当日（7月11日）晚8时，偕蒋作宾出"公府"，原拟奔至法国医院暂避，医院不纳，遂改至日本公使馆避难。

元洪既至日使馆获得"庇护"，遂一面派人至上海拍发号召各省出兵讨逆，一面派人秘密发出三项"命令"：（一）免李经羲职；（二）任段祺瑞为国务总理；（三）由冯国璋以副总统代行总统职权。

张国淦偕元洪密使持"国务总理任命状"来到天津见段祺瑞，段不屑曰："黎元洪今日尚算得总统耶。"国淦谓之曰："奉总统命令起兵讨贼，名正言顺，奈何拒之，事宜速发，迟则生变矣。"段悟，遂受命。亲至马厂第8师（李长泰任师长）誓师讨贼，并用"讨逆军总司令"名义，于7月3日发布文告，通电宣告中外。

元洪电请冯国璋代行大总统职务，并通电宣告已任段祺瑞为国务总理，起兵讨贼，复通电布告事变经过，引咎自责。

7月6日，冯国璋在江宁宣告就任"代理大总统"职。7日，讨逆军败张军于廊坊。

7月14日，段祺瑞到达北京，即至日本公使馆谒迎元洪，相对凄然，恩怨若忘。元洪遂还东厂胡同私邸。即日通电引咎去职，并举五事以自责。冯国璋来电表示奉还"大总统职权"，元洪复电却之。

16日，元洪住宅卫队兵王德禄，突然持刀扎死护卫马点成、正目王凤鸣、连长宾世礼三人。并伤伍长李保甲、卫兵张洪品二人。当其行凶后逃走时，被元洪卫兵开枪击毙。

时国民党与西南军阀控制之各省，仍拥黎元洪为"合法总统"，南方派来迎接元洪南下之军舰两艘，尚停泊于秦皇岛海中，此次黎宅所发生之凶案，说者谓为段祺瑞之亲信骨干傅良佐（时任北政府陆军处长）所主使，目的在于"杀鸡吓猴"，以恫吓黎元洪也。案发后，元洪移居东交民巷法国医院避祸。又向北京政府要求前往青岛避暑，未允，段祺瑞反要求元洪迁入团城居住，亦未去。

8月1日，冯国璋由江宁来到北京，当日即至东厂胡同晤黎。元洪特于先一日自法国医院迁回私宅迎候，冯国璋向元洪作"礼貌性"之谦让，请其复就总统，元洪笑谢却之。于是冯即通告各省，宣布"总统莅府视事"。

9月1日，广州"非常国会"推举孙文为大元帅，陆荣廷、唐继尧为副元帅，因陆荣廷反对另组政府，主张仍由黎元洪恢复"大总统"职务，于是"非常国会，补作决定，迎接黎元洪南下继续执行其总统职务"。孙文亦去电表示欢迎。

9月10日，南方军政府宣告成立，孙文就任大元帅职。

1918年（民国七年，戊午）元洪55岁，居于天津。

上年8月，元洪因汤化龙之斡旋，获得冯国璋及段祺瑞同意，始由北京迁居天津，寓于"英租界"花园道19号，从此闭门谢客，意态消极。当西南军政府成立时，曾派人来津迎其南下"主政"。段祺瑞恐其为南方利用，亦曾派王士珍到津促其回京，元洪无意于此时重入政治旋涡，两皆谢却之。

本年1月7日，冯国璋声言"引退"，派人至天津迎黎元洪进京"复职"，元洪托病拒不接见。十日，汪大燮、林长民借口来津吊周自齐妻丧之便，携冯国璋手书往谒元洪，叩询对时局之意见，两次通刺，元洪均托病拒见，讵知一面辞谢周林之请见，一面又偕其夫人柬邀天津商学各界人士，假"青年会"开征友给奖大会，并约商务印书馆津经理王仙舟作演说，时上海《新闻报》曾载其事，谓元洪意在"鼓瑟而歌"云。14日，京电传说黎元洪将赴宁。冯国璋派专使往津向黎劝告，促其来京居住，以息流言，元洪派胡人俊至京答谢，并作解释，告冯以"倦闻政治"之意。冯国璋表示一俟"国会"召集时，即请元洪"复职"，元洪去电坚决谢却。

　　时南北双方军队集于鄂境，战事危机甚亟。汉口各界推举代表张仲祈来谒元洪，请其念在桑梓之情，出而调停南北内战，同时王士珍亦请元洪向西南"劝导"。元洪不得已，乃派其秘书郭泰祺赴粤会晤陆荣廷。并向西南当局解释当日"解散国会"之苦衷，劝双方以"国是"为重，毋走极端。元洪又于1月16日，派瞿瀛到京见冯国璋，申述其"调停时局"之意见。此时南北两个"政府"均派人到京促黎"复职"，均予婉谢。

　　本年1月，元洪应黄陂私立前川中学之请，捐助3万银圆作为该校建设办公大楼之经费。（前川中学现已改为黄陂县立第一中学）

　　是年春，元洪又助梁启超以巨款，使其就上海佘村园筹建"松坡图书馆"，以纪念蔡锷云南起义之功。（1923年，梁启超又在北京三海建造"蔡将军专祠"，松坡图书馆即迁至专祠内）

　　元洪见局势愈来愈糟，故自本年入春以来，即屏谢南北两方来往宾客，而不欲使自身转入纷争之"政治旋涡"，日唯读书写字，消磨光阴，凡求书者必应之。编者是年在故乡主编《无锡什志》《无锡指南》，亦尝先后向黎氏索得题字及楹联。

　　1919年（民国八年，己未）元洪56岁，居于天津。

　　（5月4日，北京爆发五四运动）

　　上海学界亦于24日起罢课，更联合商界于6月3日起罢市八日，要求罢免曹、陆、章等。元洪在京亦发表拥护学生谈话。11日，北京政府下令免曹等职。9月，冯国璋应徐世昌之邀入京，先是徐世昌欲谋利用元洪及冯国璋两人，以"前总统"之身份出任"南北调人"，元洪却之，非不欲"和议"

之成功，实知其必不可成功，故不为也。靳云鹏既"组阁"，为示好于元洪，邀其旧日僚属夏寿康出为"教育总长"，其用心亦在于拉拢元洪，使其有助于促成南北"和谈"，借以维系北洋"皖系"政权摇摇欲坠之局面。

12月28日，冯国璋在北京逝世。元洪闻讯，颇伤感，亲撰诔词，专人赴京代表致悼。盖念其旧日敦礼不疏之情也。

1920年（民国九年，庚申）元洪57岁，居于天津。

春，命其长子绍基赴日留学。

是年，元洪鉴于北方政局混乱，恐动辄得咎，故在津杜门谢客，继续其读书写字生活，暇则种花庭中，或偕家人去看电影，一若"不问时事、与世无争"之所谓"世外闲人"者焉。

关系者情况：萨镇冰为元洪早岁学习海军时之业师，本年7月2日，徐世昌免靳云鹏职，曾命萨镇冰署理"内阁总理"，以往凡遇萨有大小喜庆，元洪必肃函致贺。虽在大总统任内，亦必对萨执弟子甚恭，唯此次则不致贺。盖恐因此牵入北方之混乱政治旋涡中耳。

1921年（民国十年，辛酉）元洪58岁，居于天津。

本年8月13日（农历七月初十日），元洪为长子绍基完婚。绍基所娶唐阁律，为无锡人唐浩镇（郏郑）之第三女，与绍基同庚，生于1903年10月27日（九月初八），婚后育有三子一女。

8月，湖南地方军阀赵恒惕以湘军攻鄂，鄂省军阀王占元乞援于直系大军阀吴佩孚。吴派萧耀南为"援鄂总司令"，率军与湘军会战。时元洪在天津，不忍目见"桑梓"之横遭兵燹，通电劝告双方军阀停战息争。吴佩孚乘机撵走王占元而以萧耀南"督"鄂。

时"奉系"军阀张作霖复与皖系残余势力勾结，造成对"直系"不利之局面。于是曹锟、吴佩孚两直系头子于11月12日在保定举行"军事会议"，谋窃取"护法"旗帜，逐走徐世昌，迎黎元洪复任"大总统"，从而"改造"北方之不利局势。鉴于"时机不成熟"未果。

1922年（民国十一年，壬戌）元洪59岁，在天津、北京。

4月28日，奉系大军阀张作霖对直系大军阀曹锟、吴佩孚等发出"宣战"通电，29日下令总攻击。

曹锟、吴佩孚虽已在军事上暂时击败张作霖而控制北方政权，惟鉴于革命力量之日益高涨，军阀不断大规模内战，更激怒全国之坚决反抗，于是亟图有以"改弦更张"，阴谋窃取"护法"旗帜，在所谓"维护法统"之烟幕下，嗾使直系军阀骨干孙传芳、齐燮元等通电主张"迎黎元洪复位"。徐世昌被迫宣告"衰病辞职"。

直系大军阀吴佩孚发出"冬"电，主张请黎元洪"复职"，并恢复民国六年"旧国会"。曹锟复领衔苏、鲁、鄂、赣、豫、甘、陕、绥、察各省区军阀通电吁请元洪返京复职，周自齐更于6月3日电请元洪莅京"视事"，并派高恩洪赴津迎迓，元洪复电表示，"……自引咎辞职，蛰处数年思过不惶，敢有他念……果使摩顶放踵可利天下，犹可介说，乃才轻力薄。自觉勿胜，诸公又何爱焉。前车已复来日大难、如临冰谷……"同时，又在天津对记者发表谈话，表示"愿意牺牲个人，再跳火坑"云云。

6月6日，元洪提出所谓"废督""裁军"与"整理财政"三大条件，通电要求自"巡阅使"以至"护军使"均须辞去军职，候于都门方允入京"就任"吴佩孚首先表示"赞同"，各省军阀亦纷纷附和。于是元洪乃在6月10日发表通电，借口"废督裁兵"之主张"已获各方拥护"。遂宣布6月11日入京，"暂行大总统职权"。

6月11日上午8时，黎元洪由天津专车入京。元洪就任之后，当天即下令取消民国六年6月12日在张勋威胁下所发布之"解散国会令"，俾"旧国会"得自由集会。同日任命颜惠庆署"国务总理"，仍兼掌"外交"。又电请孙中山先生及伍廷芳、陈炯明、李烈钧、岑春煊等入京"共商国是"。

直系军阀利用黎元洪之"上台"而盗窃"护法"旗帜，对于南方局势顿起影响，广东军阀陈炯明早与吴佩孚勾结，突于6月15日背叛孙中山先生，派兵进攻孙氏总统府及各炮台，中山先生被迫"下野"赴沪。

元洪此次"复职"，鉴于财政困难，不支薪俸，手谕秘书厅照办。又有感于李根源昔日誓死拒陈树藩不旨从叛之高义，迎之来京任为航空督办，并手书一联赠之，其词曰："关中贤相资王猛，天下苍生忆谢安。"

341

初意欲以李根源复掌陕省，因吴佩孚已保张绍曾，遂罢。（见《雪生年录》）

8月5日，元洪咨文"众议院"，补行民国六年辞职手续，被退还。11日再咨众参两院，两院决定俟"议员"到达三分之二以上，始作决议。

11月9日，任汪大燮为"国务总理"兼掌财政，改组"内阁"。因接收胶澳之"人选"问题，元洪未于事先征得大军阀曹锟之同意，即以所谓"元首特权"发表，因而遭到众参两"议院"院长吴景濂、张伯烈之通电反对，12月5日，"众议院"更通过一项查办交通总长高恩洪及前财政总长罗文干之"舞弊卖国违法渎职"案。（擅签铁路材料合同）迫使元洪发表"罪己"通电，汪大燮亦被迫"辞职"。元洪提出张绍曾"组阁"。

1923年（民国十二年，癸亥）元洪60岁，在北京、天津、上海，后往日本。

一月元旦，元洪发表"哀告"文电，痛斥各地兵"匪"之祸及督军制度之流弊，盖元洪此时已深感直系专横之痛苦，亟谋争取西南各省及奉皖两系之支持，以抑制直系军阀之凶焰。

又应梁启超之情，捐助私款为蔡锷在北京立专祠于上海。上海原建有"松坡图书馆"，后亦一并迁入祠内。

当直系军阀所迷信之"武力统一"政策，因遭到全国各方之反对而归于彻底失败时，北京当局乃不得不改头换面而高谈"和平统一"滥调。孙中山先生于受任讨贼军大元帅后，即提出"先裁兵后谋统一"之主张。所谓"裁兵"问题，乃元洪去年6月"复任"时所提出"三大主张"之一。故对孙氏之主张，甚表赞同。并于2月27日，派丁槐为特使，南下向中山先生表示"慰问"，又劝孙氏取消大元帅名义，以促成所谓"和平统一"。

3月20日，元洪偕李根源等至"国子监""祀孔"，又于天坛植树，南苑阅兵，旋则视察天文地质调查所，并考察龙烟铁矿等活动。（事见《雪生年录》）

4月初，元洪之长子绍基再自日本归国，绍基在日本留学文科，至是毕业后，改入天津南开大学文科学习。

4月15日，元洪派王宠惠为代表，到上海与南方代表胡汉民等进行所谓"和平统一谈判"，不得要领而散。

4月26日，在直系头子曹锟嗾使下，冯玉祥、王怀庆等直系将领，首先向"国务总理"张绍曾"索饷"，意在搞垮"内阁"，使陷于"无政府状态"，然后再逼走黎元洪。至5月3日，张绍曾又秉曹锟、吴佩孚意旨，迫元洪下令"讨伐"孙文。元洪拒绝盖印，事态发展至6月6日，在曹、吴等教唆下，高凌霨等直系政客"阁员"提出联名辞职，并将"国务总理"张绍曾逼走天津。于是北京政权乃表面上陷入"无政府状态"矣。越日，有所谓"军誓代表团"来向元洪索取"欠饷"，唯尚不敢公然侵害"元首"安全。又在次日有所谓"公民代表团"出现，公然在天安门高搭讲台，举行所谓"国民会议"，声言要黎元洪"退位"。至6月9日，北京军警罢岗，因受到驻北京各帝国主义国家"公使团"之反对，当晚即复岗。10日，不断有所谓"中级军官"300余人，以及所谓"市民请愿团"与"国民大会代表"千余人，来到东厂胡同，向元洪作示威骚扰。元洪电召军警不应。"请愿者"喧闹至晚方散。

6月12日下午3时，元洪已决计出走天津，唯不甘心俯首帖耳效徐世昌之"黯然下台"，故于行前仍欲以所谓"大总统"之名义，发出七道"命令"而作为"起身炮"放出，并向"国会"及"外交团"致函声明。以"在京不能自由行使职权"为理由，声言欲将"政府"迁往天津。

6月13日下午，元洪偕美籍"顾问"福开森辛及瞿瀛与金永炎、唐仲寅等上专车出京。车行至天津总站，为直系军阀骨干王承斌率带军警中途拦阻。厉声责问元洪何以携带"总统印"出京，态度甚为粗暴。元洪告以"印"在东交民巷法国医院内其妾黎本危处，并派秘书瞿瀛返京将印交出，已延至午夜矣。14日清晨，王承斌复奉曹锟之命，上车来胁迫元洪签署所谓"辞职"文件。签罢始准其离车回返私宅。

元洪于进入天津"租界"内之住宅后，即将被迫交印及被迫签署电文之经过，通电全国，并要求"国会"惩办"监视元首、强索印玺"之王承斌。唯所谓"国会"，在16日所给予元洪之答复，则为宣布："自6月13日起，黎元洪所发表命令无效。"并同意由"国务院摄政"。

北京发生"政变"后，卢永祥首先在浙江高揭"反直"旗帜，部分所谓"议员"亦出京南下至沪，屡次电请黎至沪。于是黎元洪遂于9月11日偕李根源（元洪出京前所发布之七项"命令"中，有"任命"李根源署理"国务总理"一项）、饶汉祥等十三人离津至沪。寓于杜美路（今之东湖路）。唯江浙人民鉴于元洪此次乃为争个人权力及泄私愤而来，尤恐因此而引起军阀混战，故对于黎氏未表"欢迎"。

元洪初意本欲在沪有所"作为"，渐知形势对己不利，于是"知难而退"遂作东游之计。唐绍仪、章炳麟、章士钊等均赞其行，乃决。先是孙中山先生闻黎到沪，尝命汪精卫引持函邀之赴粤。元洪行止未定，及其决计东渡日本，遂复函逊谢孙氏之邀请。

本年九月下旬，元洪之长女绍芬赴美国哥伦比亚大学学习"教育学"。

10月5日，直系头子曹锟进行"贿选"，参加投票之"议员"，除172人外，皆受贿买。故时人有"猪崽议员"之称。

11月8日，元洪由仁海乘"仁海丸"轮东渡赴日本，其夫人及秘书刘钟秀等偕行。抵日后，寓于别府，除旧地重游及与华侨人士有所接触外，未作其他政治性活动。王正廷未几亦偕其妻作东游，与元洪晤于异国，虽欢叙竟日，而不涉及时事。盖元洪数经挫衄之后，已无心复作"出岫之云"矣。明年春复回天津。

1924年（民国十三年，甲子）元洪61岁，在日本，旋返天津。

1月15日，日本再度发生地震，元洪在别府养病。2月7日，元洪派其秘书刘钟秀代表参加在日华侨赈济日本震灾而举行之集会，并捐款助赈。27日，曾接见王揖唐，因王于会见后即赴釜山访友，日报讹传谓与结联张作霖有关，王揖唐立作"辟谣"之声明。

3月间，元洪致函章炳麟等，告以病已痊愈，将于看完樱花之后，下月即赴大阪、神户、西京、奈良等地游览，或将前赴欧美游历，然后再行归国，不愿复闻政治云云。自4月15日起，元洪偕其夫人及随员等十人，在日人片仓制绵社社长片仓、耕介两人陪同下，乘紫丸轮至大阪观览。并在大阪会晤张孝若（北京政府派往各国"考察"实业之专使）。听取其在所经历十国之"考察"情况，留驻两日，改乘火车至京都。在京都曾出席当地人士之欢迎宴会，并参观演出。21日，复至大阪，作五日之参观游览。并接受当地人士及华侨之招待。25日，游奈良。26日，至神户，参观造船所及高等工业学校，并观赏大瀑布。27日、28日、29日，又连续参观游览各处，至30日始离神户前往九洲，在九洲停留九天，于5月10日登轮返国。11日即达天津，径回私宅。计自去年11月8日由上海东渡赴日，至是归国，为期恰好半年。

当元洪在日本时，曾受日方官民之招待，有疑其为日方利用者，元洪曾命其随员熊少豪招待记者"辟谣"，并称此行一切费用均属自备，并未接受日本官方之任何招待云云。

元洪既还抵天津，从此抛却"元首梦"，放下"总统肩"，而无意于政权势位之角逐矣。倾其数十年宦囊所有，大半投资于实业方面，计其所投次之厂矿等企业，除中兴煤矿外（占股份十二分之一，自民国八年任董事长，以迄病殁），则有六河煤矿公司（五十分之一）、滋县怡立煤矿公司、中原煤矿公司、湖北石膏公司（投资8万元）、久大精盐公司（投资6万元）、永利化学公司（投资2万元）、山西大应广济水利公司（投资1万元）、石家庄大兴公司、南洋兄弟烟草公司、东北兴林公司（助鲍贵卿开办者）、山东鲁丰纺织厂、上海华丰纺织厂、东北兴华面粉公司、天津民丰粉厂、山东华兴造纸厂、天利采木公司等实业。元洪绝大部分私人财产，均投资于上述各种民族厂矿企业。唯此各种企业，无不受到帝国主义与封建势力之摧残，从而直接损害元洪在上述企业上之私人投资利益。元洪本人虽亦为北洋时代统治人物之一，而其封建色彩较轻，资本主义民主意识则较浓，或亦一醉心于中国资本主义之发展者欤，姑妄论之。

元洪之1919年（民国八年），曾以私人名义向华比银行借款兴办中兴煤矿等实业，至本年春节结算，共欠本息达30万元。该行当局以元洪"失势"，拟诉之法院追偿。元洪自日归来，闻之惧，央江庸设法将北京东厂胡同房屋，以30万元售与"中日合办东方文化事业委员会"作为会址，遂偿清华比银行之欠款。

是年元洪醵资于蒋廷黻（即前任蒋介石政府驻联合国之"代表"），就武昌筹备私立江汉大学，并指拨中兴煤矿股票10万元作为基金。校舍亦由黎元洪捐助。后此项基金及校产均移捐武汉大学。

夏6月，次子绍业因病辍学在家。

1925年（民国十四年，乙丑）元洪62岁，在天津。

1月4日，段祺瑞邀元洪入京，复电谢却之（被邀者共128人）。12日，段祺瑞专人到津迎请，仍坚却。

2月，孙中山先生应邀由天津扶病入北京，先是孙先生寓于天津张园撄疾，元洪数偕李根源前往视疾。旋赴京；元洪嘱李根源不时到京问候。

3月12日，中国民主革命之伟大先行者孙中山先生逝世于北京。

元洪知孙中山先生之逝世，意甚哀伤，即于私宅设祭遥奠之。

5月30日，英帝国主义者在上海对工人学生进行疯狂屠杀，造成震惊中外之"五卅惨案"。时元洪之子绍基正在天津南开大学二年级肄业。事发后，即与东北同学大四潘济武等参加该校五卅惨案后援会，绍基被推为募捐组组长。归告元洪，深予嘉许。除自捐外，并立即亲笔函介其子往见顾维钧、杨以德、鲍贵卿等，甚至曹雨霖亦有函劝其自动助金表达，故三数日间，即得11000余元，悉数汇缴总会，超过预定目标颇多。

11月，元洪患感冒甚剧，经医治获痊愈后，邀集与其本人合作办实业之主持人及技师，到津研究改进之道。

1926年（民国十五年，丙寅）元洪63岁。居于天津。

元洪自上年五月由日本归国后，缄口不言政治，唯关心其投资经营之厂矿等企业。任中兴煤矿公司董事长，每次董事会议，必亲自出席。元洪好为书法，近更日事临池，力求平正有劲，握笔遵包安吴法，有时则临张迁、绘山、乙瑛、西狭、石门，校官、苍颉、范式、安阳四种，盖遵用李根源之指教也。自正月以来，为各方友好写好二十余联，现可资存考证者，计有为廉南湖、冷遹、侯鸿铿、黄蔚如、薛华阁、杨楚生等所写之联，而各方求书者甚多，莫不应之。8月，元洪原拟应戚友之邀，赴无锡畅游，因身体骤起变化，血压甚高，医嘱静养，乃止。因修函向戚友逊谢，并为梅园主人写一联，其词曰："梅放满园春，欣看四围山色，万顷湖光，胜景逾辋川别业；诗吟小香雪，媲美三径黄花，千秋红叶，闲情有邓尉高风。"4月9日，鹿钟麟以兵围吉兆胡同，逐段祺瑞，吴佩孚应之。4月20日，段祺瑞弃"执政"职而遁住天津。张作霖、吴佩孚协议欲复拥元洪出任"总统"以补足其所谓"任期"，元洪汲取两次被逐之惨痛教训，岂肯复作第三次之尝试？坚决置之不理。未几，国民革命军已自湘、赣、闽长驱北进。北洋军阀统治灭亡之期已迫于眉睫矣。

1927年（民国十六年，丁卯）元洪64岁，居于天津。

上年10月，元洪患脑充血中风症，经群医会诊，入冬渐痊，至本年清明节后，病已霍然，并能出外走动，又不时作郊游矣。

4月10日，李根源母丧，5月5日，元洪亲题铭旌以赠。

6月17日，饶汉祥母殁，汉祥纯孝有至性，一恸而绝。逾时其"箧室"吴口竟以身殉。孙少元为撰墓志铭，并撰"饶烈妇传"。元洪于家设祭哭之。

暑间，元洪长子绍基毕业于天津南开大学文科，长女绍芳亦自美国哥伦比亚大学归国，天伦相叙殊乐。

9月，元洪为无锡薛端性题墓志铭，薛字华阁，曾有功于江苏光复之役。

1928年（民国十七年，戊辰）元洪65岁，殁于天津。

2月，元洪函候李根源疾，并赠医药费400元。（见《雪生年录》）

5月25日，元洪旧疾复发，仍延屈桂庭、关锵庭、梁宝鉴等各医会诊。（前年科由屈医等治愈）因宿疾已深，竟致不起。

6月3日（农历四月十六日）亥时，元洪以脑充血症不治，殁于津寓。遗嘱：丧葬从简，诫诸子潜心从事生产实业，毋问"政治"。

（湖北省政协供稿）

黎氏族谱

陵邑黎家河始祖總世系圖

第一世　始祖

旦公
字東昇
姙趙氏
公姙生卒
未詳俱葬
江西
生子五
長舜臣

第二世

舜臣
公與三弟
元公由江
西碎瓦墩
遷居湖業
黄陂縣小
西門外大
板橋不數
載又遷縣
東鄉由泉
姙熊氏
公姙生卒
未詳俱葬
彭家壟
生子一
永謨

第三世

有興
姙熊氏
姙蕭氏
公姙生卒
未詳俱葬
彭家壟
生子二
長永謨
次天朝

第四世

永謨
姙蕭氏
姙蔡氏
公姙生卒
未詳俱葬
彭家壟
生子二
長思孔
次思孟

第五世

天清

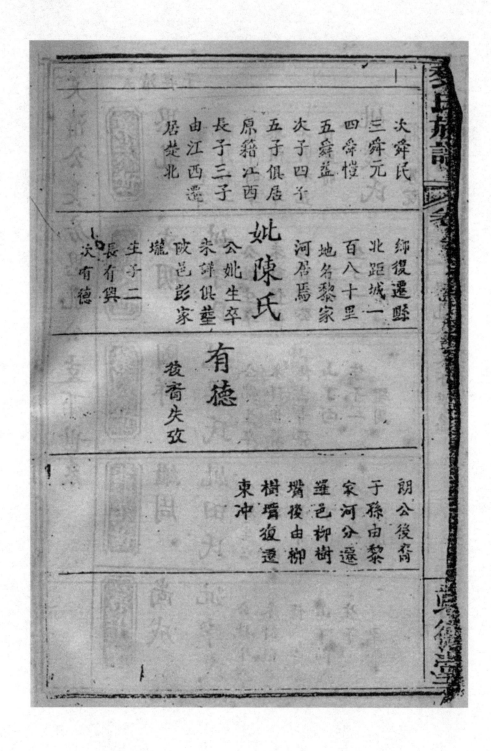

次舜民
三舜元
四舜愷
五舜益
次子四子
五子俱居
原籍江西
長子三子
由江西遷
居楚北

鄉復遷縣
北距城一
百八十里
地名黎家
河居焉

姚陳氏
公姚生卒
失詳俱葬
陂邑彭家
瓏

生子二
長有與
次有德

有德
後裔失攷

朗公後裔
于孫由黎
家河分遷
蓮邑柳樹
墈後由柳
樹墈復遷
東冲

子四恒尚

世義
蕚黎家河
而前故前
面山

國榮
蕚黎家河
葬上海
前清營官

朝相

元洪
紹業
生同治甲子
年九月
十九辰時
前清湖北
混成協統
續民國副
總統兼理
總統
湖北都督兼

一排
姚氏
次國彥
長國榮
生子二

娶蕭氏
陽龜山
葬湖北漢
次子過繼
長朝相
次朝有
三朝樹
生子三

娶陳氏
元聖過繼
湖北督都
孫現任國
長元聖
次元洪
三元樹
生子二

娶吳氏
蕚山為嗣
國彥承嗣
生子二

我所知道的黎元洪

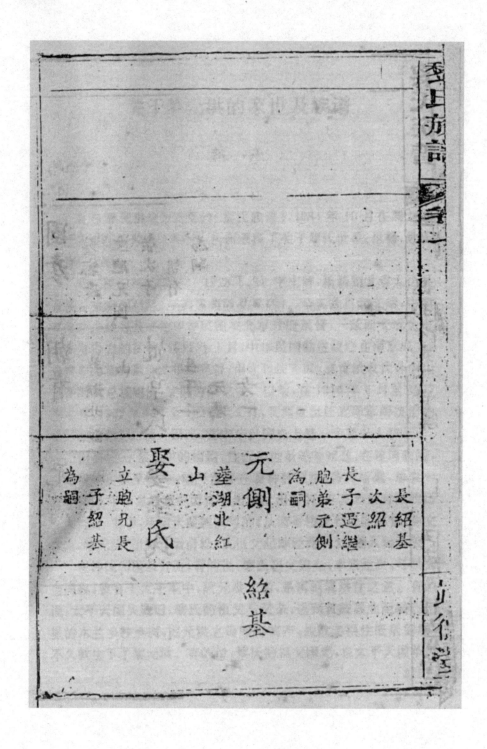

为嗣　　娶氏　　山　　元侧　　为嗣　　长子绍基

子绍基　　莹湖北红　　胞弟元侧　　次绍

立胞兄长　　绍基　　长子逖继　　紹

354

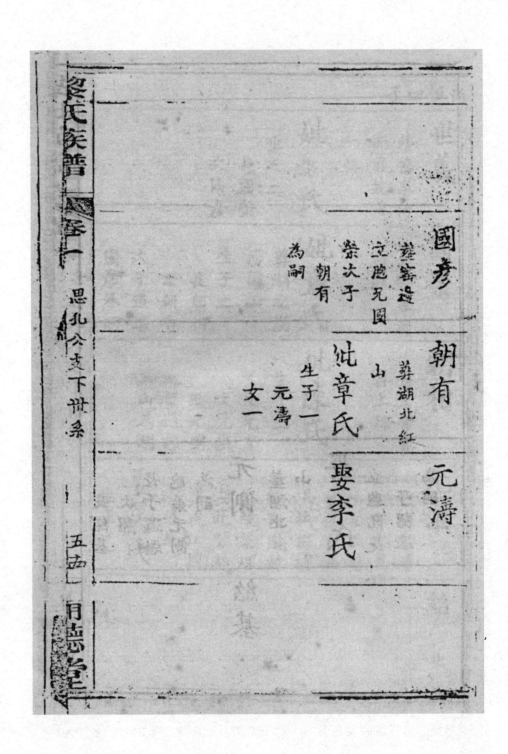

國彥　　朝有　　元濤

葬湖北紅

立聰兄圖山

紫次子
朝有
為嗣

兆章氏　娶李氏
生于一
元濤
女一

蔡氏族譜　卷一　思孔公支下世系　五四

关于黎元洪的家世及族谱

郭 彦

　　载有黎元洪应细世系的《黎氏族谱》，1984年10月在湖北省大悟县姚畈乡黎家洼发现。从而澄清了关于黎氏世系、祖籍、姓氏的种种传说。

　　黎元洪（1864.10.19—1928.6.3），字宋卿，祖籍湖北省大悟县余河乡黎家河（1933年前属黄陂县夏店）。辛亥武昌起义后，由清军混成协统领被推为中华民国湖北军政府都督，一跃而变成湖北革命势力的首领。1912年1月，中华民国临时政府在南京成立，被推举为临时副总统并兼鄂督。南北和议告成，袁世凯取代孙中山而窃踞大总统职位，黎仍为副总统。以后，在1916年6月至1917年6月，1922年6月至1923年6月，又两度出任北洋军阀统治的北京政府的大总统。因此，在中华民国史上是一个显赫人物。

　　但是，关于黎元洪的祖籍、姓氏和世系等等问题，在中华人民共和国成立前后，在海峡两岸以至海外，却一直存在着种种说法，各持所据，莫衷一是。1983年3月北京中国青年出版社出版的《辛亥革命时期的历史人物》一书中，所载张振鹤撰写的《从清军协统到民国都督》的文内说，黎元洪"祖籍安徽宿松，从祖父起即经商湖北，遂入籍黄陂"。

　　在姓氏和世系方面，有的说：黎氏祖父国光，本来姓洪，与洪秀全同族，曾官于太平军中，故元洪之名，系寓原属洪性之意。有的说：太平天国失败后，黎氏的祖父与父亲，逃到黄陂县北距城60里的木兰乡沙地岗，因元洪之母即将临产，故改名换姓匿居僻壤，不久就生下了黎元洪。有的说：黎氏的祖父国光，在太平天国革命失败后乃将朝相夫妇（元洪的父母）安置黄陂北乡后，外出不知所终。此外，还有黎氏本系姓雷、姓李等谐音寓意的说法。

这套幸存的《黎氏族谱》一套八卷是民国三年（1914）秋季纂修的。谱中，对黎氏的世系（前后约500年）记述清楚、脉络分明。据载：黎元洪始祖旦公，居江右豫章（今江西南昌）碎瓦墩，生五子。长子舜臣、三子舜元，于明洪武（1368—1398）初年迁楚北（今湖北），始住黄陂小西门外大板桥，不数载迁县东乡，复由东乡迁邑北80里地名黎家河居焉。黎元洪即为舜臣的十三世孙。

《黎氏族谱》的保存者，是大悟县丰店区供销社主任黎文东。文东为黎元洪的族人。他在"文革"浩劫期间，冒着风险用五层塑料薄膜包裹《黎氏族谱》，埋在地下而保存下来。

（湖北省政协供稿）